Die Justiziabilität ökonomischer Unternehmensentscheidungen im US-amerikanischen und deutschen Recht

T0326521

Europäische Hochschulschriften

Publications Universitaires Européennes

European University Studies

Reihe II
Rechtswissenschaft

Série II   Series II
Droit
Law

Bd./Vol. 4506

PETER LANG

Frankfurt am Main · Berlin · Bern · Bruxelles · New York · Oxford · Wien

Jan-Sebastian Wendler

Die Justiziabilität ökonomischer Unternehmensentscheidungen im US-amerikanischen und deutschen Recht

Business Judgment Rule und UMAG

PETER LANG
Europäischer Verlag der Wissenschaften

Bibliografische Information der Deutschen Nationalbibliothek
Die Deutsche Nationalbibliothek verzeichnet diese Publikation
in der Deutschen Nationalbibliografie; detaillierte bibliografische
Daten sind im Internet über <http://www.d-nb.de> abrufbar.

Zugl.: Rostock, Univ., Diss., 2006

Gedruckt auf alterungsbeständigem,
säurefreiem Papier.

28
ISSN 0531-7312
ISBN-10: 3-631-56192-X
ISBN-13: 978-3-631-56192-8

© Peter Lang GmbH
Europäischer Verlag der Wissenschaften
Frankfurt am Main 2007
Alle Rechte vorbehalten.

Printed in Germany 1 2 3 4 5   7

www.peterlang.de

Inhaltsverzeichnis

Abkürzungsverzeichnis

A.2d	Atlantic Reporter, 2nd Series
a.A.	andere Ansicht
a.a.O.	am angegebenen Ort
ABA	American Bar Association
ABl.	Amtsblatt
Abs.	Absatz
AcP	Archiv für civilistische Praxis
ADHGB	Allgemeines Deutsches Handelsgesetzbuch
a.E.	am Ende
a.F.	alte Fassung
AG	Aktiengesellschaft oder Die Aktiengesellschaft
AktG	Aktiengesetz vom 06.09.1965 (BGBl. I S. 1089)
AktG 1937	Aktiengesetz vom 13.01.1937 (RGBl. I S. 107)
ALI	American Law Institute
Am. Econ. Rev.	American Economic Review
Anh.	Anhang
Anm.	Anmerkung
AnSchVG	Anlegerschutzverbesserungsgesetz
Art.	Artikel
AT	Allgemeiner Teil
Aufl.	Auflage
AVB-AVG	Allgemeine Bedingungen für die Vermögensschaden-Haftpflichtversicherung von Aufsichtsräten, Vorständen und Geschäftsführern
Az.	Aktenzeichen
BSpKG	Bausparkassengesetz
BB	Betriebsberater
Bd.	Band
BDI	Bundesverband der Deutschen Industrie
Beil.	Beilage
BFuP	Betriebswirtschaftliche Forschung und Praxis
BGB	Bürgerliches Gesetzbuch
BGBl.	Bundesgesetzblatt
BGH	Bundesgerichtshof

BGHZ	Amtliche Sammlung der Entscheidungen des Bundesgerichtshofes in Zivilsachen
BKR	Zeitschrift für Bank- und Kapitalmarktrecht
Bl.	Blatt
BörsG	Börsengesetz
BR-Drucks.	Verhandlungen des Deutschen Bundesrates
Bes. Teil	Besonderer Teil
BT-Drucks.	Verhandlungen des Deutschen Bundestages
Bus. Law.	Business Lawyer
BuW	Betrieb und Wirtschaft
BVerfG	Bundesverfassungsgericht
BVerfGE	Amtliche Sammlung der Entscheidungen des Bundesverfassungsgerichts
BYU J. Pub. L.	Brigham Young University Journal of Public Law
bzgl.	bezüglich
bzw.	beziehungsweise
Cal. L. Rev.	California Law Review
CEO	chief executive officer
CFO	chief financial officer
COO	chief operating officer
cic	culpa in contrahendo
Cornell L. Rev.	Cornell Law Review
DAI	Deutsches Anwaltsinstitut
DAV	Deutscher Anwaltverein
DB	Der Betrieb
DGCL	Delaware General Corporation Law
DCGK	Deutscher Corporate Governance Kodex in der Fassung vom 2. Juni 2005
Del. Ch.	Delaware Chancery Court
Del. / Del. Supr.	Delaware Supreme Court
dens.	denselben
ders.	derselbe
dies.	dieselbe(n)
Diss.	Dissertation
DJT	Deutscher Juristentag
DM	Deutsche Mark
DStR	Deutsches Steuerrecht
Duke L. J.	Duke Law Journal
DZWIR	Deutsche Zeitschrift für Wirtschafts- und Insolvenzrecht
EG	Europäische Gemeinschaft(en)

Einf.	Einführung
Einl.	Einleitung
etc.	et cetera
EuInsVO	Europäische Insolvenzverordnung
EuZW	Europäische Zeitschrift für Wirtschaftsrecht
e.V.	eingetragener Verein
F.3d	Federal Reporter, 3rd Series
f.	folgende
ff.	fortfolgende
FGG	Gesetz über die Angelegenheiten der freiwilligen Gerichtsbarkeit
Fn.	Fußnote
FS	Festschrift
GBl.	Gesetzblatt
GbR	Gesellschaft bürgerlichen Rechts
GDV	Gesamtverband der Deutschen Versicherungswirtschaft
GenG	Gesetz betreffend die Erwerbs- und Wirtschaftsgenossenschaften
GesR	Gesellschaftsrecht
GG	Grundgesetz für die Bundesrepublik Deutschland
GmbH	Gesellschaft mit beschränkter Haftung
GmbHG	Gesetz betreffend die Gesellschaften mit beschränkter Haftung
GmbHR	GmbH-Rundschau (bis 1963: Rundschau für die GmbH)
GWB	Gesetz gegen Wettbewerbsbeschränkungen
Harv. L. Rev.	Harvard Law Review
h.L.	herrschende Lehre
h.M.	herrschende Meinung
Hofstra L. Rev.	Hofstra Law Review
HGB	Handelsgesetzbuch
hrsg.	herausgegeben
HS	Halbsatz
i.d.F.	in der Fassung
i.E.	im Ergebnis
Ill. App.	Illinois Appelate Court
Ill. B.J.	Illinois Bar Journal
InsO	Insolvenzordnung
InsVV	Insolvenzrechtliche Vergütungsverordnung
IPO	initial public offering
i.S.d.	im Sinne der/des

IStR	Internationales Steuerrecht
i.S.v.	im Sinne von
i.V.m.	in Verbindung mit
J. Corp. L.	Journal of Corporation Law
JEBO	Journal of Economic Behavior and Organization
J. Law Econ. Org.	Journal of Law, Economics, & Organizations
J. Legal Stud.	Journal of Legal Studies
JuS	Juristische Schulung
JW	Juristische Wochenschrift
JZ	Juristen-Zeitung
KapInHaG	Kapitalmarktinformationshaftungsgesetz
KapMuG	Kapitalanleger-Musterverfahrensgesetz
KG	Kommanditgesellschaft
KGaA	Kommanditgesellschaft auf Aktien
KonTraG	Gesetz zur Kontrolle und Transparenz im Unternehmensbereich vom 27.04.1998 (BGBl. I S. 786)
LBO	leveraged buy-out
LG	Landgericht
Ltd.	Limited
MBCA	Model Business Corporation Act 1946
MarkenG	Markengesetz
Mercer L. Rev.	Mercer Law Review
m.w.N.	mit weiteren Nachweisen
MitbestG (1976)	Gesetz über die Mitbestimmung der Arbeitnehmer
n.F.	neue Fassung
N.J.Ch.C.	New Jersey Chancery Court
NJW/NJW-RR	Neue Juristische Wochenschrift/Neue Juristische Wochenschrift-Rechtsprechungsreport
Nr.	Nummer
nrk.	nicht rechtskräftig
Nw. U.L.Rev.	Northwestern University Law Review
N.Y.B.C.L.	New York Business Corporation Law
N.Y.S.	New York Supplement Reporter
NYSE	New York Stock Exchange
N.Y.U.L.R.	New York University Law Review
NZG	Neue Zeitschrift für Gesellschaftsrecht
OLG	Oberlandesgericht
PHi	Produkthaftpflicht international, Recht und Versicherung
ProdHaftG	Produkthaftungsgesetz

RabelsZ	Rabels Zeitschrift für ausländisches und internationales Privatrecht
RefE	Referentenentwurf
RegBegr	Begründung des Regierungsentwurfs zum Aktiengesetzes vom 6.9.1965
RegE	Regierungsentwurf
RG	Reichsgericht
RGBl.	Reichsgerichtblatt
RGZ	Amtliche Sammlung der Entscheidungen des Reichsgerichts in Zivilsachen
RIW	Recht der internationalen Wirtschaft
rkr.	rechtskräftig
RL	Richtlinie
RMBCA	Revised Model Business Corporation Act, 3rd edition, 2003
Rn.	Randnummer(n)
S.	Seite oder Satz
SEC	Securities Exchange Commission
SLC	Special Litigation Committee
SOA	Sarbanes-Oxley-Act 2002
sog.	so genannte/so genannter/so genanntes/so genannten
SRO	Self-regulatory organizations
Stan. L. Rev.	Stanford Law Review
StB	Der Steuerberater
StGB	Strafgesetzbuch
Strat. Mgmt. J.	Strategic Management Journal
StuB	Steuern und Bilanzen: Zeitschrift für das Steuerrecht und die Rechnungslegung der Unternehmen
StückAG	Stückaktiengesetz
Tex. L. Rev.	Texas Law Review
TransPuG	Transparenz- und Publizitätsgesetz vom 19.7.2002
u.a.	unter anderem
u.ä.	und ähnliche/und ähnlicher/und ähnliches
ÜK	Übernahmekodex
UMAG	Gesetz zur Unternehmensintegrität und Modernisierung des Anfechtungsrechts
UmwG	Umwandlungsgesetz
U. Pa. L. Rev.	University of Pennsylvania Law Review
US	United States
UWG	Gesetz gegen den unlauteren Wettbewerb

v.	von/vom
Va. L. Rev.	Virginia Law Review
Val. U. L. R.	Valparaiso University Law Review
Vand. L. Rev.	Vanderbilt Law Review
VersR	Versicherungsrecht
vgl.	vergleiche
VVG	Gesetz über den Versicherungsvertrag
VW	Versicherungswirtschaft
Wa. U. J. L. P.	Washington University Journal of Law and Policy
Wake Forest L. Rev.	Wake Forest Law Review
Wash. & Lee L. Rev.	Washington & Lee Law Review
WiSt	Wirtschaftswissenschaftliches Studium
WM	Wertpapier-Mitteilungen, Zeitschrift für Wirtschafts- und Bankrecht
WpHG	Wertpapierhandelsgesetz
WpÜG	Wertpapiererwerbs- und Übernahmegesetz
Yale L.J.	Yale Law Journal
z.B.	zum Beispiel
ZBB	Zeitschrift für Bankrecht und Bankwirtschaft
ZfB	Zeitschrift für Betriebswirtschaft
ZfbF	Schmalenbachs Zeitschrift für betriebswirtschaftliche Forschung
ZGR	Zeitschrift für Unternehmens- und Gesellschaftsrecht
ZHR	Zeitschrift für das gesamte Handelsrecht und Wirtschaftsrecht
ZIP	Zeitschrift für Wirtschaftsrecht (früher: Zeitschrift für die gesamte Insolvenzpraxis)
zit.	zitiert
ZPO	Zivilprozessordnung
ZRP	Zeitschrift für Rechtspolitik
ZvglRWiss	Zeitschrift für vergleichende Rechtswissenschaften

Literaturverzeichnis

Abeltshauser, Thomas E.: Leitungshaftung im Kapitalgesellschaftsrecht, München 1998 (zitiert: *Abeltshauser*)

Abram, Nils: Ansprüche von Anlegern wegen Verstoßes gegen Publizitätspflichten oder den Deutschen Corporate Governance Kodex?, NZG 2003, S. 307-313

Altmeppen, Holger: Änderungen der Kapitalersatz- und Insolvenzverschleppungshaftung aus „deutsch-europäischer" Sicht, NJW 2005, S. 1911-1915

–: Anmerkung zum „Gelatine"-Urteil, ZIP 2004, S. 999 – 1003

–: Neutralitätspflicht und Pflichtangebot nach dem neuen Übernahmerecht, ZIP 2001, S. 1073-1084

American Law Institute: Principles of Corporate Governance: Analysis and Recommendations, Volume 1, Part I-VI, §§ 1.01 – 6.02, St. Paul, Minn., USA, 1994

Arnold, Michael: Mitwirkungsbefugnisse der Aktionäre nach Gelatine und Macrotron, ZIP 2005, S. 1573-1579

–: Holzmüller-Informationspflichten gegenüber der HV – Neuigkeiten nach Gelatine?, AG 2005, S. R364-R368

Assmann, Heinz-Dieter/Schneider, Uwe H.: Wertpapierhandelsgesetz: Kommentar, Köln 2003 (zitiert: *Bearbeiter*, in: Assmann/Schneider, WpHG)

Assmann, Heinz-Dieter/Bozenhardt, Friedrich: Übernahmeangebote als Regelungsproblem zwischen gesellschaftsrechtlichen Normen und zivilrechtlich begründeten Verhaltensgeboten, Sonderheft 9 der Zeitschrift für Unternehmens- und Gesellschaftsrecht (ZGR), Berlin 1990, S. 1-156

Bainbridge, Stephen M.: The Business Judgment Rule as Abstention Doctrine, 57 Vand. L. Rev., S. 83-130 (2004)

–: Corporation Law and Economics, New York, NY, USA, 2002 (zitiert: *Bainbridge*)

–: Director Primacy in Corporate Takeovers: Preliminary Reflections, 55 Stan. L. Rev., S. 791-818 (2002)

Balotti, Franklin R./Finkelstein, Jesse A.: The Delaware Law of Corporations & Business Organizations: statutory deskbook, 4. ed., Gaithersburg, USA, 2000 (zitiert: *Balotti/Finkelstein*)

Balotti, Franklin R./Hanks Jr., James J.: Rejudging the Business Judgment Rule, 48 Bus. Law., S. 1337-1353 (1993)

Bamberg, Günter/Coenenberg, Adolf Gerhard: Betriebswirtschaftliche Entscheidungslehre, 12. Auflage, München 2004 (zitiert: *Bamberg/Coenenberg*)

Baron, Jonathan: Thinking and deciding, 3. ed., Cambridge, USA, 2001 (zitiert: *Baron*)

Bastuck, Burkhard: Die Enthaftung des Managements, Köln 1986 (zitiert: *Bastuck*)

Baumann, Horst: Aktienrechtliche Managerhaftung, D&O-Versicherung und „angemessener Selbstbehalt", VersR 2006, S. 455-464

Baumbach, Adolf/Hueck, Alfred: Kommentar zum Aktiengesetz, 13. Auflage, München 1968 ergänzt 1970 (zitiert: *Baumbach/Hueck*, AktG)

–: Kommentar zum GmbH-Gesetz, 18. Auflage, München 2006 (zitiert: *Bearbeiter* in: Baumbach/Hueck, GmbHG)

Baums, Theodor: Haftung wegen Falschinformationen des Sekundärmarktes, ZHR 167 (2003), S. 139-192

–: Bericht der Regierungskommission Corporate Governance, 2001

–: Empfiehlt sich eine Neuregelung des aktienrechtlichen Anfechtungs- und Organhaftungsrechts, insbesondere der Klagemöglichkeiten von Aktionären?, in Verhandlungen des 63. Deutschen Juristentages Leipzig 2000, Band I – Gutachten, S. F 1 - F 263

Bayer, Walter: Transparenz und Wertprüfung beim Erwerb von Sacheinlagen durch genehmigtes Kapital, Festschrift für Peter Ulmer, Berlin 2003, S. 21–40 (zitiert: *Bayer*, FS Ulmer)

–: Aktionärsklagen de lege lata und de lege ferenda, NJW 2000, S. 2609-2619

–: 1000 Tage neues Umwandlungsrecht – eine Zwischenbilanz, ZIP 1997, S. 1613-1626

–/Schmidt, Jessica: Die Insolvenzantragspflicht der Geschäftsführung nach §§ 92 Abs. 2 AktG, 64 Abs. 1 GmbHG, AG 2005, S. 644-653

–/Wirth, Gernot: Eintragung der Spaltung und Eintragung der neuen Rechtsträger – oder: Pfadsuche im Verweisungsdschungel des neuen Umwandlungsrechts, ZIP 1996, S. 817-825

Bebchuk, Lucian Arye/Hamdani, Assaf: Vigorous race or leisurely walk: reconsidering the competition over corporate charters, 112 Yale L. J., S. 553-615 (2002)

Becker, Dietrich: Verhaltenspflichten des Vorstands der Zielgesellschaft bei feindlichen Übernahmen, ZHR 165 (2001), S. 280-287

Becker, Friedwart A./Horn, Claus-Henrik: Ungeschriebene Aktionärsrechte nach Holzmüller und Gelatine, JuS 2005, S. 1067-1070

Bender, Christian/Vater, Hendrik: D&O-Versicherungen im Visier der Corporate Governance, VersR 2003, S. 1376-1378

Berle Jr., Adolph A./Means, Gardener C.: The modern corporation and private property, New York, N.Y., USA, 1932 (zitiert: *Berle/Means*)

Bezzenberger, Tilman: Der Vorstandsvorsitzende in der Aktiengesellschaft, ZGR 1996, S. 661-673

Black, Bernhard S.: Is Corporate Law trivial? A Political and Economic Analysis, 84 Nw. U. L. Rev., S. 542-597 (1990)

Block, Dennis J./Barton, Nancy E./Radin, Stephen A.: The Business Judgment Rule: Fiduciary Duties of Corporate Directors, 5. ed., Englewood Cliffs, N.J., USA 1998; Vol. 3: 2000 Supplement (zitiert: *Block/Barton/Radin*)

Böbel, Thomas: Die Rechtsstellung der besonderen Vertreter gem. § 147 AktG, Frankfurt am Main 1999 (zitiert: *Böbel*)

Böttcher, Lars: Verpflichtung des Vorstands einer AG zur Durchführung einer Due Dilligence, NZG 2005, S. 49-54

Böttger, Nina: Bezugsrechtsausschluss beim genehmigten Kapital, Frankfurt am Main 2005

Bofinger, Peter/Schmidt, Robert: Nobelpreis für Wirtschaftswissenschaften 2002 an Daniel Kahneman und Vernon L. Smith, WiSt 2003 Heft 2, S. 107-111

Bork, Reinhard: Prozessrechtliche Notizen zum UMAG, ZIP 2005, S. 66-67

–: Einführung in das neue Insolvenzrecht, 2. Auflage, Tübingen 1998 (zitiert: *Bork*)

–: Das „Klageerzwingungsverfahren" nach § 147 Abs. 3 RefE AktG – Auf dem Wege zur „Aktionärsklage"?, Hartwig Henze u.a. (Hrsg.), Gesellschaftsrecht 1997 (RWS-Forum, Bd. 10), Köln 1998, S. 53-68

Boujoung, Karlheinz: Anmerkung zu BGH vom 21.4.1997 = BGHZ 135, 244 ff. = DZWIR 1997, S. 326-329

Branson, Douglas M.: The Rule That Isn't A Rule – The Business Judgment Rule, 36 Val. U. L. R., S. 631-654 (2002)

–: Corporate Governance, Charlottesville, Va., USA 1993 (zitiert: *Branson*)

Brauer, Markus/Dreier, Nils: Der Fall Mannesmann in der nächsten Runde, NZG 2005, S. 57-63

Brömmelmeyer, Christoph: Neue Regeln für die Binnenhaftung des Vorstands – Ein Beitrag zur Konkretisierung der Business Judgment Rule, WM 2005, S. 2065-2070

Brudney, Victor: The independent Director – Heavenly City or Potemkin Village?, 95 Harv. L. Rev. S. 597-659 (1982)

Bürgers, Tobias/Holzborn, Timo: Haftungsrisiken der Organe einer Zielgesellschaft im Übernahmefall, insbesondere am Beispiel einer Abwehrkapitalerhöhung, ZIP 2003, S. 2273-2280

Bungert, Hartwin: Gesellschaftsrecht in den USA, 3. Auflage, München 2003 (zitiert: *Bungert*)

–: Die Liberalisierung des Bezugsrechtsauschlusses im Aktienrecht, NJW 1998, S. 488-492

–: Pflichten des Managements bei der Abwehr von Übernahmeangeboten nach US-amerikanischem Gesellschaftsrecht, AG 1994, S. 297-311

Busch, Torsten: Mangusta/Commerzbank – Rechtsschutz nach Ausnutzung eines genehmigten Kapitals, NZG 2006, S. 81-88

Cahn, Andreas: „Ansprüche und Klagemöglichkeiten der Aktionäre wegen Pflichtverletzungen der Verwaltung beim genehmigten Kapital", ZHR 164 (2000), S. 113-154

–: Pflichten beim genehmigten Kapital mit Bezugsrechtsausschluss, ZHR 163 (1999), S. 554-593

Camerer, Colin F.: An Experimental Test of Several Generalized Utility Theories, Journal of Risk and Uncertainty 2 (1989), S. 61-104

Carlton Jr., Alfred P.: Lessons from Enron: A Symposium on Corporate Governance, 54 Mercer L. Rev., S. 683-730 (2003)

Cary, William L.: Federalism and Corporate Law: Reflections Upon Delaware, 83 Yale L. J., S. 663-705 (1974)

Cavallora, Robert: Corporate buyer beware: deficiencies in directors' and officers' insurance for employment practices liability, 26 Hofstra L. Rev., S. 217-262 (1997)

Clemm, Hermann/Heller, Arne: Die Gesamtverantwortung des Vorstands bei der Unternehmensführung, StB 2001, S. 295-300

Clemm, Hermann/Dürrschmidt, Achim: Überlegungen zu den Sorgfaltspflichten für Vertretungs- und Aufsichtsorgane bei der Verschmelzung von Unternehmen gem. § 25 und § 27 UmwG, Festschrift für Siegfried Widmann, Bonn, S. 3-21 (zitiert: *Clemm/Dürrschmidt*, FS Widmann)

Courtney, Hugh/Kirkland, Jane/Viguerie, Patrick: Strategy under Uncertainty, Harvard Business Review 75 (1997) 6, S. 66-79

Das, Anjali C.: The ABCS of D&O Insurance: An Illinois Lawyer's Guide, 93 Ill. B.J., S. 304-308 (2005)

Decher, Christian E.: „Bedeutung und Grenzen des Börsenkurses bei Zusammenschlüssen zwischen unabhängigen Unternehmen", Festschrift für Herbert Wiedemann, München 2002, S. 787-807 (zitiert: *Decher*, FS Wiedemann)

Deilmann, Barbara: Fehlen einer Directors & Officers (D&O) Versicherung als Rücktrittsgrund für die Organmitglieder einer Aktiengesellschaft, NZG 2005, S. 54-57

Diekmann, Hans/Leuering, Dieter: Der Referentenentwurf eines Gesetzes zur Unternehmensintegrität und Modernisierung des Anfechtungsrechts (UMAG), NZG 2004, S. 249-257

Donald, David C.: Die Entwicklung der US-amerikanischen Corporate Governance nach Enron, WM 2003, S. 705-714

Dooley, Michael P.: Two Models of Corporate Governance, 47 Bus. Law., S. 461-527 (1992)

–/Goldman, Michael D.: Some Comparisons Between the Model Business Corporation Act and the Delaware General Corporation Law, 56 Bus. Law., S. 737-766 (2001)

Dörner, Dietrich/Menold, Dieter/Pfitzer, Norbert/Oser, Peter: Reform des Aktienrechts, der Rechnungslegung und der Prüfung: KonTraG – Corporate Governance – TransPuG, 2. Auflage, Stuttgart 2003 (zitiert: *Bearbeiter*, in: Dörner/Menold/Pfitzer/Oser)

Dreher, Meinrad: Die Rechtsnatur der D&O-Versicherung, DB 2005, S. 1669-1675

–: Der Abschluß von D&O-Versicherungen und die aktienrechtliche Zuständigkeitsordnung, ZHR 165 (2001), 4, S. 293-323

–: Die Besteuerung der Prämienleistungen bei gesellschaftsfinanzierten Directors und Officers-Versicherungen, DB 2001, S. 996-1000

–: Das Ermessen des Aufsichtsrats, ZHR 158 (1994), S. 614-645

–/Görner, Andre: Der angemessene Selbsterhalt in der D&O-Versicherung, ZIP 2003, S. 2321-2329

Drinkuth, Henrik: Rechtsschutz beim genehmigten Kapital, AG 2006, S. 142-147

Drygala, Tim: Die neue deutsche Übernahmeskepsis und ihre Auswirkungen auf die Vorstandspflichten nach § 33 WpÜG, ZIP 2001, S. 1861-1871

Ebenroth, Thomas/Daum, Thomas: „Die Kompetenzen des Vorstands einer Aktiengesellschaft bei der Durchführung und Abwehr unkoordinierter Übernahmen", DB 1991, S. 1157-1161

Eisenberg, Melvin Aron: Die Sorgfaltspflicht im amerikanischen Gesellschaftsrecht, Der Konzern 2004, S. 386-405

–: Corporations and other business organizations: statutes, rules, materials, and forms, 2003 Edition, New York, N.Y., USA (zitiert: *Eisenberg*)

Eisenführ, Franz/Weber, Martin: Rationales Entscheiden, 4. Auflage, Berlin 2003 (zitiert: *Eisenführ/Weber*)

Emmerich, Volker/Habersack, Mathias: Aktien- und GmbH-Konzernrecht, 3. Auflage, München 2003 (zitiert: *Bearbeiter*, in: Emmerich/Habersack, KonzernR)

Erle, Bernd: Das Vetorecht des Vorstandsvorsitzenden in der AG, AG 1987, S. 7 – 12

Eucken, Walter: Grundsätze der Wirtschaftspolitik, 7. Auflage, Tübingen 2004 (zitiert: *Eucken*)

Fiegenbaum, Avshalom (Avi): Prospect Theory and the Risk-Return Association
– An Empirical Examination in 85 Industries, JEBO, 14 (1990), S. 187-203

–/Thomas, Howard: Attitudes toward Risk And the Risk-Return Paradox: Prospect Theory Explanations, Academy of Management Journal 31(1988)1, S. 85-106

Fischbach, Jonathan/Fischbach, Michael: Rethinking optimality in tort litigation: The promise of reverse cost-shifting, 19 BYU J. Pub. L., S. 317-351

Fischer, Nikolaj: Öffentliche Äußerungen von Organmitgliedern juristischer Personen als Gefährdung der Kreditwürdigkeit des Vertragspartners, DB 2006, S. 598-600

Fissenewert, Peter: Die Haftung des Vorstands der AG, BuW 2003, S. 858-863 und S. 905-910

Fleck, Hans-Joachim: Vertrag, unerlaubte Eigengeschäftsführung und Anspruchsverjährung, ZIP 1991, S. 1270-1274

–: Das Organmitglied – Unternehmer oder Arbeitnehmer?, Festschrift für Marie Luise Hilger und Hermann Stumpf, München 1983, S. 197-226 (zitiert: *Fleck*, FS Hilger/Stumpf)

Fleischer, Holger: Das Mannesmann-Urteil des Bundesgerichtshofs: Eine aktienrechtliche Nachlese, DB 2006, S. 542-545

–: Vorstandspflichten bei rechtswidrigen Hauptversammlungsbeschlüssen, BB 2005, S. 2025-2030

–: Das Gesetz zur Unternehmensintegrität und Modernisierung des Anfechtungsrechts, NJW 2005, S. 3525-3530

–: Aktienrechtliche Legalitätspflicht und „nützliche" Pflichtverletzungen von Vorstandsmitgliedern, ZIP 2005, S. 141-152

–: Konzernleitung und Leitungssorgfalt der Vorstandsmitglieder im Unternehmensverbund, DB 2005, S. 759-766

–: Haftungsfreistellung, Prozesskostenersatz und Versicherung für Vorstandsmitglieder, WM 2005, S. 909-920

–: Ungeschriebene Hauptversammlungszuständigkeiten im Aktienrecht: Von „Holzmüller" zu „Gelatine", NJW 2004, S. 2335–2339

–: Zur Verantwortlichkeit einzelner Vorstandsmitglieder bei Kollegialentscheidungen im Aktienrecht, BB 2004, S. 2645-2652

–: Die „Business Judgment Rule": Vom Richterrecht zur Kodifizierung, ZIP 2004, S. 685-692

–: Erweiterte Außenhaftung der Organmitglieder im Europäischen Gesellschafts- und Kapitalmarktrecht, ZGR 2004, S. 437-479

–: Die persönliche Haftung der Organmitglieder für kapitalmarktbezogene Falschinformationen, BKR 2003, S. 608-616

–: Zur Leitungsaufgabe des Vorstands im Aktienrecht, ZIP 2003, S. 1-11

–: „Schnittmengen des WpÜG mit benachbarten Rechtsmaterien – eine Problemskizze", NZG 2002, S. 545-592

–: Die „Business Judgment Rule" im Spiegel von Rechtsvergleichung und Rechtsökonomie, Festschrift für Herbert Wiedemann, München 2002, S. 827-849 (zitiert: *Fleischer, FS Wiedemann*)

–: Grundfragen der ökonomischen Theorie im Gesellschafts- und Kapitalmarktrecht, ZGR 2001, S. 1-32

Fletcher, William Meade: Cyclopedia of the law of private corporations, 2. ed., Chicago, USA, 1928 (zitiert: *Fletcher*)

Flume, Werner: Unternehmen und juristische Person, Festschrift für Günther Beitzke, Berlin 1979, S. 43-66 (zitiert: *Flume, FS Beitzke*)

Forstmoser, Peter: Monistische oder dualistische Unternehmensverfassung? Das Schweizer Konzept, ZGR 2003, S. 688-719

Fuhrmann, Lambertus: „Gelatine" und die Holzmüller-Doktrin: Ende einer juristischen Irrfahrt?, AG 2004, S. 339-342

Gantenberg, Philipp: Die Reform der Hauptversammlung durch den Regierungsentwurf eines Gesetzes zur Unternehmensintegrität und Modernisierung des Anfechtungsrechts – UMAG, DB 2005, S. 207-212

Geber, Susanne/Megede, Ekkehard zur: Aktienrückkauf – Theorie und Kapitalmarktpraxis unter Beachtung der „Safe-harbor-Verordnung" (EG Nr. 2273/2003), BB 2005, S. 1861-1865

Gehb, Jürgen/Heckelmann, Martin: Haftungsfreistellung von Vorständen, ZRP 2005, S. 145-149

Geibel, Stephan/Süßmann, Rainer: Wertpapiererwerbs- und Übernahmegesetz: (WpÜG); Kommentar, München 2002 (zitiert: *Bearbeiter,* in: Geibel/Süßmann, WpÜG)

Geßler, Ernst/Hefermehl, Wolfgang/Eckhardt, Ulrich/Kropff, Bruno: Aktiengesetz, Kommentar, München, 1973 ff. (zitiert: *Bearbeiter* in: Geßler/Hefermehl)

Godin, Reinhard Frhr. von/Wilhelmi, Hans: Aktiengesetz, Kommentar, begründet von Freiherr von Godin und Dr. Hans Wilhelmi, 4. Auflage, neubearbeitet von Sylvester Wilhelmi, Berlin 1971 (zitiert: *Godin/Wilhelmi*)

Görsdorf-Kegel, Susanne: Auf jede zehnte D&O-Police kommt ein Schaden, VW 2005, S. 74

Göthel, Stephan R.: Delaware bestätigt Gründungstheorie und schützt Pseudo-Foreign Corporations, RIW 2006, S. 41-45

Goette, Wulf: Anmerkung zum Urteil des BGH vom 26.04.2004, II ZR 155/02 (Gelatine), DStR 2004, S. 927-928

–: Zur Verteilung der Darlegungs- und Beweislast der objektiven Pflichtwidrigkeit bei der Organhaftung, ZGR 1995, S. 648-674

Göz, Philipp/Holzborn, Timo: Die Aktienrechtsreform durch das Gesetz zur Unternehmensintegrität und Modernisierung des Anfechtungsrechts – UMAG, WM 2006, S. 157-164

Goutier, Klaus/Knopf, Rüdiger/Tulloch, Anthony: Kommentar zum Umwandlungsrecht, Umwandlungsgesetz – Umwandlungssteuergesetz, Heidelberg 1996 (zitiert: *Bearbeiter,* in: Goutier/Knopf/Tulloch, UmwG)

Green, Ronald M.: Shareholders as Stakeholders: Changing Metaphors of Corporate Governance, 50 Wash. & Lee L. Rev., S. 1409-1421 (1993)

Großkommentar zum AktG: Aktiengesetz, Großkommentar, 11. Lieferung §§ 76 – 83, 4. Auflage, Berlin 2003 (zitiert: *Bearbeiter,* in: GroßKommAktG), 19. Lieferung §§ 92 – 94, 4. Auflage, Berlin 1999 (zitiert: *Bearbeiter,* in: GroßKommAktG)

Großmann, Adolf: Unternehmensziele im Aktienrecht, Köln 1980 (zitiert: *Großmann*)

Grundei, Jens/Werder, Axel von: Die Angemessenheit der Informationsgrundlage als Anwendungsvoraussetzung der Business Judgment Rule, AG 2005, S. 825-834

Gruson, Michael/Kubicek, Matthias: Der Sarbanes-Oxley Act, Corporate Governance und das deutsche Aktienrecht, AG 2003, S.337-352 (Teil I) und AG 2003, S. 393-406 (Teil II)

Haarmann, Wilhelm/Riehmer, Klaus/Schüppen, Matthias: Öffentliche Übernahmeangebote, Kommentar zum Wertpapiererwerbs- und Übernahmegesetz, Heidelberg 2002 (zitiert: *Bearbeiter,* in: Haarmann/Riehmer/Schüppen, WpÜG)

Habersack, Mathias: Gesteigerte Überwachungspflichten des Leiters eines „sachnahen" Vorstandsressorts?, WM 2005, 2360-2364

–: Mitwirkungsrecht der Aktionäre nach Macrotron und Gelatine, AG 2005, S. 137-149

–: Die Freistellung des Organwalters von seiner Haftung gegenüber der Gesellschaft, Festschrift für Peter Ulmer, Berlin 2003, S. 151-173 (zitiert: *Habersack,* FS Ulmer)

–: Die Aktionärsklage – Grundlagen, Grenzen und Anwendungsfälle, DStR 1998, S. 533-537

–/Schürnbrand, Jan: Die Rechtsnatur der Haftung aus §§ 93 Abs. 3 AktG, 43 Abs. 3 GmbHG, WM 2005, S. 957-961

Hamilton, Robert W.: Corporations, cases and materials, 7. ed. St. Paul, Minn., USA, 2001 (zitiert: *Hamilton*)

–: Corporate Governance in America 1950-2000: Major changes but uncertain benefits, 25 J. Corp. L., S. 349-373 (2000)

–: Reliance and Liability Standards for Outside Directors, 24 Wake Forest L. Rev., S. 5-30 (1989)

Hansen, Stefan: Wissentliche Pflichtverletzung in der D&O, VW 2006, S. 313

Harbarth, Stephan: Abwehr feindlicher Übernahmen in den USA, ZVglRWiss 100 (2001), S. 275-303

Hatzis-Schoch, Brent: Die Bedeutung von Delaware für das US-amerikanische Gesellschaftsrecht, RIW 1992, S. 539-543

Hauschka, Christoph E.: Grundsätze pflichtgemäßer Unternehmensführung, ZRP 2004, S. 65-67

Heckschen, Heribert/Simon, Stefan: Umwandlungsrecht, Köln 2003 (zitiert: *Heckschen/Simon*)

Heidel, Thomas: Kommentar zum Aktienrecht: Aktiengesetz, Gesellschaftsrecht, Kapitalmarktrecht, Steuerrecht, Europarecht, hrsg. von Thomas Heidel; Bonn 2003 (zitiert: *Bearbeiter, in*: Heidel, AktienR)

Heimbach, Heinz-J./Boll, Lothar: Führungsaufgabe und persönliche Haftung der Vorstandsmitglieder und des Vorstandsvorsitzenden im ressortaufgeteilten Vorstand einer AG, VersR 2001, S. 801-809

Hein, Jan von: Die Rolle des US-amerikanischen CEO gegenüber dem Board of Directors im Lichte neuerer Entwicklungen, RIW 2002, S. 501-509

Heinsius, Theodor: „Bezugsrechtsausschluss bei der Schaffung von Genehmigtem Kapital", Festschrift für Alfred Kellermann, Berlin 1991, S. 115-131 (zitiert: *Heinsius, FS Kellermann*)

Heller, Arne: Unternehmensführung und Unternehmenskontrolle unter besonderer Berücksichtigung der Gesamtverantwortung des Vorstands, Heidelberg 1998 (zitiert: *Heller*)

Hendricks, Michael: Kein D&O-Schutz für Hasardeure, VW 2006, S. 229-230

–: Vermögensschaden – Rechtsschutz gegen D&O, VW 1994, S. 1548-1553

Henn, Harry G./Alexander, John R.: Laws of Corporations and Other Business Enterprises, 3. ed., St. Paul, Minn., USA, 1983 (zitiert: *Henn/Alexander*)

Hens, Roland: Vorstandspflichten bei feindlichen Übernahmeangeboten, Berlin 2004 (zitiert: *Hens*)

Henze, Hartwig: Aktienrecht – Höchstrichterliche Rechtsprechung, 5. Auflage, Köln 2002 (zitiert: *Henze, Aktienrecht*)

–: Leitungsverantwortung des Vorstands – Überwachungspflicht des Aufsichtsrats, BB 2000, S. 209-216

–: Prüfungs- und Kontrollaufgaben des Aufsichtsrats in der Aktiengesellschaft, NJW 1998, S. 3309-3312

Hinsey IV, Joseph: The New Lloyd's Policy Form for Directors and Officers Liability Insurance – An Analysis, 33 Bus. Law., S. 1961-1992 (1978)

Hinterhuber, Hans H.: Strategische Unternehmensführung, Band 1, 5. Auflage, Berlin 1992 (zitiert: *Hinterhuber*)

Hirte, Heribert: Verteidigung gegen Übernahmeangebote und Rechtsschutz des Aktionärs gegen die Verteidigung, ZGR 2002, S. 623-658

–: Kapitalgesellschaftsrecht, 3. Auflage, Köln 2001 (zitiert: *Hirte*, Kapitalgesellschaftsrecht)

–: Der Nennwert der Aktie – EG-Vorgaben und Situation in anderen Ländern, WM 1991, S. 753-756

–: Bezugsrechtsausschluss und Konzernbildung, Köln 1986 (zitiert: *Hirte*, Bezugsrechtsausschluss und Konzernbildung)

Hodgkinson, Gerard P./Bown, Nicola J./Maule, A. John/Glaister, Keith W./ Pearman, Alan D.: Breaking the Frame: An Analysis of Strategic Cognition and Decision Making under Uncertainty, Strat. Mgmt. J. 20 (1999), S. 977-985

Hölters, Wolfgang: Zur Durchsetzung von Schadensersatzansprüchen durch eine Aktionärsminderheit, Festschrift für Herbert Wiedemann, München 2002, S. 975-998 (zitiert: *Hölters, FS Wiedemann*)

Hörschgen, Hans: Grundzüge der Betriebswirtschaftslehre, 3. Auflage, Stuttgart 1992 (zitiert: *Hörschgen*)

Hoffmann-Becking, Michael: Organe: Strukturen und Verantwortlichkeiten, insbesondere im monistischen System, ZGR 2004, S. 355-382

–: Vorstandsvorsitzender oder CEO?, NZG 2003, S. 745-750

–: „Zur rechtlichen Organisation der Zusammenarbeit im Vorstand der AG", ZGR 1998, S.497-519

Hofman, Friedrich/Kreder, Martina: Situationsabgestimmte Strukturform – Ein Erfolgspotential der Unternehmung, ZfbF 37 (1985), S. 455-484

Holzborn, Timo/Brunnemann, Jan: Änderungen im AktG durch den Regierungsentwurf für das UMAG, BKR 2005, S. 51-58

Hommelhoff, Peter: Die Konzernleitungspflicht: zentrale Aspekte eines Konzernverfassungsrechts, Köln 1982 (zitiert: *Hommelhoff*)

–/Schwab, Martin: Zum Stellenwert betriebswirtschaftlicher Grundsätze ordnungsgemäßer Unternehmensleitung und -überwachung im Vorgang der Rechtserkenntnis, ZfbF Sonderheft 36 (1996), S. 149-178

–/Hopt, Klaus J./Werder, Axel von: Handbuch Corporate Governance, Köln 2003 (zitiert: *Bearbeiter*, in: Hommelhoff/Hopt/v. Werder)

Hoor, Gerd: Die Präzisierung der Sorgfaltsanforderungen nach § 93 Abs. 1 AktG durch den Entwurf des UMAG, DStR 2005, S. 2104-2108

–: Die Haftung der Unternehmensleiter von Kapitalgesellschaften für Fehlverhalten beim Erwerb eines Unternehmens, Karlsruhe 2003 (zitiert: *Hoor*)

Hopt, Klaus J.: Verhaltenspflichten des Vorstands der Zielgesellschaft bei feindlichen Übernahmen – Zur aktien- und übernahmerechtlichen Rechtslage in Deutschland und Europa, Festschrift für Marcus Lutter, Köln 2000, S. 1361-1400 (zitiert: *Hopt*, FS Lutter)

–: Corporate Governance: Aufsichtsrat oder Markt?, zweite Gedächtnisvorlesung für Max Hachenburg, Heidelberg 1997, S. 9-47

–: „Die Haftung von Vorstand und Aufsichtsrat", Festschrift für Ernst-Joachim Mestmäcker, Baden-Baden 1996, S. 909-931 (zitiert: *Hopt*, FS Mestmäcker)

–: Aktionärskreis und Vorstandsneutralität, ZGR 1993, S. 534-566

–/Mülbert, Peter O./Kumpan, Christoph: Reformbedarf im Übernahmerecht, AG 2005, S. 109-119

Horn, Norbert: Zur Haftung der AG und ihrer Organmitglieder für unrichtige oder unterlassene Ad-hoc-Informationen, Festschrift für Peter Ulmer, S. 817-828 (zitiert: *Horn*, FS Ulmer)

–: Internationale Unternehmenszusammenschlüsse, ZIP 2000, S. 473-485

–: Die Haftung des Vorstands der AG nach § 93 AktG und die Pflichten des Aufsichtsrats, ZIP 1997, S. 1129-1139

Hucke, Anja: Der Sarbanes-Oxley-Act 2002: Königsweg oder Katastrophe für Leitungsorgane?, in: Recht zwischen Verfahren und materieller Wertung, Rostocker Rechtswissenschaftliche Abhandlungen Bd. 18, 2005, S. 75-91 (zitiert: *Hucke*, in: Rostocker Rechtswissenschaftliche Abhandlungen Bd. 18)

–: Die Kommissions-Empfehlungen zur Verbesserung der Corporate Governance, StuB 2005, S. 375-379

–: Auswirkung des Sarbanes-Oxley Act auf die Interne und Externe Unternehmensüberwachung, BB 2004, S. 2399-2407 (in Zusammenarbeit mit den Mitgliedern des AK „Externe und Interne Überwachung der Unternehmung" der Schmalenbach Gesellschaft für Betriebswirtschaft e.V.)

–: Aktuelle Entwicklungen im Unternehmensrecht (Hrsg.), Wiesbaden 2003 (zitiert: *Bearbeiter*, in: Hucke)

–: Aufsichtsrat und Abschlussprüfer – Eine symbiotische Beziehung?, Festschrift für Wolfgang Lück, Düsseldorf 2003, S. 117-131 (zitiert: *Hucke*, FS Lück)

–: Managerversicherungen: Ein Ausweg aus den Haftungsrisiken?, DB 1996, S. 2267-2270

Hucke, Anja/Ammann, Helmut: Der Deutsche Corporate Governance Kodex – Ein Leitfaden für Unternehmen und Berater, Herne/Berlin 2003 (zitiert: *Hucke/Ammann*)

–: Der Entwurf des Transparenz- und Publizitätsgesetzes – ein weiterer Schritt zur Modernisierung des Unternehmensrechts, DStR 2002, S. 689-696

Hübner, Ulrich: Managerhaftung: Rechtsgrundlagen und Risikopotentiale einer persönlichen Inanspruchnahme der Unternehmensleiter von Kapitalgesellschaften; München 1992 (zitiert: *Hübner*)

Hüffer, Uwe: Kommentar zum Aktiengesetz, 6. Auflage, München 2004 (zitiert: *Hüffer*)

–: Zur Holzmüller-Problematik: Reduktion des Vorstandsermessens oder Grundlagenkompetenz der Hauptversammlung?, Festschrift für Peter Ulmer, Berlin 2003, S. 279-303 (zitiert: *Hüffer, FS Ulmer*)

Hülsberg, Frank M./Köhler, Annette G./Merkt, Hanno/Schartmann, Bernd: Arbeitskreis „Externe und interne Überwachung der Unternehmung" der Schmalenbach Gesellschaft für Betriebswirtschaft e.V. Arbeitsgruppe Südwest (Business Judgment Rule), bisher unveröffentlichtes Arbeitspapier 2005 (zitiert: *Hülsberg/Köhler/Merkt/Schartmann*)

Hutter, Stephan/Stürwald, Florian: EM.TV und die Haftung für fehlerhafte Ad-hoc-Mitteilungen, NJW 2005, S. 2428-2431

Ihlas, Horst: Organhaftung und Haftpflichtversicherung, Berlin 1997 (zitiert: *Ihlas*)

–/Stute, Katrin: D&O-Versicherung für das Innenverhältnis dargestellt an Ziffer 1.3 der AVB AVG des unverbindlichen GDV-Modells, Beilage zu Phi 4/2003 – Phi – Sonderheft D&O – Juli 2003, S. 1-33

Ihrig, Hans-Christoph: Reformbedarf beim Haftungstatbestand des § 93 AktG, WM 2004, S. 2098-2107

Jahn, Joachim: UMAG: Das Aus für „räuberische Aktionäre" oder neues Erpressungspotenzial?, BB 2005, S. 5-13

Johnson, Lyman: The Modest Business Judgment Rule, 55 Bus. Law., S. 625-652 (2000)

Johnston, Joseph F.: Corporate Indemnification and Liability Insurance for Directors and Officers, 33 Bus. Law., S. 1993-2053 (1978)

Jürgenmeyer, Michael: Das Unternehmensinteresse, Heidelberg 1984 (zitiert: *Jürgenmeyer*)

Jungermann, Helmut/Pfister, Hans-Rüdiger/Fischer, Katrin: Die Psychologie der Entscheidung: Eine Einführung, Berlin 1998 (zitiert: *Jungermann/Pfister/Fischer*)

Kästner, Karin: Aktienrechtliche Probleme der D&O-Versicherung, AG 2000, S. 113-122

Kahan, Marcel/Kamar, Ehud: The Myth of State Competition in Corporate Law, 55 Stan. L. Rev., S. 679-749 (2002)

Kahneman, Daniel/Slovic, Paul/Tversky, Amos: Judgment under uncertainty: Heuristics and Biases, Cambridge, Ma., USA 2001 (zitiert: *Kahneman/Slovic/Tversky*)

Kallmeyer, Harald: „Die Mängel des Übernahmekodex der Börsensachverständigekommission", ZHR 161 (1997), S. 435-454

–: Organhaftpflichtprozesse in der Aktiengesellschaft, AG 1997, S. 107-114

–: Pflichten des Vorstandes der Aktiengesellschaft zur Unternehmensplanung, ZGR 1993, S. 104-113

Kann, Jürgen van/Just, Clemens: Der Regierungsentwurf zur Umsetzung der europäischen Übernahmerichtlinie, DStR 2006, S. 328-333

Kaplan, Stanley A.: The Fiduciary Responsibility in the Management of the Corporation, 31 Bus. Law., S. 883-927 (1976)

Katz, Michael L./Shapiro, Carl: Network Externalities, Competition, and Compability, 75 Am. Econ. Rev., S. 424-440 (1985)

Keeney, Ralph L./Raiffa, Howard: Decisions with multiple objectives: Preferences and value-tradeoffs, Cambridge, USA 2003 (zitiert: *Keeney/Raiffa*)

Kessler, Jürgen: Die aktienrechtliche Organhaftung im Lichte der „business judgment rule" – eine rechtsvergleichende Betrachtung zum deutschen und US-amerikanischen Recht, Festschrift für Horst Baumann, Karlsruhe 1999, S. 153-178 (zitiert: *Kessler*, FS Baumann)

Kiethe, Kurt: Falsche Erklärung nach § 161 AktG – Haftungsverschärfung für Vorstand und Aufsichtsrat?, NZG 2003, S. 559-567

–: Persönliche Organhaftung für Falschinformation des Kapitalmarkts – Anlegerschutz durch Systembruch?, DStR 2003, S. 1982-1990

–: Persönliche Haftung von Organen der AG und der GmbH – Risikovermeidung durch D&O-Versicherung ?, BB 2003, S. 537-542

–: Maßnahmenkatalog der Bundesregierung zur Aktienrechtsreform 2003 – „Verbesserung" des Klagerechts der Aktionäre?, ZIP 2003, S. 707-713

Kindler, Peter: „Bezugsrechtsausschluss und unternehmerisches Ermessen nach deutschem und europäischem Recht", ZGR 1998, S. 35-68

–: Unternehmerisches Ermessen und Pflichtenbindung, ZHR 162 (1998), S. 101-119

–/Horstmann, Hendrik: Die EU-Übernahmerichtlinie – Ein „europäischer" Kompromiss, DStR 2004, S. 866-873

Kinzl, Ulrich-Peter: Wie angemessen muss „angemessene Information" als Grundlage für Vorstandsentscheidungen sein?, DB 2004, S. 1653-1654

–: Gesetzgeber auf Abwegen? Kritische Überlegungen zur Übernahme der Business Judgment Rule, AG 2004, S. R3-R4

Kirchner, Christian: Neutralitäts- und Stillhaltepflicht des Vorstands der Zielgesellschaft im Übernahmerecht, AG 1999, S. 481-492

Kirschner, Lars: BB-Forum: UMAG passiert den Bundesrat – Letzter Feinschliff für das Sonderprüfungsrecht?, BB 2005, S. 1865-1867

Klausner, Michael: Corporations, Corporate Law, and Networks of Contracts, 81 Va. L. Rev., S. 757-852 (1995)

Klein, William A./Coffee, Jr. John C.: Business Organization and Finance, 9. ed., New York, N.Y., USA 2004 (zitiert: *Klein/Coffee*)

Kling, Michael: Die Innenhaftung des Aufsichtsratsmitglieds in der Aktiengesellschaft, DZWIR 2005, S. 45-56

Knepper, William E./Bailey, Dan. A: Liability of Corporate Officers and Directors, 6. ed., Charlottesville, Va., USA, 1998 (zitiert: *Knepper/Bailey*)

Kniehase, Martin R.: Der vereinfachte Bezugsrechtsausschluss bei der Ausgabe von Wandel- und Optionsanleihen, AG 2006, S. 180-187

Koch, Harald: Prozessführung im öffentlichen Interesse, Frankfurt am Main 1983 (zitiert: *Koch*)

–/Magnus, Ulrich/Winkler v. Mohrenfels, Peter: IPR und Rechtsvergleichung, 3. Aufl., München 2004 (zitiert: *Koch/Magnus/Winkler v. Mohrenfels*)

Koch, Robert: Die Rechtsstellung der Gesellschaft und des Organmitglieds in der D&O-Versicherung (I), Teil 1: Rechtsstellung der Gesellschaft gegenüber dem D&O-Versicherer, GmbHR 2004, S. 18-28

–: Die Rechtsstellung der Gesellschaft und des Organmitglieds in der D&O-Versicherung (II), Teil 2: Rechtsstellung des Organmitgliedes gegenüber der Gesellschaft, GmbHR 2004, S. 160-170

–: Die Rechtsstellung der Gesellschaft und des Organmitglieds in der D&O-Versicherung (III), Teil 3: Rechtsstellung des Organmitglieds gegenüber der Gesellschaft, GmbHR 2004, S. 288-298

Kock, Martin/Dinkel, Renate: Die zivilrechtliche Haftung von Vorständen für unternehmerische Entscheidungen, NZG 2004, S. 441-448

Köhler, Annette/Marten, Kai-Uwe/Hülsberg, Frank M./Bender, Gregor: Haftungsrisiken für Gesellschaftsorgane – Aktuelle Beurteilung und Gegenmaßnahmen, BB 2005, S. 501-510

Kölner Kommentar: Kölner Kommentar zum Aktiengesetz, 2. Auflage, Köln 1986 ff. (soweit noch nicht erschienen: 1. Auflage 1970 ff.) (zitiert: *Bearbeiter*, in: KK-AktG)

Kölner Kommentar: Kölner Kommentar zum Wertpapiererwerbs- und Übernahmegesetz (WpÜG) (zitiert: *Bearbeiter*, in: KK-WpÜG)

Kolb, Andreas: Unternehmensintegrität, Minderheitenrechte und Corporate Governance, DZWiR 2006, S. 50-57

Koppensteiner, Hans-Georg: „Holzmüller" auf dem Prüfstand des BGH, Der Konzern 2004, S. 381-386

Kort, Michael: Die Haftung von Vorstandsmitgliedern für falsche Ad-hoc-Mitteilungen, AG 2005, S. 21-26

–: Das „Mannesmann"-Urteil im Lichte von § 87 AktG, NJW 2005, S. 333-336

–: Rechte und Pflichten des Vorstands der Zielgesellschaft bei Übernahmeversuchen, Festschrift für Marcus Lutter, Köln 2000, S. 1421-1447 (zitiert: *Kort, FS Lutter*)

Kowalewski, Jörn/Hellgardt, Alexander: Der Stand der Rechtsprechung zur deliktsrechtlichen Haftung für vorsätzlich falsche Ad-hoc-Mitteilungen, DB 2005, S. 1839-1842

Kozyris, John P.: Corporate Wars and Choice of Law, 1985 Duke L. J., S. 1-99 (1985)

Krämer, Hans-Jörg Franz Xaver: Das Unternehmensinteresse als Verhaltensmaxime der Leitungsorgane einer Aktiengesellschaft im Rahmen der Organhaftung, Berlin 2002 (zitiert: *Krämer*)

Krause, Hartmut: BB-Europareport: Die EU-Übernahmerichtlinie – Anpassungsbedarf im Wertpapiererwerbs- und Übernahmegesetz, BB 2004, S. 113-119

–: Die Abwehr feindlicher Übernahmeangebote auf der Grundlage von Ermächtigungsbeschlüssen der Hauptversammlung, BB 2002, S. 1053-1061

–: „Zur „Pool- und Frontenbildung" im Übernahmekampf und zur Organzuständigkeit für Abwehrmaßnahmen gegen „feindliche" Übernahmeangebote", AG 2000, S. 217-222

Krawinkel, Jutta: Die Neuregelung des Aufsichtsrats- und Abschlussprüferrechts nach dem Kontroll- und Transparenzgesetz, Frankfurt am Main 2002 (zitiert: *Krawinkel*)

Kreuzer, Karl: Die Haftung der Leitungsorgane von Kapitalgesellschaften, Baden-Baden 1991 (zitiert: *Bearbeiter*, in: Kreuzer)

Krieger, Gerd: Vorstandsbericht vor Ausnutzung eines genehmigten Kapitals mit Bezugsrechtsausschluss?, Festschrift für Herbert Wiedemann, München 2002, S. 1081 – 1095 (zitiert: *Krieger*, FS Wiedemann)

–: Aktionärsklage zur Kontrolle des Vorstands- und Aufsichtsratshandelns, ZHR 163, (1999), S. 343-363

–: Zur (Innen-)Haftung von Vorstand und Geschäftsführung, Hartwig Henze u.a. (Hrsg.), Gesellschaftsrecht 1995 (RWS-Forum, Bd. 8), Köln 1996, S. 149-177

–: Personalentscheidungen des Aufsichtsrats, München 1981 (zitiert: *Krieger*)

Kropff, Bruno: Aktiengesetz. Textausgabe des Aktiengesetzes vom 6.9. 1965 mit Begründung des Regierungsentwurfs und Bericht des Rechtsausschusses des Deutschen Bundestags, Düsseldorf 1965 (zitiert: RegBegr *Kropff* bzw. Ausschuss *Kropff*)

Kubis, Dietmar: Information und Rechtsschutz der Aktionäre beim genehmigten Kapital, DStR 2006, S. 188-193

Kübler, Friedrich/Assmann, Heinz-Dieter: Gesellschaftsrecht, 6. Aufl., Heidelberg 2006 (zitiert: *Kübler*)

Küpper-Dirks, Monika: Managerhaftung und D-&-O-Versicherung, Karlsruhe 2002 (zitiert: *Küpper-Dirks*)

Küppers, Christoph/Dettmeier, Michael/Koch, Claudia: D&O-Versicherung: Steuerliche Implikationen für versicherte Personen?, DStR 2002, S. 199-204

Kuhner, Christoph: Unternehmensinteresse vs. Shareholder Value als Leitmaxime kapitalmarktorientierter Aktiengesellschaften, ZGR 2004, S. 245 – 279

Lange, Oliver: Auswirkungen eines Kontrollwechsels (change of control) auf die D&O-Versicherung, AG 2005, S. 459-473

–: Die D&O-Versicherungsverschaffungsklausel im Manageranstellungsvertrag, ZIP 2004, S. 2221-2225

–: D&O-Versicherung: Innenhaftung und Selbstbehalt, DB 2003, S. 1833-1837

–: Praxisfragen der D&O Versicherung (Teil 1), DStR 2002, S. 1626-1631

–: Zulässigkeitsvoraussetzungen einer gesellschaftsfinanzierten Aufsichtsrats-D&O-Versicherung, ZIP 2001, S. 1524-1529

Langenbucher, Katja: Vorstandshandeln und Kontrolle, DStR 2005, S. 2083-2090

Langheid, Theo/Grote, Joachim: Deckungsfragen der D&O-Versicherung, VersR 2005, S. 1165-1175

Larenz, Karl: Lehrbuch des Schuldrechts, Bd. I, Allgemeiner Teil, 13. Auflage, München 1982 (zitiert: *Larenz*)

Laurer, Thomas: US-Corporate Governance während einer feindlichen Übernahme – oder: „der *Revlon* Auslöser", ZVglRWiss 103 (2004), S. 316-348

Laux, Helmut: Entscheidungstheorie, 6.Auflage, Berlin 2005 (zitiert: *Laux*)

Lemley, Mark A./McGowan, David: Legal Implications of Network Economic Effects, 86 Cal. L. Rev., S. 481-611 (1998)

Leinekugel, Rolf: Die Ausstrahlungswirkungen des Umwandlungsgesetzes, München 2000 (zitiert: *Leinekugel*)

Leyens, Patrick C.: Deutscher Aufsichtsrat und U.S.-Board: ein- oder zweistufiges Verwaltungssystem?, RabelsZ 63 (2003), S. 59-105

Liebscher, Thomas: Ungeschriebene Hauptversammlungszuständigkeiten im Lichte von Holzmüller, Macrotron und Gelatine, ZGR 2005, S. 1-33

–: Das Übernahmeverfahren nach dem neuen Übernahmegesetz, ZIP 2001 S. 853-869

Linnerz, Markus: Vom Anfechtungs- zum Haftungstourismus?, NZG 2004, S. 307-313

Lopes, Lola L.: Between Hope and Fear: The Psychology of Risk, Advances in Experimental Social Psychology 20 (1987), S. 255-295

Lüpkemann, Sabine: Das haftungsfreie wirtschaftliche Ermessen in der Aktiengesellschaft, München 2004 (zitiert: *Lüpkemann*)

Lutter, Marcus: Kommentar zum Umwandlungsgesetz, Bd. 1: §§ 1-137, 3. Auflage, München 2004 (zitiert: *Bearbeiter,* in: Lutter, UmwG)

–: Corporate Governance und ihre aktuellen Probleme, vor allem: Vorstandsvergütung und ihre Schranken, ZIP 2003, S. 737-743

–: Die Erklärung zum Corporate Governance Kodex gemäß § 161 AktG, ZHR 166 (2002), S. 523-543

–: Aktionärs-Klagerechte, JZ 2000, S. 837-842

–: Pflichten und Haftung von Sparkassenorganen, Köln 1991 (zitiert: *Lutter*)

–/Hommelhoff, Peter: Kommentar zum GmbHG, 16. Auflage, Köln, 2004 (zitiert: *Bearbeiter,* in: Lutter/Hommelhoff, GmbhG)

MacCrimmon, Kenneth R./Wehrung, Donald A.: Characteristics of Risk Taking Executives, Management Science 36 (1990) 4, S. 422-435

Maier-Reimer, Georg: Verhaltenspflichten des Vorstands der Zielgesellschaft bei feindlichen Übernahmen, ZHR 165 (2001) S. 258-279

Maly, Werner: Die Entwicklung von Grundsätzen ordnungsgemäßer Unternehmensführung aus Sicht der Praxis, ZfbF, Sonderheft 36 (1996), S. 179-226

Manning, Bayless: The Business Judgment Rule and the Director's Duty of Attention: Time for Reality, 39 Bus. Law., S. 1477-1501 (1984)

March, James G./Shapira, Zur: Managerial Perspectives On Risk And Risk Taking, in: Management Science 33 (1987) 11, S. 1404-1418

Marsh Jr., Harold: Are Director's Trustees? Conflict of Interest and Corporate Morality, 22 Bus. Law., S. 35-76 (1966)

Martens, Klaus-Peter: „Der Ausschluss des Bezugsrechts", ZIP 1992, S. 1677-1697

–: Der Einfluß von Vorstand und Aufsichtsrat auf Kompetenzen und Struktur der Aktionäre – Unternehmensverantwortung contra Neutralitätspflicht, Festschrift für Karl Beusch, Berlin 1993, S. 529-556 (zitiert: *Martens,* FS Beusch)

–: Der Grundsatz gemeinsamer Vorstandsverantwortung, Festschrift für Hans-Joachim Fleck, Berlin 1988, S. 191-208 (zitiert: *Martens*, FS Fleck)

Maul, Silja: Die EU-Übernahmerichtlinie – ausgewählte Fragen, NZG 2005, S. 151-158

–: Verantwortlichkeit der Organmitglieder – Entwicklungen aus europäischer Sicht, WM 2004, S. 2146-2150

–/Muffat-Jeandet, Daniele: „Die EU-Übernahmerichtlinie – Inhalt und Umsetzung in nationales Recht (Teil I), AG 2004, S. 221-234; (Teil II), S. 306-318

Meilicke, Wienand/Heidel, Thomas: UMAG: „Modernisierung" des Aktienrechts durch Beschränkung des Eigentumsschutzes der Aktionäre, DB 2004, S. 1479-1487

–: Die Pflicht des Vorstands der AG zur Unterrichtung der Aktionäre vor dem Bezugsrechtsausschluss bei genehmigtem Kapital, DB 2000, S. 2358-2361

Menjucq, Michel: Das „monistische" System der Unternehmensleitung in der SE, ZGR 2003, S. 679-687

Merkt, Hanno: Die monistische Unternehmensverfassung für die Europäische Aktiengesellschaft aus deutscher Sicht, ZGR 2003, S. 650-678

–/Göthel, Stephan R.: US-amerikanisches Gesellschaftsrecht, 2. Aufl., Frankfurt am Main 2006 (zitiert: *Merkt/Göthel*)

Mertens, Hans-Joachim: Bedarf der Abschluss einer D&O-Versicherung der Zustimmung der Hauptversammlung?, AG 2000, S. 447-452

–: Der Begriff des Vermögensschadens im Bürgerlichen Recht, Stuttgart 1967 (zitiert: *Mertens*)

Milgrom, Paul R./Roberts, John: Economics, Organizations, and Management, Englewood Cliffs, NJ, USA 1992 (zitiert: *Milgrom/Roberts*)

Mintzberg, Henry: The rise and fall of strategic planning: reconceiving roles for planning, plans, planners, New York, N.Y., USA 1994 (zitiert: *Mintzberg*)

Mülbert, Peter O.: Empfiehlt es sich im Interesse des Anlegerschutzes und zur Förderung des Finanzplatzes Deutschland das Kapitalmarkt- und Börsenrecht neu zu regeln?, JZ 2002, S. 826-837

–: Die Zielgesellschaft im Vorschlag einer Takeover-Richtlinie – zwei folgenreiche Eingriffe ins deutsche Aktienrecht, IStR 1999, S.83-94

–: Shareholder Value aus rechtlicher Sicht, ZGR 1997, S. 129-172

Müller, Welf: „Die Entscheidungsspielräume der Verwaltung einer Aktiengesellschaft im Verhältnis zu ihren Aktionären", Festschrift für Johannes Semler, Berlin 1993, S. 195-215 (zitiert: *Müller*, FS Semler)

Münchener Handbuch: Münchener Handbuch des Gesellschaftsrechts, Band 4: Aktiengesellschaft, 2. Auflage, herausgegeben von Michael Hoffman-Beucking, München, 1999 (zitiert: *Bearbeiter*, in: Münch. Hdb. GesR IV)

Münchener Kommentar: Münchener Kommentar zum Aktiengesetz, herausgegeben von Bruno Kropff u.a., 2. Auflage, Band 1, §§ 1-53, München 2000 (zitiert: *Bearbeiter*, in: MünchKommAktG)

Münchener Kommentar: Münchener Kommentar zum Aktiengesetz, herausgegeben von Bruno Kropff u.a., 2. Auflage, Band 3, §§76-117 AktG, MitbestG, § 76 BetrVG 1952, München 2004 (zitiert: *Bearbeiter*, in: MünchKommAktG)

Münchener Kommentar: Münchener Kommentar zum Aktiengesetz, herausgegeben von Bruno Kropff u.a., 2. Auflage, Band 4, §§ 118-147, München 2004 (zitiert: *Bearbeiter*, in: MünchKommAktG)

Münchener Kommentar: Münchener Kommentar zur Zivilprozessordnung: mit Gerichtsverfassungsgesetz und Nebengesetzen, herausgegeben von Gerhard

Lüke und Peter Wax, 2.Auflage, Band 1, §§ 1-354, München 2000 (zitiert: *Bearbeiter,* in: MünchKommZPO)

Musielak, Hans-Joachin: Kommentar zur Zivilprozessordnung: mit Gerichtsverfassungsgesetz, herausgegeben von Hans-Joachim Musielak, 3. Auflage, München 2002 (ziticrt: B*earbeiter,* in: Musielak ZPO)

Mutter, Stefan: Unternehmerische Entscheidungen und Haftung des Aufsichtsrats der Aktiengesellschaft, Köln 1994 (zitiert: *Mutter*)

Nirk, Rudolf: Zur Justiziabilität unternehmerischer Entscheidungen des Aufsichtsrats, Festschrift für Karlheinz Boujong, München 1996, S. 393–413 (zitiert: *Nirk,* FS Boujong)

Oltmanns, Martin: Geschäftsleiterhaftung und unternehmerisches Ermessen, Frankfurt am Main 2001 (zitiert: *Oltmanns*)

Paar, Randy: D&O Liability & Insurance 2004: Directors & Officers under fire, Practising Law Institute, Commercial Law and Practice Course Handbook Series, PLI Order Number 3198, S. 9-90 (2004)

Paefgen, Thomas Christian: Eine Morphologie des US-amerikanischen Rechts der Aktiengesellschaft, AG 1992, S. 133-149

–: Eine Morphologie des US-amerikanischen Rechts der Aktiengesellschaft, AG 1992, S. 169-187

Paefgen, Walter G.: Dogmatische Grundlagen, Anwendungsbereich und Formulierung einer Business Judgment Rule im künftigen UMAG, AG 2004, S. 245-261

–: Unternehmerische Entscheidungen und Rechtsbindung der Organe in der AG, Köln 2002 (zitiert: *Paefgen*)

–: Struktur und Aufsichtsratsverfassung der mitbestimmten AG, Köln 1982 (zitiert: *Paefgen,* Struktur und Aufsichtsratsverfassung der mitbestimmten AG)

Palandt: Bürgerliches Gesetzbuch, begründet von Otto Palandt, bearbeitet von Peter Bassenge u.a., 64. Auflage, München 2004 (zitiert: *Bearbeiter,* in: Palandt BGB)

Palmer, Timothy B./Wiseman, Robert M.: Decoupling Risk Taking from Income Stream Uncertainty: A holistic Model of Risk, Strat. Mgmt. J. 20 (1999)11, S. 1037-1062

Paschos, Nikolaos: Berichtspflichten des Vorstands bei der Ermächtigung zum Bezugsrechtsausschluss und deren Ausübung im Rahmen eines genehmigten Kapitals, WM 2005, S. 356-365

–/Neumann, Kay-Uwe: Die Neuregelungen des UMAG im Bereich der Durchsetzung von Haftungsansprüchen der Aktiengesellschaft gegen Organmitglieder, DB 2005, S. 1779-1786

Peininger, Gunhild: D&O: Manche Newcomer überstehen die Zyklen nicht, VW 2006, S. 22-26

Peltzer, Martin: Vorstand und Geschäftsführung als Leitungs- und gesetzliches Vertretungsorgan der Gesellschaft, JuS 2003, S. 348 – 353

–: Corporate Governance aus der Sicht der deutschen Reformdiskussion, zweite Gedächtnisvorlesung für Max Hachenburg, Heidelberg 1997, S. 49 – 104 (zitiert: *Peltzer*, FS Hachenburg)

Penner, Eduard: Tod eines Wiedergängers? „Vorsätzliche" contra „wissentliche" Pflichtverletzung in der D&O-Versicherung, VersR 2005, S. 1359-1361

Plück, Ralf/Lattwein, Alois: Haftungsrisiken für Manager, 2. Aufl., Wiesbaden 2004 (zitiert: *Plück/Lattwein*)

Pöllath, Reinhard/Philipp, Christoph: Unternehmenskauf und Verschmelzung: Pflichten und Haftung von Vorstand und Geschäftsführer, DB 2005, S. 1503-1509

Poensgen, Otto H.: Geschäftsbereichsorganisation, Opladen, 1973 (zitiert: *Poensgen*)

Prölss, Jürgen/Martin, Anton: Versicherungsvertragsgesetz – Kommentar, 27. Aufl., München 2004 (zitiert: *Bearbeiter, in:* Prölss/Martin)

Preußner, Joachim/Zimmermann, Dörte: Risikomanagement als Gesamtaufgabe des Vorstands, AG 2002, S. 657 – 662

Raiser, Thomas: Recht der Kapitalgesellschaften: ein Handbuch für die Praxis und Wissenschaft; Aktiengesellschaft, Gesellschaft mit beschränkter Haftung, Kapitalgesellschaft & Co.; Umwandlung, Verschmelzung, Spaltung, Konzernrecht, 3. Auflage, München 2001 (zitiert: *Raiser*)

–: Unternehmensrecht als Gegenstand juristischer Grundlagenforschung, Festschrift für Erich Potthoff, Baden-Baden 1989, S. 31-45 (zitiert: *Raiser, FS Potthoff*)

Reichert, Jochem: Mitwirkungsrechte und Rechtsschutz der Aktionäre nach Macrotron und Gelatine, AG 2005, S. 150-160

Rieger, Harald: Gesetzeswortlaut und Rechtswirklichkeit im Aktiengesetz, Festschrift für Martin Peltzer, Köln 2001, S. 339-357 (zitiert: *Rieger, FS Peltzer*)

Ringleb, Henrik-Michael/Kremer, Thomas/Lutter, Marcus/Werder, Axel von: Kommentar zum Deutschen Corporate Governance Kodex: Kodex-Kommentar, 2. Aufl., München 2005 (zitiert: *Bearbeiter* in: Ringleb/Kremer/Lutter/ v.Werder DCGKK)

Rittner, Fritz: Zur Verantwortung des Vorstandes nach § 76 Abs. 1 AKTG 1965, Festschrift für Ernst Geßler, 1971, S. 139-158 (zitiert: *Rittner, FS Geßler*)

Rodewald, Jörg/Unger, Ulrike: Corporate Compliance – Organisatorische Vorkehrungen zur Vermeidung von Haftungsfällen der Geschäftsleitung, BB 2006, S. 113-117

Roe, Mark J.: Delaware's Competition, 117 Harv. L. Rev., S. 588-646 (2003)

Romano, Roberta: The Genius of American Corporate Law, Washington, USA, 1993 (zitiert: *Romano*)

–: Law as a Product; some Pieces of the Incorporation Puzzle, 1 J. Law Econ. Org., S. 225-283 (1985)

Romberg, Ulf J./Schimmer, Dieter/Hempel, Karl/Seeger, Norbert/Hütte, Klaus/ Ruoss, Thomas: Managerhaftung: 25. Tagung der DACH in Salzburg vom 20. bis 22. September 2001 (zitiert: *Bearbeiter,* in: Managerhaftung)

Rosenkranz, Claus: Determinismus und Indeterminismus in der modernen Physik – historische und systematische Studien zum Kausalproblem; Gesammelte Werke Ernst Cassirer, Bd. 19, Darmstadt 2004 (zitiert: *Rosenkranz*)

Roth, Markus: Das unternehmerische Ermessen des Vorstands, BB 2004, S. 1066-1069

–: Unternehmerisches Ermessen und Haftung des Vorstands: Handlungsspielräume und Haftungsrisiken insbesondere in der wirtschaftlichen Krise, München 2001 (zitiert: *Roth*)

Roth, Günter H./Altmeppen, Holger: Gesetz betreffend die Gesellschaften mit beschränkter Haftung – GmbH: Kommentar, 5. Auflage, München 2005 (zitiert: *Bearbeiter,* in: Roth/Altmeppen, GmbHG)

Säcker, Franz-Jürgen: Streitfragen zur D&O-Versicherung, VersR 2005, S. 10-15

–: Rechtsprobleme beim Widerruf der Bestellung von Organmitgliedern und Ansprüche aus fehlerhaften Anstellungsverträgen, Festschrift für Gerhard Müller, Berlin 1981, S. 745-763 (zitiert: *Säcker,* FS Müller)

Sale, Hillary A.: Delaware's Good Faith, 89 Cornell L. Rev., S. 456-495 (2004)

v. Samson-Himmelstjerna, Alexander: Die U.S.-Corporation und ihre Besteuerung: Eine systematische Darstellung des Gesellschafts- und Steuerrechts der Kapitalgesellschaften in den Vereinigten Staaten von Amerika, München 1981 (zitiert: *v. Samson-Himmelstjerna*)

Sarasvathy, D. K./Simon, Herbert A./Lave, Lester: Perceiving and Managing Business Risks: Differences between Entrepreneurs and Bankers, JEBO 33 (1998), S. 207-255

Schack, Haimo: Einführung in das US-amerikanische Zivilprozessrecht, 3. Auflage, München 2003 (zitiert: *Schack*)

Schäfer, Carsten: Die Binnenhaftung von Vorstand und Aufsichtsrat nach der Renovierung durch das UMAG, ZIP 2005, S. 1253-1259

Schäfer, Philipp Moritz: Die Organstellung, Anstellungsverhältnisse und Haftung der Mitglieder des Vorstands und der Geschäftsführung abhängiger Gesellschaften, Berlin 2002 (zitiert: *Schäfer*)

Scheffler, Eberhard: Konzernmanagement: betriebswirtschaftliche und rechtliche Grundlagen der Konzernführungspraxis, 2. Auflage, München 2005 (zitiert: *Scheffler*)

Schiessl, Maximilian: Gesellschafts- und mitbestimmungsrechtliche Probleme der Spartenorganisation (Divisionalisierung), ZGR 1992, S. 64 – 86

Schiffer, Jan K./Rödl, Christian/Rott, Eberhard: Haftungsgefahren im Unternehmen (Hrsg.), Herne/Berlin 2004 (zitiert: *Bearbeiter*, in: Schiffer/Rödl/Rott)

Schillinger, Julia: Die Entwicklung der D&O-Versicherung und der Managerhaftung in Deutschland – von der „Versicherungsutopie" zu den Auswirkungen des UMAG, VersR 2005, S. 1484-1492

Schlitt, Christian: Der aktive Aufsichtsratsvorsitzende – Zum Handlungsspielraum des Aufsichtsratsvorsitzenden im aktienrechtlichen Normgefüge, DB 2005, S. 2007-2013

Schmidt, Karsten: Verfolgungspflichten, Verfolgungsrechte und Aktionärsklagen: Ist die Quadratur des Zirkels näher gerückt?, NZG 2005, S. 796-801

–: Macrotron oder: weitere Ausdifferenzierung des Aktionärsschutzes durch den BGH, NZG 2003, S. 601-606

–: Gesellschaftsrecht, 4. Auflage, München 2002 (zitiert: *K.Schmidt*)

–: Gesetzliche Gestaltung und dogmatisches Konzept eines neuen Umwandlungsgesetzes, ZGR 1990, S. 580-606

–: Abhängigkeit, faktischer Konzern, Nichtaktienkonzern und Divisionalisierung im Bericht der Unternehmensrechtskommission, ZGR 1981, S. 455-486

Schmitt, Joachim/Hörtnagl, Robert/Stratz, Rolf-Christian: Umwandlungsgesetz – Umwandlungssteuergesetz, 3. Auflage, München 2001 (zitiert: *Bearbeiter*, in: Schmitt/Hörtnagl/Stratz, UmwG)

Schneeweiß, Hans: Entscheidungskriterien bei Risiko, Berlin 1967 (zitiert: *Schneeweiß*)

Schneider, Sven H.: „Unternehmerische Entscheidungen" als Anwendungsvoraussetzungen für die Business Judgment Rule, DB 2005, S. 707-712

Schneider, Uwe H.: Haftungsmilderung für Vorstandsmitglieder und Geschäftsführer bei fehlerhafter Unternehmensleistung?, Festschrift für Winfried Werner, Berlin 1984, S. 795-815 (zitiert: *Schneider*, FS Werner)

Schneider, Uwe H./Ihlas, Horst: Die Vermögensschadenshaftpflichtversicherung des Geschäftsführers einer GmbH, DB 1994, S. 1123-1128

Schnorbus, York: Grundlagen der persönlichen Haftung von Organmitgliedern nach § 25 Abs. 1 UmwG, ZHR 167 (2003), S. 666-701

Scholz, Franz: Kommentar zum GmbH-Gesetz: mit Nebengesetzen und den Anhängen Konzernrecht sowie Umwandlung und Verschmelzung, Bd.1: §§ 1-44, Anh. Konzernrecht, 9. Auflage, Köln 2000 (zitiert: *Bearbeiter* in: Scholz, GmbHG)

Schreyögg, Georg: Organisation: Grundlagen moderner Organisationsgestaltung, 4. Aufl., Wiesbaden 2003 (zitiert: *Schreyögg*)

–: Noch einmal: Zur Trennung von Eigentum und Verfügungsgewalt, in: Unternehmensethik und die Transformation des Wettbewerbs: Shareholder-Values, Globalisierung, Hyperwettbewerb, Festschrift für Horst Steinmann, Stuttgart 1999, S. 159-181 (zitiert: *Schreyögg,* FS Steinmann)

Schröer, Henning: Geltendmachung von Ersatzansprüchen gegen Organmitglieder nach UMAG, ZIP 2005, S. 2081-2090

Schüppen, Matthias: WpÜG-Reform: Alles Europa, oder was?, BB 2006, S. 165-171

Schüppen, Matthias/Sanna, Thomas: D&O-Versicherungen: Gute und schlechte Nachrichten!, ZIP 2002, S. 550-553

Schütz, Carsten: UMAG Reloaded, NZG 2005, S. 5-11

–: Unternehmensintegrität und Modernisierung des Anfechtungsrechts – UMAG, ZIP 2004, S. 252-258

Scoles, Eugene F./Hay, Peter/Borchers, Patrick J./Symeonides, Symeon C.: Conflicts of Laws, 4. ed., St. Paul, Minn., USA 2004 (zitiert: *Scoles/Hay/Borchers/Symeonides*)

Scott, Kenneth E.: Corporation Law and the American Law Institute Corporate Governance Project, 35 Stan. L. Rev., S. 927-948 (1983)

Seibert, Ulrich: Aktionärsforum und Aktionärsforumsverordnung nach § 127 a AktG, AG 2006, S. 16-23

–: UMAG und Hauptversammlung – Regierungsentwurf eines Gesetzes zur Unternehmensintegrität und Modernisierung des Anfechtungsrechts (UMAG), WM 2005, S. 157-161

–: BB-Gesetzgebungsreport: Das Gesetz zur Unternehmensintegrität und Modernisierung des Anfechtungsrechts (UMAG) kommt zum 1. 11. 2005, BB 2005, S. 1457-1458

–: Das 10-Punkte-Programm – „Unternehmensintegrität und Anlegerschutz", BB 2003, S. 693-698

–: Gesetzesentwurf zur Herabsetzung des Mindestnennbetrags der Aktien, AG 1993, S. 315-318

–/Heiser, Kristian: Analyse der EU-Übernahmerichtlinie und Hinweise für eine Reform des deutschen Übernahmerechts, ZGR 2005, S. 200-251

–/Seibt, Christoph H.: Die Reform des Verfolgungsrechts nach § 147 AktG und des Rechts der Sonderprüfung, WM 2004, S. 2137-2146

–/Schütz, Carsten: Der Referentenentwurf eines Gesetzes zur Unternehmensintegrität und Modernisierung des Anfechtungsrechts – UMAG, ZIP 2004, S. 252-258

Semler, Johannes: Zur aktienrechtlichen Haftung der Organmitglieder einer Aktiengesellschaft, AG 2005, S. 321-336

–: Entscheidungen und Ermessen im Aktienrecht, Festschrift für Peter Ulmer, Berlin 2003, S. 627-642 (zitiert: *Semler,* FS Ulmer)

–: Rechtsvorgabe und Realität der Organzusammenarbeit in der Aktiengesellschaft, Festschrift für Marcus Lutter, Köln 2001, S. 721-734 (zitiert: *Semler,* FS Lutter)

–: Leitung und Überwachung der Aktiengesellschaft: die Leitungsaufgabe des Vorstands, und die Überwachungsaufgabe des Aufsichtsrats, 2. Auflage, Köln 1996 (zitiert: *Semler*)

–: Die Unternehmensplanung in der Aktiengesellschaft – eine Betrachtung unter rechtlichen Aspekten, ZGR 1983, S. 1-33

–/Stengel, Arndt: Kommentar zum Umwandlungsgesetz, hrsg. von Semler und Stengel, München 2003 (zitiert: *Bearbeiter,* in: Semler/Stengel, UmwG)

Shapira, Zur: Risk Taking – A Managerial Perspective, New York, NY, USA 1995 (zitiert: *Shapira*)

–: Risk in Managerial Decision Making, unpublished manuscript, Hebrew University, Jerusalem, Israel, 1986

Sieben, Günter/Schildbach, Thomas: Betriebswirtschaftliche Entscheidungstheorie, 4. Auflage, Düsseldorf 1994 (zitiert: *Sieben/Schildbach*)

Sieg, Oliver: Tendenzen und Entwicklungen der Managerhaftung in Deutschland, DB 2002, S. 1759-1764

Siems, Mathias M.: Welche Auswirkung hat das neue Verfolgungsrecht der Aktionärsminderheit?, ZVglRWiss 104 (2005), S. 376-394

Soderquist, Larry D.: Reconciling Shareholders' Rights and Corporate Responsibility: Close and Small Public Corporations, 33 Vand. L. Rev., S. 1387-1420 (1980)

Soderquist, Larry D./Sommer Jr., A.A./Chew, Pat K./Smiddy, Linda O.: Corporations and other business organizations: cases, materials, problems, 5. ed., Danvers, Ma., USA, 2001 (zitiert: *Soderquist*)

Solomon, Lewis D./Schwartz, Donald E./Bauman, Jeffrey D./Weiss, Elliott J: Corporations, law and policy: materials and problems, 4. ed., St. Paul, Minn., USA, 1998 (zitiert: *Solomon*)

Spindler, Gerald: Haftung und Aktionärsklage nach dem neuen UMAG, NZG 2005, S. 865-872

Steinmeyer, Roland/Häger, Michael: WpÜG: Kommentar zum Wertpapiererwerbs- und Übernahmegesetz mit Erläuterungen zum Minderheitsausschluss nach §§ 327 a ff. AktG, Berlin 2002 (zitiert: *Steinmeyer/Häger*, WpÜG)

Strine Jr., Leo E.: Derivative Impact? Some Early Reflections on the Corporation Law Implications of the Enron Debacle, 57 Bus. Law., S. 1371-1402 (2002)

Strong, John W.: McCormick on Evidence, 5. ed., St.Paul, Minn., USA, 1999 (zitiert: *Strong*)

Teichmann, Christoph: Gestaltungsfreiheit im monistischen Leitungssystem der Europäischen Aktiengesellschaft, BB 2004, S. 53-60

Teubner, Gunther: Unternehmensinteresse – das gesellschaftliche Interesse am Unternehmen „an sich" ?, ZHR 149 (1985), S. 470-488

Theisen, Manuel R.: Grundsätze ordnungsgemäßer Überwachung (GoÜ) – Problem, Systematik und erste inhaltliche Vorschläge, ZfbF Sonderheft 36 (1996), S. 75-106

Thümmel, Roderich C.: Organhaftung nach dem Referentenentwurf des Gesetzes zur Unternehmensintegrität Modernisierung des Anfechtungsrechts (UMAG) – Neue Risiken für Manager?, DB 2004, S. 471-474

–: Persönliche Haftung von Managern und Aufsichtsräten, 3. Auflage, Stuttgart 2003 (zitiert: *Thümmel*)

–: Haftungsrisiken von Vorständen und Aufsichtsräten bei der Abwehr von Übernahmeversuchen, DB 2000, S. 461-465

–: Manager- und Aufsichtsratshaftung nach dem Referentenentwurf zur Änderung des AktG und des HGB, DB 1997, S. 261-264

Thüsing, Gregor: Das Gesetz über die Offenlegung von Vorstandsvergütungen, ZIP 2005, S. 1389-1397

Trescher, Karl: Aufsichtsrathaftung zwischen Norm und Wirklichkeit, DB 1995, S. 661-665

Ulmer, Peter: Haftungsfreistellung bis zur Grenze grober Fahrlässigkeit bei unternehmerischen Fehlentscheidungen von Vorstand und Aufsichtsrat?, DB 2004, S. 859-863

–: Die Aktionärsklage als Instrument zur Kontrolle des Vorstands- und Aufsichtsratshandelns, ZHR 163 (1999), S. 290-342

Veasey, Norman E.: Counseling directors in the new corporate culture, 59 Bus. Law., S. 1447-1458 (2004)

–: Reflections on key issues of the professional responsibilities of corporate lawyers in the twenty-first century, 12 Wa. U. J. L. P., S. 1-23 (2003)

–: Musings on the Dynamics of Corporate Governance issues, Director liability concerns, corporate control transactions, ethics, and federalism, 152 U. Pa. L. Rev., S. 1007-1021 (2003)

–: The defining tension in corporate governance in America, 52 Bus. Law., S. 393-406 (1997)

–/Finkelstein, Jesse A./Bigler, Stephen C.: Delaware Supports Directors with a Three-Legged Stool of Limited Liability, Indemnification and Insurance, 42 Bus. Law., S. 399-421 (1987)

–/Seitz, Julie M. S.: The Business Judgment Rule in the Revised Model Act, the Trans Union Case, and the ALI Project – A Strange Porridge, 63 Tex. L. Rev., S. 1483-1507 (1985)

Vetter, Eberhard: Aktienrechtliche Probleme der D&O-Versicherung, AG 2000, S. 453-458

Vlek, Charles/Stallen, Pieter-Jan: Rational and Personal Aspects of Risk, Acta Psychologica 45 (1980), S. 273-300

Volhard, Rüdiger: „Siemens/Nold": Die Quittung, AG 1998, S. 397–404

Vorrath, Brigitte: Wissentliche Pflichtverletzung in der D&O-Versicherung – Ein Ausschlusstatbestand „sui generis"?, VW 2006, S. 575-576

–: „Wissentliche Pflichtverletzung" in den D&O-Versicherungsbedingungen, VW 2006, S. 151-152

Voßkuhle, Andreas: Methode und Pragmatik im Öffentlichen Recht – Vorüberlegungen zu einem differenziert-integrativen Methodenverständnis am Beispiel des Umweltrechts, in: Bauer u.a., (Hrsg.), Umwelt, Wirtschaft und Recht, Tübingen 2002, S. 172-195 (zitiert: *Bearbeiter*, in: Bauer)

Vothknecht, Michael: Wishful thinking in der D&O, VW 2006, S. 488-489

Wachter, B./Van Hulle, K./Landau, W./Schaafsma, J./M. Raaijmakers: Harmonization of company and securities law: the European and American approach, Tilburg, 1989 (zitiert: *Wachter*)

Waclawik, Erich: Die Aktionärskontrolle des Verwaltungshandelns bei der Ausnutzung des genehmigten Kapitals der Aktiengesellschaft, ZIP 2006, S. 397-406

Weber, Elke U./Milliman, Richard A.: Perceived Risk Attitudes: Relating Risk Perception to Risky Choice, Management Science 43 (1997) 2, S. 123-144

Weber, Kurt: „Gewinn- und Verlustbeteiligung des Vorstands", BB 1994, S. 1088-1089

Weiss, Susanne/Buchner, Markus: Wird das UMAG die Haftung der Unternehmensleiter verändern?, WM 2005, S. 162-171

Weisser, Ralf: Feindliche Übernahmeangebote und Verhaltenspflichten der Leitungsorgane, Konstanz 1995 (zitiert: *Weisser*)

Werder, Axel von: Grundsätze ordnungsgemäßer Unternehmensführung (GoF) – Zusammenhang, Grundlagen und Systemstruktur von Führungsgrundsätzen für die Unternehmensleitung (GoU), Überwachung (GoÜ) und Abschlussprüfung (GoA), ZfbF, Sonderheft 36 (1996), S. 1-26

–: Grundsätze ordnungsgemäßer Unternehmensleitung (GoU) – Bedeutung und erste Konkretisierung von Leitlinien für das Top-Management, ZfbF Sonderheft 36 (1996), S. 27-74

–: Management: Mythos oder regelgeleitete Kunst des Möglichen?, DB 1995, S. 2177–2183

Werder, Axel von/Maly, Werner/Pohle, Klaus/Wolff, Gerhardt: Grundsätze ordnungsgemäßer Unternehmensleitung (GoU) im Urteil der Praxis, DB 1998, S. 1193–1198

Westphalen, Friedrich Graf von: Ausgewählte neuere Entwicklungen in der D&O-Versicherung, VersR 2006, S. 17-23

–: D&O-Versicherung und Direktanspruch der Gesellschaft gegenüber der Versicherung?, DB 2005, S. 431-437

Wiedemann, Herbert: Organverantwortung und Gesellschafterklagen in der Aktiengesellschaft, Opladen 1989 (zitiert: *Wiedemann*)

Wiemann, Volker/Mellewigt, Thomas: Das Risiko-Rendite Paradoxon – Stand der Forschung und Ergebnisse einer empirischen Untersuchung, ZfbF 50 (1998), S. 551-572

Wiesner, Peter M.: „Die neue Übernahmerichtlinie und die Folgen", ZIP 2004, S. 343-350

Wilsing, Hans-Ulrich: Der Regierungsentwurf des Gesetzes zur Unternehmensintegrität und Modernisierung des Anfechtungsrechts, DB 2005, S. 35-41

–: Neuerungen des UMAG für die aktienrechtliche Beratungspraxis, ZIP 2004, S. 1082-1091

–/Neumann, Kay-Uwe: Die Neuregelung der aktienrechtlichen Sonderprüfung nach dem Inkrafttreten des UMAG, DB 2006, S. 31-35

Windbichler, Christine: Zur Trennung von Geschäftsführung und Kontrolle bei amerikanischen Großgesellschaften, ZGR 1985, S. 50-73

Winter Jr., Ralph K.: State Law, Shareholder Protection and the Theory of the Corporation, 6 J. Legal Stud., S. 251-292 (1977)

Winter, Martin/Harbarth, Stephan: Verhaltenspflichten von Vorstand und Aufsichtsrat der Zielgesellschaft bei feindlichen Übernahmeangeboten nach dem WpÜG, ZIP 2002, S. 1-18

Wirth, Gerhard: Anforderungsprofil und Inkompatibilitäten für Aufsichtsratsmitglieder, ZGR 2005, S. 327-347

Wöhe, Günter: Einführung in die allgemeine Betriebswirtschaftslehre, 21. Auflage, München 2002 (zitiert: *Wöhe*)

Wollny, Paul: Die directors' and officers' liability insurance in den Vereinigten Staaten von Amerika (D&O-Versicherung) – Vorbild für eine Aufsichtsratshaftpflichtversicherung in Deutschland?, Frankfurt am Main 1993 (zitiert: *Wollny*)

Zimmermann, Walter: Insolvenzrecht, 4. Auflage, Heidelberg 2001 (zitiert: *Zimmermann*)

Zöllner, Wolfgang: Unternehmensinnenrecht: Gibt es das?, AG 2003, S. 2-12

–: Die so genannten Gesellschafterklagen im Kapitalgesellschaftsrecht, ZGR 1988, S. 392-440

Einleitung

Die Verantwortung des Managements nationaler wie auch internationaler Groß-unternehmen zieht nicht erst seit den Finanzskandalen von Enron und WorldCom das Interesse von Juristen und Ökonomen auf sich. Allein in Deutschland haben in der Vergangenheit Fälle wie die von Mannesmann, der Metallgesellschaft, der Philipp Holzmann AG oder jüngst von EMTV, der Bankgesellschaft Berlin oder Infomatec für einen intensiveren Umgang mit dem Management von Großunter-nehmen, dessen Fehlentscheidungen, Ursachen und Wirkungen gesorgt.

Trotz unterschiedlichster Ursachen für die Unternehmenskrisen sowohl der global agierenden Unternehmen als auch der vorrangig national tätigen Unter-nehmen tauchen doch im Kern stets Vorwürfe hinsichtlich gravierender Pflicht-verletzungen oder Versäumnisse der Unternehmensleiter auf. Die Auswirkungen dieses Missmanagements sind erschreckend. Folge davon sind die größten Un-ternehmensinsolvenzen der Wirtschaftsgeschichte, ein nachhaltiger Vertrauens-verlust der Anleger, und nicht zuletzt auf nationaler Ebene, ein Rückschlag für den Finanzplatz Deutschland im globalen Wettbewerb.

Im Zuge dieser auch wirtschaftspolitisch äußerst misslichen Entwicklungen hat sich auch der deutsche Gesetzgeber eingeschaltet und wiederholt Reformen des Aktien- und Kapitalmarktrechts beschlossen. Nach dem KonTraG[1], dem NaStraG[2], den Neuregelungen des 4. FinanzmarktförderungsG und dem TransPuG[3] hat die Bundesregierung am 25. Februar 2003 einen Maßnahmenkata-log[4] zur Stärkung des Anlegerschutzes und der Unternehmensintegrität verab-schiedet. Sinn und Zweck der Maßnahme war die Wiedergewinnung des bei den Anlegern verloren gegangenen Vertrauens in die Kapitalmärkte durch ein insge-

---

1   Gesetz zur Kontrolle und Transparenz im Unternehmensbereich vom 27.4.1998, BGBl. I 786
2   Gesetz zur Namensaktie und zur Erleichterung der Stimmrechtsausübung (Namens-aktiengesetz – NaStraG) vom 18.1.2001, BGBl. I, 123
3   Gesetz zur weiteren Reform des Aktien- und Bilanzrechts, zu Transparenz und Pub-lizität (Transparenz- und Publizitätsgesetz) vom 19.7.2002, BGBl. I, 2681; vgl. diesbezüglich die Besprechung des Entwurfs des TransPuG von *Hucke/Ammann*, DStR 2002, 689 ff.
4   Maßnahmenkatalog der Bundesregierung vom 25.2.2003, abrufbar im Internet unter: www.bmj.bund.de/ger/service/pressemitteilungen/. (beruhend auf dem 10-Punkte-Programm der Bundesregierung vom 28.Mai 2002.Vgl. auch *Seibert*, BB 2003, 693 ff.

samt höheres Maß an Transparenz im Bereich der Unternehmensführung[5]. Der zunehmend wachsende Stellenwert von Aktien und anderen Wertpapieren als alternative Form der Altersvorsorge in Deutschland begründet diese außerordentlich zeitnahe politische Reaktion sowohl auf die internationalen als auch auf die nationalen Unternehmenskrisen[6].

Die Brisanz der Polarität zwischen einem professionellen Management auf der einen und den Aktionären auf der anderen Seite folgt aus der Trennung von Eigentum und Verfügungsgewalt und ist nicht zuletzt seit der legendären Studie von *Berle* und *Means*[7] in das Zentrum öffentlicher Diskussionen gerückt. Trotz der weit zurückliegenden Zeit ihrer Erstveröffentlichung hat die Studie bis heute nicht an Aktualität verloren. Die einer Publikumsgesellschaft zugrunde liegende Faszination, mit geringem Eigenkapitalaufwand Miteigentümer an einer global agierenden Gesellschaft zu werden, die Geschicke der Gesellschaft mitzubestimmen und von den Gesellschaftserfolgen durch Dividendenzahlungen und eventuell steigenden Aktienkursen profitieren zu können, ist ungebrochen. Zunehmend wird diese theoretische Reichtum- und Machtphantasie jedoch von der Realität überschattet, dass de facto aufgrund der breiten Streuung der Aktien und zunehmender Dominanz neuer Aktionärstypen, wie institutioneller Anleger, die (Klein-)Aktionäre als ursprüngliche Eigentümer einer Aktiengesellschaft die Kontrolle über *ihr* Unternehmen verloren haben[8]. Zusätzlicher Zündstoff ergibt sich aus der Tatsache, dass die unselbständig beschäftigten Top-Manager zwar in die Herrschaftsposition der Eigentümer, also der Aktionäre, einrücken, ihre Haftung für ökonomische Unternehmensentscheidungen jedoch nicht hinreichend konkretisiert ist[9].

Nicht zuletzt um diesen Makel auszugleichen, hatte die Bundesregierung den bereits erwähnten Maßnahmenkatalog erarbeitet. Innerhalb dieses Katalogs lag der Schwerpunkt konsequenterweise auf einer stärkeren persönlichen Verantwortung der Unternehmensleiter und, damit untrennbar verbunden, in einer Verbesserung des Anlegerschutzes[10].

---

5   So Bundesjustizministerin *Zypries* in der Pressemitteilung des BMJ und des BMF vom 25.2.2003.

6   So Bundesjustizministerin *Zypries* in der Pressemitteilung des BMJ und des BMF vom 25.2. 2003.

7   *Berle/Means*, The modern corporation and private property.

8   *Schreyögg*, FS Steinmann, 159, 160 f.

9   *Schreyögg*, FS Steinmann, 159, 160 f.

10 Maßnahmenkatalog der Bundesregierung vom 25.2.2003, abrufbar im Internet unter: www.bmj.bund.de/ger/service/pressemitteilungen/. (beruhend auf dem 10-Punkte-Programm der Bundesregierung vom 28.Mai 2002, Ziffer 1

Dem Wollen nach Veränderungen im Organhaftungsrecht und der Verbesserung der Aktionärsklagerechte folgte am 28. Januar 2004 der Referentenentwurf eines Gesetzes zur Unternehmensintegrität und Modernisierung des Anfechtungsrechts (UMAG), der zugleich die Umsetzung von Punkt 1 des 10-Punkte-Programms der Bundesregierung zur Stärkung der Unternehmensintegrität und des Anlegerschutzes bedeutete. Am 17. November 2004 wurde das UMAG als überarbeiteter Regierungsentwurf vorgestellt. Nach der Stellungnahme des Bundesrates vom 18. Februar 2005[11] und der sich anschließenden Gegenäußerung der Bundesregierung[12] ist das Gesetz nach weiteren Beschlussempfehlungen und eines Berichts des Rechtsausschusses (6. Ausschuss)[13] am 16. Juni 2005 vom Deutschen Bundestag verabschiedet[14] und am 08. Juli 2005 vom Bundesrat gebilligt worden. Das Gesetz ist am 01. November 2005 in Kraft getreten. Inhaltlich betrifft das UMAG drei Bereiche:

1. Die Neuregelung des Organhaftungsrechts und des Rechts der Sonderprüfung
2. Modifikationen im Bereich der Vorbereitung und Durchführung von Hauptversammlungen
3. Neuerungen im Bereich des Anfechtungsrechts.

Die vorliegende Arbeit wird sich dabei auf die Veränderungen im Rahmen des Organhaftungsrechts beschränken. Zentraler Gegenstand der Untersuchung wird dabei das Spannungsverhältnis zwischen dem unternehmerischen Ermessenspielraum der Organe und den Rechtsschutzmöglichkeiten der Aktionäre sein. Vor dem Hintergrund der mit dem UMAG in das deutsche Recht transplantierten US-amerikanischen Business Judgment Rule[15] sowie erheblicher Modifikationen im Bereich der Aktionärsklagerechte, ist dieses Spannungsverhältnis im Organhaftungsrecht von überragender Bedeutung. Die Business Judgment Rule gewährt den Unternehmensleitern in den USA einen Handlungs- und Haftungsfreiraum, der grundsätzlich vor Eingriffen der Gerichte in die Unternehmensleitung und gerichtlicher Überprüfung unternehmerischer Ermessensentscheidungen im Kontext

---

11 Stellungnahme des Bundesrates zum Entwurf eines Gesetzes zur Unternehmensintegrität und Modernisierung des Anfechtungsrechts (UMAG),BR-Drucks. 3/05 (Beschluss) v. 18.02.05
12 Gegenäußerung der Bundesregierung zur Stellungnahme des Bundesrates zum Entwurf eines Gesetzes zur Unternehmensintegrität und Modernisierung des Anfechtungsrechts (BR-Drucks. 3/05 (Beschluss))
13 Beschlussempfehlung und Bericht des Rechtsausschusses (6. Ausschuss) zu dem Gesetzesentwurf der Bundesregierung – Drucksache 15/5092 – Entwurf eines Gesetzes zur Unternehmensintegrität und Modernisierung des Anfechtungsrechts (UMAG) vom 15.06.2005
14 Gesetzesbeschluss des Deutschen Bundestages, BT-Drucks. 454/05 vom 17.06.2005
15 Ausführlich dazu § 1 D.

von Organhaftungsprozessen schützt. Die Business Judgment Rule, die seit der ARAG/Garmenbeck-Entscheidung[16] des Bundesgerichtshofs in der Figur des Geschäftsleiterermessens im deutschen Recht viel Aufmerksamkeit auf sich gezogen hat, ist nun in § 93 Abs. 1 S. 2 AktG kodifiziert.

---

16   BGHZ 135, 244

Gang der Untersuchung

Die Gesetzesbegründung zum UMAG sieht eine Änderung im Organhaftungsrecht vor und bezieht sich in der Begründung ausdrücklich auf die Implementierung der aus dem US-amerikanischen Gesellschaftsrecht bekannten Business Judgment Rule. Damit wird eine Brücke zu diesem Rechtskreis und insbesondere zu den dortigen aktuellen Veränderungen im Rahmen der Business Judgment Rule geschlagen. Ein Rechtsvergleich liegt nahe.

Demgemäß sollen die Entwicklungen zur Justiziabilität ökonomischer Unternehmensentscheidungen, bezogen auf die Organhaftung, im deutschen und US-amerikanischen Organhaftungsrecht verglichen werden. Aufgrund der expliziten Nennung der Business Judgment Rule in der Gesetzesbegründung zum UMAG, der faktischen Anerkennung im deutschen Recht seit dem ARAG/Garmenbeck-Urteil, sowie der aktuellen Veränderungen im US-amerikanischen Gesellschaftsrecht, kann auf eine Darstellung des US-amerikanischen Rechts, insbesondere der Business Judgment Rule, nicht verzichtet werden.

So wird der Verfasser in einem ersten Schritt (§ 1) die dogmatischen Grundlagen der Business Judgment Rule im US-amerikanischen Recht sowie deren Entwicklung darstellen. Hierbei wird die Business Judgment Rule zunächst anhand ausgewählter „leading cases" vorgestellt, um anschließend die aktuellen Entwicklungen innerhalb der Voraussetzungen der Business Judgment Rule herausarbeiten zu können. Die Business Judgment Rule stellt nicht nur die Schnittstelle zwischen der auf betriebswirtschaftlichen und verhaltenspsychologischen Erkenntnissen beruhenden tatsächlichen Unternehmensentscheidung und ihren rechtlichen Konsequenzen dar, sie gibt auch den Ausschlag zwischen haftungsbegründender Pflichtverletzung und haftungsrechtlich irrelevanter unternehmerischer Fehlentscheidung.

Der Schwerpunkt der Auseinandersetzung im Bereich des US-amerikanischen Rechts wird hierbei auf den deutlichen Veränderungen der Rechtsprechungspraxis zur Organhaftung, hauptsächlich in dem gesellschaftsrechtlich überragend agierenden Bundesstaat Delaware, liegen.

Anschließend wird das deutsche Organhaftungsrecht behandelt (§ 2). Hierbei werden die Rolle des Vorstands in der Aktiengesellschaft sowie die sich anschließenden Haftungsgefahren problematisiert. Der Schwerpunkt wird dabei im Rahmen der Innenhaftung gemäß § 93 AktG liegen. Unter dem Merkmal der Pflichtverletzung wird eine Auseinandersetzung mit dem Begriff des unternehmerischen Ermessens, seinen Fallgruppen und insbesondere auch den Sonderfällen erfolgen. Im Anschluss daran werden die aktuellen Möglichkeiten zur Haftungsdurchsetzung sowie, als Pendant, Versicherungskonzepte vorgestellt.

Danach erfolgt der Ländervergleich zwischen den USA und Deutschland (§ 3).

Daran anschließend findet eine interdisziplinäre Auseinandersetzung des Entscheidungsfindungsprozesses anhand betriebswirtschaftlicher und verhaltenspsychologischer Erkenntnisse statt, um somit den Ansatzpunkt der Haftung, nämlich die unternehmerische Entscheidung selbst und den dahinter stehenden Entscheidungsfindungsprozess plastischer und rechtlich greifbarer zu machen. Hierbei werden erste Ideen für zukünftige gesetzgeberische Aktivitäten aufgezeigt (§ 4).

Sodann erfolgt eine Auseinandersetzung mit den geplanten Neuerungen des Organhaftungsrechts durch das UMAG, wobei sich der Verfasser auf die Bearbeitung des Problembereichs der Kodifizierung der Business Judgment Rule in § 93 Abs. 1 S. 2 AktG sowie der modifizierten Aktionärsklagerechte beschränkt (§ 5).

Abschließend findet sich eine thesenartige Zusammenfassung, die zudem mögliche Anregungen für die zukünftige Rechtsentwicklung in Deutschland gibt (§ 6).

§ 1 Pflichten und Verantwortlichkeit der Directors und Officers US-amerikanischer Aktiengesellschaften für ökonomische Unternehmensentscheidungen

A. Rechtsquellen und Überblick

Das moderne US-amerikanische Gesellschaftsrecht hat sich in den USA erst im späten 19. sowie frühem 20. Jahrhundert entwickelt. Starke wirtschaftliche und politische Kräfte bevorzugten Institutionen, die in der Lage waren, effizient zu expandieren, um so das wirtschaftliche Potential einer schnell wachsenden, aufstrebenden Nation zu nutzen[17].

Das US-amerikanische Gesellschaftsrecht war seit jeher Bundesstaatenrecht, und ist es auch heute noch[18]. Folglich existiert nicht „das" US-amerikanische Gesellschaftsrecht[19]. Vielmehr ergibt sich aus der sog. „reserved power clause"[20] und dem Umkehrschluss aus der „interstate commerce clause"[21] der US-amerikanischen Verfassung, dass jeder Bundesstaat über ein eigenes Gesetz verfügt, welches das Recht der Aktiengesellschaften *(corporations)* grundlegend regelt. Die einzelstaatlichen Gesetze werden daneben durch eine umfassende Rechtsprechung der Gerichte des jeweiligen Bundesstaates, sowie faktisch zwin-

---

17 *Wachter*, S. 32
18 Vgl. dazu *CTS Corp., v. Dynamics Corp. of America*, 481 U.S. 69, 89 (1987), worin der amerikanische Supreme Court zum wiederholten Male darauf hinwies, dass ohne ausdrückliche gesetzliche Regelung keine Bundeskompetenz im Bereich des Gesellschaftsrechts bestehe. Bundesrecht hat jedoch bereits heute durch das Wertpapierrecht, Steuer- und Kartellrecht Einfluss auf das einzelstaatliche Gesellschaftsrecht. Insbesondere seit Inkrafttreten des Sarbanes-Oxley-Act (SOA) wird deutlich, dass der Bundesgesetzgeber seinen Einfluss z.B. durch bestimmte Anforderungen an die Zusammensetzung des Board of Directors, ausübt. Vertiefend dazu *Hucke*, in: Rostocker Rechtswissenschaftliche Abhandlungen Bd. 18, 75, 78 ff.; *Donald*, WM 2003, S.705 ff., sowie *Gruson/Kubicek*, AG 2003, 337 ff. sowie AG 2003, 393 ff.
19 Vgl. dazu auch *Merkt/Göthel*, Rn. 182
20 Nach Amendment X zur Verfassung der Vereinigten Staaten von Amerika wird jegliche Macht, die nicht ausdrücklich dem Bund zugewiesen ist, an die Einzelstaaten delegiert.
21 Art. I, § 8, cl. 3, U.S. Constitution –interstate commerce clause gewährt dem US Congress ausdrücklich die Gewalt über den zwischenstaatlichen und ausländischen Handel. Sinn der Klausel ist es, einzelne Bundesstaaten von wirtschaftlichem Protektionismus abzuhalten, genauer von „establishing an economic barrier against competition with the products of another state or the labor of its residents.", so in *Philadelphia v. New Jersey*, 437 U.S. 617, 624 (1978)

gende Börsenregeln ergänzt[22]. Die besondere Bedeutung des jeweiligen einzelstaatlichen Gesellschaftsrechts wird auch vor dem Hintergrund des anwendbaren Rechts deutlich. Nach der sog. *internal affairs doctrine* haben außerhalb des gesellschaftsspezifischen Inkorporationsstaates ansässige Gerichte im Rahmen von Rechtsstreitigkeiten, die die innere Organisation der jeweiligen Gesellschaft betreffen, grundsätzlich das Recht des Inkorporationsstaates anzuwenden[23].

Allen einzelstaatlichen gesellschaftsrechtlichen Gesetzen ist jedoch gemein, dass den Gründern einer Aktiengesellschaft im Hinblick auf die innere Struktur und Organisation der Aktiengesellschaft umfassende Gestaltungsfreiheit gewährt wird. Hierbei ist die in den USA geltende sog. Gründungstheorie[24], nach der sich das Innenrecht der Gesellschaft nach dem Ort der Gründung und nicht nach dem Sitz der Verwaltung richtet, zu beachten[25].

Der Mangel an Einheitlichkeit wirkt sich in praktischer Hinsicht aufgrund verschiedener Vereinheitlichungstendenzen jedoch kaum aus. So konzipiert die National Conference of Commissioners on Uniform State Laws (NCCUSL) bereits seit 1892 einheitliche Gesetze (*uniform laws*) auf unterschiedlichen Rechtsgebieten die den Einzelstaaten zur Übernahme empfohlen werden[26]. Ein solches Uniformgesetz hat die NCCUSL zwar im Bereich des Personengesellschaftsrechts entwickelt[27], im Kapitalgesellschaftsrecht hingegen hat sich ein solches einheitliches Gesetz bislang nicht durchgesetzt[28]. Ausschlaggebend dafür ist der starke Wettbewerb unter den einzelnen Bundesstaaten, der mit dem wachsenden Staatseinkommen, welches mit zahlreichen Inkorporierungen einhergeht, in Zusammenhang steht.

---

22 Sog. *listing rules* der New York Stock Exchange; vgl. in diesem Zusammenhang auch die Zusammenfassung von Richtlinien der NYSE im Zusammenhang mit dem Sarbanes-Oxley Act in einem sog. Listed Company Manual

23 *Solomon*, S. 173; *Wachter*, S. 35 f.; entwickelt worden ist die „internal affairs doctrine" in *Edgar v. MITE Corp.*,457 U.S. 624, 645 (1982), demnach beinhaltet sie „relations inter se of the corporation, its shareholders, directors, officers or agents." Vgl. auch *Scoles/Hay/Borchers/Symeonidis*, S. 1102 f.

24 In der Entscheidung *Vantagepoint Venture Partners 1996 v. Examen, Inc,*. 871 A.2d 1108 (Del. 2005) hat der Delaware Supreme Court die Gründungstheorie des US-amerikanischen Gesellschaftskollisionsrechts bestätigt. Vgl. näher dazu *Göthel*, RIW 2006, 41 ff.

25 *Hamilton*, S. 243 ff.

26 *Koch/Magnus/Winkler v. Mohrenfels*, § 15; von überragender Bedeutung ist hier der Uniform Commercial Code (UCC) aus dem Jahre 1952, der in allen Bundesstaaten der USA mit Ausnahme von Louisiana gilt.

27 Uniform Partnership Act von 1914 mittlerweile als Revised Unifom Partnership Act bekannt.

28 *Kozyris*, 1985 Duke L. J., 1, 9 ff.

Dennoch sind auch auf dem Gebiet des Kapitalgesellschaftsrechts Vereinheitlichungstendenzen zu erkennen. Der sog. Revised Model Business Corporation Act (RMBCA) ist das am häufigsten zitierte gesellschaftsrechtliche Mustergesetz für US-amerikanische *publicly held corporations*, dem Äquivalent der deutschen Aktiengesellschaft. Der RMBCA ist ein Produkt des Committee on Corporate Laws of the Section of Business Law der American Bar Association (ABA = Amerikanischer Bundesverband der Anwaltschaft)[29]. Bis heute haben 35 Bundesstaaten gesellschaftrechtliche Gesetze nach dem Vorbild des MBCA oder RMBCA erlassen[30].

Zudem hat auch das American Law Institute (ALI), von Gelehrten und Praktikern beraten, die sog. Principles of Corporate Governance: Analysis and Recommendations, Vols. 1 & 2 herausgebracht. Die Principles untersuchen die Rechte und Pflichten der Directors und Officers im gesellschaftsrechtlichen Kontext sowohl gegenüber der jeweiligen Gesellschaft selbst, als auch gegenüber den Aktionären. Ziel ist es, das bereits existierende Recht zu verdeutlichen und weiter zu entwickeln[31].

Losgelöst von diesen Vereinheitlichungstendenzen in den nicht bindenden Mustergesetzestexten[32] bleibt das Gesellschaftsrecht des Staates Delaware von überragender Bedeutung[33]. Delawares Erfolg als wichtigster Inkorporationsstaat der USA zeigt sich daran, dass mittlerweile 58% der Fortune-500-Gesellschaften und mehr als 50% der an der New Yorker Börse gelisteten Unternehmen in Delaware inkorporiert sind[34].

---

29 Die Texte des RMBCA und seines Vorgängers des Model Business Corporation Act (MBCA) sind in der aktuellen Version auf der Homepage der ABA abgedruckt: www.abanet.org/buslaw/library/onlinepublications/mbca
30 *Solomon*, S. 35
31 http://www.ali.org/ali/stu_corp_gov.htm
32 Vgl. zu den Rechtsquellen im angloamerikanischen Rechtskreis im Allgemeinen: *Koch/Magnus/Winkler v. Mohrenfels*, § 15 II.
33 So auch *Roe*, 117 Harv. L. Rev., 588, 590; stärkster Konkurrent Delaware's ist momentan Nevada, gefolgt von Maryland und Pensylvania, vgl. dazu ausführlich unter Berücksichtigung der Steuereinnahmen durch Inkorporationen, *Kahan/Kamar*, 55 Stan. L. Rev., 679, 691 ff.
34 Vgl. diesbezüglich www.state.de.us/governor, sehr ausführlich und unter Berücksichtigung verschiedenster Hintergrundinformationen zu dem Inkorporations-Wettbewerb *Romano*, 1 J. Law Econ. Org., 225 ff.

Delawares anhaltender Erfolg hat vielerlei Ursachen[35]. Ausschlaggebend ist insbesondere, dass die gesellschaftsrechtlichen Gesetzesregelungen von Delaware, das Delaware General Corporation Law (DGCL), schon seit einiger Zeit die Vorreiterrolle für einen modernen gesellschaftsrechtlichen Gesetzestext darstellen[36]. Dass dieses Gesetz als in Teilen zu unbestimmt kritisiert wird[37], hat durchaus auch positive Auswirkungen. Die zuweilen mehrdeutigen Gesetzesformulierungen haben zu einer Vielzahl von Gerichtsverfahren und somit zu einer sehr ausgeprägten und landesweit geachteten Judikatur, sowie außerordentlicher Kompetenz auf Seiten der Richterschaft auf dem Gebiet des Gesellschaftsrechts geführt[38]. Folge dieser außerordentlich profunden Rechtsprechung ist eine – im Common Law nicht alltägliche – beachtenswerte Rechtssicherheit, die insbesondere für die Unternehmen von enormer Bedeutung ist[39]. Diese Gründe, in Verbindung mit den Vorteilen eines aufgrund der langandauernden Führerschaft in diesem Bereich ausgeprägten Netzwerkes sowie günstige Konditionen bei der steuerlichen Behandlung der Gesellschaften sind der Schlüssel für die unangefochtene Vorreiterrolle Delawares in der gesellschaftsrechtlichen Praxis[40].

B. Rechtsnatur der publicly held corporation

Im amerikanischen Recht der *corporations* werden grundsätzlich vier Typen von *corporations* unterschieden[41]. Die Grundform bildet jedoch die *business corporation*. Sie tritt entweder in Gestalt der *public corporation* (oder *publicly held corporation*) oder der *close corporation* (oder *closely held corporation*) auf[42].

---

35 Eine der Ursachen von Delaware's stetig steigendem Erfolg als Inkorporationsstaat seit 1899 liegt in der in den 70iger Jahren des 20. Jahrhunderts intensiv geführten Debatte zur „efficacy of corporation codes" von *Cary* und *Winter*. Vgl. diesbezüglich *Cary*, 83 Yale L.J. 663 ff., der den Wettbewerb der Bundesstaaten als „race to the bottom" tituliert. Anders *Winter*, 6 J. Legal Stud., 251 ff., der dies als „race to the top" darstellt. *Winter* zustimmend auch *Klausner*, 81 Va. L. Rev., 757, 842 f., der erklärt, dass es zumindest ein „race (toward) the top" sei. Kritische Hinterfragung der aktuellen Entwicklungen bei *Bebchuk/Hamdani*, 112 Yale L.J., 553, 554 ff.

36 Kritisch dazu insbesondere aufgrund mangelnder gesetzgeberischer Aktivitäten seit dem Enron-Skandal: *Sale*, 89 Cornell L. Rev., 456, 457 f.

37 *Romano*, S. 37 ff.

38 *Soderquist*, S. 196; *Black*, 84 Nw. U. L. Rev., 542, 589 f.

39 *Wachter*, S. 37 ff.; *Soderquist*, S. 196

40 *Klausner*, 81 Va. L. Rev. 757, 841 ff; so auch *Lemley/McGowan*, 86 Cal. L. Rev., 481, 562 ff.

41 Es sind dies die business, non-profit, government and public (im Sinne von staatlich) corporation.

42 *Soderquist*, 33 Vand. L. Rev., 1387, 1391 f.; *Hamilton*, S. 17

Zur Abgrenzung werden heute grundsätzlich die in der Entscheidung Donahue v. Rodd Electrotype Co.[43] zur *closely held corporation* entwickelten Richtlinien herangezogen. Demnach zeichnet sich eine *close corporation* vor allem durch eine geringe Anzahl von Aktionären, keinem Handel der Aktien an der Börse sowie einem erheblichen Anteil von Mehrheitsaktionären im Management der Gesellschaft aus[44]. Um eine *publicly held corporation* soll es sich grundsätzlich dann handeln, wenn Aktien der Gesellschaft an der Wertpapierbörse gehandelt werden und die Aktionärsstruktur eine breite Streuung aufweist.[45]

Die einzelnen Bundesstaaten gehen in ihren gesetzlichen Regelungen von der *publicly held corporation* als dem Normalfall aus[46]. Nur diese soll im Rahmen dieser Arbeit von Bedeutung sein[47].

Die *publicly held corporation* ist ihrer Definition nach eine gewerblich tätige juristische Person, die im eigenen Namen Rechte und Pflichten haben und unter eigenem Namen klagen und verklagt werden kann[48].

Die organisatorische Struktur dieser *corporation* ist durch eine Dreiteilung gekennzeichnet und beinhaltet: (1) Aktionäre, (2) Directors und (3) Officers[49]. Die spezifischen Rechte und Pflichten der verschiedenen Gruppen sind dabei zumeist klar definiert.

Die (Kontroll-)Rechte der Aktionäre sind grundsätzlich in der Satzung (*bylaws*) der Gesellschaft und dem jeweiligen Bundesstaatengesetz geregelt. Ihre besondere Bedeutung erlangen sie bei außergewöhnlichen gesellschaftlichen Trans-

---

43 *Donahue v. Rodd Electrotype Co. of New England, Inc.*, 328 N.E. 2d 505 (Mass.1975)

44 *Donahue v. Rodd Electrotype Co. of New England, Inc.*, 328 N.E. 2d 505, 511 (Mass.1975)

45 *Hamilton* S. 17; teilweise bedient man sich zur Abgrenzung auch des Tests, ob eine Gesellschaft einen Bericht im Sinne von § 13 Securities Exchange Act (1934) bei der Börsenaufsicht (Securities Exchange Commission = SEC) einreichen muss. Dies ist nötig, wenn die Gesellschaft eine von drei Voraussetzungen zur Berichtpflicht erfüllt, die in § 12 (b), 12 (g) und 15 (d) des Securities Exchange Act (1934) geregelt sind.

46 *v.Samson-Himmelstjerna*, S. 12; *Paefgen*, AG 1992, 133, 169; *Bungert*, S. 31 m.w.N.

47 Zur Gründung und Anerkennung einer „corporation" vgl. ausführlich *v.Samson-Himmelstjerna*, S. 13 ff.

48 RMBCA § 3.02

49 Innerhalb der US-amerikanischen Officers ist zwischen leitenden Angestellten auf höchster Managementebene (Spitzenmanagern), sog. executive officers, und den übrigen (leitenden) Angestellten in oberen Managementpositionen – officers – zu unterscheiden. Deren divergierende Bedeutung innerhalb des Unternehmens wird auch dadurch deutlich, dass die executive officers unmittelbar von dem Board of Directors bestellt werden.

aktionen[50]. Das Grundprinzip der beschränkten Haftung im Gesellschaftsrecht schützt die Aktionäre vor den Risiken geschäftlicher Aktivitäten[51]. Dieses Grundprinzip besagt zudem, dass die Aktionäre für von der Aktiengesellschaft erlittene Verluste und Schulden, sowie für von der Gesellschaft begangene unerlaubte Handlungen nicht persönlich haftbar gemacht werden können[52]. Eine Ausnahme dieses Grundsatzes stellt die Durchgriffshaftung dar[53]. Ansonsten kann es im Fall der Liquidation zu einem Totalverlust des eingesetzten Kapitals auf Seiten der Aktionäre kommen[54].

Maßgebend für das eigentliche Management des Unternehmens und unabhängiges Organ der Gesellschaft ist der von den Aktionären gewählte Board of Directors. Diesem obliegt die Festlegung der Geschäfts- und Unternehmenspolitk[55] sowie die Bestellung der Officers. Der Board vertritt die Gesellschaft zudem nach außen im Wege der Gesamtvertretung[56]. Die Gesellschafter kontrollieren den Board. Ihnen obliegt es, die Board-Mitglieder zu bestellen, durch Wiederwahl zu bestätigen oder mittels Abberufung auf dessen Zusammensetzung Einfluß auszuüben[57].

Die (executive) Officers hingegen zeichnen für das Tagesgeschäft des Unternehmens verantwortlich und werden grundsätzlich in den einzelstaatlichen Gesellschaftsrechtstexten als Vertreter *(agents)* kraft Amtes *(inherent authority)* des Board angesehen[58]. Im Gegensatz zum Board handeln und entscheiden die Officers nicht als Kollegialorgan. Unter ihnen besteht vielmehr eine hierarchische Struktur. Dabei verfügt der hierarchisch an der Spitze stehende *chief executive*

---

50   Vgl. bzgl. der Aktionärsrechte allgemein § 7 RMBCA. Geschäfte der Gesellschaft von grundlegender Bedeutung sind insbesondere die Wahl oder Abwahl der Directors, Zusammenschlüsse, über das alltägliche Maß hinausgehende Vermögensübertragungen, sowie die Auflösung der Gesellschaft, vgl. dazu u.a. §§ 8.08, 12.02, 13.02, 14.02 RMBCA

51   Dazu ausführlich *Green,* 50 Wash. & Lee L. Rev., 1409, 1414 f. („Thanks to limited liability, shareholders can fund the activities of large corporations, receive dividends and capital gains on their investments, and yet remain immune to some of the costs of misconduct or misjudgment by their corporate agents.")

52   Vgl. § 6.22 MBCA Annotated: „unless otherwise provided in the articles of incorporation, a shareholder of a corporation is not personally liable for the acts or debts of the corporation except that he may become personally liable by reason of his own acts or conduct."

53   Sog. „piercing the corporate veil"; vgl. dazu *Bainbridge,* S. 207 f.

54   *Henn/Alexander, § 202*

55   *Charlestown Boot & Shoe Co. v. Dunsmore,* 60 N.H. 85 (1880).

56   *Bungert, S. 40*

57   *Klein/Coffee,* S. 116

58   *Hamilton,* S. 579 f.

officer (CEO) oder *president* genannt über die finale Entscheidungsmacht[59]. Die weitere Ausgestaltung der Positionen im Spitzenmanagement ist grundsätzlich flexibel handhabbar. Regelmäßig wird ein *vice president,* zuweilen der *chief financial officer (CFO)* oder der *chief operating officer (COO)* sowie – zwingend – ein *secretary* bestellt. Letzterer nimmt sich hauptsächlich der gesellschaftsinternen und –externen Dokumente und Protokolle an. Junge bzw. regelmäßig überarbeitete corporation statutes gewähren den Gesellschaftsgründern im Rahmen der Personalstruktur – abgesehen von der zwingenden Ernennung eines *secretary* – vergleichsweise große Freiheiten[60].

Anders als im zweistufigen (dualistischen) deutschen System von Vorstand und Aufsichtsrat sind in den USA die Leitungs- und Kontrollfunktionen in Aktiengesellschaften einstufig (monistisch) aufgebaut[61]. Sie werden von dem Board of Directors wahrgenommen[62]. Dies wird beispielhaft auch in § 8.01 (b) des RMBCA oder § 141 (a) DGCL deutlich[63]. Eine strikte Trennung zwischen Geschäftsführungs- und Überwachungsfunktion findet in dem Board jedoch nicht statt. Dies hat seinen Ursprung darin, dass bis vor kurzem alle, zumindest aber die Mehrzahl der Officers, aus den Reihen des Board ernannt worden sind. Dem traditionellen Board größerer Gesellschaften gehörten ursprünglich überwiegend Mitglieder an, die gleichzeitig executive officers der Gesellschaft mit Managementaufgaben für das tägliche Verwaltungsgeschäft waren. Aufgaben aus dem

---

59 *Soderquist,* S. 330; *Eisenberg,* S. 214; *Hamilton,* 24 Wake Forest L. Rev., 5, 10 f., so auch *Hoffmann-Becking,* NZG 2003, 745, 746, der darüber hinaus einen Vergleich zwischen dem Amt eines US-amerikanischen CEO's und dem eines deutschen Vorstandsvorsitzenden vornimmt.

60 Vgl. diesbezüglich § 142 (a) DGCL: „Every corporation organized under this chapter shall have such officers with such titles and duties as shall be stated in the bylaws or in a resolution of the board of directors which is not inconsistent with the bylaws and as may be necessary to enable it to sign instruments and stock certificates which comply with §§ 103(a)(2) and 158 of this title. One of the officers shall have the duty to record the proceedings of the meetings of the stockholders and directors in a book to be kept for that purpose. Any number of offices may be held by the same person unless the certificate of incorporation or bylaws otherwise provide."

61 *Peltzer,* FS Hachenburg, 49, 52 f.; zum Markt als Kontrollinstanz des monistischen Board-Modells, das für kapitalmarktorientierte Gesellschaften entwickelt wurde, vgl. *Leyens,* RabelsZ 63 (2003), 59, 65 ff.; *Hopt,* FS Hachenburg, 9 ff.

62 *Abeltshauser,* § 2 S. 22

63 § 8.01 (b) lautet: All corporate powers shall be exercised by or under the authority of, and the business affairs of the corporation managed by or under the direction of, its board of directors, subject to any limitation set forth in the articles of incorporation or in an agreement authorized under section 7.32 (Shareholder Agreements); Del. Code. Ann. Tit. 8, § 141 (a) (2001) erklärt, dass „the corporation's business and affairs shall be managed by or under the direction of a board of directors."

Bereich der Geschäftsführung übertrug der Board of Directors auf einzelne seiner Mitglieder (*inside directors*)[64]. Diese übten die Aufgaben als professionelle (hauptberufliche) executive officers der Gesellschaft aus.

Zusätzlich wurden vereinzelt auch Board-Mitglieder beschäftigt, die nicht in dem Unternehmen tätig waren, sog. *outside (independent) directors*[65]. Rein funktionell sind die *outside (independent) directors* am ehesten mit den Aufsichtsratsmitgliedern im deutschen Recht vergleichbar. Die *inside directors* hingegen stellen eine Symbiose aus deutschem Aufsichtsratmitglied (hinsichtlich ihrer Position als Board-Mitglied) und funktionellem Vorstandsmitglied (im Rahmen ihrer Eigenschaft als executive officer) dar.

Während die Directors in US-amerikanischen *publicly held corporations* traditionell die Richtlinien der Gesellschaftspolitik festlegten, in regelmäßigen Abständen zu sog. *board meetings* zusammenkamen und hauptsächlich Beratungs- und Überwachungsaufgaben wahrnahmen, wurde das tägliche Geschäft von den – in aller Regel aus dem Kreis der Board-Mitglieder stammenden und von diesen bestellten – Officers erledigt[66]. Hierbei nahm der CEO eine exponierte Stellung ein, da er als entscheidungsmächtigster executive officer der Gesellschaft in Personalunion auch grundsätzlich Chairman of the Board war[67].

Anders als im deutschen Recht (§ 105 AktG)[68] kam es im US-amerikanischen Recht häufig zu einer undurchsichtigen und verwirrenden Vermengung von Geschäftsführungs- und Überwachungsaufgaben innerhalb des Board. Diese Problematik und insbesondere die Rolle des omnipotenten CEO erfährt jedoch in jüngster Zeit einige nachhaltige Veränderungen[69]. Insbesondere wird über die Anhebung des Anteils der *outside directors* im Board, eine Stärkung der Ausschüsse, sowie die Einführung eines sog. *lead directors* nachgedacht. Dieser *lead director* soll aus dem Kreis der *outside (independent) directors* ernannt werden und durch die Koordinierung der Tätigkeiten der übrigen *independent directors* für deren gleichförmiges Auftreten gegenüber dem CEO sorgen[70].

---

64 Vgl. ausführlich zur Unterscheidung zwischen „inside", „outside" und „independent directors", sowie allgemein zur Zusammensetzung des Board of Directors *Hamilton*, 25 J. Corp. L. 349, 360 f., sowie aus der deutschen Literatur *Windbichler*, ZGR 1985, 50, 56
65 *Solomon*, S. 36
66 *Hamilton*, 24 Wake Forest L. Rev., 5, 9 f.
67 *Donald*, WM 2003, 705, 713; *Soderquist*, S. 330
68 § 105 Abs. 1 AktG lautet: „Ein Aufsichtsratmitglied kann nicht zugleich Vorstandsmitglied, dauernd Stellvertreter von Vorstandsmitgliedern, Prokurist oder zum gesamten Geschäftsbetrieb ermächtigter Handlungsbevollmächtigter der Gesellschaft sein".
69 Vgl. zur Machteinschränkung des CEO: *v. Hein*, RIW 2002, 505 ff.
70 *v. Hein*, RIW 2002, 505, 506

Weitere nachhaltige Veränderungen für den Board ergeben sich auch durch das Inkrafttreten des Sarbanes-Oxley Act (SOA)[71]. Hierbei sei nur beispielhaft auf das Herzstück der US-Reformen im Bereich der Corporate Governance verwiesen – die gemäß § 301 SOA erforderliche Schaffung eines Prüfungsausschusses *(public company audit committee)*[72]. Dieser Prüfungsausschuss muss sich aus unabhängigen Mitgliedern des Board of Directors zusammensetzen und übt, insbesondere mit Blick auf die Tätigkeit des Abschlussprüfers, Aufsichts- und Kontrollaufgaben aus[73]. Verfügt ein Unternehmen nicht über ein solches *audit committee*, so wird das gesamte Board of Directors als *audit committee* angesehen[74]. Werden die genannten Anforderungen an das *audit committee* von diesem nicht erfüllt, so ist die SEC angehalten, über die nationalen Börsen die Börsennotierungen des jeweiligen Emittenten zu untersagen bzw. aufzuheben[75].

Was die Pflichten der executive Officers und deren Haftungspotenzial betrifft, so gelten nach einhelliger Ansicht für diese analog die Maßstäbe, die für die Directors gelten[76].

Das Handeln der Directors und Officers wird an der Duty of Care (Sorgfaltspflicht) und der Duty of Loyalty (Treuepflicht) gemessen[77].

---

71 Als schnelle Reaktion auf die Bilanzskandale von Enron und Worldcom hat der US-amerikanische Gesetzgeber bereits im Jahr 2002 den Sarbanes-Oxley Act (SOA) erlassen, der wichtige Veränderungen im Bereich der Corporate Governance vorsieht. Siehe dazu auch *Hucke,* in: Rostocker Rechtswissenschaftliche Abhandlungen Bd. 18, 75, ff.

72 Vgl. zu den Auswirkungen des SOA auf die Zusammensetzung des Board of Directors *Hucke,* BB 2004, 2399, 2399 f.

73 *Hucke,* in: Rostocker Rechtswissenschaftliche Abhandlungen Bd. 18, 75, 86 ff.; *Gruson/Kubicek,* AG 2003, 337, 341

74 Sec. 301 SOA 2 (a) (3); ausführlich zu den Auswirkungen des SOA auf das deutsche Aktienrecht: *Hucke,* in: Rostocker Rechtswissenschaftliche Abhandlungen Bd. 18, 75, 86 ff.; *Gruson/Kubicek,* AG 2003, 337 ff. und AG 2003, 393 ff.; sowie *Donald,* WM 2003, 705 ff.

75 Sec. 10 A (m) (1) SEA 1934, eingefügt durch Sec. 301 SOA 2002

76 *Briggs v. Spaulding,* 141 U.S. 132 (1891); *Henn/Alexander,* §§ 219-243; *Block/Barton/Radin,* S. 97 ff.; *Bastuck,* S. 25

77 Die Gerichte in Delaware anerkennen auch eine sog. duty of candor bzw. eine duty of disclosure, also eine „duty to disclose fully and fairly all material information within the board's control when it seeks shareholder action." *Stroud v. Grace,* 606 A.2d 75, 84 (Del. 1992); *O'Reilly v. Transworld Healthcare, Inc.,* 745 A.2d 902, 914 f. (Del.Ch. 1999); *Cinerama, Inc. v. Technicolor Inc.,* 663 A.2d 1156, 1163 ff. (Del. 1995). Diese Pflicht verbietet den Directors solche Informationen zu ihrem eigenen Vorteil zu verwenden, die sie aufgrund ihrer Position in der Gesellschaft erworben haben, vgl. *Stroud,* 606 A.2d 75, 84.

C. Pflichten der Directors

I. Duty of Care

Die Duty of Care bestimmt, dass Directors sowohl bei einer unternehmerischen Entscheidung, als auch bei der Handhabung ihrer Organisations- und Überwachungspflichten mit angemessener Sorgfalt handeln müssen[78]. Es handelt sich bei der Duty of Care um einen Verhaltensmaßstab, einen sog. „standard of care" oder „standard of conduct"[79].

Judikative und Legislative haben in der Vergangenheit diesen Verhaltensstandard anhand unterschiedlicher Formulierungen artikuliert. Breite Zustimmung fand schließlich der „traditional standard" aus dem 19. Jahrhundert, der „the care of an ordinarily prudent person under similar circumstances" als Maßstab festlegte[80]. Diese Formulierung fand sich gleichlautend auch im Model Business Corporation Act[81] wieder, dem Vorgänger des Revised Model Business Corporation Act (RMBCA)[82].

Die Formulierung der gesellschaftsrechtlichen Texte in den einzelnen Bundesstaaten orientiert sich grundsätzlich an dem RMBCA, der in dem maßgebenden den § 8.30 (a) und (b) wie folgt lautet:

(a) „Each member of the board of directors, when discharging the duties of a director, shall act:

    (1) in good faith, and

    (2) in a manner the director reasonably believes to be in the best interests of the corporation.

(b) The members of the board of directors or a committee of the board, when becoming informed in connection with their decision-making function or devoting attention to their oversight function, shall discharge their duties with the care that a person in a like position would reasonably believe appropriate under similar circumstances."

---

78   *Soderquist*, S. 462

79   *Francis v. United Jersey Bank*, 432 A.2d 814 (N.J.1981); a.A.: *Manning*, 39 Bus. Law., 1477, 1495 ff., der von einer „duty of attention" spricht.

80   Staaten wie Illinois und Utah stellen andere Anforderungen, indem sie auf „the care an ordinarily prudent person would exercise in his personal affairs" abstellen.

81   Der Model Business Corporation Act (MBCA) existiert bereits seit 1946. 1984 veröffentlichte die American Bar Association (ABA) den überarbeiteten Revised Model Business Corporation Act (RMBCA). Dieser wird in regelmäßigen Abständen überarbeitet.

82   § 8.30 (a) Revised Model Business Corporation Act (1998)

Einen ähnlichen Wortlaut beinhalten auch die ALI Principles of Corporate Governance[83].

Delaware hingegen, der aus gesellschaftsrechtlicher Sicht wichtigste Bundesstaat, verfügte nur kurzzeitig über eine gegenüber Directors einklagbare Duty of Care-Regelung[84]. Die Gerichte in Delaware lehnten zudem den „reasonable standard" als zu unpräzise ab[85]. In der Folge entwickelte der dortige Supreme Court eigene direktorale Verhaltensanforderungen. Danach müssen Directors „all material information reasonably available to them" beachten und in ihre Überlegungen mit einbeziehen, um anschließend „with requisite care in the discharge of their duties" zu handeln[86]. Dies zeigt also deutlich, dass sich, wie auch immer im Detail formuliert, der Verhaltensmaßstab stets auf den Entscheidungsfindungsprozess, und nicht auf das Entscheidungsergebnis als solches bezieht[87].

Auffallend ist jedoch, dass der allgemeine Verhaltensstandard branchenspezifisch variieren kann[88]. Der Directors gegenüber anzulegende Sorgfaltspflichtstandard kann sich also je nach Branchenzugehörigkeit und den Umständen des Einzelfalles verschärfen.

Die den Directors obliegende Duty of Care findet aber nicht nur auf den Entscheidungsfindungsprozess, sondern auch auf die Organisations- und Überwachungstätigkeiten der Directors Anwendung[89].

---

83 § 4.01 (a) der ALI Principles lautet: „A director or officer has a duty to the corporation to perform the director's or officer's functions in good faith, in a manner that he or she reasonably believes to be in the best interests of the corporation, and with the care that an ordinarily prudent person would reasonably be expected to exercise in a like position and under similar circumstances. This Subsection (a) is subject to the provisions of subsection (c) (the business judgment rule) where applicable."

84 Wurde in *Smith v. Van Gorkum*, 488 A.2d 858, 872 f. (Del. 1985) eine duty of care noch anerkannt: „In carrying out their managerial roles, directors are charged with an unyielding fiduciary duty to the corporation and its shareholders", so wurde diese durch den bundesstaatlichen Gesetzgeber und dessen Exkulpationsnorm in § 102 (b) (7) DGCL wieder beseitigt. § 102 (b)(7) lautet: „A provision eliminating or limiting the personal liability of a director to the corporation or its stockholders for monetary damages for breach of fiduciary duty as a director, provided that such provision shall not eliminate or limit the liability of a director: (i) For any breach of the directors...."

85 *Brehm v. Eisner*, 746 A.2d 244, 246 (Del. 2000)

86 *Aronson v. Lewis*, 473 A.2d 805, 812 (Del. 1984); *Smith v. Van Gorkum*, 488 A.2d 858, 872 (Del. 1985)

87 Es handelt sich also um eine „process due care" und nicht um eine „substantive due care", so auch *Brehm v. Eisner*, 746 A.2d 244, 264 (Del. 2000)

88 *Litwin v. Allen*, 25 N.Y.S.2d 667 (N.Y.1940); hier entschied das Gericht, dass „bank directors must exercise the care of reasonably prudent bankers."

89 RMBCA § 8.30 (b) official comment

Diese sog. Duty of Oversight erfordert, dass „directors must exercise reasonable care to see that company executives carry out their managerial responsibilities and comply with the law"[90]. Dem Umfang solcher Tätigkeiten durch die Directors sind aber vernünftige Grenzen gesetzt. Es genügt grundsätzlich, wenn sie die notwendigen Nachfragen stellen und Erkundigungen einholen[91]. Es wird von ihnen aber nicht erwartet, dass sie detaillierte Kenntnisse aller Aspekte der geschäftlichen Tätigkeiten der Gesellschaft haben, was insbesondere bei großen, multinationalen Aktiengesellschaften auch praktisch unmöglich ist[92].

Andererseits können dauerhafte Organisations- und Überwachungsfehler, sowie eine generelle Gleichgültigkeit gegenüber gesellschaftsinternen Vorgängen und damit verbundenen Pflichten, kurzum die Tatsache, dass ein Director „virtually nothing" getan hat, selbstverständlich eine Haftung begründen[93]. Trotz alledem müssen Directors, die dem jeweils anwendbaren Verhaltensstandard nicht entsprochen haben, nicht zwangsläufig mit dem Grad an Verschulden gehandelt haben, der zur Auferlegung einer Haftung führt. Gerichte und Kommentatoren debattieren seit jeher über eine allgemeingültige Formulierung hinsichtlich des Verschuldensmaßstabes[94]. Teilweise wird „ordinary negligence" vorgeschlagen[95], mehrheitlich gilt jedoch „gross negligence" als der maßgebliche Verschuldensmaßstab[96]. Gross negligence liegt vor, wenn die Directors mit „reckless indifference to or a deliberate disregard of the whole body of stockholders" handeln, oder wenn ihre Handlungen „without the bounds of reason" sind[97].

Die Ausgestaltung der Duty of Care und die Anforderungen der Directors richten sich also insgesamt maßgeblich nach den konkreten Umständen des Einzelfalles. Die Komplexität der Tätigkeit, die Relevanz der Entscheidung, möglicher Zeitdruck sowie die Größe des Unternehmens sind bei der Bestimmung des anzulegenden Verhaltensmaßstabes besonders zu berücksichtigen[98]. Ausdrücklich können sich Directors bei Ausführung ihrer Tätigkeiten aber auch auf die Informationen und Auskünfte ausgewählter Berater, wie Wirtschaftsprüfer, Anwäl-

---

90 *Veasey*, 52 Bus.Law., 393, 394
91 *Hoye v. Meek*, 795 F.2d 893, 896 (10th Cir. 1986)
92 *In re Caremark Int. Inc. Derivative Litigation*, 698 A. 2d 959 (Del. Ch. 1996); RMBCA, § 8.30 (b), (c) Official Comment; ALI Principles, § 4.01 (a)
93 *Francis v. United Jersey Bank*, 432 A.2d 814, 819 (N.J. 1981)
94 Beispielhaft *Balotti/Finkelstein*, §§ 4-34, 4-215 – 4-217 m.w.N.
95 *Fletcher*, §§ 103, 128-131
96 *Brehm v. Eisner*, 746 A.2d 244, 264 (Del. 2000); *Aronson v. Lewis*, 473 A.2d 805, 812 (Del. 1994)
97 *Tomczak v. Morton Thiokol, Inc.*, 1990 WL 42607, S. 12, (Del. Ch., 5. April 1990) zurückgehend auf *Allaun v. Consolidated Oil Company*, 147 A. 257, 261 (Del. Ch. 1929)
98 RMBCA § 8.30 (b) official comment

te, anderer Officers sowie anderer Angestellter verlassen, wenn sie diese für vertrauenswürdig und kompetent halten[99].

II. Duty of Loyalty

Neben der Beachtung der Duty of Care müssen die Directors und Officers ihre gesellschaftsspezifischen Tätigkeiten auch im Einklang mit der Duty of Loyalty ausüben. Die Duty of Loyalty ist die Pflicht der Directors, bei Ausübung ihrer Aufgaben die Interessen der Gesellschaft in den Vordergrund zu stellen und ihre Organstellung nicht zum eigenen Vorteil auszunutzen[100].

Die Duty of Loyalty soll das „self-dealing" der Directors verhindern[101]. Die Prämisse der Duty of Loyalty wurde später in einigen wichtigen Entscheidungen wie folgt bestätigt: „the duty of loyalty mandates that the best interests of the corporation and its shareholders takes precedence over any interest possessed by a director, officer or controlling shareholder and not shared by the stockholders generally"[102].

Die Duty of Loyalty hat seit Mitte des 19. Jahrhunderts, ausgehend vom Common-law-Ansatz bis zum heute vorherrschenden Entire-Fairness-Standard, einige grundlegende Veränderungen erfahren[103]. Während eine Transaktion zwischen einem Director und der Gesellschaft nach dem Common law Ansatz stets nichtig war[104], haben sich heute sog. safe-harbor statutes durchgesetzt[105]. Ausschlaggebend ist danach, wie unter Zugrundelegung des Entire-Fairness-Standards mit der

---

99   RMBCA § 8.30 (e) (1), (2)
100   Corprate Director's Guidebook: Committee On Corporate Laws, Section of Business Law, American Bar Association 4-6 (2d. ed. 1994)
101   *Norlin Corp. v. Rooney, Pace Inc.*, 744 F.2d 255, 264 (2d Cir. 1984); *Balotti/ Finkelstein*, §§ 4-223, 4-226
102   *Cede & Co. v. Technicolor, Inc.*, 634 A.2d 345, 361 (Del. 1993), bestätigt in *Cinerama, Inc. v. Technicolor, Inc.*, 663 A.2d 1156 (Del. 1995).
103   Vgl. dazu *Marsh*, 22 Bus. Law., 35, insbesondere 43 ff. Marsh beschreibt die Entwicklung der rechtlichen Behandlung von „conflict of interest"-Transaktionen von der Mitte des 19. Jahrhunderts bis 1960. Während nach dem Common-Law-Ansatz im Jahre 1880 eine Transaktion an der ein Director auf beiden Seiten tätig war stets nichtig war, wurde diese automatische Nichtigkeit des Geschäfts bereits 1960 abgelehnt und an weitere Voraussetzungen geknüpft.
104   *Balotti/Finkelstein*, § 4-35, 4-233
105   Mit Ausnahme von Massachusetts, South Dakota und dem District of Columbia verfügen heute alle Bundesstaaten über ein Safe-harbor-Gesetz, welches klarstellt, dass eine sog. interested transaction, also eine Transaktion zwischen einem befangenen Director und „seiner" Gesellschaft nicht automatisch nichtig ist. Vgl. auch RMBCA § 8.61; vgl. z.B. § 144 DGCL

strittigen Transaktion des befangenen Directors umgegangen wird. Wird das Geschäft von informierten, unbefangenen Directors oder Aktionären bestätigt, oder wird trotz deren ablehnender Haltung von einem Gericht dargelegt, dass die Transaktion „fair" war, bestehen an ihrer Wirksamkeit keine Zweifel[106].

Wann eine solche Entscheidung als „fair" eingestuft werden kann, richtet sich heute ebenfalls nach dem Entire-Fairness-Standard[107]. Dieser beinhaltet nicht nur eine entscheidende beweisrechtliche Vorgabe, vielmehr muss die beweispflichtige Partei zudem darlegen, dass es sich bei der Transaktion um ein „fair dealing" und einen „fair price" handelte[108].

Die Beweislast dafür, dass das Handeln des Directors keinen Verstoß gegen die Duty of Loyalty begründete, liegt zunächst auf dessen Seite. Gelingt dem Director die Exkulpation aufgrund des Fairness-Standards, wechselt die Beweislast auf die Seite des Klägers. Dieser muss dann darlegen, dass das Handeln nicht dem Fairness-Standard entsprach, also, das die Transaktion selbst, der Gesellschaft gegenüber nicht fair war[109].

Im Laufe der Jahre haben sich zahlreiche Fallgruppen herausgebildet, die typischerweise einen Treuepflichtverstoß der Directors begründen: (1) Kauf oder Verkauf der Gesellschaft durch Directors oder anderer in Bezug stehender Gesellschaften (2) Fälle des Insider Tradings oder des allgemeinen Missbrauchs gesellschaftsinterner Informationen (3) Die Finanzierung einer unterkapitalisierten Gesellschaft durch einen Director (4) Transaktionen der Muttergesellschaft mit Tochtergesellschaften (5) Widerrechtliche Aneignung gesellschaftlicher Geschäftsmöglichkeiten (usurpation of corporate opportunities)[110].

D. Die Business Judgment Rule

Directors und Officers[111] treffen täglich eine Vielzahl unternehmerischer Entscheidungen. Diese reichen von der Auswahl eines neuen Officers über die Ent-

---

106 Besprechung von *Kahn v. Roberts*, 21 Del. J. Corp. L. 674, 685 (Del. Ch. 1995); RMBCA § 8.61; *Balotti/Finkelstein*, § 4-35, 4-233, 4-234

107 *Weinberger v. UOP, Inc.*, 457 A.2d 701 (Del. 1983); *Marciano v. Nakash*, 535 A.2d 400 (Del. 1987)

108 *Weinberger v. UOP*, Inc., 457 A.2d 701 (Del. 1983); *Cede & Co. v. Technicolor, Inc.*, 634 A.2d 345 (Del. 1993); *Kahn v. Tremont Corp.*, 694 A.2d 422, 430 f. (Del. 1997)

109 *In re Wheelabrator Technologies, Inc. Shareholders Litigation.*, 663 A.2d 1194, 1203 (Del. Ch. 1995)

110 *Kaplan*, 31 Bus. Law., 883, 917 f.; *Henn/Alexander*, S. 625-656 (§§ 235-240)

111 Zur Vereinfachung wird im Anschluss nur noch von den Directors gesprochen. Zum monistischen System vgl. § 1 B.

wicklung neuer Geschäftsstrategien bis hin zu Firmenübernahmen oder Verteidigungsstrategien bei feindlichen Übernahmeversuchen. Für den Entscheidungsprozess benötigen sie einen weiten Ermessensspielraum. Sie müssen in dem „Ob und Wie" der Entscheidung frei sein. Daher haben die Gerichte mit der Business Judgment Rule eine konkretere Analyse zur Duty of Care als einem generellen Verhaltensmaßstab (standard of conduct[112]) entwickelt.

Die Business Judgment Rule ist ein sog. standard of judicial review[113]. Sie ist kein Verhaltensstandard[114], vielmehr legt sie einen gerichtlichen Kontrollmaßstab fest. Die gerichtliche Überprüfung der getroffenen Entscheidung bezieht sich dabei einzig auf die Einhaltung des von der Business Judgment Rule vorgegebenen Rahmens. Hierbei findet eine Überprüfung des Entscheidungsverfahrens, nicht aber des Entscheidungsinhalts statt[115]. Die Business Judgment Rule stellt als gerichtlicher Kontrollmaßstab eine Vermutung dahingehend auf, dass unternehmerische Entscheidungen von unbefangenen und unabhängigen Directors getroffen werden[116]. Den Gerichten obliegt es im Klagefall, die Entscheidungen dahingehend zu überprüfen, ob die Unternehmensleiter diese „on an informed basis, in good faith and in the honest belief that the action taken was in the best interests of the company"[117] getroffen haben. Werden Directors aufgrund einer von ihnen getroffenen Entscheidung verklagt, so überprüfen die Gerichte diese Entscheidung nur daraufhin, ob die vom Kläger vorgebrachten und glaubhaft gemachten Tatsachen geeignet sind, obige Vermutung zu widerlegen. Gelingt es dem Kläger

---

112 *Francis v. United Jersey Bank*, 432 A.2d 814 (N.J. 1981)
113 RMBCA §.8.31 Official Comment. In Verbindung mit der Business Judgment Rule stehen noch zwei weitere Überprüfungsstandards: der sog. *Entire Fairness Standard* zur Bewertung der Entscheidung der Directors durch das Gericht findet ebenfalls in Pflichtverletzungsfällen seitens des Board of Directors Anwendung. Hier liegt dann die anfängliche Beweislast für die Fairness – sowohl hinsichtlich der Ausführung als auch hinsichtlich des Preises – der Transaktion auf Seiten der Directors. Sollte den Directors (oder einem Mehrheitsaktionär) jedoch der Beweis gelingen, dass die Transaktion von einem unabhängigen Directors-Ausschuss oder der Mehrheit der Minderheitsaktionäre abgesegnet worden ist, wechselt die Beweislast hinsichtlich der Fairness der Transaktion wieder auf die Seite der Kläger. Der andere Standard ist der der *Enhanced Scrutiny*. Dieser findet in Fällen Anwendung in denen sich das Board einer Zielgesellschaft einem feindlichen Übernahmeversuch durch eine andere Gesellschaft gegenübersieht. Näheres dazu später (D.VII.2.)
114 *Moran v. Household Int'l Inc.*, 490 A.2d 1059, 1076 (Del. Ch.), bestätigt in 500 A.2d 1346 (Del. 1985); *Balotti/Finkelstein*, § 4.34 – 4-217
115 *Block/Barton/Radin*, S. 5, *Kessler*, FS Baumann, 153, 168
116 *Block/Barton/Radin*, S. 5
117 *Aronson v. Lewis*, 473 A.2d 805, 812 (Del. 1984) und *Smith v. Van Gorkom*, 488 A.2d 858, 872 (Del. 1985)

nicht, die Vermutung zu widerlegen, wird durch die Business Judgment Rule den Gerichten ein Verbot des weiteren Vorgehens und der Untersuchung der dahinter liegenden materiellen Umstände der Unternehmensentscheidung statuiert[118]. Zudem werden die Gerichte daran gehindert, die Entscheidung der Directors im Nachhinein im Wege des sog. second-guessing erneut zu überprüfen[119].

Die Business Judgment Rule beinhaltet also zwei Komponenten. Die erste immunisiert die Directors vor persönlicher Haftung, solange sie sich innerhalb der spezifischen Anforderungen befinden. Die zweite Komponente isoliert unternehmerische Entscheidungen der Directors vor Interventionen durch die Gerichte[120]. Die Business Judgment Rule schützt also sowohl die Directors als auch die von ihnen getroffenen Entscheidungen[121].

I. Historische Entwicklung

Die Zurückhaltung der Gerichte, sich in Entscheidungen des Board of Directors einzumischen und diese nachträglich inhaltlich zu überprüfen, kann im englischen Common Law bis in das Jahr 1742 zurück verfolgt werden[122]. In den USA ist die Business Judgment Rule als gesellschaftsrechtliches Prinzip zuerst im Jahre 1829 vom Louisiana Supreme Court in der Entscheidung Percy v. Millaudon[123] dargestellt worden. Hierin stellte das Gericht fest, dass ein Director nur dann für einen Schaden zu haften habe, wenn der Fehler so schwerwiegend sei, dass ein Mann mit gesundem Menschenverstand und unter Beachtung gewöhnlicher Sorgfalt diesen nicht begangen hätte. Materiellrechtlich wurde eine schuldhafte Fehlentscheidung als haftungsbegründend vorausgesetzt. Die Entwicklung setzte sich im Jahre 1847 im Fall Godbold v. Branch Bank[124] fort. Im Jahre 1853 modifizierte der Rhode Island Court in der Entscheidung Hodges v. New England Screw Co.[125] die in den vorangegangenen Entscheidungen entwickelte Ver-

---

118 *Cuker v. Mikalauskas*, 692 A.2d 1042, 1047 (Pa. 1997)
119 *Waltuch v. Conticommodity Services, Inc.*, 833 F.Supp. 302, 305 f. (S.D.N.Y. 1993); *Federal Deposit Ins. Corp. v. Stahl*, 89 F.3d 1510, 1517 (11th Cir. 1996)
120 *Lee v. Interinsurance Exch.*, 57 Cal. Rptr. 2d 798, 810 (Cal. Ct. App. 1996)
121 *Citron v. Fairchild Camera & Instrument Corp.*, 569 A.2d 53, 64 (Del. 1989); *Balotti/Finkelstein*, § 4.31; *Grobow v. Perot*, 526 A.2d 914, 928 (Del. Ch. 1987) (rule protects decision „however controversial, unpopular, or even wrong such a decision might turn out to be"), bestätigt durch den Delaware Supreme Court, 539 A.2d 180 (Del. 1988); *Manning*, 39 Bus.Law., 1477, 1493
122 *Charitable Corp. v. Sutton*, 2 Eng. Rep. 400, 404 (1742)
123 *Percy v. Millaudon*, 8 Mart. (n.s.) 68 (La. 1829)
124 *Godbold v. Branch Bank*, 11 Ala. 191 (1847)
125 *Hodges v. New England Screw Co.*, 3 R.I. 9 (1853)

schuldenshaftung als er Folgendes erklärte: „We think a board of directors acting in good faith and with the reasonable care and diligence who nevertheless falls into a mistake, either as to law or fact are not liable for the consequences of such a mistake"[126]. In dieser Entscheidung wird die Abneigung der Gerichte zur inhaltlichen ex post Überprüfung von Entscheidungen des Board of Directors bereits deutlich. Die Voraussetzungen des „ good faith" und der angemessenen „dilligence" erlaubten es den Directors, sich zu exkulpieren.

Ähnlich, inhaltlich jedoch noch weitergehend, formulierte es der New York Court of Appeals im Jahre 1912 in seiner Entscheidungsbegründung im Fall Pollitz v. Wabash[127]: „Questions of policy of management, expediency of contracts or action, adequacy of consideration, lawful appropriation of corporate funds to advance corporate interests, are left solely to (directors') honest and unselfish decision, for their powers therein are without limitation and free from restraint, and the exercise of them for the common and general interests of the corporation may not be questioned, although the results show that what they did was unwise or inexpedient"[128]. Das Gericht gestand den Directors damit einen Ermessensspielraum zu. Ehrliche und uneigennützige Entscheidungen waren somit, selbst beim Erkennen späterer Fehlerhaftigkeit, grundsätzlich von den Gerichten als sorgfältige Pflichterfüllung anerkannt.

II. Ratio

Untersucht man die Geschichte der sich durch die Rechtsprechung entwickelten Business Judgment Rule, so wird zu ihrer Begründung auf verschiedene Argumente verwiesen.

Zum einen anerkennen die Gerichte, dass aufgrund der Komplexität der Sachverhalte auch die sorgfältigsten Unternehmensleiter fehlerhafte Entscheidungen treffen können. Die Business Judgment Rule soll jedoch gleichzeitig kompetente Individuen dazu ermutigen, die Position eines Directors zu bekleiden, indem deren Haftungsrisiko aufgrund des anzulegenden beschränkten Kontrollmaßstabes durch die Gerichte restriktiv ausgestaltet wird[129]. Dem muss auch das Recht Rechnung tragen[130]. Zum anderen ist gesellschaftspolitisch durchaus erwünscht, dass Unternehmensleiter gewisse Risiken eingehen. Die Aktionäre erwarten dies auch gemeinhin, und werden, solange aus der ex ante Sicht das Ri-

126 *Hodges v. New England Screw Co.,* 3 R.I. 9, 18 (1853)
127 *Pollitz v. Wabash R.R. Co.,* 207 N.Y. 113; 100 N.E. 721 (1912)
128 *Pollitz v. Wabash R.R. Co.,* 207 N.Y. 113, 124; 100 N.E. 721, 724 (1912)
129 *Brehm v. Eisner,* 746 A.2d 244, 264 (Del.2000)
130 *Washington Bancorp v. Said,* 812 F.Supp. 1256, 1267 (D.D.C. 1993)

siko-Chance-Verhältnis günstig erscheint, dieses Risiko auch größtenteils mittragen. Unabhängig davon können Aktionäre ihre Risiken durch eine Diversifizierung ihrer Beteiligungen kompensieren[131]. Weiterhin soll die Business Judgment Rule verhindern, dass sich Gerichte in komplexe wirtschaftliche, teilweise auch technische Sachverhalte verstricken, da sie in diesen Bereichen naturgemäß über vergleichsweise geringes Expertenwissen verfügen[132]. Zudem wäre ein Rechtssystem, welches auf permanente, nachträgliche Überprüfung solcher Unternehmensentscheidungen angelegt ist, höchst ineffizient[133]. Die Business Judgment Rule gewährleistet zudem, dass die Directors die Unternehmenspolitik nach ihrem Ermessen festsetzen. Könnten die Aktionäre jederzeit eine, verfahrenstechnisch unproblematische, richterliche Überprüfung der ökonomischen Unternehmensentscheidungen der Directors verlangen, würde sich de facto die ultimative Entscheidungsbefugnis von den Directors zu den Gerichten verschieben[134]. Tatsächlich können die Aktionäre bereits heute – theoretisch – die in Frage stehenden Directors abberufen und somit aktiv an der Unternehmenspolitik mitwirken[135].

III. Kodifiaktionsversuche

Losgelöst von der stetig fortschreitenden Entwicklung der Business Judgment Rule durch die Rechtsprechung, erfolgten parallel dazu Kodifikationsversuche in verschiedenen Texten[136].

---

131 *Cramer v. General Tel. & Elecs. Corp.*, 582 F.2d 259, 274 (3d Cir. 1978); *Gagliardi v. Tri- Foods Int'l, Inc.*, 683 A.2d 1049, 1055 (Del. Ch. 1996); *Cuker v. Mikalauskas*, 692 A.2d 1042, 1046 (Pa. 1997)

132 *Auerbach v. Bennet*, 419 N.Y.S.2d 920, 926; 393 N.E.2d 994, 1000 (N.Y.1979); *Federal Deposit Ins. Corp. v. Stahl*, 89 F.3d 1510, 1517 (11th Cir. 1996); *In re J.P. Stevens & Co., Shareholders' Lit.*, 542 A.2d 770 (782) (Del.Ch. 1988); vgl. auch *Solash v. Telex Corp.*, No. 9518 (Del. Ch. 19. Januar 1988) („Because Businessmen and women are correctly perceived as possessing skills, information and judgment not possessed by reviewing courts and because there is great social utility in encouraging the allocation of assets and the evaluation and assumption of economic risk by those with such skill and information, courts have long been reluctant to second-guess such decisions when they appear to have been made in good faith.")

133 *Joy v. North*, 692 F.2d 880, 886 (2nd Cir. 1982)

134 *Dooley*, 47 Bus. Law., 461, 470

135 *Hilton Hotels Corp. v. ITT Corp.*, 978 F.Supp.1342, 1351 (D.Nev.1997)

136 Nach Ansicht von *Branson*, 36 Val. U. L. R. 631, 634 ff. haben sich von den zahlreichen Kodifikationsversuchen nur die Formulierungen des American Law Institutes (ALI) sowie des Staates Delaware bewährt. Nach *Revlon Inc., v. MacAndrews & Forbes Holdings, Inc.*, 506 A.2d 173, 180 (Del. 1986) beinhaltet die Business

Das Committee on Corporate Laws der American Bar Association hat allerdings unter Verweisung auf die fortdauernde Weiterentwicklung der Business Judgment Rule durch die Gerichte von einer Kodifizierung derselben Abstand genommen und fasst nunmehr in § 8.31 RMBCA generelle Grundsätze im Umgang mit Haftungsklagen gegen Directors, sowie speziell in § 8.31 (a) RMBCA lediglich die Leitsätze der Rechtsprechung zur Business Judgment Rule zusammen[137].

Das American Law Institute hingegen geht in seinen im Jahre 1994 beschlossenen Principles of Corporate Governance einen Schritt weiter und definiert in § 4.01 (c) ALI die Business Judgment Rule wie folgt:

„A director or officer who makes a business judgment in good faith fulfils the duty under this section if the director or officer (1) is not interested [§1.23] in the subject of the business judgment; (2) is informed with respect to the subject of the business judgment to the extent the director or officer reasonably believes to be appropriate under the circumstances; and (3) rationally believes that the business judgment is in the best interests of the corporation"[138].

---

137 Judgment Rule in Delaware „a presumption that the Board acted independently, on an informed basis, in good faith and in the honest belief that its action taken were in the best interest of the company."

137 § 8.31 (a) lautet, soweit hier von Interesse: "A director shall not be liable to the corporation or its shareholders for any decision to take or not to take action, or any failure to take any action, as a director, unless the party asserting liability in a proceeding establishes that (1) …(2) the challenged conduct consisted or was the result of: (i) action not in good faith; or (ii) a decision (A) which the director did not reasonably believe to be in the best interests of the corporation, or (B) as to which the director was not informed to an extent the director reasonably believed appropriate in the circumstances; or (iii) a lack of objectivity due to the director's familial, financial or business relationship with, or a lack of independence due to the director's domination or control by, another person having a material interest in the challenged conduct (A) which relationship or which domination or control could reasonably be expected to have affected the director's judgment respecting the challenged conduct in a manner adverse to the corporation, and (B) after a reasonable expectation to such effect has been established, the director shall not have established that the challenged conduct was reasonably believed by the director to be in the best interests of the corporation, and (iv) …, or (v) receipt of a financial benefit to which the director was not entitled or any other breach of the director's duties to deal fairly with the corporation and its shareholders that is actionable under applicable law. (b) …"

138 Überarbeitete Version des American Law Institute aus dem Jahre 2005; zur Begründung dieser präzisen Formulierung wird in Comment a zu § 4.01 (c) ausgeführt, dass eine solch eindeutige Lösung angebracht war. Die enorme Konfusion die im Zusammenhang mit der Business Judgment Rule aufgetreten war hatte ihren Ursprung in den vielen unterschiedlichen, von den Gerichten verwendeten, Formulierungen

Trotz oder gerade wegen der präzisen Formulierung des American Law Institutes ist der Vorschlag kritisiert worden[139]. Die der Business Judgment Rule scheinbar inhärente Rechtsunsicherheit in Detailfragen wird auch durch diese Formulierung nicht gelöst, zumal es nicht so erscheint, als würden sich die Gerichte in dieses eng formulierte Schema hineinpressen lassen. Nicht umsonst steht gerade die Business Judgment Rule rechtsdogmatisch immer wieder im Zentrum heftiger Diskussionen[140].

Aufgrund der Kodifikationsversuche der Business Judgment Rule konnten im Ergebnis zwar einige Kernkriterien herausentwickelt werden, in wesentlichen Bereichen bleibt es jedoch auch heute noch bei einem gewissen Maß an Rechtsunsicherheit und Auslegungsspielraum für die Rechtsanwender. Diese Bereiche betreffen vor allem zum einen die sog. Special Litigation Committees[141], zum anderen die Business Judgment Rule im Zusammenhang mit der Abwehr von feindlichen Unternehmensübernahmen.

Den Hauptanwendungsfall der Business Judgment Rule stellen Fälle dar, in denen sich die Directors wegen der Verletzung ihrer Duty of Care einer Schadensersatzklage gegenüber sehen[142]. Die prozessuale Hauptkonstellation solcher Schadensersatzklagen stellt der sog. *shareholders derivative suit* dar. Mit dieser Klage eines Aktionärs aus abgeleiteten Rechten der Gesellschaft können einzelne Aktionäre solche Ansprüche verfolgen, die zwar nicht ihnen sondern der Gesellschaft zustehen, die diese aber aus den unterschiedlichsten Gründen nicht einklagt. Regelmäßig stehen sich dabei in einem Dreiecksverhältnis der (klagewillige) Aktionär, die Gesellschaft und der schädigende Dritte gegenüber. Der Aktionär klagt dann unmittelbar aus abgeleitetem (*derivative*) Recht der Gesellschaft gegen den schädigenden Dritten[143]. Werden dabei im Rahmen der vermeintlichen Sorgfaltspflichtverletzung unternehmerische Entscheidungen überprüft, bietet die

---

und der Tatsache, dass einige Gerichte die Business Judgment Rule unvollständig bzw. lückenhaft anwandten.

139 *Veasey/Seitz,* 63 Tex. L. Rev.,1483, 1484 f. sowie 1493 ff.

140 Vgl. zuletzt *Bainbridge,* 57 Vand. L. Rev., 83, 84 f.; sowie *Branson,* S. 326

141 Ein Special Litigation Committee ist ein vom Board of Directors eingesetzter Ausschuss der mit unabhängigen Directors besetzt sein soll, also mit solchen Directors, denen kein zum Schadensersatz verpflichtendes Verhalten vorgeworfen wird, und dessen Aufgabe es ist, die vom Aktionär in seiner Klage gegen die Directors erhobenen Vorwürfe zu untersuchen und festzustellen, ob die Geltendmachung solcher Schadensersatzansprüche im Interesse der Gesellschaft liegt oder nicht.

142 In Fällen eines Verstoßes gegen die Duty of Loyalty findet die Business Judgment Rule keine Anwendung, vgl. hierzu auch *Scott,* 35 Stan. L. Rev., 927, 940

143 Ausführlich dazu später, § 1 D. VII. 2. a.

Business Judgment Rule grundsätzlich Schutz vor einer inhaltlichen Überprüfung der Unternehmensentscheidung durch die Gerichte[144].

IV. Die Business Judgment Rule im Verhältnis zur Duty of Care

Der maßgebliche Unterschied zwischen der terminologisch variabel daherkommenden Business Judgment Rule[145] und der Duty of Care besteht darin, dass es sich bei ersterer um einen gerichtlichen Überprüfungsmaßstab (standard of judicial review) handelt und bei letzterer um einen allgemeinen Verhaltensstandard (standard of conduct)[146]. Nichtsdestoweniger korrelieren sie nicht unerheblich[147]. Ausschlaggebend für das Zusammenspiel ist der Ansatzpunkt der Business Judgment Rule im konkreten Fall, da sie einerseits materiell-rechtlich einen sicheren Hafen für die beklagten Directors, andererseits, prozessual, eine Beweislastregelung darstellt[148]. Der enge materiell-rechtliche Zusammenhang zwischen der Duty of Care und der Business Judgment Rule wird auch damit erklärt, dass die Business Judgment Rule die Directors nur vor der Haftung „for good faith errors" schützt, wenn „the directors have exercised reasonable care in fulfilling their coporate obligations"[149].

V. Die Voraussetzungen der Business Judgment Rule

Trotz variierender Ansätze und Terminologien lassen sich im Kern grundsätzlich vier bis fünf, teils implizite, Merkmale der Business Judgment Rule herausarbeiten.

---

144 Die Business Judgment Rule enthält noch einen weiteren Anwendungsfall, der häufig auch als Business Judgment Doctrine bezeichnet wird. Hier dient die Rule als Schutz in solchen Verfahren, in denen mit Hilfe einer einstweiligen Verfügung die Durchführung einer bestimmten unternehmerischen Maßnahme verhindert werden soll.

145 Vgl. dazu *Branson*, S. 326 der die verschiedenen Facetten der Business Judgment Rule darstellt.

146 *Gries Sports Enters. v. Cleveland Browns Football Co.*, 496 N.E.2d 959, 964 (Ohio 1986)

147 *Johnson*, 55 Bus. Law., 625, 637 ff. spricht im Rahmen des Zusammenhangs von Duty of Care und Business Judgment Rule auch von einer „modest business judgment rule" und kritisiert deren mangelhafte Abgrenzung.

148 *Branson*, S. 335

149 *Resolution Trust Corp. v. Hess*, 820 F.Supp. 1359, 1367 (D. Utah 1993)

1. Unternehmerische Entscheidung des Board of Directors („business decision")

Die Business Judgment Rule schützt Directors nur vor gerichtlicher Überprüfung, wenn diese eine bewusste unternehmerische Entscheidung getroffen haben, sich also aus bestimmten Gründen für eine von mehreren Handlungsmöglichkeiten entschieden haben[150]. Diese Entscheidung kann aber auch in einem Unterlassen bestehen[151]. Nicht geschützt wird die Untätigkeit des Board an sich[152]. Anwendungsbegründend ist, dass es sich um eine unternehmerische Entscheidung handeln muss. Entscheidungen, die Rechtsfragen betreffen, sind vom Anwendungsbereich der Business Judgment Rule hingegen ausgeschlossen[153].

2. Kein Eigeninteresse an der Entscheidung („disinterestedness and independence")

Um den Schutz der Business Judgment Rule in Anspruch nehmen zu können, darf ein Director weder auf beiden Seiten der Transaktion stehen, noch darf er einen sonst wie gearteten finanziellen Vorteil aus dem Board-Beschluss ziehen oder erwarten[154]. Ein Director handelt demgemäß nur loyal, wenn er unbefangen

---

150 Kritisch dazu *Manning*, 39 Bus.Law., 1477, 1486 ff., der die isolierte Betrachtung einer einzelnen unternehmerischen Entscheidung aufgrund der hohen Komplexität für realitätsfremd hält und stattdessen eine Umgestaltung der Duty of Care unter Einbeziehung eines umfangreichen Pflichtenkatalogs vorschlägt.

151 *Rabkin v. Phillip A. Hunt Chemical Corp.*, 547 A.2d 963, 972 (Del. Ch. 1986) (the rule „may apply to a deliberate decision not to act, but it has no bearing on a claim that directors' inaction was the result of ignorance") sowie *Gabelli & Co.Profit Sharing Plan v. Liggett Group, Inc.*, 444 A.2d 261, 265 (Del. Ch. 1982): „A decision not to act is as much a decision as an affirmative decision to enter in a specific transaction."

152 *Aronson v. Lewis*, 473 A.2d 805, 813 (Del. 1984) (the rule „operates only in the context of director action ... it has no role where directors have either abdicated their functions, or absent a conscious decision, failed to act")

153 Vgl. dazu hinsichtlich eines möglichen Vertragsverstoßes gegen Bundesrecht: *Grimes v. Donald*, 20 Del. J. Corp. L. 757, 771 (Del. Ch. 1995), bestätigt in 673 A.2d 1207 (Del. 1996) „...that does not fall into the realm of the business judgment rule; it cannot be definitively determined by the informed, good faith judgment of the board."

154 *Aronson v. Lewis*, 473 A.2d 805, 812 (Del. 1984); *Cede & Co. v. Technicolor Inc.*, 634 A.2d 345, 362 (Del. 1993)(„Classic examples of direct self-interest in a business transaction involve either a director appearing on both sides of a transaction or a director receiving a personal benefit from a transaction not received by the shareholders generally".)

(disinterested) und unabhängig (independent) ist, und das eventuell vorliegende Eigeninteresse nicht wesentlich ist. Als befangen gilt ein Director, wenn er aus einer Transaktion einen finanziellen Vorteil zieht, der in seiner Gesamtheit nicht gleichmäßig auf die Aktionäre verteilt wird, oder, wenn eine unternehmerische Entscheidung erhebliche Auswirkungen für einen Director, nicht aber für die Gesellschaft an sich oder ihre Aktionäre hat[155]. Beispielhaft begründet der Erhalt von gewöhnlichen Gebühren für eine Leistung des Directors allein noch keine Befangenheit[156], genauso wenig wie der persönliche Besitz eines großen Aktienpaketes und eine damit verbundene Dividendenzahlung[157].

Von der Unabhängigkeit eines Directors ist auszugehen, wenn „he is in a position to base his decision on the merits of the issue rather than being governed by extraneous considerations or influences"[158].

Um tatsächlich ein rechtserhebliches Eigeninteresse des Directors begründen zu können, muss es sich zudem um ein wesentliches Eigeninteresse handeln[159]. Wie bereits erwähnt, beinhaltet die Business Judgment Rule neben einem materiell-rechtlichen Teil auch eine Beweislastregel, wonach es grundsätzlich Aufgabe des Klägers ist zu beweisen, dass die Directors den Anforderungen der Business Judgment Rule nicht entsprochen haben. Dies gilt insbesondere auch für die im Zusammenhang mit dem Eigeninteresse von Directors stehenden Fälle. Gelingt den Klägern dies, so tragen die Directors die Beweislast dafür, dass die Transaktion fair war[160]. Alternativ können sie sich auch auf die Ratifizierung mittels eines sog. director approval stützen und darlegen, dass die unbefangenen Di-

---

155 *Rales v. Blasband*, 634 A.2d 927, 936 (Del. 1993); Vgl. zur Unterscheidung zwischen „interested" und „independent" Directors *Strine*, 57 Bus. Law., 1371, 1377. Die Bezeichnungen „interested" (befangen) und „independent" (unabhängig) sind ähnlich, und dennoch verschieden. Ein Director ist befangen, wenn er aus einer Entscheidung oder einer Transaktion einen persönlichen Vorteil erwartet, den er nicht mit den übrigen Aktionären teilen muss; ein Director ist unabhängig, wenn er entweder von einem befangenen Director kontrolliert wird oder eine andersartige Beziehung zu einem befangenen Director hat, die es ihm unmöglich macht unvoreingenommen seine Pflichten als Directors zu erfüllen. So auch *Aronson v. Lewis*, 473 A.2d 805, 816 (Del. 1984)

156 *Grobow v. Perot*, 539 A.2d 180, 188 (Del. 1988); anders bei hohen Vergünstigungen, vgl. dazu *Heinemann v. Datapoint Corp.*, 611 A.2d 950 (Del. 1992)

157 *Unocal Corp. v. Mesa Petroleum Co.* 493 A.2d 946, 958 (Del. 1985)

158 *Kaplan v. Wyatt*, 499 A.2d 1184, 1189 (Del. 1985)

159 *Cede & Co., v. Technicolor Inc.*, 663 A.2d 1156, 1169 (Del. 1995) („.. to be disqualifying, the nature of the director interest must be substantial".)

160 *Citron v. Fairchild Camera & Instrument Corp.*, 569 A.2d 53, 70 (Del. 1989).

rectors der strittigen Transaktion zugestimmt haben[161]. Wählen die Directors letztere Möglichkeit, so obliegt es dem Kläger nachzuweisen, dass der Zustimmungsbeschluss (director approval) der unbefangenen Directors nicht den Voraussetzungen der Business Judgment Rule entspricht.

3. Sorgfaltsmaßstab („due care")

Den Schwerpunkt bei der gerichtlichen Prüfung stellt die verfahrensspezifische Due-Care-Prüfung dar. Die Directors unterstehen nur dann dem Schutz der Business Judgment Rule, wenn sie sich vor der Entscheidung in zumutbarer Art und Weise unter Zuhilfenahme aller zur Verfügung stehender Informationen sachkundig gemacht haben[162]. Dass diese gesteigerten Erwartungen hinsichtlich der prozessualen Sorgfalt von den Gerichten sehr ernst genommen werden, ist spätestens seit dem Fall Smith v. Van Gorkum offensichtlich[163]. Hierbei hatten die Mitglieder des Board of Directors in einer nur zweistündigen und erst am Vortag einberufenen Board-Sitzung einer Fusionsvereinbarung zugestimmt, in der sie sich auf die Aussagen des Chairman of the Board (Van Gorkum) verließen. Sie besaßen ansonsten keinerlei Informationen hinsichtlich der Angemessenheit des Kaufpreises, noch war das Unternehmen jemals zuvor wirtschaftlich ordnungsgemäß bewertet worden. Van Gorkum ließ die anderen Board-Mitglieder diesbezüglich auch im Dunklen[164]. Da die übrigen Board-Mitglieder zudem keine Möglichkeit hatten, sich mit Rechtsanwälten über den Vertragsentwurf auszutauschen, und sie zudem durch eine Fristsetzung von 48 Stunden zum Handeln gedrängt wurden, kam das Gericht zu dem Ergebnis, dass die Directors der Vereinbarung ohne ausreichende Kenntnis von deren Inhalt zugestimmt hatten[165].

---

161 *Cinerama Inc., v. Technicolor Inc.*, 663 A.2d 1156, 1168 (Del. 1995); vgl. auch die Regelungen in § 8.62 RMBCA und § 5.02 (a) ALI Principles
162 *Smith v. Van Gorkom*, 488 A.2d 858, 858 (Del. 1985)
163 *Smith v. Van Gorkom*, 488 A.2d 858 (Del. 1985)
164 *Smith v. Van Gorkom*, 488 A.2d 858, 868 (Del. 1985)
165 *Smith v. Van Gorkom*, 488 A.2d 858, 874 (Del. 1985); konträr dazu *Citron v. Fairchild Camera & Instrument Corp.*, 569 A.2d 53, 70 (Del. 1989) wo dem Delaware Supreme Court die Revision eines Falls vorlag in dem ein Board sich in einem engen Zeitrahmen befand, um ein Übernahmeangebot für das Unternehmen zu akzeptieren oder abzulehnen. Obwohl das Gericht sich darüber bewusst war, dass sich frühere Boards durch übereilte Entscheidungen immer wieder der Kritik ausgesetzt sahen ihre Pflicht zur sorgfältigen Informationserlangung nicht erfüllt zu haben, bestätigte es die Entscheidung der Vorinstanz mit der Begründung, dass das Board aufgrund der Umstände des Einzelfalls davon ausgehen konnte, dass es trotz des geringen Zeitrahmens ausreichend informiert gewesen sei.

Dieses und andere Beispiele zeigen aber auch eindrucksvoll das Kernproblem der Due-Care-Prüfung; es existiert kein allgemein gültiges Sorgfaltsmaßstabsverfahren[166]. Vielmehr obliegt es den Gerichten, den Entscheidungsfindungsprozess detailliert am Überprüfungsmaßstab der „gross negligence" zu messen, um so feststellen zu können, ob sich Unregelmäßigkeiten ergeben haben bzw., ob den Anforderungen einer intensiven Informationserlangung durch das Board Genüge getan worden ist[167].

4. „Guter" Glaube („good faith")

Das Good-Faith-Erfordernis hat in der Rechtsprechung bisher keine einheitliche Bedeutung erfahren. Dies kommt am deutlichsten im offiziellen Kommentar zu § 8.31 RMBCA zum Ausdruck. Dort wird von einem „overarching element of ... baseline duties" gesprochen[168]. Die geläufigste Formulierung, ob ein Director in gutem Glauben gehandelt hat, lässt sich aus dem Fall Aronson v. Lewis ableiten[169]. Directors müssen demgemäß „in the honest belief that their actions are in the corporation's best interests" handeln[170]. Praktische Relevanz erfährt dieses Merkmal insbesondere durch die bundesstaatlichen Haftungsbegrenzungs- und Freistellungsregelungen[171].

5. Darlegungs- und Beweislast

Wie bereits erwähnt, beinhaltet die Business Judgment Rule nicht nur eine Beschränkung des gerichtlichen Überprüfungsmaßstabs unternehmerischer Entscheidungen, sondern zugleich eine prozessuale Beweislastregel[172]. Sie wird gemeinhin als Vermutung im technischen Sinn verstanden und bezieht sich auf die

---

166 *Levine v. Smith*, 591 A.2d 194, 214 (Del. 1991)

167 *Citron v. Fairchild Camera & Instrument Corp.*, 569 A.2d 53, 66 (Del. 1989)

168 Abgedruckt bei *Eisenberg*, S. 759 f.

169 *Aronson v. Lewis*, 473 A.2d 805 (Del. 1984)

170 *Aronson v. Lewis*, 473 A.2d 805, 812 (Del. 1984); häufig wird hierbei auch von dem Rational Business Purpose Test gesprochen. Die Business Judgment Rule als Vermutensregelung schützt Entscheidungen dann, wenn diese Entscheidung „can be attributed to any rational business purpose", so in *Unocal Corp. v. Mesa Petroleum Co.*, 493 A.2d 946, 949 (Del. 1985), zitierend *Sinclair Oil Corp. v. Levien*, 280 A.2d 717 (Del. 1971)

171 Vgl. diesbezüglich §§ 102 (b)(7), 145 DGCL

172 *Citron v. Fairchild Camera & Instrument Corp.*, 569 A.2d 53, 64 (Del. 1989): „The rule operates as both a procedural guide for litigants and a substantive rule of law. As a rule of evidence, it creates a presumption that in making a business decision, the directors of a corporation acted on an informed basis, i.e. with due care,..."

bloße Beweislastverteilung[173]. Aus prozessualer Sicht obliegt es folglich grundsätzlich dem Kläger, nachzuweisen, dass eine oder mehrere Voraussetzungen der Business Judgment Rule nicht erfüllt sind. Dass die Beweislast grundsätzlich beim Kläger liegt, muss sich aufgrund der Eigenheiten des US-amerikanischen Zivilprozessrechts nicht als sonderlich nachteilig auswirken. Während die Klageschrift nur ausreichend Fakten beinhalten soll „to give the defendant fair notice of what the plaintiff's claim is and the grounds on which it rests"[174], findet die Ermittlung des Tatsachenmaterials in einem der Klageerwiderung folgenden, separaten Verfahrensabschnitt, der sog. pre-trial discovery, statt[175]. Unter Zuhilfenahme von fünf verschiedenen Discovery-Methoden[176] versuchen die Prozessparteien – grundsätzlich in eigener Verantwortung – jede auch noch so entfernte, irgendwie relevante Information aus dem Umfeld der jeweils gegnerischen Partei zu erlangen.

Die gegnerische Partei ist dabei grundsätzlich zur Mitwirkung und Beantwortung von Fragen verpflichtet[177]. Dass hinsichtlich des Beweismaßes im US-amerikanischen Zivilprozessrecht die überwiegende Wahrscheinlichkeit ausreicht (preponderence of evidence)[178], macht deutlich, dass der Beweislastverteilung dort nicht die aus dem deutschen Zivilprozessrecht bekannte, überragende Bedeutung zukommt. Das pre-trial discovery-Verfahren ist demgemäß für den Kläger von größerer Bedeutung, da es ihm nur dann offen steht, wenn seine Behauptungen „give rise to a possibility that the business judgment rule will not apply"[179].

---

173 Andere Ansicht: *Balotti/Hanks*, 48 Bus. Law. , 1337, 1345 ff. die damit höhere Anforderungen an die Beweisführung verbinden.

174 *Conley v. Gibson*, 355 U.S. 41, 47 (1957)

175 *Schack*, S. 44 ff.

176 Es sind dies: Depositions (schriftliche oder mündliche, fixierte und beeidete Erklärungen einer Partei oder eines Zeugen auf von der Gegenpartei mündlich gestellte Fragen), interrogatories (schriftliche, unter Eid zu beantwortende Beweisfragen), request to produce documents and things (Vorlage von Urkunden, Gegenständen und Ortsbesichtigungen), order for physical or mental examination (medizinische Untersuchung –nur auf besondere Anordnung des Gerichts), requests for admission (Aufforderung zum Geständnis).

177 Ausnahme: Vom Gericht auf Antrag erlangte sog. protective orders, F.R.C.P. § 26 (c)

178 Teilweise auch als the „greater weight of the evidence" bezeichnet, vgl. *Strong*, S. 514

179 *Washington Bancorp. v. Said*, 812 F. Supp. 1256, 1277 (D.D.C. 1993)

6. Zusammenfassung

Aufgrund der jahrzehntelangen gerichtlichen Rechtsfortbildung der Business Judgment Rule und deren damit verbundener Konkretisierung, hat diese sich zu einem vielseitigen juristischen Werkzeug entwickelt, dessen Anwendungsvoraussetzungen grundsätzlich von Klarheit geprägt sind. Einzig die gerichtliche Überprüfbarkeit subjektiver Elemente im Rahmen von Unternehmensentscheidungen, wie es anhand des Merkmals „good faith" deutlich wird, stellt sich häufig – insbesondere in Grenzfällen – als problematisch dar. Der zur Überwindung der Business Judgment Rule erforderliche klägerische Nachweis mangelnder Gutgläubigkeit seitens der Directors im Entscheidungszeitpunkt ist in der Praxis jedoch nur schwer nachweisbar. Die in der Business Judgment Rule enthaltene Vermutung pflichtgemäßen Verhaltens der Directors und die damit einhergehende Beweislastumkehr zulasten der Kläger stärken die Stellung der Directors nachhaltig. Auch wenn der Beweislastverteilung im US-amerikanischen Zivilprozessrecht nicht die aus dem deutschen Zivilprozeß bekannte, überragende Bedeutung zukommt, lassen die Vermutensregelung und die Beweislastumkehr im Kontext der Business Judgment Rule eine klare rechtspolitische Stellungnahme zulasten der Director-Haftung erkennen.

VI. Ausnahmen der Anwendbarkeit der Business Judgment Rule

Da das good-faith-Element eine Anwendungsvoraussetzung der Business Judgment Rule darstellt, entschied das Gericht in In re Croton River Club, Inc.[180] konsequenterweise, dass „the business judgment rule does not protect actions taken in bad faith"[181]. Daraus folgt ein Anwendungsausschluss der Business Judgment Rule in Fallkonstellationen, in denen es an einer lauteren Gesinnung der Handelnden mangelt. Folgende Fallgruppen, die dem Schutz der Business Judgment Rule entzogen sind, wurden von der Rechtsprechung entwickelt:
- Betrug und Täuschung (fraud)
- Widerrechtlichkeit (illegality)
- Zweckverfehlung (ultra vires)
- Verschwendung von Gesellschaftsvermögen (waste)

Wenden Directors betrügerische oder täuschende Methoden an, um sich selbst oder der Gesellschaft finanzielle Vorteile zu verschaffen, unterstehen sie

---

180   *In re Croton River Club Inc.*, 52 F.3d 41 (2d Cir. 1995)
181   *In re Croton River Club Inc.*, 52 F.3d 41, 45 (2d Cir. 1995)

nicht dem Schutz der Business Judgment Rule[182]. Ebenso wenig findet die Business Judgment Rule in Fällen Anwendung, in denen die Handlung der Directors gegen zwingende Gesetzesvorschriften verstößt[183]. Fälle der Zweckverfehlung sind in der Rechtsprechung nur spärlich gesät. Beispielhaft sei hier ein Fall genannt, in dem eine Gesellschaft beschlossen hatte, der Witwe des ehemaligen CEO eine hohe Geldsumme zu bezahlen, obwohl die Gesellschaft bereits allen gesetzlichen Verpflichtungen ihr und ihrem verstorbenen Mann gegenüber nachgekommen war. Hier entschied das Gericht, dass eine solche Auszahlung den Zweck der Gesellschaft verfehlt hatte und der Beschluss somit nicht unter den Schutz der Business Judgment Rule fiele[184].

Abschließend bleibt die Verschwendung von Gesellschaftsvermögen. Ausschlaggebend hierfür ist, dass die Gesellschaft eine Transaktion eingegangen ist, ohne eine angemessene Gegenleistung erhalten zu haben. Dabei muss die Unangemessenheit des Geschäfts offensichtlich gewesen sein[185].

VII. Sonderfälle der Business Judgment Rule

Die Anwendbarkeitsvoraussetzungen der Business Judgment Rule können jedoch in bestimmten Fällen variieren. Diese Sonderfälle sind grundsätzlich durch ein erhöhtes Maß rechtlicher Prüfung gekennzeichnet und werden folgerichtig von den Gerichten einer strengeren Prüfung unterzogen.

Bei diesen Fällen handelt es sich insbesondere um Aktionärsklagen gegen corporate insiders oder Dritte und um Fusionen und Übernahmen, insbesondere feindliche Unternehmensübernahmeversuche.

1. Die Business Judgment Rule bei feindlichen Übernahmeversuchen

Feindliche Übernahmeversuche und die damit einhergehenden Abwehrschlachten der Zielgesellschaften beschäftigen die Gerichte in verstärktem Maß bereits seit den achtziger Jahren. Da es sich dabei in der jüngsten Vergangenheit vermehrt um sog. cross-border-transactions (grenzüberschreitende Transaktionen) handelte, sorgten diese Übernahmeversuche auch international für großes Aufsehen.

---

182 *Roth v. Robertson*, 118 N.Y.S. 351 (Sup. Ct. 1909)
183 Vgl. dazu *Miller v. American Telephone & Telegraph Co.*, 507 F.2d 759 (3d Cir. 1974)(hier versuchten die Directors erfolglos ihre Verteidigung darauf zu stützen, dass der Gesetzesverstoß zumindest wirtschaftlich im Interesse der Gesellschaft liege.)
184 *Adams v. Smith*, 153 So.2d 221 (Ala. 1963)
185 *Grobow v. Perot*, 539 A.2d 180, 189 (Del. 1988)

Auch in Deutschland sind die besonderen Anforderungen an die Business Judgment Rule in derart gelagerten Fällen bereits intensiv diskutiert worden[186]. Im Folgenden sollen daher nur die Besonderheiten der Business Judgment Rule in solchen Fallkonstellationen kompakt dargestellt werden.

Vor dem Hintergrund des Machtverlustes und einer ineffizienten Unternehmensführung versucht das Management der Zielgesellschaft oftmals, eine feindliche Übernahme zu verhindern. Aufgrund dessen stellt sich für die Gerichte häufig die Frage, ob die Unternehmensleiter lediglich aus egoistischen Motiven abwehren oder ob die Verteidigung tatsächlich im Interesse der Gesellschaft bzw. der Aktionäre lag. Die Unanwendbarkeit der Business Judgment Rule aufgrund einer Interessenkollision lässt sich damit aber grundsätzlich nicht zweifelsfrei klären. Dieses Problem erkennend stellte der Delaware Supreme Court bereits 1964 in Cheff v. Mathes[187] fest, dass sich die Beweislast umkehre, wenn mit Gesellschaftsmitteln Aktien des potentiellen Käufers erworben werden sollten[188]. Nicht mehr der klagende Aktionär musste, wie üblich, die starke Vermutensregel der Business Judgment Rule widerlegen und beweisen, dass die Directors den Anforderungen nicht entsprochen hatten, sondern es oblag nunmehr den Directors nachzuweisen, dass sie zum Wohle der Gesellschaft und nicht aus eigennützigen Motiven gehandelt hatten.

a. Die Unocal-Kriterien

Eine nochmals verstärkte Haftungsgefahr für die Directors erfolgte durch die Entwicklung noch strengerer Maßstäbe in der Entscheidung Unocal v. Mesa Petroleum[189]. Zusätzlich zu der in Cheff v. Mathes entwickelten Beweislastumkehr und des notwendigen Nachweises seitens der Directors, dass in der drohenden Übernahme eine Gefahr für die Gesellschaft bestünde, wurden die Directors nunmehr in einem zweiten Schritt zur Durchführung einer Verhältnismäßigkeitsprüfung angehalten[190]. Demnach müsse die angewandte Verteidigungsmaßnahme

---

186 Beispielhaft seien zu erwähnen: *Hens*, Vorstandspflichten bei feindlichen Übernahmeangeboten; *Weisser*, Feindliche Übernahmeangebote und Verhaltenspflichten der Leitungsorgane; *Laurer*, ZVglRWiss 103 (2004), 316 ff.; *Bungert*, AG 1994, 297 ff.; *Harbarth*, ZVglRWiss 100 (2001), 275 ff.

187 *Cheff v. Mathes*, 199 A.2d 548 (Del. 1964)

188 *Cheff v. Mathes*, 199 A.2d 548, 554 (Del. 1964)

189 *Unocal Corp. v. Mesa Petroleum Co.*, 493 A.2d 946 (Del. 1985)

190 Der Ansatz des ALI stimmt mit den Unocal-Kriterien weitestgehend überein. Unterschiede ergeben sich insbesondere im Rahmen der Beweislast. Diese liegt gem. § 6.02 (c) ALI auf Seiten des Klägers. Dieser muss beweisen, dass die Verteidigungsmaßnahmen der Directors unangemessen waren. Zudem sollen gem. § 6.02 (b) ALI andere Gruppen, sowie Nicht-Aktionäre stärker berücksichtigt werden. Solche

im Verhältnis zu der erwarteten Bedrohung angemessen sein[191]. Da das Board in Unocal diese Voraussetzungen erfüllte, bejahte der Delaware Supreme Court die Anwendbarkeit der Business Judgment Rule, wies jedoch wiederholt auf die gesteigerten Anforderungen bezüglich der Untersuchung hin und mahnte erneut zur Vorsicht: „Because of the omnipresent specter that a board may be acting primarily in its own interests, rather than those of the corporation and its shareholders, there is an enhanced duty which calls for judicial examination at the threshold before the protections of the business judgment rule may be conferred"[192]. Diese Fortentwicklung der Business Judgment Rule, häufig auch als „enhanced business judgment rule" bezeichnet, ist von der Rechtsprechung seitdem vielfach bestätigt worden[193].

Als lückenhaft musste sich die Rechtsprechung jedoch in Fällen erweisen, in denen das Übernahmeangebot keine Bedrohung darstellte. In solchen Fällen war das Board of Directors machtlos; es konnte den Anforderungen der „enhanced scrutiny" nie gerecht werden, da ohne eine Bedrohung bereits die erste Voraussetzung der Unocal-Kriterien nicht erfüllt war. Dies änderte sich schlagartig mit der Entscheidung Paramount Communications, Inc. v. Time[194]. Darin hellte der Delaware Supreme Court die in Revlon entwickelten verschleierten Grundsätze auf, und erklärte, dass Directors auch dann eine Gefahr annehmen dürften, wenn durch die bevorstehende Übernahme zwar nicht die Gesellschaft als solche, jedoch die Unternehmenspolitik gefährdet werde[195]. Unabhängig davon blieb das Erfordernis der Verhältnismäßigkeitsprüfung bestehen.

b. Die Revlon Auction Rule

Anders als in den Fällen, die nach den Unocal-Kriterien zu betrachten sind, stellt sich die Situation für die Directors dar, wenn ein Verkauf des Unternehmens unumgänglich ist[196]. Dann können sich die Directors nicht mehr auf eine Bedrohung berufen, die Unocal-Kriterien scheiden aus, Verteidigungsmaßnahmen

---

Interessen können beispielsweise umweltbedingt sein, die Gruppen können unter anderem Arbeitnehmer oder Zulieferer sein.

191 *Unocal Corp. v. Mesa Petroleum Co.*, 493 A.2d 946, 955 (Del. 1985)
192 *Unocal Corp. v. Mesa Petroleum Co.*, 493 A.2d 946, 954 (Del. 1985)
193 *Revlon, Inc. v. MacAndrews & Forbes Holdings, Inc.*, 506A.2d 173 (Del. 1986); *Paramount Communications, Inc. v Time, Inc.*, 571 A.2d 1140 (Del. 1989); *Stroud v. Grace*, 606 A.2d 75 (Del.1992) um einige Beispiele zu nennen.
194 *Paramount Communications, Inc. v Time, Inc.*, 571 A.2d 1140 (Del. 1989)
195 *Paramount Communications, Inc. v Time, Inc.*, 571 A.2d 1140, 1151 f. (Del. 1989)
196 Gründe dafür können z.B. ein außerordentlich lukrativer Kaufpreis oder die Einbeziehung eines freundlichen Übernahmeangebots zur Abwehr des feindlichen Übernahmeversuchs sein (white knight).

kommen nicht mehr in Betracht. Die Rolle der Directors ändert sich. Die Directors sind nunmehr verpflichtet, den besten Preis für die Aktionäre zu erzielen: "The directors' role changed from defenders of the corporate bastion to auctioneers charged with getting the best price for the stockholders at a sale of the company"[197]. Von besonderer Bedeutung in diesem Kontext sind die Fragen nach den Gestaltungsmöglichkeiten der Directors im Rahmen der Auktion, sowie die Frage nach dem Zeitpunkt in dem der Wandel der Directors in ihrer Rolle von Verteidigern zu Auktionatoren stattfindet. Hinsichtlich der ersten Frage steht den Directors ein sehr weiter Gestaltungsspielraum zur Verfügung. Oberste Maxime bleibt jedoch die Maximierung des Erlöses für die Aktionäre[198]. Schwieriger war es stets, den genauen Zeitpunkt zu bestimmen, von dem an die Directors verpflichtet sein sollten, den Verkaufserlös zu maximieren. In Revlon stellte das Gericht darauf ab, dass die Zerschlagung (break-up) des Unternehmens unabwendbar sein müsse[199]. In Paramount Communications, Inc. v. QVC Network, Inc. trat diese Verpflichtung mit dem „Sale or Change of control" der Gesellschaft ein[200].

c. Zusammenfassung

Zur Abwehr von feindlichen Übernahmeversuchen stehen Gesellschaften in den USA vielfältige Abwehrmöglichkeiten zur Verfügung. Die einzelstaatlichen Gesellschaftsrechte ermöglichen den Gesellschaften, ihre Satzungen dahingehend flexibel zu gestalten. Größtenteils fällt die Abwehr solcher Übernahmeversuche in den Aufgabenbereich der Directors und wird aus deren allgemeiner Geschäftsführungsbefugnis gefolgert.

Da den Gerichten das damit einhergehende, immanente Spannungsverhältnis sehr wohl bewusst ist, versuchen sie der Missbrauchsgefahr durch gesteigerte Anforderungen bei der Anwendung der Business Judgment Rule zu begegnen. Im Zuge dessen entwickelten sich die Unocal- und Revlon-Standards.

Anders als die Business Judgment Rule, die sich auf den Entscheidungsfindungsprozess der Directors bezieht, hinterfragen der Unocal- und der Revlon-Standard auch die Ratio und die Folgen der spezifischen Maßnahmen. Es wird also die Entscheidung selbst überprüft. Diese restriktivere Handhabung ist insbe-

---

197 *Revlon, Inc. v. MacAndrews & Forbes Holdings Inc.*, 506A.2d 173, 182 (Del. 1986)
198 *Revlon, Inc. v. MacAndrews & Forbes Holdings, Inc.*, 506A.2d 173, 182 (Del. 1986)
199 Bestätigt in *Paramount Communications, Inc. v Time, Inc.*, 571 A.2d 1140 (Del. 1989)
200 *Paramount Communications, Inc. v. QVC Network, Inc.*, 637 A.2d 34, 45 (Del. 1994)

sondere vor dem Hintergrund eines situationsspezifischen Interessenkonfliktes gerechtfertigt.

2. Business Judgment Rule und Derivative Litigation

Die Directors der Gesellschaft haben das Geschäftsführungsrecht inne[201]. Ihnen obliegt somit auch grundsätzlich die Durchsetzung von Ansprüchen der Gesellschaft. Die Aktionäre sind aber ebenso ermächtigt, der Gesellschaft gegenüber erfolgte Verletzungen im Wege der abgeleiteten Aktionärsklage (derivative action) nachzugehen[202].

a. Rechtsnatur der Derivative Litigation

Bei der abgeleiteten Schadensersatzklage klagen ein oder auch mehrere Minderheitsaktionäre im Namen der Gesellschaft aufgrund einer wie auch immer gearteten vermeintlichen Rechtsverletzung gegen einen oder mehrere Directors, um ein der Gesellschaft zustehendes Recht zu erstreiten[203]. Die Klage wird als abgeleitet (derivativ) bezeichnet, weil die ursprünglich dazu berechtigten Directors die Anstrengung der Klage – häufig aufgrund von Selbstbetroffenheit – verweigert ha-

---

201 Vgl. § 8.01 (b) RMBCA

202 *Surowitz v. Hilton Hotels Corp.*, 383 U.S. 363, 371 (1966)("Derivative suits have played a rather important role in protecting shareholders of corporations from the designing schemes and wiles of insiders who are willing to betray their company's interests in order to enrich themselves."); aus der deutschen Literatur zur derivative action vgl. *Baums,* Verhandlungen des 63. Deutschen Juristentages Leipzig 2000, Bd. I – Gutachten, S. F 1 – F 263; *Ulmer,* ZHR (163) 1999, S. 290 ff.; *Merkt/Göthel,* Rn. 1031 ff. sowie aus älterer Literatur *Koch,* Prozessführung im öffentlichen Interesse, m.w.N.

203 *Taormina v. Taormina Corp.*, 78 A.2d 473, 475 f. (Del. Ch. 1951); zur häufig komplexen Abgrenzung der derivative action zur direct action (Individualschadensersatzklage) vgl. Kommentierung zu § 7.01 (d) der ALI Principles: " ...in borderline cases (between direct versus derivative suits), the following policy considerations deserve to be given close attention by the court: First, a derivative action distributes the recovery more broadly and evenly than a direct action. Because the recovery in a derivative action goes to the corporation, creditors and others having a stake in the corporation benefit financially from a derivative action and not from a direct one. ...
Second, once finally concluded, a derivative action will have a preclusive effect that spares the corporation and the defendants from being exposed to a multiplicity of suits.
Third, a successful plaintiff is entitled to an award of attorneys' fees in a derivative action directly from the corporation, but in a direct action the plaintiff must generally look to the fund, if any, created by the action. ...

ben[204]. Die klagenden Aktionäre sichern daher unmittelbar keine Vorteile für sich als Individuum. Vielmehr stehen jegliche Schadensersatzzahlungen der Gesellschaft als Ganzer zu[205]. Zur Vermeidung störender Nebenwirkungen für das Management durch eine solche Schadensersatzklage, muss der klagende Aktionär eine Vielzahl von Voraussetzungen erfüllen. Ziel dieses hohen Anforderungsprofils ist es, unfundierte Klagen frühzeitig herauszufiltern, um so den Klagemissbrauch einschränken zu können[206]. Dies erscheint auch sachgerecht, da es sich um eine Klage aus fremdem Recht handelt.

b. Klagevoraussetzungen

Die verfahrensrechtlichen Ausgestaltungen bestimmen sich auf Bundesebene nach Rule 23.1 der Federal Rules of Civil Procedure (F.R.C.P.), auf Bundesstaatenebene nach den jeweiligen einzelstaatlichen Zivilprozessordnungen sowie den corporate statutes[207]. Im Wesentlichen müssen sowohl auf Bundes- als auch auf Bundesstaatenebene folgende drei Voraussetzungen erfüllt sein, damit die derivative action zulässig ist. Um überhaupt klagebefugt sein zu können, muss der Kläger sowohl zum Zeitpunkt der vermeintlichen Anspruchsentstehung (contemporaneous ownership) gegenüber der Gesellschaft, als auch während der gesamten Dauer des Prozesses (continuing ownership) Aktionär der Gesellschaft gewesen sein[208]. Hintergrund dieses Erfordernisses ist es, den späteren „Kauf" von Aktionärsklagen zu verhindern[209]. Ursächlich ist zudem, dass ein Aktionär, der die Aktien der Gesellschaft erst nach dem Schadenseintritt erwirbt, nicht mehr geschädigt ist, da er die Aktien bereits zu einem günstigeren Kurs bezogen hat[210]. Ausnahmen von diesem Grundsatz werden anerkannt, wenn die Aktien durch gesetzliche Erbfolge erworben worden sind, oder wenn das schädigende Ereignis noch fortdauert[211]. Zudem muss der Kläger die Drittinteressen der Gesellschaft fair und angemessen vertreten[212].

---

204 *Alabama By-Products Corp. v. Cede & Co.*, 657 A.2d 254, 265 (Del. 1995)
205 *Ross v. Bernhard*, 396 U.S. 531, 538 (1970)
206 *Gagliardi v. TriFoods International, Inc.*, 683 A.2d 1049, 1054 (Del. Ch. 1996); *Kamen v. Kemper Financial Services, Inc.*, 500 U.S. 90; 111 S.Ct. 1711, 1719 (1991)
207 Vgl. hierzu insbesondere Delaware, das die wesentlichen Klagevoraussetzungen für die derivative action in Chancery Court Rule 23.1 und nicht im DGCL geregelt hat.
208 *Alabama By-Products Corp. v. Cede & Co.*, 657 A.2d 254, 264 (Del. 1995)
209 *Solomon*, S. 1037
210 ALI Principles § 7.02, comment (c).
211 Zum gesetzlichen Erwerb: RMBCA § 7.41 (1) und § 327 DGCL: „In any derivative suit instituted by a stockholder of a corporation, it shall be averred in the complaint that the plaintiff was a stockholder of the corporation at the time of the transaction

aa. Demand-Erfordernis (Aufforderung)

Weiterhin muss der Kläger vor Erhebung der derivative action dem Board of Directors die Aufforderung unterbreitet haben, dass die Gesellschaft die Klage selbst erhebt[213]. Die Aufforderung dient der Erschöpfung aller gesellschaftsinterner „Rechtsmittel" (exhaustation of intracorporate remedies)[214] vor Ersuchens externen Rechtsschutzes. Diese Voraussetzung wurde bereits in einer Gerichtsentscheidung vor über einem Jahrhundert[215] artikuliert und wird heute wie folgt begründet: „to give a corporation the opportunity to rectify an alleged wrong without litigation, and to control any litigation which does arise"[216]. Dieses außergewöhnliche Erfordernis beruht auf der Tatsache, dass die derivative action eines Aktionärs eine Ausnahme zu der Grundregel darstellt, wonach nur der Rechtsinhaber selbst klagebefugt ist, also die Gesellschaft selber, vertreten durch die in ihrem Namen handelnden Directors und Officers oder die Mehrheit ihrer Aktionäre, handelt[217]. Bevor das geltende Recht einem Aktionär die Möglichkeit einräumt, dem Board of Directors die Kontrolle über diesen Vermögenswert zu entziehen, soll es dem Board selbst obliegen, die Klage im Namen der Gesellschaft zu verfolgen, die Rechtsverfolgung dem Aktionär zu überlassen oder die Geltendmachung als nicht im Interesse der Gesellschaft liegend abzuweisen. Selbst wenn das Board den letzteren Weg wählen sollte, könnte ein klagewilliger Aktionär dennoch die Rechtsverfolgung erreichen. Maßgeblich ist dann, gegen wen sich die Klage richtet.

Richtet sich die Klage gegen einen Dritten, so schützt die Business Judgment Rule eine Entscheidung der Directors, nicht im Klagewege gegen diesen Dritten vorzugehen[218]. Ist der Aktionär dennoch bestrebt, die Klage weiter zu verfolgen, so werden daran hohe Anforderungen gestellt. Der Aktionär muss entweder detailliert Mängel im Entscheidungsfindungsprozess nachweisen oder anderweitig,

---

of which he complains or that his stock thereafter devolved upon him by operation of law." Zur fortdauernden Schädigung: *Maclary v. Pleasant Hills, Inc.*, 109 A.2d 830 (Del. Ch. 1954)

212   F.R.C.P. § 23.1: „The derivative action may not be maintained if it appears that the plaintiff does not *fairly* and adequately represent the interests of the shareholders..."

213   Um als Klagevoraussetzung tauglich zu sein, muss die Kommunikation zwischen Aktionär und Board die Parteien, den Streitgegenstand sowie das Klageziel beinhalten.

214   *Solomon*, S. 1042

215   *Hawes v. Oakland*, 104 U.S. 450 (1881)

216   *Aronson v. Lewis*, 473 A.2d 805, 809 (Del. 1984)

217   *Daily Income Fund, Inc. v. Fox*, 464 U.S.523, 542 (1984)

218   *Kamen v. Kemper Financial Services, Inc.*, 500 U.S. 90; 111 S.Ct. 1711, 1719 (1991), was auf *Hawes v.Oakland*, 104 U.S. 450 (1881) zurückgeht.

z.B. durch Aufzeigen eines Interessenkonflikts auf Seiten des Directors, darlegen, dass die Entscheidung weder objektiv, noch fundiert oder unabhängig war. Besonderheiten gelten diesbezüglich nicht.

Weitaus verbreiteter sind Klagen von Aktionären gegen Directors oder Officers. Wichtigster Unterschied zu der Klage gegen Dritte ist, dass bei Klagen gegen corporate insiders (Directors oder Officers) das „demand requirement" nicht grundsätzlich erforderlich ist. Es entfällt, wenn eine Aufforderung nutzlos (futile) ist. In Fällen die zunächst eine Aufforderung des Aktionärs an das Board beinhalten, ist von der Rechtsprechung in Zapata Corp. v. Maldonado[219] klargestellt worden, dass auch eine ablehnende Entscheidung der Directors unter den Schutz der Business Judgment Rule fällt[220].

Aufgrund des starken Hindernisses, welches sich damit für die klagenden Aktionäre ergibt, ist genauestens zu untersuchen, wann von diesem Erfordernis Abstand genommen werden kann, wann sich also eine Aufforderung als nutzlos (futile) erweist.

bb. Demand Futility

(1) Delaware approach

Der heute maßgebende Test zur Beantwortung der Frage, ob eine Forderung gegenüber dem Board nutzlos ist oder nicht, wurde im Fall Aronson v. Lewis[221] entwickelt. Maßgebend ist seitdem, ob nach den spezifisch behaupteten Tatsachen, die der Kläger beweisen muss,

1. die Directors befangen und abhängig waren (interestedness and lack of independence) und
2. die überprüfte Transaktion das Produkt einer korrekten Ausübung einer Unternehmensentscheidung war (valid business judgment).

Das Demand-Erfordernis wird als reine Formalie und somit als nutzlos angesehen, wenn der klagende Aktionär beweisen kann, dass der Director befangen

---

219 *Zapata Corp. v. Maldonado*, 430 A.2d 779 (Del. 1981)
220 *Zapata Corp. v. Maldonado*, 430 A.2d 779, 784 (Del. 1981)
221 *Aronson v. Lewis*, 473 A.2d 805 (Del. 1984) Hier erhielt der 75-jährige Hauptaktionär, Fink, der Gesellschaft Meyers Parking Systems von der Gesellschaft erhebliche finanzielle Zuwendungen. Dagegen klagte Lewis, ein Aktionär, mit der Begründung, dass die Zahlungen keinem geschäftlichen Zweck dienten und dass es sich um Verschwendung von Gesellschaftsvermögen handele. Er unterließ, wie das Gericht später bestätigte, korrekterweise eine Aufforderung an das Board of Directors, weil alle directors zugleich Beklagte waren, weil Fink selbst alle Directors auswählte und kontrollierte und weil die beklagten Directors zur Durchführung der Klage die Gesellschaft dazu hätten bringen müssen, sich selbst zu verklagen.

bzw. abhängig ist. Ein derartiges Eigeninteresse ist von der Rechtsprechung in Pogostin v. Rice[222] wie folgt beschrieben worden: „Directorial interest exists whenever divided loyalties are present, or a director either has received, or is entitled to receive, a personal financial benefit from the challenged transaction which is not equally shared by the stockholders. The question of independence flows from an analysis of the factual allegations pertaining to the influences upon the director's performance of their duties generally, and more specifically in respect to the challenged transaction"[223].

Außerhalb solcher Interessenlage seitens der Directors sehen die Gerichte diese Aufforderung als notwendig an[224]. Was die Unabhängigkeit eines Directors betrifft, so ist die entscheidende Frage, ob ein Director von einer dritten Partei kontrolliert oder in irgendeiner Weise massiv beeinflusst wird. Das ist die Tatsachenfrage. Zudem fordert F.R.C.P. § 23.1, wie in Weiss v. Temporary Inv. Fund, Inc. deutlich gemacht wird, dass ein Kläger „asserts the facts from which it is believed an inference of control could be drawn"[225]. Folglich wird eine Aufforderung entschuldigt, wenn ein Aktionär Tatsachen behaupten kann, aus denen ein Gericht „can reasonably infer that the board members who approved the transaction are acting at the direction of the allegedly dominating individual or entity"[226].

Unabhängig von den Untersuchungen hinsichtlich der Befangenheit der Directors maßen die Gerichte der Tatsache besondere Bedeutung bei, ob ein klagender Aktionär einen vernünftigen Zweifel dahingehend geltend machen konnte, dass „the challenged transaction was otherwise the product of a valid exercise of business judgment"[227]. Um dieses beweisen zu können, muss ein Kläger darlegen, dass „the directors were not capable of exercising their business judgment with respect to any of the transactions"[228].

Sollte eine Aufforderung allerdings erforderlich sein, und wurde sie von dem Kläger initiiert, aber vom Board zurückgewiesen, so steht diese Entscheidung

---

222 *Pogostin v. Rice,* 480 A.2d 619 (Del. 1984)
223 *Pogostin v. Rice,* 480 A.2d 619, 624 (Del. 1984)
224 *Pogostin v. Rice,* 480 A.2d 619, 626 (Del. 1984) (Zehn von 14 Directors erachteten sich für unabhängig, weil sie nicht Nutznießer der behaupteten exzessiven Vorstandsvergütungspläne waren); *Kaufman v. Belmont,* 479 A.2d 282, 288 (Del. Ch. 1984) (nur zwei von neun Board-Mitgliedern waren befangen, da sie $ 123.017 in Zusammenhang mit der strittigen Transaktion, die in einer Aktionärsklage mündete, erhalten hatten.)
225 *Weiss v. Temporary Inv. Fund, Inc.,* 516 F.Supp. 665, 671 (D.Del. 1981)
226 *Heineman v. Datapoint Corp.,* 611 A.2d 950, 955 (Del. 1992)
227 *Aronson v. Lewis,* 473 A.2d 805, 814 (Del. 1984)
228 *Scopas Technology Co. v. Lord,* No. 7559, 4 (Del. Ch. 20. November 1984)

grundsätzlich unter dem Schutz der Business Judgment Rule[229]. Dieser Schutz entfällt, wenn die Entscheidung des Boards ungerechtfertigt (wrongful) war, dass heißt wenn sie nicht die Konsequenz eines gewissenhaften Überprüfungsprozesses darstellt. Das reine Behaupten des Aktionärs, dass die Abweisung durch das Board ungerechtfertigt war, genügt jedoch nicht. Vielmehr muss der Aktionär anhand spezifischer Tatsachen vernünftige Zweifel an dem Schutz der abweisenden Entscheidung des Boards durch die Business Judgment Rule aufzeigen[230]. Weist ein Board eine Aufforderung zurück, dann untersucht das Berufungsgericht lediglich die Gutgläubigkeit und die Sorgfältigkeit des Boards bei der Entscheidungsfindung[231]. Diesen Maßstab legt auch die U.S. Court of Appeals bei Fragen der ungerechtfertigten Abweisung des Demand-Erfordernisses bei Aktionärsklagen bereits seit 1965 an[232]. Ist ein Demand-Verfahren einmal auf den Weg gebracht, kann ein klagewilliger Aktionär nicht mehr deren „Überflüssigkeit" behaupten[233].

(2) RMBCA und ALI approach

Der RMBCA in § 7.42 und die ALI principles in § 7.03 zeigen eine Alternative zum Delaware-Ansatz auf. Statt der Überprüfung einer eventuellen Nutzlosigkeit einer Aufforderung empfehlen der RMBCA und die ALI Principles den Aktionären stets, ein schriftliches Gesuch an das Board zu stellen, eine sog. „universal demand".

Gemäß § 7.03 (b) ALI kann von einer Demand nur dann Abstand genommen werden, wenn der Kläger beweist, dass der Gesellschaft anderenfalls ein irreparabler Schaden entstehen würde. Ähnlich wie § 7.03 (b) ALI lautet auch die offizielle Kommentierung zu § 7.42 RMBCA. Diese Regelung fordert in allen derart gelagerten Fällen eine schriftliche Aufforderung an die Gesellschaft, welche spätestens neunzig Tage vor Beginn des Rechtsstreits durchgeführt worden sein muss[234]. Sinn und Zweck dieser Bestimmung ist es, einerseits dem Board die

---

229 *Aronson v. Lewis,* 473 A.2d 805, 813 (Del. 1984); *Zapata Corp. v. Maldonado,* 430 A.2d 779, 784 f. (Del. 1981)(„When stockholders, after making demand and having their suit rejected, attack the board's decision as improper, the board's decision falls under the business judgment rule and will be respected if the requirements of the **rule** are met.")

230 *In re General Motors Class E Stock Buyout Sec. Litig.,* 694 F. Supp. 1119, 1132 (D.Del. 1988)

231 *Spiegel v. Buntrock,* 571 A.2d 767, 777 (Del. 1990)

232 *Ash v. IBM Inc.,* 353 F.2d 491, 493 (3d Cir. 1965)

233 *Grimes v. Donald,* 673 A.2d 1207, 1218 f. (Del. 1996)

234 Zum Ausnahmetatbestand bei Verursachung irreparabler Schäden für die Gesellschaft, vgl. ALI § 7.03 (b)

nochmalige Überprüfungsmöglichkeit der Entscheidung zu geben und andererseits den betroffenen Parteien sowie dem Gericht Zeit und Kosten zu sparen.

(3) New York approach

Anders als die bereits dargelegten Ansätze stellt sich der Ansatz aus dem Bundesstaat New York dar. Da in New York das Demand-Erfordernis in § 626 (c) des New York Business Corporation Law (N.Y.B.C.L.) kodifiziert ist, könnte ein universal demand, wie im RMBCA oder den ALI principles vorgeschlagen, nur durch gesetzgeberische Aktivität übernommen werden.

Delaware's Ansatz überzeugte die Gerichte in New York ebenso wenig, so dass man in Marx v. Akers[235] als einer Weiterentwicklung des Falls Barr v. Wackman[236] folgende Voraussetzungen entwickelte, um eine Aufforderung als nutzlos erscheinen zu lassen. Eine Aufforderung ist demnach dann nicht erforderlich, wenn:

1. Die Mehrheit des Boards in der zur Frage stehenden Transaktion befangen war[237] oder
2. Das Board sich nicht vollständig und in angemessenem Ausmaß über die betroffene Situation informiert hat oder
3. Die umstrittene Transaktion so ungeheuerlich war, dass sie nicht Folge einer überlegten geschäftlichen Entscheidung gewesen sein konnte[238].

Zusammenfassend kann zum Demand-Erfordernis folgendes festgehalten werden: Stellt der klagende Aktionär eine Aufforderung an die Directors, ist deren Entscheidung grundsätzlich von der Business Judgment Rule geschützt. Die Entscheidung ist nicht geschützt, wenn sie ungerechtfertigt war. Diesen Mangel hat der Aktionär detailliert zu beweisen, was erfahrungsgemäß aufgrund der eher restriktiven Rechtsprechung zur Überprüfbarkeit von business judgments in den seltensten Fällen gelingen wird.

Ist eine Aufforderung entbehrlich, steht dem klagewilligen Aktionär die Rechtsverfolgung frei. Die konkreten Überprüfungsmaßstäbe, wann eine Aufforderung entbehrlich ist, variieren innerhalb der verschiedenen Bundesstaaten und Ansätze der Institute. Von der Entbehrlichkeit ist jedoch grundsätzlich dann auszugehen, wenn Zweifel an der Unbefangenheit und Unabhängigkeit der Directors bestehen, die umstrittene Maßnahme nicht vom Schutz der Business Judgment

---

235 *Marx v. Akers*, 666 N.E.2d 1034 (N.Y. 1996)
236 *Barr v. Wackman*, 36 N.Y.2d 371, 329 N.E.2d 180, 369 N.Y.S.2d 497 (1975)
237 Die Befangenheit eines Directors wird hier weit ausgelegt.
238 *Marx v. Akers*, 666 N.E.2d 1034, 1039 f. (N.Y. 1996)

Rule umfasst wird (Delaware), oder bei der Mehrheit der Board-Mitglieder mangels ausreichender Informationen oder offenkundiger Missachtung eine Pflichtverletzung vorliegt.

cc. Beendigung durch ein Special Litigation Committee (SLC)

Ein weiteres Hindernis für klagewillige Aktionäre stellen die sog. Special Litigation Committees dar. Diese entwickelten sich Mitte der siebziger Jahre auf Initiative der großen Aktiengesellschaften vor dem Hintergrund des damals bestehenden unbedarfteren und weniger restriktiven Umgangs mit dem Demand-Erfordernis. Sie verfolgten damit das Ziel auch in Fällen in denen das Demand-Erfordernis entbehrlich war, den Aktionären die Klagemöglichkeit zu erschweren[239]. Ein Special Litigation Committee besteht typischerweise aus an der umstrittenen Transaktion nicht beteiligten, unabhängigen Directors, die vom Board ernannt werden[240]. Ein solcher Ausschuss wird entweder eingesetzt, wenn Unregelmäßigkeiten auf Seiten der Unternehmensleiter auftreten, oder wenn eine Aktionärsklage im Sinne eines derivative suit anhängig ist[241]. Im letzteren Fall besteht die Aufgabe des Committees darin, durch gezielte Untersuchungen herauszufinden, ob die Klagedurchführung tatsächlich im Interesse der Gesellschaft liegt. Da Special Litigation Committees in der Mehrzahl der Fälle zu dem Ergebnis gelangen, dass eine Klage nicht im Interesse der Gesellschaft liege, stellen sie bei Gericht grundsätzlich einen Klageabweisungsantrag. In der Folge sahen sich die Gerichte mit dem Problem konfrontiert, ob Entscheidungen von Special Litigation Committees bindend sind oder nicht, was wiederum davon abhängig war, ob man die Business Judgment Rule auf die Entscheidung des Ausschusses anwenden sollte oder nicht. Die Gerichte sind hierbei zu unterschiedlichen Ergebnissen gelangt, wobei sich jedoch die Ansätze der Staaten Delaware und New York als führend durchgesetzt haben. Alternativ werden auch die Vorschläge des ALI und des RMBCA dargestellt.

(1) Delaware

Die ausschlaggebende Entscheidung in Delaware zu diesem Problemkreis war der Fall Zapata Corp. v. Maldonado[242]. In Zapata hatte ein Aktionär, William Maldonado, eine Aktionärsklage im Namen der Gesellschaft, Zapata Corp., auf

---

239 *Soderquist,* S. 699
240 Die Ernennung eines special lititgation committees stellt somit auch eine gesellschaftsinterne Maßnahme dar.
241 *Soderquist,* S. 699
242 *Zapata Corp. v. Maldonado,* 430 A.2d 779 (Del. 1981)

den Weg gebracht[243]. Maldonado hatte die Klage auf Pflichtverletzungen von zehn Directors der Gesellschaft gestützt. Maldonado hatte zudem geklagt, ohne bei dem Board zuvor eine Aufforderung zu stellen, weil er diese aufgrund der Beteiligung aller Directors an der Transaktion und deren Beklagtenstatus für überflüssig hielt[244]. Einige Zeit später setzte das Board ein „Independent Investigation Committee" ein[245]. Zu diesem Zeitpunkt hatten vier angeklagte Directors ihren Sitz im Board verloren und die verbliebenen Directors ernannten zudem zwei außerhalb der Gesellschaft stehende Directors zu Mitgliedern des Untersuchungsausschusses[246]. Diese neuen Directors stellten sodann den Untersuchungsausschuss dar. Nach eingehenden Untersuchungen kam dieser Ausschuss zu der Empfehlung, dass die Klage abzuweisen sei[247]. Die Entscheidung des Ausschusses war für die Gesellschaft bindend. Die Gesellschaft beharrte in der Folgezeit auf Abweisung der Klage. Das erstinstanzliche Gericht entschied für Maldonado. Die Revisionsinstanz hingegen bestätigte das erstinstanzliche Urteil nicht. Die strittige Frage war, ob der Ausschuss die Macht habe, eine Klageabweisung für die Gesellschaft durchzusetzen. Die Revisionsinstanz bejahte diese Frage. Demzufolge habe das Board die Macht ein Special Litigation Committee einzusetzen und diesem ein Widerspruchsrecht einzuräumen, also das Recht die Klageabweisung zu bestimmen, wenn der Ausschuss nach eingehenden Untersuchungen zu dem Schluss kommt, dass eine Klageabweisung im Interesse der Gesellschaft läge[248]. Nach dem Delaware-Ansatz hat somit zur Bestimmung einer Klageabweisung eine zweistufige Analyse des Gerichts zu erfolgen.

Diese erfordert:

1. Eine gerichtliche Ermittlung, ob der Ausschuss unabhängig, in gutem Glauben und unter Darlegung einer vernünftigen Grundlage gehandelt hat, um die Klage abzuweisen, und

2. Die Anwendung eines eigenen unabhängigen „business judgment" des Gerichts zur Bestimmung, ob die Klage abgewiesen werden sollte oder nicht.

Bezüglich des ersten Erfordernisses liegt die Beweislast auf Seiten der Gesellschaft. Die Gesellschaft muss den Beweis erbringen, dass der Ausschuss vernünftige Untersuchungen durchgeführt hat, dass er unabhängig war und dass er in gutem Glauben gehandelt hat[249]. Erst in der zweiten Stufe muss das Gericht auf-

---

243 *Zapata Corp. v. Maldonado,* 430 A.2d 779, 779 (Del. 1981)
244 *Zapata Corp. v. Maldonado,* 430 A.2d 779, 779 (Del. 1981)
245 *Zapata Corp. v. Maldonado,* 430 A.2d 779, 781 (Del. 1981)
246 *Zapata Corp. v. Maldonado,* 430 A.2d 779, 779 (Del. 1981)
247 *Zapata Corp. v. Maldonado,* 430 A.2d 779, 779 (Del. 1981)
248 *Zapata Corp. v. Maldonado,* 430 A.2d 779, 785 ff. (Del. 1981)
249 *Zapata Corp. v. Maldonado,* 430 A.2d 779, 788 (Del. 1981)

grund eines eigenen Urteils bestimmen, ob die Fortführung der Klage im Interesse der Gesellschaft ist.

(2) New York

Die Gerichte in New York haben einen davon abweichenden Ansatz entwickelt. In Auerbach v. Bennett[250] wurde der New York Court of Appeals mit der Frage konfrontiert, ob die Entscheidung des Special Litigation Committees unter dem Schutz der Business Judgment Rule stehe. Das Gericht erklärte, dass die Entscheidung des Ausschusses außerhalb des Machtbereichs des Gerichts stehe und somit dem Schutz der Business Judgment Rule unterstehe[251]. Maßgebliche Faktoren für die Entscheidung des Ausschusses seien vielmehr solche ethischer, wirtschaftlicher und steuerlicher Art[252]. Zuvor hatte das Gericht bereits festgestellt, dass das Board of Directors die Macht zur Abweisung einer Klage nur insoweit habe, als es um die rechtliche Überprüfung der Frage ginge, ob eine angemessene und ausreichende Untersuchung der unbefangenen Board-Mitglieder stattgefunden habe[253].

Exemplarisch für die gerichtliche Unsicherheit in diesem Kontext ist auch das Agieren des Supreme Court of North Carolina, der ursprünglich den Aucherbach-Ansatz verwendet hatte[254], diese Entscheidung dann jedoch zurück zog und eine neuerliche Urteilsbegründung veröffentlichte, in welcher der Zapata-Test Anwendung fand[255].

(3) RMBCA und ALI

Etwas anders stellen sich die Ansätze des RMBCA und der ALI principles dar. Der ALI-Ansatz wurde vom Pennsylvania Supreme Court im Fall Cuker v. Mikalauskas[256] angewendet. Die vorliegende Streitfrage war, ob es die Business Judgment Rule einem Board of Directors einer Gesellschaft mit Sitz in Pennsylvania erlaubt, eine derivative action eines Minderheitsaktionärs zu beenden[257]. Das Gericht urteilte, das Aktionärsklagen betreffende Entscheidungen genauso

---

250 *Auerbach v. Benett*, 419 N.Y.2d 920, 393 N.E.2d 994 (1979)
251 *Auerbach v. Benett,*419 N.Y.2d 920, 393 N.E.2d 994 (1979)
252 *Auerbach v. Benett ,*419 N.Y.2d 920, 393 N.E.2d 994 (1979)
253 *Auerbach v. Benett,* 419 N.Y.2d 920, 393 N.E.2d 994 (1979)
254 *Alford v. Shaw,* 349 S.E.2d 41 (N.C. 1986)
255 *Alford v. Shaw,* 358 S.E.2d 323 (N.C. 1987)(Das Gericht begründete den Wechsel dieser Ansätze anhand einer gesetzlichen Regelung in North Carolina)
256 *Cuker v. Mikalauskas,* 547 Pa. 600, 692 A.2d 1042 (Pa.1997)
257 *Cuker v. Mikalauskas,* 547 Pa. 600, 606, 692 A.2d 1042 (Pa.1997)

unternehmerische Entscheidungen darstellen, wie viele andere auch und somit in den Bereich des Board of Directors fallen, also grundsätzlich auch dem Schutz der Business Judgment Rule unterstehen[258]. Die Entscheidung des Boards oder des Special Litigation Committees wird durch das Gericht auf eine Vielzahl von Voraussetzungen hin überprüft[259]. Wenn all jene Voraussetzungen vorgelegen haben sollten, findet die Business Judgment Rule Anwendung und das Gericht sollte die Klage abweisen[260]. Das zuständige Gericht wandte im vorliegenden Fall die §§ 7.02-7.10 sowie § 7.13 der ALI Principles an[261]. Zwar stellte das Gericht fest, dass die einschlägigen Gesetze des Staates Pennsylvania einige Gemeinsamkeiten mit denen der Staaten New York und Delaware zeigten, dass jedoch den im vorliegenden Fall maßgeblichen Überprüfungsstandard einzig die ALI Principles in § 7.10 beinhalten[262]. Der ALI-Test wendet nämlich einen zweifachen Überprüfungsstandard des Antrags der Gesellschaft hinsichtlich der geforderten Abweisung der Aktionärsklage an. Die Ausgestaltung des Überprüfungsstandards ist abhängig von der Art der Behauptungen. Behaupten die Kläger, eine Verletzung der Duty of Care (Sorgfaltspflicht) liege vor, so findet zur Überprüfung lediglich der Standard der Business Judgment Rule Anwendung. In den Fällen, in denen es um schwerwiegendere Verletzungen, wie den Verstoß gegen die Duty of Loyalty (Treuepflicht) oder vorsätzliche Gesetzesverletzungen geht, muss das Gericht beurteilen, ob das Special Litigation Committee „was adequately informed under the circumstances and reasonably determined that dismissal was in the best interests of the corporation, based on grounds that the court deems to warrant reliance"[263].

Eine Mischung aller bisher geschilderten Ansätze stellt der RMBCA in § 7.44 (a) dar. § 7.44 (a) RMBCA regelt, dass ein Gericht dem Antrag auf Klageabweisung dann zustimmen sollte, wenn dieser in gutem Glauben und aufgrund einer sorgfältigen Untersuchung gestellt worden ist, wobei diese zu dem Ergebnis geführt hat, dass das Aufrechterhalten der Klage nicht im Interesse der Gesellschaft

---

258 *Cuker v. Mikalauskas,* 547 Pa. 600, 611, 692 A.2d 1042 (Pa.1997)
259 *Cuker v. Mikalauskas,* 547 Pa. 600, 612, 692 A.2d 1042 (Pa.1997); dies sind insbesondere die Unbefangenheit des Boards oder des Committees, ob Rechtsberatung hinzugezogen wurde, ob ein schriftlicher Bericht verfasst worden ist, ob Unabhängigkeit gegeben war, ob eine angemessene Untersuchung stattgefunden hatte, ob man glaubte, dass die Entscheidung im besten Interesse der Gesellschaft war.
260 *Cuker v. Mikalauskas,* 547 Pa. 600, 612, 692 A.2d 1042 (Pa.1997)
261 *Cuker v. Mikalauskas,* 547 Pa. 600, 613, 692 A.2d 1042 (Pa.1997); die §§ 7.02-7.10 der ALI Principles stehen durchweg in Beziehung zu abgeleiteten Aktionärsklagen und deren prozessualen sowie materiellrechtlichen Voraussetzungen. § 7.13 regelt die verfahrensrechtliche Prozedur.
262 *Cuker v. Mikalauskas,* 547 Pa. 600, 614, 692 A.2d 1042 (Pa.1997)
263 ALI Principles § 7.10 und Kommentar (c) S. 134 f.

liege[264]. Die Beweislast dafür verschiebt sich je nach Konstellation. Erfolgt die Feststellung von einer Mehrheit unabhängiger Directors trägt der Kläger die Beweislast. Existiert keine solche Mehrheit, so muss die Gesellschaft nicht nur die Unabhängigkeit der entscheidenden Directors, sondern auch die Korrektheit der Untersuchung beweisen[265].

Abschließend bleibt festzustellen, dass die Beendigung einer Aktionärsklage durch ein Special Litigation Committee eine konfliktbehaftete Maßnahme darstellt. Der Kern des Problems beruht auf dem Spannungsverhältnis zwischen der Vermeidung von missbräuchlichen und ausbeuterischen Aktionärsklagen einerseits und den protektionistischen Ambitionen der Directors ihren Kollegen gegenüber andererseits. Die Schwierigkeiten des Umgangs in dieser „Grauzone" unterstreichen die vielfältig existierenden Ansätze. Die Business Judgment Rule scheint an sich für diesen hoch komplexen und sehr detailbehafteten Bereich kein ausreichendes Lösungswerkzeug zu sein. Die Business Judgment Rule findet zwar auf die Entscheidung des Ausschusses Anwendung, ihre Anwendbarkeit wird jedoch bei einer möglichen Interessenkollision hinsichtlich der entscheidenden Board-Mitglieder abgelehnt. Nicht umsonst wird heute vermehrt versucht, differenziertere Maßstäbe zu entwickeln. Ob diese Anstrengungen von Erfolg gekrönt sein werden, lässt sich insbesondere vor dem Hintergrund der Regelungen in Delaware bezweifeln. Hier wird in Zapata deutlich, dass letztlich dem Instanzgericht die rechtliche Überprüfung der Ausschuss-Entscheidung obliegt. Das Treffen eines eigenen „business judgment" durch die Gerichte würde eine massive Einmischung derselben in den Tätigkeitsbereich der Unternehmensleiter darstellen. Dies kann insbesondere vor dem Hintergrund naturgemäß nicht zu erwartender wirtschaftlicher Sachkunde seitens der Richterschaft nicht gewünscht sein.

c. Begrenzung der Haftung von Directors

In den letzten 25 Jahren hat es eine bis dahin nicht vorstellbare Klagewelle gegen Directors amerikanischer Aktiengesellschaften gegeben, in dessen Folge sich eine Vielzahl von outside Directors aus den jeweiligen Boards der Gesellschaft zurückzog, um sich nicht dem erhöhten Risiko persönlicher Haftung auszusetzen[266]. Wie der Fall Van Gorkum zeigt, war das Gesellschaftsrecht in Ausprägung der Business Judgment Rule allein nicht in der Lage, den Directors hinreichenden Schutz vor den wachsenden Haftungsrisiken zu gewähren[267].

---

264 § 7.44 (a) RMBCA
265 § 7.44 RMBCA Official comment 2
266 *Knepper/Bailey*, S. 680 f.; *Solomon*, S. 722
267 *Smith v. Van Gorkom*, 488 A.2d 858 (Del.1985)(Hier wurde vom Gericht eine persönliche Haftung der Directors von Trans Union in Höhe von $ 50 Mio. festgesetzt,

Als Folge des Van Gorkum-Falls und der weit verbreiteten Wahrnehmung einer mangelhaften Corporate Governance entstand eine starke Nachfrage nach intensiverem Schutz der Directors und Officers vor persönlicher Haftung[268]. Einzelstaatliche Gesetzgebungsaktivitäten versuchten, durch gezielte Schutzbestimmungen die Krise zu beheben und gleichzeitig ein Umfeld zu schaffen bzw. beizubehalten, welches für Directors und Officers unvermindert attraktiv war[269]. Aus diesen ersten Ansätzen zum Schutz der Unternehmensleiter vor persönlicher Haftung entwickelten sich im Laufe der Jahre weitere, modernere Formen der Haftungsbegrenzung, die den heutigen Gegebenheiten besser entsprechen.

Der Schutz der Manager großer Aktiengesellschaften wird heute grundsätzlich mittels zweier Möglichkeiten gewährleistet. Dies sind einerseits die gesetzlichen Exkulpationsnormen mit der darin den Gesellschaften eingeräumten Möglichkeit zur Gewährung von vertraglichem Aufwendungsersatz und andererseits eine allgemeine Versicherung gegen Haftungsklagen[270].

aa. Statutory indemnification (Haftungsfreistellung)

Infolge der in den letzten Jahrzehnten sprunghaft angestiegenen Organhaftungsklagen verfügen heute nahezu alle US-amerikanischen Bundesstaaten in ihren Gesellschaftsrechtsgesetzen über Regelungen, die es den Gesellschaften ermöglichen, ihre Directors von einer Haftung freizustellen bzw. ihnen ein Recht auf Aufwendungsersatz einzuräumen[271]. Die rechtliche Umsetzung erfolgt typischerweise in der Satzung der jeweiligen Gesellschaft.

---

da sich nach Ansicht des Gerichts die Directors vor der Zustimmung zu einer Fusion nicht ausreichend informiert hatten.) Seitdem sind Vergleiche in mehrfacher Millionenhöhe in sog. class actions (Sammelklagen) in den letzten Jahren häufiger vorgekommen, vgl. *Revlon Inc., v. MacAndrews & Forbes Holdings, Inc.,* 506 A.2d 173 (Del.1986) (Hier kam es zu einem Vergleich in Höhe von $ 20 Millionen; *PepsiCo. Inc., v. Cont'l. Cas. Co.,* 640 F. Supp. 656 (S.D.N.Y. 1986) (Vergleich in Höhe von $ 22.1 Millionen)

268 Die am stärksten betroffenen Bereiche in denen sich Unternehmensleiter einer persönlichen Haftung ausgesetzt sehen, behandeln kapitalmarktrechtliche, übernahmerechtliche, umweltrechtliche und arbeitsrechtliche Fallgestaltungen.

269 Vorreiter war Delaware mit dem Inkrafttreten von § 102 (b)(7) DGCL. Restriktivere Regelungen finden sich in § 2.02 (b)(4) RMBCA, sowie § 7.19 der ALI-Principles.

270 *Solomon,* 722 ff.

271 Zu der historisch umstrittenen Frage, warum dies möglich sein darf, vgl. *New York Dock Co. v. McCollom,* 173 Misc. 106, 16 N.Y.S. 2d 844 (Sup. Ct. N.Y. 1939) mit *Solimine v. Hollander,* 19 A.2d 344, 348 (N.J.Ch. 1941). Teilweise beinhalten diese gesetzlichen Regelungen auch eine Verpflichtung zur Haftungsfreistellung.

Ihren Ursprung hat die im Laufe der Zeit mehrmals überarbeitete „Indemnification"-Regelung in der Entscheidung *New York Dock Company v. McCollum*[272]. Sinn und Zweck dieser gesetzlichen Regelungen ist der Wille, exzellent ausgebildete, vernünftige, verantwortungsbewusste Personen als Unternehmensleiter für Gesellschaften zu gewinnen, ohne dass diese sich vor exzessiver persönlicher Haftung und den damit verbundenen Kosten fürchten müssen[273]. Maßgebend für die inhaltliche Ausgestaltung solcher Regelungen ist das Recht des jeweiligen Bundesstaates[274].

§ 102 (b)(7) DGCL und § 2.02 (b)(4) RMBCA beispielsweise ermöglichen es jeder betroffenen Gesellschaft in ihrer sog. charter provision (Satzung) zu bestimmen, dass die Haftung der Directors für Sorgfaltspflichtverletzungen ausgeschlossen, zumindest aber limitiert wird[275]. Da es sich bei diesen Normen grundsätzlich nicht um sich selbst vollziehende („self-executing") Regelungen handelt, ist deren Übernahme von der Zustimmung der Aktionäre abhängig[276].

Einzig der Ansatz des American Law Institute geht über die vorher erwähnten, zumeist gleichartigen, bundesstaatlichen Vorschriften hinaus[277]. Selbst für den Fall des Nicht-Vorhandenseins einer einzelstaatlichen Regelung, die das Erstellen einer sog. charter provision ermöglicht, empfiehlt der Ansatz des ALI,

---

272 *New York Dock Company v. McCollum*, 16 N. Y. S. 2d 844 (Sup. Ct. N.Y. 1939). In diesem Rechtsstreit hatte ein Director seine Gesellschaft auf die Erstattung seiner Auslagen im Kontext mit einer erfolgreichen Abwehr einer gegen ihn gerichteten derivative action verklagt. Das Gericht wies unter Hinweis auf die common-law-Prinzipien die Freistellung durch die Gesellschaft ab. Den mangelnden Schutz von Directors durch das common law erkennend, erließen im Anschluß an diese Entscheidung zahlreiche US-Bundesstaaten gesetzliche Regelungen, die die Gesellschaften berechtigten, teilweise sogar verpflichteten, eine „indemnification" zu gewähren.

273 *Dooley/Goldman*, 56 Bus. Law., 737, 760; vgl. dazu empirische Untersuchung zur Umfrage von Angst vor persönlicher Haftung von Managern in Westlaw: SH095 ALI-ABA 325 (2003)

274 *McDermott, Inc. v. Lewis*, 531 A.2d 206 (Del. 1987) (wonach Directors und Officers ein Verfassungsrecht darauf haben, zu erfahren, welches Recht und welche Bewertungsmaßstäbe für ihre Haftung angewandt werden.)

275 Ein Anwendungsausschluss bzgl. des § 102 (b)(7) DGCL ergibt sich insbesondere für Verstöße gegen die Duty of Loyalty, sowie wissentliche Gesetzesverstöße und Fälle, in denen ungerechtfertigte persönliche Vorteile erzielt worden sind, insbesondere Insider Trading-Fälle. § 2.02 (b)(4) RMBCA ist restriktiver und schließt eine Anwendung auch bei ungerechtfertigter Gewinnausschüttung (unlawful distribution) aus.

276 *Solomon*, S. 723

277 Dem ALI-Ansatz nachempfunden wurden z.B. die Regelungen in Virginia und Kalifornien, vgl. Va. Code Ann. § 13.1-692.1 sowie Ca. Corp. Code § 204 (a)(10)

dass die Gerichte charter provisions akzeptieren sollten[278]. Andererseits erlaubt der ALI-Ansatz keine vollständige Exkulpation der Directors. Die Gesellschaft soll nicht legitimiert werden dürfen, die persönliche Haftung eines Directors unter den Betrag seines jährlichen Einkommens zu drücken. Ist die Haftungssumme größer als das Jahreseinkommen des Directors, haftet dieser in jedem Fall bis zur Höhe seines Jahreseinkommens, ist die Summe niedriger als sein Jahressalär, haftet der Director voll und persönlich. Ein Treuepflichtverstoß wird ebenfalls nicht von der Vorschrift in den ALI-Principles erfasst. Im Rahmen dieser Haftungserleichterungsmöglichkeiten unterscheidet man die mandatory von der permissive Indemnification. Während erstere dem Director schon von Gesetzes wegen einen Aufwendungsersatzanspruch gegen die Gesellschaft zugesteht, bietet die permissive Indemnification der Gesellschaft die Möglichkeit Directors völlig freizustellen.

(1) Mandatory Indemnification

Der in Delaware einschlägige § 145 DGCL erklärt, dass ein Director von der Haftung zwingend (mandatory) freizustellen ist, wenn er in einem Rechtsstreit „successful on the merits", also dem Grunde nach erfolgreich war[279]. Für Teilerfolge kann der beklagte Director auch eine anteilige Freistellung verlangen[280].
Der Ansatz des RMBCA ähnelt dem des Staates Delaware sehr stark. Er beinhaltet jedoch auch einige bemerkenswerte Unterschiede, die seinen grundsätzlich strengeren Maßstab deutlich werden lassen[281]. Anders als in Delaware muss der Director nach dem RMBCA „wholly successful on the merits or otherwise" sein, § 8.52 RMBCA. Demzufolge kann eine teilweise Haftungsfreistellung für Teilerfolge nach dem RMBCA nicht stattfinden.

(2) Permissive Indemnification

Andererseits haben Gesellschaften mit Sitz in Delaware ein Wahlrecht. Sie können, sie müssen aber nicht die Directors von der Haftung freistellen[282]. Der Umfang der Freistellung ist auf „expenses" begrenzt, beinhaltet allerdings die Anwaltskosten. Ausdrücklich nicht einbezogen werden Entschädigungen für Ge-

---

278 ALI, Principles of Corporate Governance, (1994) § 7.19
279 § 145 (c) DGCL
280 *Merritt-Chapman & Scott Corp. v. Wolfson*, 321 A.2d 138 (Del.1974)
281 Vgl. insbesondere § 8.52, § 8.53 (a) (advance of expenses to directors) sowie als extensivere Regelung im Vergleich zu § 145 (b) DGCL, § 8.51 (d) (fees for fees)
282 § 145 (a) DGCL

richtsurteile oder Vergleiche in Aktionärsklagen[283]. Ob die Voraussetzungen für die Freistellung auf Seiten des beklagten Directors vorliegen, richtet sich nach einer Mehrheitsentscheidung der am Verfahren nicht beteiligten Directors[284].

Erste Voraussetzung für einen Anspruch des Directors auf Haftungsfreistellung ist das Verklagtwerden aufgrund seiner Eigenschaft als Director. Weiterhin muss der Entschädigungsberechtigte „in good faith and in a manner he reasonably believed to be in or not opposed to the best interests of the corporation" gehandelt haben[285]. Da das Tatbestandsmerkmal des „good faith" in der Gesetzesbegründung des Delaware General Corporation Law nicht definiert ist, greift man auf die Begründung zum inhaltlich identischen § 8.51 des RMBCA zurück[286], der auf einen subjektiven Test abstellt[287]. Zudem muss der Director „reasonable belief" gezeigt haben. Dieses Merkmal macht deutlich, dass auf Seiten des Directors eine grundsätzlich integre Motivation und ein Handeln in bestem Interesse der Gesellschaft vorgelegen haben sollte. Sind diese Voraussetzungen erfüllt, sind dem Director die zu erwartenden Ausgaben im Voraus zu gewähren[288].

bb. Insurance

Die zweite Alternative zur Gewährung des Schutzes vor persönlicher Haftung der Directors stellen die D&O Insurances dar[289]. Den Ursprung haben die D&O-Versicherungen bei Lloyd's of London[290]. Als Folge des Kurssturzes vom 25. Oktober 1929 („Schwarzer Freitag") an der New Yorker Wall Street und dem

---

283 DGCL § 145 (b)
284 DGCL § 145 (d)
285 DGCL § 145 (a), (b)
286 RMBCA § 8.51 lautet: (a) Except as otherwise provided in this section, a corporation may indemnify an individual who is a party to a proceeding because he is a director against liability incurred in the proceeding if:
(i) he conducted himself in good faith; and (ii) he reasonably believed (A) in the case of conduct in his official capacity, that his conduct was in the best interests of the corporation; and (B) in all other cases...
287 RMBCA § 8.51 Official Comment 8-318
288 DGCL § 145 (e)
289 In der Mehrzahl der US-amerikanischen Bundesstaaten finden sich in den Gesellschaftsrechtsgesetzen Regelungen, die es den Gesellschaften ermöglichen, D&O-Versicherungen zu erwerben. Vgl. diesbezüglich z.B. § 145 (g) DGCL, § 8.57 RMBCA und die davon geringfügig abweichende Norm des § 726 (e), New York Business Corporation Law (N.Y.B.C.L.)(„it is the public policy of this state to spread the risk of corporate management, notwithstanding any other general or special law of this state or of any other jurisdiction including the federal government.")
290 *Cavallora*, 26 Hofstra L. Rev., 217, 221; aus der deutschen Literatur dazu *Schlechtriem*, in: Kreuzer, S. 76 sowie *Ihlas*, S. 35

Zusammenbruch der Aktienmärkte wurde in den USA die gesetzliche Organhaftung durch den Erlass zweier Gesetze, des „Securities Act of 1933" und des „Securities Exchange Act of 1934" verschärft[291]. Die daraus resultierende wachsende Gefahr einer persönlichen Haftung der Organmitglieder sollte durch die von Lloyd's angebotenen D&O-Versicherungen ausgeschlossen werden. In ihrer heutigen Ausprägung setzten sich die D&O-Versicherungen aber erst ca. 35 Jahre später durch, als Mitte der 70iger Jahre des 20. Jahrhunderts aufgrund der Konjunkturschwäche in den Jahren 1974/75 und dem damit einhergehenden Anstieg von Organhaftungsklagen eine stärkere Nachfrage nach D&O-Versicherungen begann[292]. Endgültig drang die überragende Bedeutung von D&O-Versicherungen für die US-amerikanische Wirtschaft den Unternehmen aber erst Mitte der 80iger Jahre des vorigen Jahrhunderts in das Bewußtsein, als im Zusammenhang mit dem Übernahme- und Fusionsfieber in den USA die Anzahl von Organhaftungsklagen dramatisch anstieg[293]. Zudem wurde für die gestiegene Nachfrageentwicklung von D&O-Versicherungen in diesem Zeitrahmen auch die Verteilung der Prozesskosten durch die sog. American Rule angeführt. Nach der American Rule kann die obsiegende Prozesspartei von der unterlegegen Partei grundsätzlich nicht die Erstattung ihrer Anwaltskosten in angemessener Höhe verlangen[294].

Der Hauptzweck einer klassischen D&O-Versicherung besteht in dem individuellen Schutz des privaten Vermögens von Directors und Officers aufgrund von gegen sie gerichteter Klagen, die ihren Ursprung in deren beruflichen Tätigkeit als solcher haben[295]. Die D&O-Versicherungen beruhen auf drei Hauptüberlegungen. Zunächst einmal sollen sie dort Lücken schließen, wo ein Haftungsfreistellungsanspruch gesetzlich nicht zulässig ist[296]. Weiterhin sollen diese Versicherungen Schäden der Directors dann decken, wenn eine Haftungsfreistellung zwar gesetzlich erlaubt, jedoch aus anderen Gründen nicht verfügbar ist, insbesondere dann, wenn die Gesellschaft unfähig oder unwillig ist, die Directors von ihrer Haftung freizustellen[297]. Letztlich soll dadurch gewährleistet werden, dass

---

291 *Cavallora*, 26 Hofstra L. Rev., 217, 221
292 *Cavallora*, 26 Hofstra L. Rev., 217, 221
293 *Cavallora*, 26 Hofstra L. Rev., 217, 222 m.w.N.
294 *Fischbach/Fischbach*, 19 BYU J. Pub. L., 317, 318
295 Vgl. zur Struktur der originären D&O Versicherungen *Hinsey IV*, 33 Bus. Law., 1961, 1962 sowie zu den neuerlichen Entwicklungen auf dem D&O Markt Anfang der 90iger Jahre des 20. Jahrhunderts *Johnston*, 33 Bus. Law., 1993, 2013
296 Beispielhaft seien hier geschlossene Vergleiche in Aktionärsklagen und Verstöße gegen das Wertpapierhandelsgesetz genannt.
297 *Veasey/Finkelstein/Bigler*, 42 Bus. Law., 399, 419; dies wird insbesondere dann der Fall sein, wenn die Gesellschaft wegen Insolvenz nicht mehr zahlungsfähig ist.

die Gesellschaft finanziell für gegen sie gerichtete Zahlungen aus Haftungsfreistellungsansprüchen entschädigt wird.

Im Kontext der D&O-Versicherungen wird zwischen drei Arten von Policen unterschieden[298]. Die sog. „Side A" Policen schützen ausschließlich die tatsächlich versicherten Personen, also die Directors und Officers. Die Versicherungsgesellschaften entschädigen danach die versicherten Directors und Officers direkt[299]. Der Versicherungsschutz von „Side B" Policen wird auf das versicherte Unternehmen ausgedehnt. Im Rahmen einer „Side B" Police hat das versicherte Unternehmen die Directors und Officers enthaftet und nimmt im Anschluß das Versicherungsunternehmen auf Entschädigung für die erfolgten Zahlungen in Anspruch[300]. Die noch jungen sog. „Side C" Policen[301] sollen dem zusätzlichen Schutz der versicherten Gesellschaft selbst[302] für entstandene Gerichts- und Anwaltskosten aufgrund von kapitalmarktrechtlichen Klagen gegen Directors, Officers und die Gesellschaft dienen, bei denen die versicherte Gesellschaft direkt in Anspruch genommen wird[303]. Hintergrund der Entwicklung von „Side C" Policen waren die Allokationsschwierigkeiten im Zusammenhang von Verteidigungs- und Vergleichskosten bei Sammelklagen[304]. Diese werden heute von den Versichereren übernommen, was teilweise als Mitursache für den dramatischen Anstieg von Vergleichen im Bereich von Sammelklagen angeführt wird[305].

Zudem beinhalten D&O-Versicherungen auch zahlreiche Ausnahmen, in denen die Deckung von Schäden ausgeschlossen wird[306]. Hierbei steht der Versicherungsausschluss für betrügerisches Handeln durch Directors oder Officers im Mittelpunkt[307]. Weitaus schwerwiegender als die dargestellten Haftungsausnahmen wog das Problem, dass mit dem weiteren starken Anstieg der Aktionärskla-

---

298 *Paar*, PLI No. 3198; 9, 22
299 *Das*, 93 Ill. B.J., 304, 305; eine typische D&O „Side A" Police hat in etwa folgenden Wortlaut: „This policy shall pay the loss of any insured person arising from a claim made against such insured person for any wrongful act of such insured person, except when and to the extent that an organization has indemnified such insured person".
300 *Das*, 93 Ill. B.J., 304, 305
301 „Side C" Policen werden in den USA erst seit den frühen 90iger Jahren des 20. Jahrhunderts angeboten.
302 Deshalb häufig auch als „entity" coverage bezeichnet
303 *Das*, 93 Ill. B.J., 304, 305 f.
304 Vgl. diesbezüglich *Nordstrom, Inc. v. Chubb & Son, Inc.*, 54 F.3d 1425 (9th Cir. 1995)
305 *Das*, 93 Ill. B.J., 304, 306 m.w.N.; vgl. beispielsweise Citigroup: 2,65 Mrd. US-$; Bank of America/Fleet Boston Finacial: 675 Mio. US-$; Alliance Capital Management: 600 US-$. Weitere Beispiele bei *Peininger*, VW 2006, 22, 26
306 Einige der häufiger auftretenden Ausnahmefälle finden sich bei *Hamilton*, S. 1069 f.
307 *Paar*, PLI No. 3198; 9, 56

gen die Versicherungsunternehmen kaum noch D&O-Versicherungen anboten oder aber die Prämienzahlungen stark erhöhten und die Laufzeiten verkürzten[308]. Dem ist jedoch in jüngster Zeit durch den Markteintritt von sog. Bermuda-Versicherern abgeholfen worden. Diese, auf den Bermudas ansässigen Versicherungsunternehmen, haben den sich verschärfenden Wettbewerb nach den Ereignissen vom 11. September 2001 zum Einstieg in den Markt für D&O-Versicherungen genutzt und stellen für D&O Versicherungsschutz suchende Unternehmen eine Alternative zu den alt eingesessenen Anbietern da[309].

VIII. Die Rechtsfolgen der Erfüllung und der Nichterfüllung der Voraussetzungen der Business Judgment Rule

Im Anschluß an die obige Darstellung der Voraussetzungen der Business Judgment Rule folgt nun die Behandlung ihrer Rechtsfolgen. Dabei ist zu beachten, dass die Business Judgment Rule genauso wie der Entire Fairness Standard als richterliche Überprüfungsmaßstäbe nicht endgültig über eine Haftung der Directors entscheiden[310].

1. Die Rechtsfolgen der Erfüllung der tatbestandlichen Voraussetzungen der Business Judgment Rule

Die Business Judgment Rule beinhaltet, wie dargestellt, eine materiell-rechtliche und eine prozessuale Komponente[311].

Das Vorliegen ihrer materiell-rechtlichen Komponente schränkt die richterliche Überprüfung unternehmerischer Entscheidungen ein und dient den Directors

---

308 Vgl. diesbezüglich den official comment 2 (i) zu § 2.02 RMBCA: „Developments in the mid- and late 1980s highlighted the need to permit reasonable protection of directors from exposure to personal liability, in addition to indemnification, so that directors would not be discouraged from fully and freely carrying out their duties, including responsible entrepreneurial risk-taking. These developments included increased costs and reduced availability of director and officer liability insurance, the decision of the Delaware Supreme Court in *Smith v. Van Gorkum*, 488 A.2d 858 (Del. 1985), and the resulting reluctance of qualified individuals to serve as directors."

309 Ausführlich dazu *Peininger*, VW 2006, 22 ff.

310 Vgl. *Nixon v. Blackwell*, 626 A.2d 1366, 1376 (Del.1993): „Application of the entire fairness rule does not, however, always implicate liability of the conflicted corporate decision maker, nor does it necessarily render the decision void."

311 *Citron v. Fairchild Camera & Instrument Corp.*, 569 A.2d 53, 64 (Del. 1989)

als Haftungsprivilegierung in Form eines kontrollfreien unternehmerischen Handlungsspielraums.

Prozessual ist die Business Judgment Rule eine Beweislastregel. Zum Vorteil der Directors gilt die Vermutung, dass diese die tatbestandlichen Voraussetzungen der Business Judgment Rule erfüllt haben. Es obliegt somit dem Kläger, die Nichterfüllung einer der Voraussetzungen der Business Judgment Rule zu beweisen. Gelingt dies nicht, wird die unternehmerische Entscheidung als pflichtgemäß angesehen. Sämtlichen Schadensersatzansprüchen wegen Sorgfaltspflichtverletzungen ist in solchen Fällen der Boden entzogen.

2. Die Rechtsfolgen der Nichterfüllung der tatbestandlichen Voraussetzungen der Business Judgment Rule

Erhebliche Modifikationen ergeben sich jedoch dann, wenn der Kläger beweisen kann, dass die Directors nicht alle Voraussetzungen der Business Judgment Rule erfüllt haben. In Fällen, in denen die Vermutung des sorgfaltsgemäßen Handelns der Directors durch den Kläger widerlegt wird, ist die Business Judgment Rule nicht mehr anwendbar[312]. Das Gericht prüft dann die Entscheidung der Directors inhaltlich nach, insbesondere, ob das Verhalten der Directors gegenüber der Gesellschaft „fair" war[313]. Die Beweislast für „faires" Verhalten wechselt auf die Seite der Directors[314]. Der anzuwendende Maßstab wird als „entire" oder „intrinsic fairness standard" bezeichnet[315]. Das Konzept der Fairness setzt sich aus zwei Komponenten zusammen: dem Fair Dealing und dem Fair Price[316].

Das Fair dealing setzt sich dabei mit einzelfallspezifischen, die Transaktion begleitenden Fragestellungen hinsichtlich deren Struktur, deren Art und Weise

---

312 *Grobow v. Perot,* 539 A.2d 180, 187 (Del.1988)
313 *In re Croton River Club, Inc., v. Half Moon Bay Homeowners Association, Inc.,* 52 F.3d 41, 44 (2d Cir.1995) („if the business judgment rule does not protect a board's decision, then the burden falls upon the board to demonstrate that its actions were reasonable and/or fair").
314 *Cinerama, Inc. v. Technicolor, Inc. („Technicolor III"),* 663 A.2d 1156, 1162 (Del.1995) („if the rule is rebutted, the burden shifts to the defendant directors, the proponents of the challenged transaction, to prove to the trier of fact the 'entire fairness' of the transaction to the shareholder plaintiff").
315 *Cinerama, Inc. v. Technicolor, Inc. („Technicolor III"),* 663 A.2d 1156, 1162 (Del.1995) („where ... the presumption of the business judgment rule has been rebutted, the board of directors' action is examined under the entire fairness standard").
316 *Weinberger v. UOP, Inc.,* 457 A.2d 701 (Del.1983)

der Durchführung, ihrem Informationszugang, sowie deren Zustimmungsmöglichkeit seitens der Directors auseinander[317].
Das Fair Price-Element bezieht sich indes auf wirtschaftliche und finanzielle Betrachtungen der tatsächlichen Transaktion. Im Rahmen von Übernahmen ist zudem insbesondere auf die Frage nach dem Erhalt einer angemessenen Gegenleistung für die Gesellschaft einzugehen[318]. Im Ergebnis sind diese Elemente jedoch untrennbar verbunden und als ein Gesamtkomplex zu sehen – die Fairness[319].

E. Veränderungen der Business Judgment Rule in der Post-Enron-Ära

Seit den Wirtschaftsskandalen von Enron und WorldCom gibt es zahlreiche Diskussionen über deren Ursachen und Wirkungen[320]. In den USA hat der Kongress den Sarbanes-Oxley Act (SOA)[321] verabschiedet, die New York Stock Exchange (NYSE) hat neue Corporate Governance Bestimmungen beschlossen und ein neues System gegenseitiger Kontrolle eingeführt[322]. Andere selbstregulierende Organisationen (SRO)[323] haben sich durch ähnliche Maßnahmen angeschlossen, um klare Zeichen zur Wiedergewinnung des Anlegervertrauens in die Kapitalmärkte zu setzen[324]. Zudem hat die Securities Exchange Commission (SEC)[325] bereits vor der Verabschiedung des SOA damit begonnen, zahlreiche Regelungen zur Unternehmensleitung und Offenlegung zu beschließen[326].
Weiterhin werden die Principles of Corporate Governance und die Empfehlungen der American Bar Association (ABA) Task Force on Corporate Responsibility in diesem Bereich überarbeitet[327]. Dieser sog. Cheek Report (benannt nach dem Vorsitzenden der Kommission – Jim Cheek) beinhaltet sowohl Praxis-

---

317 *Weinberger v. UOP, Inc.*, 457 A.2d 701, 711 (Del.1983)
318 *Weinberger v. UOP, Inc.*, 457 A.2d 701, 711 (Del.1983)
319 *Weinberger v. UOP, Inc.*, 457 A.2d 701, 711 (Del.1983)
320 Vgl. dazu beispielhaft *Strine Jr.*, 57 Bus. Law., 1371 ff.; sowie *Carlton Jr.*, 54 Mercer L. Rev., 683 ff.
321 http://www.law.uc.edu/CCL/SOact/soact.pdf
322 http://www.nyse.com/pdfs/corp_gov_pro_b.pdf
323 Die sog. self-regulatory organizations (SRO) regeln und überwachen die Geschäfte von Anlageberatern und Effektenhändlern.
324 Z.B. die National Association of Securities Dealers, Inc. zu finden unter: http://www.nasdr.com/, hier wird den Mitgliedern u.a. verboten, Aktien an Officers, Directors und Familienmitglieder zuzuteilen.
325 US-amerikanische (Bundes-)Börsenaufsichtsbehörde
326 http://www.sec.gov/about/rulesprac060304.pdf
327 http://www.abanet.org/buslaw/corporateresponsibility/final_report.pdf

vorschläge für Modifikationen im Zusammenhang mit der Zusammensetzung von Boards of Directors, als auch (ethische) Verhaltensregeln für Anwälte[328]. Zusätzlich führen mittlerweile auch eine stetig wachsende Anzahl mittlerer und großer Aktiengesellschaften Verhaltensregeln auf freiwilliger Basis ein.

Es scheint fast so, als würden diese Verbesserungsaktivitäten hauptsächlich auf Bundesebene stattfinden[329]. Das überrascht und irritiert umso mehr, da Gesellschaftsrecht und insbesondere die gesellschaftsinterne Ausgestaltung grundsätzlich einzelstaatlichem Recht unterliegt, und Einwirkungen durch bundesgesetzliche Regelungen eher die Ausnahme darstellen[330]. Die Passivität einzelstaatlicher Gesetzgebungsorgane und Gerichte ist daher bereits Gegenstand übertriebener Kritik geworden[331]. Eine genauere Analyse der gesellschaftsrechtlichen Rechtsprechung zeigt deutlich, dass mittlerweile nicht nur die Gerichte in Delaware neue Haftungsstandards für Directors und Officers US-amerikanischer corporations etablieren, sondern dass auch die einzelstaatlichen Gesetzgeber nicht untätig bleiben. So reagierte z.B. der Gesetzgeber in Delaware auf die neuen Listing-Anforderungen der SEC mit der Änderung von § 3114 des DGCL[332]. Er erweitert damit die gerichtliche Zuständigkeit der Gerichte in Delaware für Klagen gegen Officers. Obwohl die Zuständigkeit in der Vergangenheit bereits Fälle betraf, in denen der beklagte Officer zugleich Director einer Aktiengesellschaft war, ist die Zuständigkeit nach der Neuregelung auch dann gegeben, wenn ein Officer nicht mehr gleichzeitig das Amt eines Directors innehat. Hintergrund dieser Neuregelung ist das gesteigerte Verlangen nach „outside directors" in den Boards großer Publikumsgesellschaften. Dieses Vorgehen wird zwangsläufig dazu führen, dass es seltener Personalunion von Directors und Officers geben wird, so dass die Ausweitung der gerichtlichen Zuständigkeit eine logische Folge dieser Veränderungstendenzen ist[333].

Allen voran aber bleiben auch die Gerichte nicht untätig. Sie richten ihren Fokus bei Haftungsklagen gegen Directors nunmehr auf zwei Hauptmerkmale: den „independent director", sowie den „good faith". Diese Merkmale avancieren in den jüngsten Entscheidungen zu Schlüsselkomponenten und werden von den Gerichten sehr detailliert untersucht und merklich restriktiver ausgelegt. Die einzelfallspezifischen Auswirkungen dieser strengeren Maßstäbe des Director-

---

328 Abgedruckt in 54 Mercer L. Rev. 789 ff.
329 Vor zu starkem Einfluss des Bundes und damit verbunden politischer Einflussnahme warnt *Tenille* in: *Carlton Jr.*, 54 Mercer L. Rev. 683, 697 sowie *Veasey*, 12 Wa. U. L. Rev. 1, 3
330 Vgl. dazu oben, § 1 A
331 *Sale,* 89 Cornell L. Rev., 456, 457 f.
332 http://www.state.de.us/corp/sb126.shtml
333 http://www.state.de.us/corp/2003amends.shtml

Handelns sollen im Folgenden unter Beachtung aktuellster Rechtsprechung untersucht werden.

I. Der „independent director"

In der Post-Enron Ära haben die Gerichte die Unabhängigkeit von (outside) Directors besonders intensiv untersucht[334]. Ziel war es, das Vertrauen in die Integrität unternehmerischer Entscheidungen von Directors wieder zu stärken. Einige aktuelle Entscheidungen, insbesondere des Delaware Chancery Courts und des Delaware Supreme Courts, zeigen dies. Die gesteigerten Anforderungen an die Unabhängigkeitsprüfung der Directors sind in jüngster Zeit vor allem in zwei Fallgestaltungen aufgetreten. Einerseits in Fällen, in denen die Kläger das Demand-Erfordernis missachteten, andererseits im Rahmen von Entscheidungen von Special Litigation Committees.

1. Independence und das Demand-Erfordernis (Aufforderung)

Die Unabhängigkeit von Directors ist in diesem Kontext von überragender Bedeutung. Eine Aufforderung ist grundsätzlich überflüssig, wenn die Mehrzahl der Directors im Board befangen ist. In diesem Kontext sind zwei Gerichtsverfahren in den Mittelpunkt des öffentlichen Interesses gerückt, Beam v. Martha Stewart[335] und In re Ebay Inc. Shareholders Litigation[336].

Die Problematik in Beam v. Martha Stewart[337] stellte sich wie folgt dar. Martha Stewart kontrollierte ungefähr 94% der Martha Stewart Living Omnimedia, Inc. (MSO), die sie gegründet hatte, und in der sie die Position des Chairman of the Board und des CEO bekleidete[338]. Dem Board gehörten neben ihr noch

---

334 Vgl. zu der gleichgelagerten Problematik nach den Unternehmensskandalen in den späten Siebziger Jahren in den USA *Brudney*, 95 Harv. L. Rev. 597, 597 ff.

335 *Beam ex rel. Martha Stewart Living Omnimedia, Inc., v. Martha Stewart*, 833 A.2d 961 (Del. Ch. 2003); die Entscheidung des Delaware Chancery Court wurde vom Delaware Supreme Court in der Entscheidung *Beam ex rel. Martha Stewart Living Omnimedia, Inc., v. Martha Stewart*, 845 A.2d 1040 (Del. 2004) bestätigt.

336 Not reported in A.2d, 2004 WL 253521 (Del.Ch.), 29 Del. J. Corp. L. 924

337 *Beam ex rel. Martha Stewart Living Omnimedia, Inc., v. Martha Stewart*, 833 A.2d 961 (Del. Ch.2003)

338 *Beam ex rel. Martha Stewart Living Omnimedia, Inc., v. Martha Stewart*, 833 A.2d 961, 966 (Del. Ch.2003)

weitere fünf Mitglieder an[339]. Der Wert der MSO-Aktie hing direkt und unmittelbar mit der öffentlichen Person der Martha Stewart zusammen[340].

Die Kläger behaupteten nun unter anderem, dass Martha Stewart als Director von MSO eine Pflichtverletzung begangen hätte, indem sie Aktien des Biotechnologie-Unternehmens ImClone, Inc. nach Erhalt von Insider-Informationen verkauft hatte[341]. Diese Behauptungen hätten, sollten sie sich als wahr erweisen, zu zivil- und strafrechtlicher Haftung seitens der Martha Stewart führen können. Zusätzlich zu diesen negativen Spekulationen haben öffentliche Äußerungen von Martha Stewart in diesem Kontext den Aktienkurs von MSO massiv belastet. Innerhalb von nur zwei Monaten nach Beginn dieser Gerüchte war der Aktienkurs bereits um 65% gefallen[342]. Die Kläger klagten auf Schadensersatz, ohne eine Aufforderung an das Board of Directors zu richten. Die Kläger begründeten den Verzicht einer Aufforderung damit, dass das Board aus langjährigen Freunden der Beklagten bestünde und eine Aufforderung somit mangels Unabhängigkeit des Boards überflüssig sei[343]. Das Gericht wies die Klage ab. Nach Ansicht des Gerichts hätten die Kläger eine Aufforderung an das Board richten müssen, da sie in ihrer Klage keine spezifischen Tatsachen dargelegt hatten die Anlass zu „reasonable doubt of the ability of a majority, here four of the six directors, to respond to demand appropriately"[344] gaben. Das Gericht erklärte unter ausdrücklicher Beachtung der von den Klägern vorgebrachten Tatsache, dass mehrere Board-Mitglieder langjährige Freunde von Martha Stewart seien, dass die Angaben der Kläger diesbezüglich zu oberflächlich und zu generell gehalten seien[345]. Es anerkannte jedoch, dass „with a bit more detail" oder mit „some additional arguments as to why there may be a reasonable doubt of the directors' incentive when evaluating demand" die Klage möglicherweise nicht abgewiesen worden

---

339 *Beam ex rel. Martha Stewart Living Omnimedia, Inc., v. Martha Stewart,* 833 A.2d 961, 966 (Del. Ch.2003)

340 *Beam ex rel. Martha Stewart Living Omnimedia, Inc., v. Martha Stewart,* 833 A.2d 961, 968 (Del. Ch.2003)

341 *Beam ex rel. Martha Stewart Living Omnimedia, Inc., v. Martha Stewart,* 833 A.2d 961, 969 (Del. Ch.2003)

342 *Beam ex rel. Martha Stewart Living Omnimedia, Inc., v. Martha Stewart,* 833 A.2d 961, 966 (Del. Ch.2003)

343 *Beam ex rel. Martha Stewart Living Omnimedia, Inc., v. Martha Stewart,* 833 A.2d 961, 967 (Del. Ch.2003)

344 Diese Anforderungen sind in *Rales v. Blasband,* 634 A.2d 927 (Del. 1993) entwickelt worden.

345 *Beam ex rel. Martha Stewart Living Omnimedia, Inc., v. Stewart,* 833 A.2d 961, 984 (Del. Ch. 2003)

wäre[346]. Die Unabhängigkeit der Directors und somit deren Fähigkeit eine Aufforderung unbefangen beurteilen zu können sei aber mit der vorgelegten Klage nicht hinreichend widerlegt worden[347]. Während der Fall Beam v. Martha Stewart deutlich macht, dass langjährige geschäftliche und persönliche Freundschaften nicht zwangsläufig die Befangenheit eines Directors zur Folge haben müssen[348], und nur allgemein und oberflächlich gehaltene Klagen trotz enger Kontakte nicht unbedingt geeignet sind, die Unabhängigkeit eines Directors zu widerlegen, stellt sich dies in In re Ebay Inc. Shareholders Litigation[349] anders dar. In In re Ebay wurden drei von sieben Directors des Ebay-Boards im Wege einer Aktionärsklage wegen widerrechtlicher Aneignung eines geschäftlichen Vorteils *(corporate opportunity)* verklagt. Folgender Sachverhalt lag der Klage zugrunde:

Ebay hatte die Investmentbank Goldmann Sachs bereits bei mehreren finanziellen Angelegenheiten als Finanzberater beauftragt. Die Geschäftsbeziehung war für Goldmann Sachs nicht zuletzt aufgrund des von ihnen durchgeführten Börsenganges von Ebay *(initial public offering – IPO)* und der Beratung bei der Übernahme von PayPal, Inc. durch Ebay äußerst lukrativ.

Die klagenden Aktionäre behaupteten nunmehr, dass aufgrund dieser lohnenden Geschäftsbeziehung Goldmann Sachs im Gegenzug in den letzten Jahren den Beklagten tausende lukrativer IPO-Aktien anderer Unternehmen zugeteilt hatte[350]. Die Beklagten verdienten durch den prompten Verkauf der Aktien bei diesen oft überzeichneten Emissionen innerhalb der letzten Jahre mehrere Millionen US-Dollar. Die Kläger argumentierten weiterhin, dass Goldmann Sachs deshalb so handelte, um auch zukünftig weitere lukrative Aufträge von Ebay zu erhalten. Aufgrund dieses Zusammenhangs sei die Zuteilung der IPO-Aktien eine *corporate opportunity*, die der Gesellschaft als solcher und nicht nur einigen Directors zustehe. Auf der Grundlage dieser Ausführungen unterließen es die Kläger auch in diesem Fall eine Aufforderung an das Board von Ebay zu stellen. Die Kläger verwiesen in der Begründung dieser Maßnahme auf die mangelnde Unabhängigkeit der Directors im Board von Ebay. Ihre Behauptungen untermauerten sie zudem damit, dass die outside Directors von Ebay in engen sowohl geschäftlichen als auch persönlichen Beziehungen zu den einzelnen Beklagten stünden.

---

346 *Beam ex rel. Martha Stewart Living Omnimedia, Inc., v. Martha Stewart*, 833 A.2d 961, 984 (Del. Ch.2003)
347 *Beam ex rel. Martha Stewart Living Omnimedia, Inc., v. Martha Stewart*, 833 A.2d 961, 984 (Del. Ch.2003)
348 Zustimmend *Strine Jr.*, 57 Bus. Law. 1371, 1378
349 Not reported in A.2d, 2004 WL 253521 (Del.Ch.), 29 Del. J. Corp. L. 924
350 Diese Vorabzuweisung von Aktien an Directors und Officers bei einem Börsengang wird auch als „spinning" bezeichnet.

Das Gericht ließ die Klage zu und erklärte, dass es einer Aufforderung an das Board nicht bedürfe.

Nach Ansicht des Gerichts waren die drei Directors, die mit Goldmann Sachs die IPO-Transaktionen vollzogen hatten, unstreitig befangen und in keiner Weise unabhängig. Zudem verfügten die drei befangenen Directors über ca. die Hälfte der Stammaktien von Ebay und waren somit in der Lage, Ebay zu kontrollieren und die Mehrheit des Boards durch Wahl zu bestimmen. In seiner Begründung stützte das Gericht sein Urteil auch auf die beträchtlichen, äußerst lukrativen Aktienoptionspakete für die outside Directors, die zu dem damaligen Zeitpunkt noch nicht allen outside Directors übertragen worden waren und vermutlich auch nicht übertragen worden wären, wenn sie nicht im Sinne von Ebay gehandelt hätten und bei Ebay geblieben wären. Das Gericht urteilte, dass die verbliebenen vier Directors auf der Basis dieser Tatsachen nicht in der Lage sein würden, über eine Aufforderung, die eine Aktionärsklage mit sich bringen könnte, unbefangen und unabhängig zu entscheiden. Das Gericht wertete die Aufforderung an das Board folglich als überflüssig.

Die hier dargestellten Fälle scheinen auf den ersten Blick in krassem Widerspruch zueinander zu stehen. Während im Fall Beam v. Martha Stewart gewöhnliche persönliche und geschäftliche Freundschaften der outside Directors zu den beklagten Directors nach Ansicht des Delaware Chancery Courts und des Delaware Supreme Courts nicht geeignet sind, die Unabhängigkeit der outside Directors zu widerlegen, entschied der Delaware Chancery Court in In re eBay genau entgegengesetzt. Eine genauere Analyse der Entscheidungen macht jedoch die vorhandenen Unterschiede deutlich. Zwar stützen sich die Kläger in Martha Stewart, ähnlich wie diejenigen in In re Ebay, ausdrücklich auf langjährige persönliche und geschäftliche Freundschaften zwischen outside Directors und Beklagten; anders als in In re Ebay war dies in Beam v. Martha Stewart jedoch das alleinige Klägerargument. In Martha Stewart wurde die Klage zudem nur oberflächlich und viel zu abstrakt vorgebracht. Die Tendenz des Gerichts zur Stattgabe der Klage wurde jedoch in den Entscheidungsgründen deutlich. Der Unterschied liegt also auch hier im Detail. Anders als im Fall Martha Stewart brachten die Kläger im Ebay-Fall ihr Anliegen gezielter und konkreter vor. Sie verwiesen eben nicht nur auf bestehende Freundschaften. Vielmehr stellten sie zugleich auch das offensichtliche finanzielle Interesse der outside Directors aufgrund der Aktienoptionspläne in den Vordergrund. Der Vorwurf der Befangenheit musste bei einer solchen Verdienstmöglichkeit selbst dem unbedarftesten Betrachter bewusst werden.

So offensichtlich und scheinbar klar das Urteil in In re Ebay auch auf den ersten Eindruck wirken mag, so zweifelhaft und branchenfremd erscheint es bei näherem Hinsehen. Würde sich die Rechtsprechung wie in In re Ebay dargestellt fortführen, könnte dies zur Folge haben, dass die Unabhängigkeit von Directors bereits immer dann in Frage gestellt werden kann, wenn diese Aktien- oder Aktienoptionspakete größeren Ausmaßes an dem Unternehmen dem sie vorstehen, besitzen. Eine solche Ausdehnung des Unabhängigkeitsbegriffs führt jedoch zu weit und erscheint auch nicht sachgerecht. Gegen eine solche Betrachtung sprechen insbesondere zwei Gründe. Zum einen sind Aktienoptionspläne nicht durchweg lukrativ. Vielmehr muss das Gericht den Wert der Aktienoptionen zu dem gewährten Termin berücksichtigen. Insbesondere bei grundsätzlich riskanter und aggressiver agierenden „Dot-com"-Unternehmen – wie auch Ebay – können sich Aktienoptionspläne aufgrund der starken Volatilität des Aktienkurses schnell als wertlos herausstellen. Zudem ist es in dieser Branche üblich, die Tätigkeit von Angestellten und Vorstandsmitgliedern bzw. von Directors und Officers mit Aktien oder Aktienoptionen zu vergüten.

Unter Berücksichtigung des in den USA vorherrschenden Gedankens der Maximierung des „shareholder values" könnte dies zu dem paradoxen Ergebnis führen, dass Directors von Unternehmen mit schlechten Ergebnissen und folglich niedrigen Aktienkursen eher als unabhängig eingestuft werden, als Directors von Unternehmen die gute Zahlen liefern, und deren Aktienkurs steigt. Hier müssten die Gerichte die Unabhängigkeit der Directors dann grundsätzlich in Frage stellen. Ein Ergebnis, was in dieser Schärfe wohl weder zu halten, noch wünschenswert ist.

So schlüssig die Begründung hinsichtlich der Befangenheit der zuerst erwähnten drei Directors in In re Ebay gelungen ist, so fraglich mutet die Argumentation bezüglich der outside Directors unter Berufung auf die Aktienoptionspläne an. Vielleicht hätte sich das Gericht in seiner Urteilsbegründung besser auf die engen persönlichen und geschäftlichen Beziehungen der verbliebenen Directors beschränken sollen. Eine derart vorgebrachte, detaillierte Klageschrift hätte wohl im Ergebnis keine Veränderungen mit sich gebracht und hätte zudem deutlich mehr Branchenkenntnis gezeigt.

Dennoch zeigt dieses Urteil eindrucksvoll, dass die Gerichte in Delaware nunmehr externen und/oder internen Einflussfaktoren, die auf die Directors einwirken, erheblich mehr Gewicht beimessen als dies noch vor einigen Jahren der Fall war.

2. Independence und Special Litigation Committees

Zur Bestimmung der Unabhängigkeit von Directors haben die Gerichte in Delaware auch ein gesteigertes Augenmerk auf solche persönlichen Beziehungen gelegt, die weit über eine rein wirtschaftliche Bevorzugung hinausgehen. Der „independent status" ist einigen Directors nunmehr nicht nur aufgrund finanzieller

Verknüpfungen zu befangenen Directors versagt worden. Vielmehr ist auch in Fällen, in denen ausgedehnte soziale oder institutionelle Beziehungen zu befangenen Directors erkannt worden sind, die Unabhängigkeit von Directors abgelehnt worden[351]. Die Auswirkungen sind weitreichend. Setzt sich ein Board of Directors vollständig aus Directors mit intensiven sozialen oder institutionellen Verbindungen zusammen, kann dies ein Hindernis für die Bildung eines Special Litigation Committees (SLC) sein. Dies betrifft nicht nur den bereits geschilderten Fall, in dem das Special Litigation Committee zur Abwehr einer Aktionärsklage eine fehlende Aufforderung seitens des Klägers beanstandet, sondern auch Fälle, in denen das Committee die Aktionärsklage nach einer umfangreichen Untersuchung als für die Gesellschaft schädlich anerkennt und die Klage zurückweist. Die Gefahr besteht weniger darin, dass soziale Verknüpfungen wirtschaftliche Einflüsse in den Hintergrund drängen; vielmehr werden die Gerichte bedeutende soziale Verbindungen zwischen outside und inside Directors im Bereich von Aktionärsklagen verstärkt untersuchen.

a. Financial Interests Control

Ein geeigneter Weg die Business Judgment Rule zu widerlegen, ist die Darlegung des Mangels an Unabhängigkeit auf Seiten der Directors[352]. Die Gerichte in Delaware stimmten bislang darin überein, dass der Begriff „independence" Eigenschaften wie Unvoreingenommenheit und Objektivität suggeriert[353]. Schwieriger stellt sich jedoch die einzelfallspezifische inhaltliche Ausgestaltung dieser Merkmale dar.

---

351 Vgl. zur Unterscheidung zwischen „interested" und „independent" Directors *Strine Jr.,* 57 Bus. Law., 1371, 1377, die Bezeichnungen „interested" (befangen) und „independent" (unabhängig) sind ähnlich, dennoch verschieden. Ein Director ist befangen, wenn er aus einer Entscheidung oder einer Transaktion einen persönlichen Vorteil erwartet, den er nicht mit den ürigen Aktionären teilen muss; ein Director ist unabhängig, wenn er entweder von einem befangenen Director kontrolliert wird oder eine andersartige Beziehung zu einem befangenen Director hat, die es ihm unmöglich macht unvoreingenommen seine Pflichten als Directors zu erfüllen. So auch *Aronson v. Lewis,* 473 A.2d 805, 816 (Del. 1984)

352 *Aronson v. Lewis,* 473 A.2d 805, 814 f. (Del. 1984) Der zweiteilige Aronson-Test zur Widerlegung der Business Judgment Rule untersucht: (1) ob die Mehrzahl der Directors unbefangen und unabhängig ist und (2) ob die in Frage stehende Transaktion das Produkt „of a valid exercise of business judgment (u.a. good faith)" war.

353 *Parfi Holding AB v. Mirror Image Internet, Inc.,* 794 A.2d 1211, 1232 (Del. Ch. 2001) („At bottom, the question of independence turns on whether a director is, for any substantial reason, incapable of making a decision with only the best interests of the corporation in mind. That is, the Supreme Court cases ultimately focus on impartiality and objectivity.")

Vor Enron wurde die Unabhängigkeit der Directors als rein ökonomische Angelegenheit interpretiert. Ausschlaggebend waren lediglich wirtschaftliche Verbindungen zwischen den Directors. Persönliche Beziehungen allein wurden gewöhnlicherweise zur Widerlegung der Unabhängigkeitsvermutung nicht als ausreichend anerkannt[354]. Gerichte, die soziale und institutionelle Verbindungen in ihren Entscheidungen beachteten, haben oftmals erklärt, dass zur Bestimmung der Unabhängigkeit zusätzlich auch eine wirtschaftliche Komponente vorhanden sein müsse[355].

b. Soziale und institutionelle Faktoren finden Berücksichtigung

Die jüngsten Entscheidungen in Delaware unterstreichen die Bereitschaft der dortigen Gerichte auch nicht-ökonomische Einflussfaktoren in die Überprüfung der Unabhängigkeit von Directors mit einzubeziehen. Hierbei nehmen soziale und institutionelle Verknüpfungen eine bedeutende Position ein.

In Biondi v. Scrushy[356] ging es um eine Aktionärsklage, in welcher die Kläger behaupteten, dass Richard Scrushy, CEO der HealthSouth Corporation, und andere Directors gesetzeswidrig von Insider-Geschäften profitiert hätten. Sie sollen in Kenntnis von sich verändernden Entschädigungszahlungen durch das Centre for Medicare and Medicaid Services Aktien der HealthSouth Corp. verkauft haben, ohne diese Informationen vorher öffentlich bekannt gemacht zu haben. Die Beklagten hätten Kenntnis davon gehabt, dass die HealthSouth Corp. nicht mehr länger zu den ursprünglichen, hohen Tarifen vergütet werden würde, und dass dies gleichzeitig erheblich niedrigere Gewinne mit sich bringen würde[357]. Dennoch stützten sie die Gewinnprognosen von HealthSouth auf das vorangegangene Entschädigungsniveau. Als Folge der Aktionärsklage formte das Board von HealthSouth ein als unabhängig deklariertes Special Litigation Committee aus ei-

---

354 Vgl. diesbezüglich z.B. *Crescent/Mach I Partners, L.P. v. Turner*, 846 A.2d 963 (Del. Ch. 2000) (Die Behauptung einer bereits 15 Jahre andauernden persönlichen Beziehung zwischen dem CEO und einem Director begründet keine vernünftigen Zweifel daran, dass der Director kein unabhängiges unternehmerisches Urteil abgeben könne.)

355 Vgl. *Lewis v. Fuqua*, 502 A.2d 962, 966 f. (Del. Ch. 1985)

356 *Biondi v. Scrushy*, 820 A.2d 1148 (Del. Ch. 2003)(die Revision von Scrushy wurde vom Delaware Supreme Court unter Verweisung auf die Ausführungen des Chancery Courts abgelehnt, vgl. *In re HealthSouth Corporation Shareholders Litigation*, 847 A.2d 1121 (Del. 2004)

357 *In re HealthSouth Corporation Shareholders Litigation*, 847 A.2d 1121, 1151 (Del. 2004)

nem aktuellen Director, Larry Striplin Jr., und einem neu bestimmten Director, Jon Hanson[358].

Interessanterweise arbeiteten beide Committee-Mitglieder zusammen mit Scrushy im Board of Directors der National Football Foundation and College Hall of Fame, Inc., deren Chairman Hanson seit 1994 war[359]. Zusätzlich waren Striplin und Scrushy großzügige Spender im Bereich des College Sports in Alabama, was sich auch in der Tatsache widerspiegelt, dass das Stadion eines College in Alabama den Namen „Scrushy-Striplin-Field" trägt[360]. Diese Gemeinsamkeiten bringen die Intensität der langjährigen, persönlichen und geschäftlichen Beziehungen zwischen den Beklagten und den Ausschuss-Mitgliedern zum Ausdruck.

Das Committee beantragte Klageabweisung, hilfsweise die Aussetzung des Verfahrens, um eine gewissenhafte und intensive Untersuchung durchführen und somit klären zu können, was im besten Interesse der Gesellschaft sei[361]. Der Delaware Court of Chancery gestattete dem Committee nicht einmal seine Ermittlungen zu beenden. Er erklärte, dass er es für ausgeschlossen halte, dass das Committee den Beweis für seine Unabhängigkeit erbringen könne[362]. Obwohl es einem Special Litigation Committee grundsätzlich gestattet sein muss das Verfahren zur weiteren Untersuchung des Falls aussetzen zu lassen, erklärte das Gericht vorliegend: „it would be futile and wasteful to issue a stay when the undisputed facts will make it impossible for the court later to accept a decision of the special litigation committee to terminate the derivative litigation because the committee will not be able to satisfy its burden ...to show that it exercised an independent business judgment"[363].

Biondi v. Scrushy zeigt nachhaltig die gesteigerten Anforderungen im Kontext der Unabhängigkeitsprüfung von Special Litigation Committees. Die Gerichte agieren nunmehr wesentlich restriktiver und lassen selbst eine vermeintlich harmlose Verfahrensaussetzung vor dem Hintergrund mangelnder Unabhängigkeit des Committees nicht länger zu. Zugegebenermaßen waren die sehr persönli-

---

358 *In re HealthSouth Corporation Shareholders Litigation,* 847 A.2d 1121, 1156 (Del. 2004)

359 *In re HealthSouth Corporation Shareholders Litigation,* 847 A.2d 1121, 1157 (Del. 2004)

360 *In re HealthSouth Corporation Shareholders Litigation,* 847 A.2d 1121, 1157 (Del. 2004)

361 *In re HealthSouth Corporation Shareholders Litigation,* 847 A.2d 1121, 1158 (Del. 2004)

362 *In re HealthSouth Corporation Shareholders Litigation,* 847 A.2d 1121, 1157, 1165 (Del. 2004)

363 *In re HealthSouth Corporation Shareholders Litigation,* 847 A.2d 1121, 1157, 1165 (Del. 2004)

chen Verbindungen zwischen den Beklagten und dem vermeintlich unabhängigen Ausschuss auch zu offensichtlich. Derlei Verbindungen zwischen beklagten Board-Mitgliedern und Ausschuss-Mitgliedern blieben vor Jahren jedoch noch folgenlos.

In In re Oracle Corp. Derivative Litigation[364] stellte sich materiellrechtlich eine analoge Problematik. Im Dezember 2000 stellte Oracle dem Kapitalmarkt seine Gewinnprognosen für das dritte Quartal des Fiskaljahrs 2001 der Gesellschaft zur Verfügung[365]. Oracles Gewinne sollten im März 2001 bekannt gegeben werden[366]. Im Januar 2001, mehr als einen Monat vor der Veröffentlichung der Gewinne, verkauften vier Oracle Directors erhebliche Mengen an Oracle Aktien. Selbst nach diesen Verkäufen bestand nach Aussagen der Oracle-Directors kein Grund an dem Eintreffen der Dezember 2000 Prognosen zu zweifeln[367]. Tatsächlich versicherte die Gesellschaft im Februar 2001 dem Kapitalmarkt erneut, dass die Dezembervorgaben eingehalten werden würden[368]. Am 1. März 2001 erklärte Oracle öffentlich, dass die Dezemberprognosen um ca. 20% verpasst worden wären. Daraufhin brach der Aktienkurs von Oracle ein[369]. Es schloss sich die vorliegende Aktionärsklage an. Das Board of Directors von Oracle formierte umgehend ein Special Litigation Committee zur Untersuchung der Vorfälle[370]. Es bestand aus zwei Directors, die ca. ein halbes Jahr nach den enttäuschenden Gewinnbekanntmachungen im März 2001 zu Directors ernannt worden waren[371]. Beide Mitglieder waren Professoren der Stanford University und hatten dort auch graduiert[372]. Pikanterweise hatte der CEO von Oracle im Laufe der Jahre einige Millionen US-Dollar an die Stanford University gespendet und war zum Zeitpunkt der Ernennung der Professoren zu neuen Mitgliedern des Board of Directors zudem im Begriff, eine weitere beachtliche Spende in Millionenhöhe an die Stanford University zu leisten.

Neben der Einsetzung des Committees engagierte das Board auch eine unabhängige Anwaltskanzlei, die das Committee unterstützen sollte, und die eine ausgedehnte Untersuchung mit anschließendem, sehr ausführlichem Bericht durchführte[373]. Basierend auf ihren eigenen Untersuchungsergebnissen und unter Zu-

---

364 *In re Oracle Corporation Derivative Litigation*, 824 A.2d 917 (Del. Ch. 2003)
365 *In re Oracle Corporation Derivative Litigation*, 824 A.2d 917, 921 (Del. Ch. 2003)
366 *In re Oracle Corporation Derivative Litigation*, 824 A.2d 917, 922 (Del. Ch. 2003)
367 *In re Oracle Corporation Derivative Litigation*, 824 A.2d 917, 922 (Del. Ch. 2003)
368 *In re Oracle Corporation Derivative Litigation*, 824 A.2d 917, 922 (Del. Ch. 2003)
369 *In re Oracle Corporation Derivative Litigation*, 824 A.2d 917, 922 (Del. Ch. 2003)
370 *In re Oracle Corporation Derivative Litigation*, 824 A.2d 917, 922 f. (Del. Ch. 2003)
371 *In re Oracle Corporation Derivative Litigation*, 824 A.2d 917, 923 (Del. Ch. 2003)
372 *In re Oracle Corporation Derivative Litigation*, 824 A.2d 917, 923 (Del. Ch. 2003)
373 *In re Oracle Corporation Derivative Litigation*, 824 A.2d 917, 925 (Del. Ch. 2003)

hilfenahme der Informationen des Berichts der Anwaltskanzlei begehrte das Committee Klageabweisung und Beendigung der Aktionärsklage.

Das Gericht erklärte, dass das Committee, um sein Begehren nach Klageabweisung erfolgreich durchsetzen zu können, die Beweislast dafür trage, dass (1) die Mitglieder des Committees unabhängig waren (2) die Mitglieder in „good faith" gehandelt haben, und (3) sie eine vernünftige Basis für ihre Empfehlungen haben müssten[374]. Das Gericht äußerte sich weiterhin dahingehend, dass der Antrag des Committees abzulehnen sei, wenn eine der drei Voraussetzungen Anlass zu Zweifeln geben würde.

Vorliegend beschränkte sich das Gericht auf die Prüfung des Merkmals „independence". Es erklärte, dass die Frage der Unabhängigkeit davon abhänge, ob ein Director aufgrund einer zu beachtenden Tatsache außerstande sei, eine Entscheidung zu treffen, die nur an dem Wohl der Gesellschaft ausgerichtet ist[375]. Nach Ansicht des Gerichts war die „thickness" der sozialen und institutionellen Verbindungen zwischen der Gesellschaft, den Beklagten, den Ausschuss-Mitgliedern und der Stanford University so beträchtlich, dass diese Beziehungen erhebliche Zweifel an der Fähigkeit des Committees begründeten, unvoreingenommen über eine mögliche Anklage der Beklagten entscheiden zu können[376]. Zudem würde damit ein inakzeptables Risiko von Befangenheit begründet[377]. Erneut lehnte somit ein Gericht die Unabhängigkeit eines Special Litigation Committees aufgrund enger persönlicher und wirtschaftlicher Verbindungen der Committee-Mitglieder zu den beklagten Directors ab.

Ein weiteres Beispiel aus der Rechtsprechung ist der Fall Krasner v. Moffett.[378] Dieser entwickelte sich aus der Fusion zwischen Freeport-McMoran Sulphur, Inc. (FSC) und McMoran Oil & Gas Co. (MOXY). Zum Zeitpunkt der Fusion hatte FSC ein sieben Mitglieder umfassendes Board of Directors, von denen zwei Directors einen speziellen Ausschuss darstellten, der die Bedingungen der Fusion bewerten und verhandeln sollte[379]. Die Unabhängigkeit dieser Ausschuss-Mitglieder sowie des Boards im Ganzen wird vorliegend von den Klägern bestritten. Die schlussendlich zwischen den Special Committees von FSC und MOXY vereinbarte prozentuale Verteilung der Anteile der jeweiligen Gesellschaft an der neuen Gesellschaft beinhaltete eine Zuteilung der MOXY-

---

374 *In re Oracle Corporation Derivative Litigation*, 824 A.2d 917, 928 (Del. Ch. 2003). Dieser prozessuale Standard wurde aus *Zapata Corp. v. Maldonado*, 430 A.2d 779, 788 f. (Del. 1981) übernommen.

375 *In re Oracle Corporation Derivative Litigation*, 824 A.2d 917, 938 (Del. Ch. 2003)

376 *In re Oracle Corporation Derivative Litigation*, 824 A.2d 917, 942 (Del. Ch. 2003)

377 *In re Oracle Corporation Derivative Litigation*, 824 A.2d 917, 947 (Del. Ch. 2003)

378 *Krasner v. Moffett*, 826 A.2d 277 (Del. 2003)

379 *Krasner v. Moffett*, 826 A.2d 277, 280 (Del. 2003)

Aktionäre von 58,5%. Die FSC-Aktionäre erhielten 41,5% der Anteile der neuen Gesellschaft[380]. Die Kläger, Aktionäre von FSC, behaupteten, dass das Board von FSC eine Pflichtverletzung begangen hätte, indem es der Fusion zugestimmt hatte, trotz der ihrer Meinung nach offensichtlichen Bevorzugung der MOXY-Aktionäre[381]. Weiterhin behaupteten die Kläger, dass die den Aktionären zugesandten Stimmrechtsunterlagen nicht offen gelegt hatten, warum das Board von FSC eine Fusion empfahl – auch auf die Marktkapitalisierung von FSC gestützt –, obwohl FSC erst kurze Zeit zuvor ein Aktienrückkaufsprogramm initiiert hatte[382]. Das Aktienrückkaufprogramm diente als Indiz dafür, dass das Board von FSC den Aktienkurs der Gesellschaft als unterbewertet empfand. Die Zustimmung zu der Fusion impliziert hingegen das genaue Gegenteil. Die Kläger behaupteten zudem, dass sich fünf der sieben Board-Mitglieder von FSC bei der Zustimmung zu der Fusion in einem Interessenkonflikt befunden hätten, da drei Directors sowohl im Board of Directors von FSC als auch von MOXY saßen und zwei weitere Directors enge Geschäftskontakte zu einer bzw. beiden Gesellschaften hatten[383]. Während der Delaware Chancery Court dem Antrag der Beklagten auf Klageabweisung stattgab, hob der Delaware Supreme Court dessen Entscheidung auf und erklärte, dass die Kläger in ausreichendem Maße deutlich gemacht hätten, dass fünf von sieben der beteiligten Directors befangen waren. Das Gericht begründete seine Ansicht wie folgt: Drei Directors waren sowohl Mitglieder im Board von FSC als auch im Board von MOXY, und zwei Directors erhielten ein beträchtliches Einkommen von Gesellschaften, die in engen geschäftlichen Beziehungen zu FSC und/oder MOXY standen und hatten folglich ein Interesse daran, die Insider der angeschlossenen Gesellschaften zu besänftigen[384]. Da die Kläger schlüssig dargelegt hatten, dass die Mehrheit der Directors nicht unabhängig war, erklärte der Delaware Supreme Court, dass die Business Judgment Rule keine Anwendung finden könnte[385].

Dem Argument der Beklagten, dass aufgrund der Einsetzung eines unabhängigen Special Litigation Committees der Interessenkonflikt beseitigt und die Business Judgment Rule Anwendung finden müsste, folgte das Gericht nicht, da das Board die Unabhängigkeit dieses Ausschusses nicht ausreichend darlegen konnte[386].

---

380 *Krasner v. Moffett*, 826 A.2d 277, 280 (Del. 2003)
381 *Krasner v. Moffett*, 826 A.2d 277, 281 (Del. 2003)
382 *Krasner v. Moffett*, 826 A.2d 277, 281 (Del. 2003)
383 *Krasner v. Moffett*, 826 A.2d 277, 281 (Del. 2003)
384 *Krasner v. Moffett*, 826 A.2d 277, 283 (Del. 2003)
385 *Krasner v. Moffett*, 826 A.2d 277, 284 f. (Del. 2003)
386 *Krasner v. Moffett*, 826 A.2d 277, 284 f. (Del. 2003)

Vorliegend vertrauten die Beklagten zur Begründung der Unabhängigkeit des Ausschusses auf die gemeinsamen Stimmrechtsunterlagen, die der Klage beigefügt waren[387]. Das Gericht erklärte, dass die Beklagten den erforderlichen Beweis anhand dieser Unterlagen nicht führen konnten. Weiterhin führte das Gericht aus, dass trotz einiger Tatsachen, die auf die Unabhängigkeit des Ausschusses schließen ließen, zu viele Fragen ungeklärt und offen blieben, so dass eine zweifelsfreie Klärung des Merkmals der „Independence" im vorliegenden Verfahrensabschnitt der „pleading stage"[388] nicht möglich sei[389]. Der Supreme Court verwies den Fall zur Tatsachenklärung zurück an den Chancery Court, der insbesondere die Fragen hinsichtlich der Unabhängigkeit der Mitglieder des Special Committees sowie der Directors mit engen geschäftlichen Beziehungen zu den befangenen FSC Board-Mitgliedern klären soll[390].

c. Zusammenfassung

Die Unabhängigkeitsprüfung in Biondi v. Scrushy und In re Oracle erfolgte im Zusammenhang mit Special Litigation Committees. Dieser Bereich ist seit jeher durch besonders strenge Anforderungen und genaueste Untersuchungen des Director-Handelns gekennzeichnet[391]. Krasner v. Moffett betraf unter anderem den Fall eines Special Committees zur Untersuchung und Bewertung einer Fusion zweier in enger Beziehung zueinander stehender Unternehmen. Die Problematik in diesen Fällen ist also vergleichbar.

Oracle, Scrushy und Krasner zeigen deutlich das gesteigerte Maß an Ermittlungsintensität, das die Gerichte in Delaware seit den jüngsten Finanzskandalen im Hinblick auf die Unabhängigkeit von Directors anwenden. Die Gerichte gehen

---

387 *Krasner v. Moffett*, 826 A.2d 277, 285 (Del. 2003)
388 Die Anforderungen an die Klageschrift in der „pleading stage" sind eher gering. Hierbei soll der Beklagte nur über die Art der Klage und deren Gründe informiert werden. Im sich anschließenden Verfahrensabschnitt der pretrial discovery müssen die Parteien die Tatsachen ermitteln und den streitigen Prozessinhalt eingrenzen, vgl. dazu ausführlicher *Schack*, S. 36 ff., 44 ff.
389 *Krasner v. Moffett*, 826 A.2d 277, 285 (Del. 2003)
390 *Krasner v. Moffett*, 826 A.2d 277, 287 f. (Del. 2003); in fünf weiteren Entscheidungen, die zeitlich vor dem Krasner-Fall anzusiedeln sind, hat der Delaware Supreme Court bereits die Urteile des Chancery Courts aufgehoben und anschließend zu Lasten der beklagten Directors geurteilt, vgl. *MM Companies, Inc. v. Liquid Audio Inc.*, 813 A.2d 1118 (Del. 2003); *Omnicare Inc., v. NCS Healthcare Inc.*, 818 A.2d 914 (Del. 2003); *Levco Alternative Fund Ltd. v. Reader's Digest Association*, 803 A.2d 428 (Del. 2002); *Saito v. McKesson HBO, Inc.*, 806 A.2d 113 (Del. 2002); *Teflon Corp. v. Meyerson*, 802 A.2d 257 (Del. 2002).
391 Vgl. dazu *Zapata Corp. v. Maldonado*, 430 A.2d 779, 787 f. (Del. 1981); *Lewis v. Fuqua*, 501 A.2d 962, 971 f. (Del. 2001).

seitdem spürbar restriktiver vor. Nunmehr können bereits soziale und/oder institutionelle Beziehungen ausreichen, um die Unabhängigkeit von Directors zu widerlegen. Die veränderte Sicht der Gerichte stellt zweifelsfrei eine Änderung der Rechtsprechung in Bezug auf die Anwendungsvoraussetzungen der Business Judgment Rule dar. Ob diese jedoch geeignet ist, Wirtschaftsskandale wie die von Enron zu vermeiden, bleibt abzuwarten. Den Directors wird die zunehmende Gefahr persönlicher Haftung aufgrund derartiger Verbindungen jedoch nunmehr gegenwärtiger sein.

II. Das Merkmal des „good faith"

Trotz der nicht unumstrittenen rechtsdogmatischen Einordnung des „good faith"-Merkmals[392] hat das Konzept des „good faith" in der jüngsten Rechtsprechung insbesondere dort verstärkt Bedeutung erlangt, wo es um die Begrenzung der Haftung von Directors ging. Dies steht offenkundig im Zusammenhang mit deren erhöhter Haftungsgefahr. Hauptanwendungsfälle sind dabei einerseits Satzungsbestimmungen, die den Gesellschaften die Möglichkeit der Haftungsbegrenzung oder des Haftungsausschlusses für Sorgfaltspflichtverstöße der Directors gewähren, und andererseits Haftungsfreistellungsansprüche des Directors gegen die Gesellschaft.

Erstere Möglichkeit ist im Allgemeinen dann ausgeschlossen, wenn „acts or omissions not in good faith" erfolgt sind[393].

Der die Haftungsfreistellungsansprüche in Delaware gewährende § 145 DGCL hingegen gesteht den Directors einen Haftungsfreistellungsanspruch gegen die Gesellschaft zu, wenn diese „in good faith and in a manner the person reasonably believed to be in or not opposed to the best interests of the corporation" gehandelt haben. Beide Vorschriften knüpfen also an das Merkmal des „good faith" an. Im Folgenden sollen beispielhaft die einschlägigen Normierungen des Staates Delaware vorgestellt und auf veränderte inhaltliche Ausgestaltungen durch die aktuelle Rechtsprechung untersucht werden.

---

392 Ausführlich dazu *Sale*, 89 Cornell L. Rev., 456, 462: Das good faith Element – ursprünglich Voraussetzung der eigenständigen Duty of Care bzw. Duty of Loyalty – scheint sich verstärkt zu einer eigenständigen Pflicht, der Duty of Good Faith, zu entwickeln.

393 Vgl. beispielhaft § 102 (b)(7) DGCL

1. Die Ausweitung des Good-Faith-Konzepts und das daraus folgende Verschwinden des Schutzes vor persönlicher Haftung der Directors gemäß § 102 (b)(7) DGCL

Beispielhaft für die Ausweitung des „good faith"–Konzepts sind die Fälle In re Abbott Laboratories Derivative Shareholders Litigation[394], Salsitz v. Nasser[395] und In re The Walt Disney Company Derivative Litigation[396]. Alle Fälle behandeln Aktionärsklagen und ein sich daran anschließendes Fehlen einer Aufforderung an das Board unter Berufung auf dessen Bösgläubigkeit hinsichtlich der jeweils strittigen Entscheidung.

In In re Abbott lehnte das erstinstanzliche Bundesdistriktgericht die Klage mangels Aufforderung der Kläger an das Board of Directors ab[397]. Im Berufungsverfahren behaupteten die Kläger, dass die Directors eine Pflichtverletzung begangen hätten und für den daraus entstandenen Schaden aus einem Vergleich haftbar seien[398]. Aus dem Vergleich ergab sich für Abbott die Pflicht eine Strafe in Höhe von $ 100 Millionen an die Food and Drug Administration (FDA)[399] zu zahlen, 125 Arten medizinischer Test-Diagnose-Ausrüstungen vom US-Markt zurückzuziehen, bestimmte Warenbestände zu vernichten und einige Modifikationen am Produktionsprozess vorzunehmen[400]. Hintergrund des Gerichtsverfahrens und des sich anschließend geschlossenen Vergleichs waren langjährige Verstöße durch Abbott gegen FDA-Bestimmungen[401]. Die Kläger behaupteten weiterhin, dass die Directors um die Nicht-Einhaltung der FDA-Regeln und die scharfen Konsequenzen eines Verstoßes wussten, ihre Kenntnis sie aber nicht dazu veranlasste, aktiv dagegen vorzugehen. Vielmehr habe es sich dabei um eine absichtliche Verletzung ihrer Pflichten gehandelt[402].

Das Berufungsgericht erklärte dazu folgendes: Dass weder die Warnungen der FDA, noch öffentliche Warnhinweise die Directors über einen Zeitraum von mehr als sechs Jahren nicht dazu veranlasst hatten, Gegenmaßnahmen zu treffen, deutet auf bewusste und gewollte Untätigkeit derselben hin und stellt auch unter

---

394 *In re Abbott Derivative Shareholders Litigation*, 325 F.3d 795 (7th Cir. 2003) (verhandelt auf der Grundlage des Rechts des Staates Illinois, jedoch unter ausdrücklicher und beabsichtigter Anwendung der von den Gerichten in Delaware entwickelten Standards)
395 *Salsitz v. Nasser*, 208 F.R.D. 589 (E.D. Mich. 2002)
396 *In re The Walt Disney Company Derivative Litigation*, 825 A.2d 275 (Del.Ch.2003)
397 *In re Abbott Derivative Shareholders Litigation*,141 F.Supp.2d 946 (N.D.Ill. 2001)
398 *In re Abbott Derivative Shareholders Litigation*, 325 F.3d 795, 802 (7th Cir. 2003)
399 US-Gesundheitsbehörde
400 *In re Abbott Derivative Shareholders Litigation*, 325 F.3d 795, 801 (7th Cir. 2003)
401 *In re Abbott Derivative Shareholders Litigation*, 325 F.3d 795, 801 (7th Cir. 2003)
402 *In re Abbott Derivative Shareholders Litigation*, 325 F.3d 795, 806 (7th Cir. 2003)

Berücksichtigung des immensen finanziellen Schadens, welcher der Gesellschaft dadurch entstanden ist, einen klaren Verstoß gegen das „good faith"-Merkmal dar[403]. Die Entscheidung unterstehe damit auch nicht dem Schutz der Business Judgment Rule, zudem sei eine Aufforderung unter Zugrundelegung des Aronson-Tests auch überflüssig gewesen[404]. Abschließend erklärte das Gericht, dass sich die Directors nicht auf die Haftungsbefreiungsklausel des § 8.65 des Illinois Business Corporation Act[405] berufen könnten, da die Kläger ausreichend „omissions not in good faith and intentional misconduct concerning violations of law"[406] dargelegt hätten.

Obwohl es in In re Abbott um keinerlei kriminelle oder betrügerische Aktivitäten seitens der Directors, sondern „nur" um regulative Verstöße ging, blieb der Fokus des Gerichts auf der Frage, ob die Entscheidung der Directors untätig bleiben zu wollen „in good faith and in the best interests of the corporation" war. In derart gelagerten Fällen schützen die jeweiligen Haftungsfreistellungsklauseln in den charter provisions die Directors also nicht vor persönlicher Haftung.

Die Fallumstände in Salsitz v. Nasser ähneln denen des Abbott-Falls sehr stark. Auch in Salsitz ging es um eine Aktionärsklage gegen Directors des Boards der Ford Motor Company aufgrund einer rücksichtslosen und absichtlichen Pflichtverletzung[407]. Die Kläger stützen ihr Vorgehen auf dreierlei Argumente. Zunächst einmal sollen die Directors trotz Kenntnis von Problemen mit computergestützten Anlassersystemen zwischen 1982 und 1995 deren weiteren Fahrzeugeinbau nicht verhindert haben[408]. Zweitens sollen sie trotz offenkundiger Stabilitätsprobleme in Zusammenhang mit dem Ford Explorer SUV erneut untätig geblieben sein[409]. Schließlich sollen sie den Kauf von Palladium nicht ausreichend überwacht haben, was der Gesellschaft immense Kosten bereitet haben soll[410]. Das Gericht erklärte jedoch bezüglich der Untätigkeitsvorwürfe hinsichtlich des Anlassersystems und der Stabilitätsprobleme, dass es sich dabei nicht um Fälle der unbedachten Untätigkeit handele, sondern sehr wohl um durchdachte Geschäftsentscheidungen, an bereits getroffenen produktionsspezifischen Entscheidungen trotz anhaltender Probleme festzuhalten[411]. Diese Entscheidungen

---

403 *In re Abbott Derivative Shareholders Litigation*, 325 F.3d 795, 809 (7th Cir. 2003)
404 *In re Abbott Derivative Shareholders Litigation*, 325 F.3d 795, 809 (7th Cir. 2003)
405 Eine Vorschrift die inhaltlich praktisch identisch ist mit der des § 102 (b)(7) DGCL ist.
406 *In re Abbott Derivative Shareholders Litigation*, 325 F.3d 795, 811 (7th Cir. 2003)
407 *Salsitz v. Nasser*, 208 F.R.D. 589 (E.D. Mich. 2002)
408 *Salsitz v. Nasser*, 208 F.R.D. 589, 590 (E.D. Mich. 2002)
409 *Salsitz v. Nasser*, 208 F.R.D. 589, 590 (E.D. Mich. 2002)
410 *Salsitz v. Nasser*, 208 F.R.D. 589, 590 (E.D. Mich. 2002)
411 *Salsitz v. Nasser*, 208 F.R.D. 589, 595 (E.D. Mich. 2002)

beruhten auf unternehmerischen Überlegungen. Zudem konnten die Kläger haftungsbegründende Tatsachen wie illegales Verhalten oder Bösgläubigkeit nicht ausreichend darlegen[412]. Was den Kauf des Palladiums betrifft, urteilte das Gericht ebenfalls im Sinne der Beklagten. Die Kläger hätten es versäumt Tatsachen darzulegen, die das Aufrechterhalten eines andauernden Überwachungsfehlers seitens des Boards deutlich machen[413].

Das Gericht folgte hier der in In re Abbott angewandten Analyse, jedoch mit einem abweichenden Resultat. Der Unterschied beruht einerseits auf der mangelnden Sorgfalt seitens der Kläger, substantiiert solche Tatsachen vorzubringen, die die Pflichtverletzung des Boards deutlich machen. Die Darstellung hinsichtlich der Produktprobleme falle zudem zu oberflächlich aus, so dass die Gerichte die Untätigkeit des Boards als unternehmerische Entscheidung deklarieren mussten.

Andererseits muss in diesem Kontext auch genauestens zwischen einer, wenn auch fragwürdigen, aktiven Unternehmensentscheidung und einem reinen Unterlassen unterschieden werden. Die Abgrenzung ist sicher schwierig und teilweise fließend, sie kann jedoch im Einzelfall von überragender Bedeutung für den Ausgang des Rechtsstreits sein.

Der Fall In Re The Walt Disney Company Derivative Litigation[414] eröffnete den Gerichten in Delaware schließlich die Möglichkeit ebenfalls ein umfassendes Konzept des „good faith" zu etablieren, um feststellen zu können, ob eine Aufforderung angesichts einer behaupteten Untätigkeit des Boards entschuldigt werden kann oder nicht.

Der Fall In re The Walt Disney Company Derivative Litigation entwickelte sich aus dem ursprünglichen Rechtsstreit Brehm v. Eisner[415]. In Brehm hatte der Delaware Supreme Court die ursprüngliche Aktionärsklage gegen das Board der Walt Disney Company zurückgewiesen. Nach Ansicht des Gerichts hatten die Kläger die Überflüssigkeit einer Aufforderung an das Board nicht ausreichend dargelegt, so dass die Klage hinsichtlich mangelnder Unabhängigkeit der Directors keine vernünftigen Zweifel begründen konnte[416]. Das Gericht verwies den Fall an den Chancery Court zurück und gestattete den Klägern hinsichtlich des Behauptens der Überflüssigkeit einer Aufforderung die Fertigung eines neuen Schriftsatzes. In der überarbeiteten Klageschrift brachten die Kläger Pflichtverletzungsklagen gegen Disney Directors vor. Sie behaupteten, dass die Disney Directors ihre Pflichten hinsichtlich der Überprüfung einer besonders wichtigen ge-

---

412 *Salsitz v. Nasser*, 208 F.R.D. 589, 595 (E.D. Mich. 2002)
413 *Salsitz v. Nasser*, 208 F.R.D. 589, 599 (E.D. Mich. 2002)
414 *In re The Walt Disney Company Derivative Litigation*, 825 A.2d 275 (Del.Ch.2003)
415 *Brehm v. Eisner*, 746 A.2d 244 (Del. 2000)
416 *Brehm v. Eisner*, 746 A.2d 244, 249 (Del. 2000)

sellschaftsspezifischen Transaktion – der Abfindungszahlungen des Präsidenten Michael Ovitz – außer Acht gelassen hätten[417].

Der Klage liegt folgender Sachverhalt zugrunde: In In re The Walt Disney Company ging es um eine Abfindungsvereinbarung zwischen Michael Eisner, dem Chairman of the Board und CEO von Disney, und Michael Ovitz, dem neuen Präsidenten von Disney und Eisners potentiellem Nachfolger. Eisner und Ovitz verband eine über 25jährige Freundschaft.

Als im Jahre 1994 Eisners Vertreter und rechte Hand, Frank Wells, bei einem Hubschrauberabsturz tödlich verunglückte und zudem zwei weitere Führungspersönlichkeiten Disney verließen, verwaiste die exekutive Ebene der Disney Company zusehends und Eisner suchte nach adäquatem Ersatz[418]. Eisner entschied sich einseitig für ein Engagement von Ovitz. Als er diese Entscheidung den verbliebenen Board-Mitgliedern bekannt gab, protestierten diese erfolglos dagegen. Eisner setzte sich durch[419]. Unter alleiniger Führung von Eisner wurde auch der Arbeitsvertrag mit Ovitz ausgearbeitet. Die genaue Ausgestaltung des Arbeitsvertrages, insbesondere die Art und Anzahl an Aktienoptionen wurde von einem Managementvergütungsexperten in einem Gespräch mit einem Board-Mitglied bereits vor Vertragsschluss intern angeprangert. Weder der Vergütungsausschuss noch das Board bekamen jedoch eines dieser Dokumente jemals zu sehen[420]. Ein Entwurf des Arbeitsvertrages wurde dem Board nie zugesandt. Das Board seinerseits forcierte eine solche Informationsgewinnung aber auch nicht. Dem Vergütungsausschuss lag nur eine Kurzfassung des Vertragsentwurfes vor. Eine sorgfältige Prüfung war damit ausgeschlossen. Zudem war der Ausschuss hauptsächlich mit der Rechtfertigung außergewöhnlicher Zahlungen an Ausschussmitglieder und weniger mit Ovitz' Arbeitsvertrag beschäftigt. Im Anschluss an das Treffen des Vergütungsausschusses kam auch das Board zusammen. Es entschied, Ovitz zum neuen Präsidenten von Disney zu ernennen und überließ es Eisner, die abschließenden Verhandlungen des Arbeitsvertrages mit Ovitz zu führen[421]. Die endgültige Version von Ovitz' Arbeitsvertrag unterschied sich allerdings erheblich von dem Entwurf, der seinerzeit dem Vergütungsausschuss vorgelegt worden

---

417 *In re The Walt Disney Company Derivative Litigation*, 825 A.2d 275, 278 (Del. Ch. 2003)

418 *In re The Walt Disney Company Derivative Litigation*, 825 A.2d 275, 279 (Del. Ch. 2003)

419 *In re The Walt Disney Company Derivative Litigation*, 825 A.2d 275, 279 (Del. Ch. 2003)

420 *In re The Walt Disney Company Derivative Litigation*, 825 A.2d 275, 280 (Del. Ch. 2003)

421 *In re The Walt Disney Company Derivative Litigation*, 825 A.2d 275, 281 (Del. Ch. 2003)

war. Ovitz wurden darin erheblich verbesserte Konditionen hinsichtlich seiner Aktienoptionen und einer Kündigungsvereinbarung gewährt[422].

Kurz nachdem Ovitz am 01. Oktober 1995 seine neue Tätigkeit bei Disney aufgenommen hatte, stellten beide Seiten schnell fest, dass die Zusammenarbeit zwischen Eisner und Ovitz nicht von Erfolg gekrönt sein würde. Ovitz konnte sich mit der Rolle eines zweiten Mannes nicht anfreunden. Ovitz war auch nicht bereit, sich in angemessenen Umfang in seine Aufgaben bei Disney einzuarbeiten und lehnte jedwede lehrreiche und tätigkeitsoptimierende Maßnahme ab[423]. Infolgedessen erkundigte sich Ovitz bei Eisner, ob er sich, ohne rechtliche Konsequenzen von Disney befürchten zu müssen, um eine neue Tätigkeit in einem anderen Unternehmen bemühen könne[424]. Ovitz wollte Disney verlassen. Dies konnte er vor Vertragsablauf aber nur, wenn eine von drei zuvor in dem Arbeitsvertrag festgeschriebenen Bedingungen eintreten sollte. Da bislang keine dieser Bedingungen eingetreten und ein solches Eintreten auch in näherer Zukunft eher unwahrscheinlich war, musste Ovitz zunächst bei Disney bleiben. Wäre er trotzdem von seinem Posten zurückgetreten, hätte er sich Disney gegenüber haftbar machen können. Zudem hätte er nicht die Vorteile, die mit einer nicht verhaltensbedingten Kündigung einhergingen, vereinnahmen können[425]. Zusätzlich wollte er trotz seines Ausscheidens bei Disney seinen guten Ruf gewahrt sehen. Eisner stimmte diesem Vorhaben zu und unterstützte Ovitz bei seinem Bestreben, Disney verlassen zu können, ohne seine pekuniären Vorteile opfern zu müssen[426]. Am 11. Dezember 1996, nur 14 Monate nach Aufnahme seiner Tätigkeit bei Disney, wurde Ovitz' Abfindungsvereinbarung endgültig besiegelt. Einen Tag später wurde dessen Abgang bei Disney öffentlich.

Weder das Board of Directors noch der Vergütungsausschuss wurden zuvor befragt und informiert oder hatten ihre Zustimmung zu der Abfindungsvereinbarung gegeben. Zudem hatte das Board auch nach der Veröffentlichung von Ovitz' Ausscheiden keinerlei prüfende Maßnahmen unternommen[427].

---

422 *In re The Walt Disney Company Derivative Litigation,* 825 A.2d 275, 282 f. (Del. Ch. 2003)

423 *In re The Walt Disney Company Derivative Litigation,* 825 A.2d 275, 283 (Del. Ch. 2003)

424 *In re The Walt Disney Company Derivative Litigation,* 825 A.2d 275, 283 (Del. Ch. 2003)

425 *In re The Walt Disney Company Derivative Litigation,* 825 A.2d 275, 284 (Del. Ch. 2003)

426 *In re The Walt Disney Company Derivative Litigation,* 825 A.2d 275, 284 (Del. Ch. 2003)

427 *In re The Walt Disney Company Derivative Litigation,* 825 A.2d 275, 284 (Del. Ch. 2003)

Die Kläger stützten ihre neuerliche Klage auf verschiedene Argumente: Zunächst behaupteten sie, dass der mit Ovitz abgeschlossene Arbeitsvertrag insgesamt und die Vergütung insbesondere ohne Überprüfung der vertraglichen Details durch das Board, ohne Analyse der zu erwartenden Kosten und ohne adäquaten Branchenvergleich bzgl. der Vergütungshöhe zustande gekommen sei. Weiterhin seien einige Vertragsbestandteile nach Zustimmung des ursprünglichen Vertrags durch den Vergütungsausschuss einseitig zugunsten von Ovitz verändert worden. Im endgültigen Arbeitsvertrag seien ihm bereits auszuübende Aktienoptionen im Wert von $ 140 Millionen für den Fall einer nicht verhaltensbedingten Kündigung zugesichert worden. Zudem behaupteten die Kläger, dass die Satzung von Disney in solchen Fällen die Zustimmung des Board of Directors vorsehe.

Das Gericht ließ die Aktionärsklage auch ohne vorherige Aufforderung an das Board zu. Es erklärte, dass die von den Klägern dargelegten Tatsachen die Vermutung bekräftigten, dass das Board of Directors keinerlei unternehmerische Entscheidung getroffen habe, geschweige denn versucht habe, seine Disney und dessen Aktionären gegenüber geschuldeten Pflichten, wahrzunehmen[428]. Das Gericht erklärte weiterhin, dass die neue Klage vermuten lässt, dass die beklagten Directors bewusst und absichtlich ihre Verantwortungen ignorierten und eine gleichgültige, risikonegierende Haltung an den Tag legten[429]. Eine derartige Gleichgültigkeit trotz Kenntnis der Vorfälle, gepaart mit absichtlicher Untätigkeit verstößt nach Ansicht des Gerichts gegen das „good-faith"-Merkmal und kann nicht im besten Interesse der Gesellschaft liegen[430]. Die Aufforderung sei demnach überflüssig. Das Gericht ließ zudem den Schutz der Directors vor persönlicher Haftung gemäß § 102 (b)(7) DGCL nicht zu[431].

Der Fall Disney legt ebenso wie der Fall In re Abbott nah, dass bewusste Untätigkeit seitens der Director ausreichen kann, um Anlass für das Vorliegen von Bösgläubigkeit zu geben und somit die Schutzvorschrift des § 102 (b)(7) DGCL zu überwinden. Die Gerichte machen damit erneut deutlich, dass mit der Übernahme eines Amts als Director einer Gesellschaft insbesondere auch leitungsbzw. überwachungsspezifische Pflichten verbunden sind.

---

428 *In re The Walt Disney Company Derivative Litigation,* 825 A.2d 275, 287 (Del. Ch. 2003)
429 *In re The Walt Disney Company Derivative Litigation,* 825 A.2d 275, 289 (Del. Ch. 2003)
430 *In re The Walt Disney Company Derivative Litigation,* 825 A.2d 275, 289 (Del. Ch. 2003)
431 *In re The Walt Disney Company Derivative Litigation,* 825 A.2d 275, 290 (Del. Ch. 2003)

2. Mögliche Auswirkungen für Haftungsfreistellungsansprüche der Directors

Auswirkungen kann die Ausdehnung des „good faith"-Konzepts auch auf die Haftungsfreistellung der Directors haben. Gemäß § 145 DGCL gibt es für Directors und Officers, vorbehaltlich der „successful on the merits"-Regelung, keinerlei Möglichkeiten der Haftungsfreistellung für Ausgaben und Kosten aufgrund eines Vergleichs oder eines Urteils in einem Zivilprozess, es sei denn sie handelten in „good faith" und konnten davon ausgehen, dass ihr Handeln im besten Interesse der Gesellschaft lag.

Seit dem Kollaps von Enron ergab sich für die Gerichte in Delaware allerdings keine Möglichkeit mehr, die Grenzen des „good faith"-Konzepts in diesem Zusammenhang zu untersuchen. Aufgrund der Identität der Terminologie von § 102 (b)(7) DGCL und § 145 DGLC, liegt jedoch die Vermutung nahe, dass jede Entscheidung, die Directors den Schutz des § 102 (b)(7) DGCL auf der Grundlage eines Mangels an „good faith" entzieht, auch die Möglichkeiten von in Delaware ansässigen Gesellschaften einzuschränken vermag, diese Directors von der persönlichen Haftung freizustellen.

F. Zusammenfassung zum US-amerikanischen Recht

Nach diesem Überblick zum US-amerikanischen Organhaftungsrecht erscheint die Rückkehr zur Ausgangsfrage angebracht, ob die Rechtsprechung in den USA unter Heranziehung der Business Judgment Rule einen geeigneten Weg gefunden hat, dem Spannungsverhältnis zwischen unternehmerischer Handlungsfreiheit und Haftungsrisiko seitens der Unternehmensführer einerseits und dem Schutz der Aktionäre vor Machtmissbrauch andererseits, ausreichend Rechnung zu tragen[432]. Weiterer Gegenstand der Untersuchung war die Frage nach einer möglichen Rechtsprechungsveränderung im Rahmen des US-amerikanischen Organhaftungsrechts seit den Wirtschaftsskandalen von Enron und WorldCom.

Die Business Judgment Rule an sich sowie deren gesteigerte Überprüfungsanforderungen bei Hinzuziehung eines Special Litigation Committees oder zur Abwehr feindlicher Übernahmeversuche sind anerkannt und von nachhaltiger Rechtssicherheit geprägt. Aufgrund des jahrzehntelangen Umgangs mit der Business Judgment Rule hat sich ein flexibles, durch Rechtsfortbildung stetig weiter konkretisiertes, juristisches Werkzeug entwickelt. Die über die Jahre hinweg erworbene Rechtssicherheit ging jedoch auch mit der Erkenntnis einher, dass die

---

432 Dieses Spannungsverhältnis stellt das Kernstück der Problematik um die Business Judgment Rule dar, vgl. dazu auch *Veasey,* 12 Wa. U. J. L. P., 1, 3 f.

Gefahr einer persönlichen Haftung der Directors eher theoretischer Natur war. Erfolgreiche Schadensersatzklagen der Aktionäre blieben die Ausnahme.

Schwieriger gestalteten sich Fälle im Anwendungsbereich der Business Judgment Rule, in denen Directors Interessenkonflikte, allen voran wirtschaftlicher Art, von Klägern unterstellt wurden. Dennoch gab es auch in solchen Fällen, trotz der Beweislastumkehr, zumeist verlässliche Methoden, einer persönlichen Haftung zu entgehen.

Dieses über Jahrzehnte gereifte System von Ermessensspielräumen bei der Entscheidungsfindung, von Rechtssicherheit und scheinbar fast ausgeschlossener Haftung auf Seiten der Directors, das die Betroffenen zuweilen als paradiesisch empfunden haben müssen, hat seit den jüngsten Wirtschaftsskandalen drastische, überfällige Veränderungen erfahren[433]. Die grundlegenden rechtsdogmatischen Voraussetzungen haben sich zwar nicht geändert[434], insbesondere sind die Voraussetzungen der Business Judgment Rule unverändert geblieben, die inhaltliche Ausgestaltung zweier Schlüsselmerkmale hat sich jedoch umfassend gewandelt. Es sind dies die Elemente der „independence" bzw. des „independent directors" und des „good faith". Da sich diese Elemente wie ein roter Faden durch die Kernbereiche des US-amerikanischen Gesellschaftsrechts ziehen, ist deren inhaltliche Modifikation durch die Rechtsprechung von überragender gesamtgesellschaftsrechtlicher Bedeutung. Berücksichtigung finden sie insbesondere bei den Voraussetzungen der Business Judgment Rule, deren Sonderfällen und der Haftungsbegrenzung von Directors.

Wie bereits ausgeführt, wurde vor Enron das Absprechen der Unabhängigkeit eines Directors hauptsächlich aufgrund ökonomischer Verwicklungen der Beteiligten begründet. Soziale oder institutionelle Komponenten allein waren dazu nicht geeignet. Dieser Grundsatz ist seit den Entscheidungen zu Martha Stewart und Ebay nicht mehr unumschränkt gültig. Der Fall Martha Stewart macht klar, dass enge persönliche und geschäftliche Beziehungen allein bereits grundsätzlich geeignet sein können, die Unabhängigkeit umstrittener Directors zu widerlegen. Dass die Klage vorliegend nicht detailliert und sorgsam vorgebracht wurde, hat zwar zu einer Klageabweisung geführt, ändert jedoch nichts an der zugrunde liegenden Tendenz der restriktiveren Auslegung. Dies bestätigt die Rechtsprechung

---

433 So auch *Tenille* in *Carlton Jr.*, 54 Mercer L. Rev. 683, 707, der zwar keine Veränderungen in der Business Judgment Rule selber sieht, jedoch feststellt, dass sich die Auslegung ihrer Voraussetzungen geändert hat und weiter ändern wird. Zudem werde der Entscheidungsfindungsprozess in Zukunft Gegenstand genauerer Untersuchungen werden. So auch *Veasey*, 59 Bus. Law., 1447, 1449

434 Anderer Ansicht *Sale*, 89 Cornell L. Rev., 456, 462, die von der Entwicklung einer eigenständigen „duty of good faith" ausgeht. Teilweise zustimmend *Veasey*, 152 U. Pa. L. Rev. 1007, 1009

auch in Ebay, wobei hier zu den persönlichen und geschäftlichen Beziehungen noch massive finanzielle Vorteile in der Unabhängigkeitsprüfung berücksichtigt werden mussten. Dass das Unabhängigkeitsmerkmal heute nicht mehr eine rein ökonomische Auslegung erfährt, zeigen insbesondere die Fälle von Srushy, Oracle und Krasner. Demnach kann das detaillierte Darlegen intensiver sozialer und/oder institutioneller Verknüpfungen zwischen beklagten Directors und vermeintlich unabhängigen Mitgliedern eines Special Litigation Committees zur Abwendung einer Aktionärsklage als Begründung zum Absprechen der Unabhängigkeit der Beklagten ausreichend sein[435]. Für die Kläger erleichternd wirken sich ferner hinzukommende finanzielle Verbindungen zwischen den betroffenen Personengruppen aus. Das Merkmal des „independent directors" hat also eine merklich restriktivere, die Haftungsrisiken der Directors deutlich erhöhende, Auslegung erfahren.

Führt man zur Abschwächung dieser Tendenzen nun die gesetzlichen und gesellschaftsinternen Haftungsfreistellungsmöglichkeiten der Directors als Ausgleichsmöglichkeiten an, wird man schnell feststellen müssen, dass auch diese Schlupflöcher von den Veränderungen betroffen sind. Ausschlaggebend dafür sind die gesteigerten Anforderungen an das „good faith"-Merkmal, die den Ausweg zu den Exkulpations- und Freistellungsnormen verhindern können. Dies wird insbesondere in den Fällen In re Abbott und In re The Walt Disney Company deutlich. In diesem Zusammenhang werden die gesteigerten Anforderungen an das Amt eines Directors insgesamt überaus deutlich. Untätigkeit und Überwachungsdefizite werden von den Gerichten nicht länger geduldet. Unveränderter Respekt wird aber, wie der Fall Salsitz zeigt, weiterhin jeder bewussten Unternehmensentscheidung gezollt. Unbeachtlich ist dabei auch wie nachteilig oder schädigend sich diese unternehmerische Entscheidung für die Gesellschaft im Nachhinein auswirkt.

Eine weitere Veränderung hat sich im Rahmen der veränderten Rechtsprechungspraxis ergeben. Die Gerichte setzen ihren Fokus zudem auch auf den Entscheidungsfindungsprozess der Unternehmensleiter[436]. Sie beachten verstärkt, ob die hinzugezogenen Informationen umfassend und sorgfältig ermittelt worden waren. Dem Entscheidungsfindungsprozess und einem möglichen Wissensmangel kommen somit überragende Bedeutungen zu.

Es bleibt abzuwarten ob und wie sich die restriktivere Auslegung dieser Schlüsselkomponenten und die gesteigerten Anforderungen an den Entschei-

---

435 Dass Directors ihre Entscheidung nur an dem Wohl der Gesellschaft und nicht an persönlichen Interessen ausrichten sollen, wurde bereits in *Aronson v. Lewis,* 473 A.2d 805, 812 (Del. 1984) deutlich gemacht.

436 Diese Tendenz bereits frühzeitig andeutend *Tenille* in *Carlton Jr.,* 54 Mercer L. Rev., 683, 701 f.

dungsfindungsprozess auf das Verhalten der Directors auswirken. Eines wird dadurch aber deutlich, die Gefahr einer persönlichen Haftung der Directors ist gestiegen.

Ob die geänderte Rechtsprechungspraxis jedoch auch geeignet ist, bei den Directors ein Umdenken zu bewirken, wird die Zukunft zeigen. Kurzfristig wird sie ihre Wirkung sicher nicht verfehlen. Langfristig sollte man jedoch bedenken, dass in Teilbereichen eine gewisse Zurückhaltung auch hilfreich sein könnte, und ein gesundes Mittelmaß gefunden werden sollte. Persönliche Beziehungen werden immer existieren, weil völlig Fremde – und das ist leider hinlänglich bekannt – in den seltensten Fällen zu Directors gewählt werden. Aktienmehrheiten in den Händen eines einzelnen oder weniger Directors, wie im Ebay-Fall, sollten nicht pauschal geeignet sein, deren Unabhängigkeit zu widerlegen.

Die Frage nach der Unabhängigkeit sollte sich vielmehr darauf konzentrieren, ob ein Director die Fähigkeit besitzt objektiv, unabhängig und zum Wohl der Gesellschaft eine Entscheidung zu treffen und nicht darauf, ob er sich über die Position als solche und die damit einhergehende Vergütung definiert und diese in den Vordergrund stellt.

§ 2 Die Haftung der Vorstände deutscher Aktiengesellschaften für ökonomische Unternehmensentscheidungen

A. Einführung

Zur Beantwortung der Frage nach der Justiziabilität ökonomischer Unternehmensentscheidungen im deutschen Aktienrecht muss zunächst geklärt werden, welches aktienrechtliche Organ diese Entscheidungen trifft und welchen Pflichten es dabei nachkommen muss. Anschließend ist zu untersuchen, ob, und wenn ja, in welchem Umfang, eine Organhaftung nach deutschem Aktienrecht möglich ist.

B. Die Rolle des Vorstands in der deutschen Aktiengesellschaft

Die Aktiengesellschaft[437] im deutschen Gesellschaftsrecht ist gemäß § 1 Abs. 1 AktG eine Gesellschaft mit eigener Rechtspersönlichkeit. Die Aktiengesellschaft kann als juristische Person im Rechts- und Geschäftsleben nur durch ihre Organe handeln. Zwingende Organe der Aktiengesellschaft sind die Hauptversammlung, der Vorstand und der Aufsichtsrat[438]. Die Kompetenzen der verschiedenen Organe sind angesichts von § 23 Abs. 5 AktG (Grundsatz der Satzungsstrenge) weitestgehend zwingend voneinander abgegrenzt[439].

Der Vorstand leitet als Kollegialorgan gemäß § 76 AktG die Gesellschaft unter eigener Verantwortung[440]. Der Vorstand vertritt die Gesellschaft nach § 78 AktG[441].

Die zentrale Vorschrift hinsichtlich des Aufgabenbereichs des Aufsichtsrats gebietet § 111 Abs. 1 AktG. § 111 Abs. 1 AktG beinhaltet die Überwachungskompetenz des Aufsichtsrats[442] gegenüber der Gesellschaft in Unternehmenslei-

---

437 Wenn im weiteren Verlauf der Untersuchung von Aktiengesellschaft gesprochen wird, dann ist die sog. Publikums-Aktiengesellschaft gemeint, die sich durch eine breite Streuung des Aktienbesitzes sowie die Fungibilität der Papiere auszeichnet, vgl. *K.Schmidt*, § 26 III 2

438 *Kort*, in: GroßKommAktG, § 76 Rn. 4; *Hucke*, FS Lück, 117, 118

439 *Kort*, in: GroßKommAktG, § 76 Rn. 4; *Hüffer*, § 76 Rn. 4

440 *Hüffer*, § 76 Rn. 1

441 Zur Abgrenzung von Geschäftsführungsbefugnis und Vertretungsmacht prägnant auch *Peltzer*, JuS 2003, 348, 351

442 Zunehmend tritt jedoch die beratende und vorausschauende Überwachung des Vorstands durch den Aufsichtsrat in den Vordergrund, vgl. *Hucke*, FS Lück, 117, 119

tungsaufgaben[443]. Zudem soll damit eine Kompetenzabgrenzung gegenüber dem Vorstand erfolgen[444]. Diese Differenzierung zwischen den das operative Geschäft leitenden Vorstandsmitgliedern und den vorrangig Kontrollaufgaben wahrnehmenden Aufsichtsratsmitgliedern wird in Deutschland durch das Two-Tier-Board-System von Vorstand und Aufsichtsrat erreicht und stellt einen wesentlichen Unterschied zum US-amerikanischen One-Tier-Board-System dar[445]. Man spricht in diesem Kontext auch häufig von dem dualistischen deutschen und dem monistischen US-amerikanischen System[446].

Trotz der primären Überwachungs- und Beratungsaufgaben des Aufsichtsrats können gemäß § 111 Abs. 4 S. 2 AktG auch bestimmte Arten von Geschäften von der Zustimmung des Aufsichtsrats abhängig gemacht werden (Zustimmungsvorbehalt). Damit wird die Mitwirkungsmöglichkeit des Aufsichtsrats an wichtigen Unternehmensentscheidungen und gleichzeitig dessen den Vorstand begleitende und beratende Funktion deutlich[447]. Der Zustimmungsvorbehalt räumt dem Aufsichtsrat jedoch nicht die Befugnis ein, bestimmten Maßnahmen positiv den Anstoß zu geben[448]. Eine Erweiterung des zustimmungsbedürftigen Bereichs, der schließlich zu einer faktischen Beteiligung des Aufsichtsrats an der Geschäftsführung führen würde, ist auch nicht gewollt. Eigene unternehmerische Entscheidungen trifft der Aufsichtsrat nur in einem sehr limitierten Rahmen. Die zentrale Norm des § 111 AktG kann trotz der erschöpfend anmutenden Überschrift – „Aufgaben und Rechte des Aufsichtsrats" – nicht darüber hinwegtäuschen, dass sich dessen Kompetenzen über das gesamte Aktienrecht verstreut finden lassen[449]. Insoweit sind weitere Normen zur Erlangung eines Gesamtbildes zu beachten. Besonders bedeutsam erscheinen die Bestimmungen zur Personalkompetenz, § 84 ff. AktG, Berichte des Vorstands als Konkretisierung der Überwachung durch den Aufsichtsrat, § 90 AktG[450], die Vertretung der Aktiengesell-

---

443 *Kort*, in: GroßKommAktG, § 76 Rn. 9
444 BGHZ 114, 127, 130; *Hüffer*, § 111 Rn. 1; vgl. zu der großen Disparität zwischen Vorstand und Aufsichtsrat *Wirth*, ZGR 2005, 327, 330 ff., der sich zudem für ein gesteigertes Anforderungsprofil von Aufsichtsratsmitgliedern ausspricht.
445 Eingehend dazu *Peltzer*, FS Hachenburg, 49, 53
446 *Peltzer*, FS Hachenburg, 49, 53
447 Dazu BGHZ 114, 127, 129f. = AG 1991, 312; *Henze*, BB 2000, 209, 214
448 *Hüffer*, § 111 Rn. 18
449 *Hüffer*, § 111 Rn. 1
450 Vgl. dazu *Kort*, in: GroßKommAktG, § 76 Rn. 24, der in der Neufassung des § 90 Abs. 1 Nr. 1 AktG eine „Effizienzsteigerung der Kontrolle der Vorstandstätigkeit" sieht; ebenso *Leyens*, RabelsZ 67 (2003), 59, 86 f.

schaft gegenüber dem Vorstand gemäß § 112 AktG[451] sowie die Beteiligung an der Rechnungslegung, §§ 170 ff. AktG.

Insgesamt wird dem Aufsichtsrat durch das Gesetz damit ein nicht zu unterschätzendes, weites Feld an Rechten und Pflichten innerhalb des Unternehmens übertragen. Eine alle Seiten befriedigende Überwachungs- und Beratungstätigkeit kann jedoch nur mittels einer engen Kooperation zu Vorstand und Abschlussprüfer gewährleistet werden[452]. Besondere Aktualität gewinnt die Stellung des Aufsichtsrats im deutschen Aktienrecht auch durch die jüngsten Diskussionen um Angleichungstendenzen zwischen dem US-amerikanischen monistischen Board-System und dem dualistischen deutschen Trennungssystem einerseits[453] sowie der Einführung einer Europäischen Aktiengesellschaft (SE)[454] andererseits[455]. Mit der Einführung der Europäischen Aktiengesellschaft (SE) wird Aktiengesellschaften erstmals die Möglichkeit eingeräumt, zwischen einer dualistischen oder monistischen Unternehmensverfassung zu wählen[456].

Die Hauptversammlung ist als drittes zwingendes Organ einer Aktiengesellschaft der Sitz der Aktionärsdemokratie[457]. Gemäß § 118 AktG üben die Aktionäre ihre Rechte in den Angelegenheiten der Gesellschaft in der Hauptversammlung aus, soweit das Gesetz nicht ein anderes bestimmt. Fragen der Geschäftsführung sind aber Sache des Vorstands. Diesbezüglich bestimmt § 119 Abs. 2 AktG, dass die Hauptversammlung über solche Fragen nur entscheiden kann, wenn der Vorstand dieses verlangt. Wann dies der Fall ist, bestimmt grundsätzlich der Vorstand. Nach der Holzmüller-Entscheidung des BGH[458] ist der Vorstand jedoch verpflichtet, die Hauptversammlung einzuschalten, wenn „der Vorstand vernünftigerweise nicht annehmen kann, er dürfe sie [die Entscheidung] in ausschließlich eigener Verantwortung treffen, ohne die Hauptversammlung zu beteiligen"[459].

---

451 Dies betrifft auch die höchstrichterlich entschiedene und wieder verstärkt auftretende Pflicht des Aufsichtsrats zur Geltendmachung von Schadensersatzansprüchen gegen den Vorstand, vgl. BGHZ 135, 244 ARAG/Garmenbeck.
452 Ein Zusammenwirken von Vorstand und Aufsichtsrat sieht auch der DCGK in Ziffer 3 vor.
453 *Kort*, in: GroßKommAktG, § 76 Rn. 26
454 Societas Europaea
455 Mit rechtsvergleichendem Blick *Merkt*, ZGR 2003, 650 ff.; unter besonderer Berücksichtigung des Schweizer Konzepts *Forstmoser*, ZGR 2003, 688 ff.; zu dem monistischen System in der SE allgemein *Menjucq*, ZGR 2003, 679 ff.; *Hoffmann-Becking*, ZGR 2004, 355 ff. sowie *Teichmann*, BB 2004, 53 ff.
456 Verordnung (EG) Nr. 2157/2001 vom 08.Oktober 2001 über das Statut der Europäischen Gesellschaft (SE)
457 BVerfG (1. Kammer des Ersten Senats), Beschl. v. 20.9. 1999 – 1 BvR 636/95 = NJW 2000, 349, 351
458 BGHZ 83, 122
459 BGHZ, 83, 122, 131

Derartige Fälle betreffen besonders schwerwiegende Strukturmaßnahmen, durch die die Rechtsstellung der Aktionäre beeinträchtigt wird. Nachhaltig bestätigt wird diese Doktrin durch die Holzmüller II – Entscheidung des BGH (Gelatine)[460]. Darin stellt der BGH nochmals klar, dass ungeschriebene Hauptversammlungszuständigkeiten auf ganz eng umgrenzte Ausnahmefälle beschränkt bleiben[461]. Ungeschriebene Mitwirkungsbefugnisse der Hauptversammlung kommen „allein dann in Betracht, wenn eine von dem Vorstand in Aussicht genommene Umstrukturierung der Gesellschaft an die Kernkompetenz der Hauptversammlung, über die Verfassung der Aktiengesellschaft zu bestimmen, rührt, weil sie Veränderungen nach sich zieht, die denjenigen zumindest nahe kommen, welche allein durch eine Satzungsänderung herbeigeführt werden können"[462].

Neben § 119 AktG ist für das Verhältnis zwischen Vorstand und Hauptversammlung insbesondere § 84 Abs. 3 S. 2 AktG von besonderer Bedeutung. Abweichend vom Grundsatz der personellen Allzuständigkeit des Aufsichtsrats wird einem (Groß-)Aktionär ein mittelbarer Einfluss auf die Personalpolitik ermöglicht, indem er mit der Mehrheit der Hauptversammlung dem Vorstand das Vertrauen entziehen und so einen wichtigen Grund für die Abberufung des Vorstands schaffen kann[463].

Die Unternehmensleitung liegt somit, von wenigen Ausnahmen abgesehen, allein in den Händen des Vorstands. Die Haftung des Vorstands für ökonomische Unternehmensentscheidungen wird somit Gegenstand der weiteren Untersuchung sein[464].

I. Geschäftsführung und Leitung

Der Vorstand ist das Leitungsorgan der Aktiengesellschaft und Inhaber der Geschäftsführungsbefugnis sowie der organschaftlichen Vertretungsmacht (§§ 76 ff. AktG). Das gesetzliche Leitbild des Vorstands wird dabei durch die Vorstellung eines Kollegialorgans, das sich durch die Gemeinschaft seiner Mitglieder, ihre gemeinsame Geschäftsführung und Vertretung sowie gemeinsame Verantwortung auszeichnet, gekennzeichnet[465]. Bei der komplexen inhaltlichen Unterscheidung

---

460 BGH, Urteil v. 26.04.2004 – II ZR 154/02 und II ZR 155/02 „Gelatine"
461 Vgl. diesbezüglich mit Anmerkungen zu „Gelatine": *Fuhrmann*, AG 2004, 339 ff.
462 BGH, Urteil v. 26.04.2004 – II ZR 154/02-„Gelatine"
463 *Flume*, FS Beitzke, 43 ff.
464 Zu den Entwicklungen der Verantwortlichkeit von Organmitgliedern und den damit verbundenen Problemen auf europäischer Ebene vgl. *Maul*, WM 2004, 2146 ff.
465 *Mertens,*in: KK-AktG, § 77 Rn. 7 ff., sowie § 78 Rn. 27 ff.; *Wiesner,* in: Münch. Hdb. GesR IV, § 22 Rn. 2 ff. und § 23 Rn. 6 ff.

der Begriffe Leitung im Sinne von § 76 AktG und Geschäftsführung im Sinne von § 77 AktG wird heute die Leitung überwiegend als Teil der Geschäftsführung gebilligt[466]. Während der Begriff der Leitung von einem generell überblickenden, leitungsfunktionalem Charakter geprägt zu sein scheint, impliziert der Begriff der Geschäftsführung eher tatsächliches oder rechtsgeschäftliches Handeln[467].

1. § 76 AktG – Eigenverantwortliche Leitung durch den Vorstand

Mit der eigenverantwortlichen Leitung des Vorstands erwachsen diesem bei der Unternehmensleitung sowohl Rechte als auch Pflichten[468]. Die Pflichten beziehen sich insbesondere auf das Treffen von Entscheidungen und das Verfolgen der Unternehmenspolitik[469]. Bei der Unternehmensleitung steht dem Vorstand ein unternehmerischer Ermessensspielraum zu[470]. Die Leitungsbefugnis des Vorstands erfährt jedoch durch die Bestimmung der Unternehmensinteressen[471] der Aktiengesellschaft sowie durch Gesetz und Satzung wesentliche Einschränkungen[472].

Da die Leitungsmacht nicht übertragbar ist, kann sich der Vorstand diesen Pflichten auch nicht entziehen[473]. Die eigenverantwortliche Pflichterfüllung des Vorstands wird auch dadurch sichergestellt, dass dieser nicht weisungsgebunden ist[474]. Sie wird in persönlicher Hinsicht durch § 84 Abs. 3 S. 1 AktG manifestiert, der eine Abberufung des Vorstands nur aus wichtigem Grund zulässt[475]. Die

---

466 *Mertens,* in: KK-AktG, § 76 Rn. 4; *Hüffer,* § 76 Rn. 7; *Baumbach/Hueck,* AktG, § 76 Rn. 8 und vor § 76 Rn. 4
467 *Kort,* in: GroßKommAktG, § 76 Rn. 29; *Hüffer,* § 76 Rn. 7
468 Ausführlich und instruktiv zur Leitungsaufgabe des Vorstands auch: *Fleischer,* ZIP 2003, 1 ff.
469 BGHZ 106, 54, 61 f.
470 BGHZ 135, 244, 253; *Hopt,* in: GroßKommAktG, § 93 Rn. 81 ff. m.w.N..; *Hüffer,* § 76 Rn. 12; dies gilt auch im Rahmen der – grundsätzlich mit Unterschieden behafteten – Konzernleitungspflichten, vgl. *Fleischer,* DB 2005, 759, 765 f.
471 So auch Ziffer 4.1.1. Deutscher Corporate Governance Kodex i.d.F. vom 21.05.2003
472 *Kort,* in: GroßKommAktG, § 76 Rn. 45; instruktiv zu diesem Problemkreis: *Kuhner,* ZGR 2004, 244 ff. sowie zur Situation in den USA: *Bainbridge,* 55 Stan. L. Rev., S. 791 ff.
473 *Mertens,* in: KK-AktG, § 76 Rn. 43 ff.
474 *Hüffer,* § 76 Rn. 10
475 RegBegr *Kropff,* § 84 AktG, S. 106; *Säcker,* FS Müller, 745, 745; vgl. zum Merkmal des „wichtigen Grundes": OLG München, Urt. v. 14.7.2005 – 6 U 5444/04, nrk.; OLG Stuttgart, AG 2003, 211 ff.; LG München, AG 2002, 104 ff. sowie LG Berlin, AG 2002, 682 ff. (Fehlen geeigneter Maßnahmen zum Risikomanagement als wichtiger Grund)

Weisungsunabhängigkeit des Vorstands dient maßgeblich der Interessenwahrnehmung aller von der Leitung des Vorstands betroffener Interessenträger. Interessenträger sind insbesondere die Gesellschaft selbst, die Anteilseigner, die Arbeitnehmer aber auch die Allgemeinheit. Nach überwiegender Ansicht ergibt sich aus einem Ausgleich dieser Interessen das Unternehmensinteresse[476]. Vorliegend wird der Verfasser von der Entwicklung eines weiteren Ansatzes zur inhaltlichen Ausgestaltung des Unternehmensinteresses Abstand nehmen[477]. Maßgebend sollen hier allein die sich für den Vorstand aus dem Unternehmensinteresse ergebenden spezifischen Verhaltenspflichten sein, die ihrerseits den Maßstab für die gerichtliche Kontrolle darstellen können. Im Anschluss ist daher zu klären, ob das Aktiengesetz neben den bereits erwähnten Interessen noch weitere Interessen schützt. Hierbei ist insbesondere die Gemeinwohlklausel des § 70 Abs. 1 AktG 1937 zu berücksichtigen.

Nach der Gemeinwohlklausel des § 70 Abs. 1 AktG 1937 hatte der Vorstand die Gesellschaft so zu leiten, „wie das Wohl des Betriebes und seiner Gefolgschaft und der gemeine Nutzen von Volk und Reich es erfordern". Zwar findet sich in der aktuellen Fassung des AktG 1965 eine explizite Formulierung der Gemeinwohlklausel nicht mehr, dennoch ist ihre Fortgeltung von der Rechtsprechung[478] und der überwiegenden Literatur[479] anerkannt. Während die Rechtsprechung zur Begründung die Gemeinwohlklausel als Ausprägung der in Art. 14 Abs. 2 GG fixierten Sozialbindung des Eigentums begreift[480], verweisen zahlreiche Stimmen im Schrifttum auf die Gesetzesbegründung und das Gesetzgebungsverfahren zum Aktiengesetz von 1965[481]. Ausweislich der Regierungsbegründung zum AktG 1965 ergibt sich hinsichtlich der ungeschriebenen Fortgeltung der Gemeinwohlklausel keinerlei Modifikation[482]. Vielmehr müsse sich die Aktiengesellschaft laut Ausschussbericht „in die Interessen der Gesamtwirtschaft und die Interessen der Allgemeinheit einfügen"[483]. Die Regierungsbegründung wird jedoch auch von denjenigen Stimmen begründend herangezogen, die einer Fortgeltung der Grundsätze des § 70 Abs. 1 AktG 1937 ablehnend gegenüberste-

---

476 BVerfGE 14, 263, 282; *Hüffer*, § 76 Rn. 12; *K. Schmidt*, § 28 II 1. a); *Dreher*, ZHR (158) 1994, 614, 623

477 Vgl. beispielhaft für die Vielzahl vorhandener wissenschaftlicher Abhandlungen zum Unternehmensinteresse die Arbeiten von *Krämer, Großmann, Jürgenmeyer* und *Schmidt-Leithoff*.

478 BVerfGE 14, 263, 282; BGHZ 15, 71, 78

479 *Baumbach/Hueck*, AktG § 76 Rn. 1; *K. Schmidt*, § 28 II 1. a); *Kübler*, § 14 III 2. e) m.w.N.

480 BVerfGE 14, 263, 282; BGHZ 15, 71, 78

481 *Baumbach/Hueck*, AktG § 76 Rn. 1; *Kübler*, § 14 III 2. e) m.w.N.

482 RegBegr *Kropff*, S. 97 f.

483 Ausschuss *Kropff*, S. 98

hen[484]. Danach sei der Gemeinwohlklausel primär die Aufgabe zugekommen, dem Vorstand das Gedankengut der nationalsozialistischen Rechtslehre als Handlungsdirektive vorzugeben.

Letztere Auffassung kann nicht überzeugen. Die Fortgeltung der Gemeinwohlklausel ergibt sich unabhängig von der Regierungsbegründung zum AktG 1965 bereits aus § 396 AktG[485]. Zudem vermag das Argument fehlender ausdrücklicher Erwähnung im Gesetzestext nicht auszureichen. In verschiedenen Rechtsgebieten existieren ungeschriebene Tatbestandsmerkmale oder gewohnheitsrechtlich anerkannte Rechtssätze. Dies gilt beispielsweise in Gestalt der ungeschriebenen aber höchstrichterlich anerkannten[486] aktienrechtlichen Treuepflicht auch im Bereich des Aktienrechts, sodass von einer Fortgeltung der Gemeinwohlklausel auszugehen ist.

Der Fortgeltung der Gemeinwohlklausel kommt, wie *Kübler* zu Recht bemerkt, insbesondere auch vor dem Hintergrund der Verteilung der Zuständigkeiten in der Aktiengesellschaft, besondere Bedeutung zu[487]. Danach sei ein direkter Zusammenhang zwischen Gemeinwohlklausel und Pflichtenanforderungen des Vorstands einerseits sowie Kontrollmöglichkeiten desselben andererseits, festzustellen. Dies ist auch konsequent. Je vielfältiger und zahlreicher die vom Vorstand im Rahmen seiner Leitungsbefugnis zu erfüllenden Pflichten sind, desto schwieriger gestalten sich die spezifischen Kontrollmöglichkeiten einzelner Interessenvertreter hinsichtlich eben dieser Pflichten. Erweitert sich das Spektrum der vom Vorstand einzubeziehenden Interessen, so vergrößert sich damit der ihm zur Verfügung stehende Ermessensspielraum bei gleichzeitiger Schwächung der Kontrollmöglichkeiten[488]. Verstärkend kommt die Tatsache hinzu, dass diese immanente Interessenpluralität auch nicht durch eine strikte, rechtlich verbindliche Interessenhierarchie konkretisiert wird, es mithin innerhalb der verschiedenen Interessen keine zwingenden Prioritäten gibt[489]. Folglich obliegt es dem Vor-

---

484 *Mülbert,* ZGR 1997, 129, 148; *Paefgen,* Struktur und Aufsichtsratsverfassung der mitbestimmten AG, S. 71 ff.; *Rittner,* FS Geßler, 139, 142
485 § 396 Abs. 1 S. 1 AktG lautet: „Gefährdet eine Aktiengesellschaft ... das *Gemeinwohl* und sorgen der Aufsichtsrat und die Hauptversammlung nicht für eine Abberufung der Verwaltungsträger, so kann die Gesellschaft ... durch Urteil aufgelöst werden.
486 BGHZ 129, 136, 142 f.; 103, 184, 194
487 *Kübler,* § 14 III 2. e)
488 So auch *Kübler,* § 14 III 2. e)
489 *K.Schmidt,* § 28 II 1 a); für eine Interessenunterscheidung mit sich anschließender Stufung: *Kort,* in: GroßKommAktG, § 76 Rn. 64, der zunächst eine Systematisierung der Interessen für möglich hält. Kort unterscheidet zwischen internen Unternehmensinteressen (Interessen der Gesellschaft, der Aktionäre und der Arbeitnehmer) und externen Unternehmensinteressen (Gemeinwohlinteressen). Daran an-

stand im Rahmen des ihm zustehenden Ermessensspielraums bestimmte Interessen vorübergehend in den Vordergrund zu rücken. Die Problematik des Ermessensspielraums des Vorstands im Kontext des Ausgleichs der verschiedenen vom Vorstand bei der Unternehmensleitung zu berücksichtigenden Interessen ergibt sich somit immer dann, wenn weitere vom Vorstand zu beachtende Interessen anerkannt und daraus für diesen spezifische Verhaltenspflichten abgeleitet werden.

Im Ergebnis wird es in aller Regel das Anliegen eines umsichtigen Vorstands sein, einen Interessenausgleich herzustellen und zu versuchen, die unterschiedlichen Interessen im Wege der praktischen Konkordanz[490] gegeneinander abzuwägen[491]. Die verschiedenen Interessen treffen in jedem Falle schlussendlich in dem aus dem Gesellschaftsinteresse stammenden Gebot dauerhafter Rentabilität und langfristigen Bestands der Gesellschaft zusammen[492]. Trotz der damit verbundenen Klarheit über die langfristige Zielsetzung der Gesellschaft, die auch eine Definition der kurz- und mittelfristigen Unternehmenspolitik zwingend erscheinen lässt[493], kann es in Einzelfällen zu Interessenkonflikten kommen.

Konfliktpotential beinhalten insbesondere soziale Aktivitäten des Vorstands, da es hierbei zu Auseinandersetzungen über die Notwendigkeit getroffener Maßnahmen zwischen den Interessen der Gesellschaft, ihrer Gesellschafter und Arbeitnehmer einerseits und den Interessen der Allgemeinheit andererseits kommen kann[494]. In jedem Fall sollte eine Interessenabwägung erfolgen und von extremen, einseitigen Aktivitäten abgesehen werden[495].

Neben den durch die Unternehmensinteressen hervorgerufenen Einschränkungen werden dem Vorstand im Rahmen seiner Leitungsentscheidungsbefugnis durch Gesetz und Satzung Grenzen gesetzt. Auch hierbei bleiben dem Vorstand insgesamt jedoch weite Entscheidungsspielräume. Weniger das Beachten gesetzlicher Vorschriften als vielmehr die Satzungskonformität stellen den Vorstand hierbei grundsätzlich vor Probleme. Insbesondere § 23 Abs. 3 Nr. 2 AktG und die darin geregelte Angabe des Unternehmensgegenstands ist in diesem Kontext

---

schließend erklärt er, dass eine gewisse Stufung möglich sei, wonach gesellschaftsrechtliche Interessen in den Vordergrund zu rücken hätten.

490 Dieser von *Böckenförde* stammende Begriff lässt sich trotz seiner verfassungsrechtlichen Herkunft auf die Interessenabwägung im Aktienrecht anwenden, vgl. *Kort*, in: GroßKommAktG, § 76 Rn. 64 m.w.N.

491 *Hüffer*, § 76 Rn. 12; *Kort*, in: GroßKommAktG, § 76 Rn. 64; *Hopt*, ZGR 1993, 534, 536

492 OLG Hamm, ZIP 1995, 1263, 1268 (Harpener/Omni); *Kort*, in: GroßKommAktG, § 76 Rn. 52; *Mertens*, in: KK-AktG, § 76 Rn. 17 und 22; *Wiesner*, in: Münch. Hdb. GesR IV, § 19 Rn. 19; *Semler*, Rn. 40 ff.

493 *Semler*, ZGR, 1983, 1, 7 f.

494 Vgl. diesbezüglich ausführlich *Kort*, in: GroßKommAktG, § 76 Rn. 65 ff.

495 *Kort*, in: GroßKommAktG, § 76 Rn. 65 ff.

beachtenswert. Die Bezeichnung des Unternehmensgegenstandes bezweckt die Grenzziehung der Geschäftsführungsbefugnis des Vorstands sowie die Information außenstehender Dritter über den Tätigkeitsbereich der Aktiengesellschaft[496]. Inhaltlich bezeichnet der Unternehmensgegenstand das Mittel, mit dem der dem Aktienrecht fremde Begriff des Gesellschaftszwecks (das von den Aktionären angestrebte Ziel) erreicht werden soll[497]. Da der Gesellschaftszweck in derartigen Publikumsaktiengesellschaften letztendlich in der Gewinnerzielung liegt, ist die dauerhafte Rentabilität Hauptaufgabe des Vorstands[498].

2. § 77 AktG – Geschäftsführungsbefugnis

a. Einführung

Geschäftsführung ist jedwede tatsächliche oder rechtsgeschäftliche Tätigkeit des Vorstands für die Aktiengesellschaft[499]. Die Geschäftsführungsbefugnis umfasst dabei sowohl interne Verhältnisse als auch solche Maßnahmen, die der Vorstand im Rahmen der Vertretung gegenüber Dritten trifft. Die Wirksamkeit von Vertretungsakten richtet sich dabei aber nach § 78 AktG[500].

Die Geschäftsführung beinhaltet ferner, dass sich der Vorstand eine Geschäftsordnung gibt, § 77 Abs. 2 AktG[501]. Zudem umfasst sie die Abwehr von Angriffen gegen den Vorstand im Zusammenhang mit dessen Tätigkeit für die Gesellschaft[502].

b. Prinzip der Geschäftsführungsbefugnis

§ 77 Abs. 1 S. 1 AktG sieht für den mehrgliedrigen Vorstand als Regelfall die Gesamtgeschäftsführung vor[503]. Der Vorstand darf somit nur handeln, wenn alle Vorstandsmitglieder der Geschäftsführungsmaßnahme ausdrücklich oder konklu-

---

496 BGH WM 1981, 163, 164
497 *Hüffer,* § 23 Rn. 21
498 OLG Hamm, AG 1995, 512, 514 (Harpener/Omni); *Hüffer,* § 76 Rn. 13
499 *Mertens,* in: KK-AktG, § 77 Rn. 2; *Hüffer,* § 77 Rn. 3
500 *Mertens,* in: KK-AktG, § 77 Rn. 2; *Hüffer,* § 77 Rn. 3
501 § 77 Abs. 2 AktG hat klarstellenden Charakter und beruht auf dem Prinzip, dass jedes Gremium über seine Geschäftsordnung selbst entscheidet, RegBegr *Kropff,* S. 99
502 *Mertens,* in: KK-AktG, § 77 Rn. 3
503 *Kort,* in: GroßKommAktG, § 77 Rn. 7; *Clemm/Heller,* StB 2001, 295, 295

dent zugestimmt haben; die Willensbildung erfolgt demgemäß durch einstimmigen Beschluss[504].

Da die Zustimmung eine empfangsbedürftige Willenserklärung ist und erst wirksam wird, wenn sie den anderen Vorstandsmitgliedern zugeht, kann sie bis zum Zugang widerrufen werden, wenn sich die Voraussetzungen, unter denen sie erteilt worden ist, geändert haben oder ein sonst wichtiger Grund vorliegt[505].

c. Abweichungen vom Prinzip der Gesamtgeschäftsführung

In § 77 Abs. 1 S. 2 AktG bestimmt das Gesetz allerdings, dass Abweichungen vom Gesamtgeschäftsführungsprinzip durch die Satzung oder die Geschäftsordnung des Vorstands möglich sind[506]. Lassen die Satzung oder die Geschäftsordnung des Vorstands Abweichungen zu, so kann für Beschlüsse über Geschäftsführungsmaßnahmen auch die einfache Stimmenmehrheit genügen[507]. Beschließt der Vorstand jedoch in Verkennung gesetzlicher Vorschriften und trotz fehlender Vorschrift in Satzung oder schriftlich fixierter Geschäftsordnung mit Mehrheit, so kann dies nicht als Begründung einer entsprechenden Abweichungsvorschrift angesehen werden. Wirksamkeit entfalten derartige Beschlüsse nur dann, wenn die Minderheit sie respektiert und damit zum Ausdruck gebracht hat, sie als vom gesamten Vorstand getragenes Resultat der Beschlussfassung gelten zu lassen[508].

aa. Willensbildung

Da im Rahmen der Willensbildung vom Gesetz abgewichen werden kann, ist bei der Beschlussfassung durch den Vorstand sowohl die einfache als auch die qualifizierte Mehrheit denkbar. Gemäß § 77 Abs. 1 S. 2 2. HS AktG kann bei einer Beschlussfassung nach dem Mehrheitsprinzip die Willensbildung nicht gegen die Mehrheit erfolgen[509]. Dies ist in Fällen der Stimmgleichheit gleichbedeutend mit einer Ablehnung[510]. In derartigen Patt-Situationen kann jedoch einem Vorstands-

---

504 *Kort*, in: GroßKommAktG, § 77 Rn. 7 ff.; *Wiesner*, in: Münch. Hdb. GesR IV, § 22 Rn. 6
505 *Mertens*, in: KK-AktG, § 77 Rn. 7; *Hüffer*, § 77 Rn. 7; *Kort*, in: GroßKommAktG, § 77 Rn. 13
506 *Kort*, in: GroßKommAktG, § 77 Rn. 7 ff.; *Hüffer*, § 77 Rn. 9; in der Praxis stelle dies nach *Rieger*, FS Peltzer, 339, 346 den Regelfall dar.
507 *Hefermehl/Spindler*, in: MünchKommAktG, § 77 Rn. 12
508 *Mertens*, in: KK-AktG, § 77 Rn. 8; *Hüffer*, § 77 Rn. 9; *Kort*, in: GroßKommAktG, § 77 Rn. 20
509 *Hüffer*, § 77 Rn. 16
510 *Schiessel*, ZGR 1992, 64, 70

mitglied das Recht des Stichentscheids eingeräumt werden[511]. Aufgrund des Grundsatzes der Gleichberechtigung der Vorstandsmitglieder muss diese Möglichkeit nicht zwingend dem Vorstandsvorsitzenden eingeräumt werden; in der Praxis ist dies aber grundsätzlich der Fall[512].

Ebenso wird heute überwiegend ein Vetorecht des Vorstandsvorsitzenden, eines anderen Vorstandsmitgliedes oder eines Vorstandsausschusses gegen Mehrheitsbeschlüsse als mit § 77 Abs. 1 S. 2 2. HS. AktG vereinbar angesehen[513]. Da es bereits der gesetzlichen Regelung in § 77 Abs. 1 AktG und dem daraus folgenden Grundsatz der Geschäftsführung und Einstimmigkeit entspricht, dass eine mehrheitlich gewollte Maßnahme von einzelnen Vorstandsmitgliedern blockiert werden kann, muss als ein Weniger das entsprechende Vetorecht erst recht zulässig sein[514]. Dem steht auch nicht § 77 Abs. 1 S. 2 2. HS AktG entgegen. Diese Bestimmung will nur verhindern, dass eine positive Entscheidung einer Minderheit gegen den Willen der Mehrheit durchgesetzt wird, nicht aber, dass einer Minderheit ein Vetorecht eingeräumt werden kann, mit dem positive Entscheidungen verhindert werden können[515].

Einschränkungen erfährt dieses Vetorecht jedoch bei mitbestimmten Aktiengesellschaften, da dort ein Vetorecht mit dem Grundsatz der Gleichberechtigung des Arbeitsdirektors unvereinbar wäre[516].

bb. Gestaltungsalternativen der Geschäftsverteilung

Aufgrund der Vielzahl der vom Vorstand zu behandelnden Geschäftsführungsmaßnahmen ist deren Verteilung auf die einzelnen Mitglieder erforderlich[517]. In-

---

511 BGHZ, 89, 48, 59; *Mertens,* in: KK-AktG, § 77 Rn. 9; *Schiessel,* ZGR 1992, 64, 70; *Wiesner,* in: Münch. Hdb. GesR IV, § 22 Rn. 9

512 *Hüffer,* § 77 Rn. 11; zur Problematik des Stichentscheidungsrechts eines Vorstandsmitglieds bei zweigliedrigen Vorständen: *Hüffer,* § 77 Rn. 11 m.w.N.; bejaht wird die Zulässigkeit des Stichentscheids auch in paritätisch mitbestimmten Gesellschaften, vgl. BGHZ 89, 48, 59; *Mertens,* in: KK-AktG, § 77 Rn. 48; *Hüffer,* § 84 Rn. 21; zum Machtgefüge im Vorstand und den Ursprüngen der Machtstellung des Vorstandsvorsitzenden *Semler,* FS Lutter, 721, 727 ff.

513 OLG Karlsruhe AG 2001, 93, 94; *Mertens,* in: KK-AktG, § 77 Rn. 9; *Hefermehl/Spindler,* in: MünchKommAktG, § 77 Rn. 17; *Hüffer,* § 77 Rn. 12; *Raiser,* § 14 Rn. 23; *Heller,* S. 9; ein Vetorecht ablehnend: *Bezzenberger,* ZGR 1996, 661, 665 ff.; *Erle,* AG 1987, 7, 8 ff.; offen lassend BGHZ 89, 48, 58

514 *Hefermehl/Spindler,* in: MünchKommAktG, § 77 Rn. 17 ; *Baumbach/Hueck,* AktG , § 77 Rn. 8; *Mertens,* in: KK-AktG, § 77 Rn. 11

515 *Mertens,* in: KK-AktG, § 77 Rn. 11; *Hefermehl/Spindler,* in: MünchKommAktG, § 77 Rn. 17

516 BGHZ 89, 48, 58f.; *Mertens,* in: KK-AktG, § 77 Rn. 10; *Schiessl,* ZGR 1992, 64, 70 f.

nerhalb der Geschäftsverteilung können statt der Gesamtgeschäftsführung des Vorstands einzelne oder mehrere Vorstandsmitglieder zusammen zur Geschäftsführung bestimmt werden. Hierbei werden insbesondere zwei Systeme angewandt: die funktionelle Gliederung und die Spartenorganisation[518]. Die funktionelle Gliederung ist verrichtungsorientiert[519]. Das Unternehmen ist also in verschiedene Ressorts aufgeteilt, die jeweils von einem Vorstandsmitglied geleitet werden. Der Vorstandsvorsitzende koordiniert sämtliche Ressorts[520]. Im Gegensatz dazu wird bei der Spartenorganisation nicht nach Sachzuständigkeiten, sondern nach Unternehmensbereichen getrennt[521]. Diese Unternehmensteile wirtschaften grundsätzlich selbständig und unterstehen jeweils einem Vorstandsmitglied. Häufig treten auch Mischformen aus funktioneller und divisionaler Gliederung auf. Die Entwicklung dieser Erscheinungsformen ist darauf zurückzuführen, dass in der Praxis Unternehmen mit Spartenorganisation nicht rein nach Unternehmensbereichen organisiert sind, sondern vielmehr einzelne funktionale Bereiche als Vorstandsressorts bestehen bleiben[522], die die Objektgliederung überlagern (Gliederung nach Unternehmensteilen)[523].

Es kann somit festgestellt werden, dass das Aktiengesetz kein starres Organisationskonzept vorschreibt[524]. Dies wäre aufgrund der divergierenden unternehmensspezifischen Anforderungen auch verfehlt.

cc. Grenzen der Geschäftsverteilung

Sind durch die Satzung oder die Geschäftsordnung die Geschäfte innerhalb des Vorstands verteilt worden, so führt jedes Vorstandsmitglied den ihm zugewiesenen Bereich grundsätzlich selbständig und in eigener Verantwortung[525], jedoch mit Wirkung für den Gesamtvorstand. Werden derartige Einzelgeschäftsführungs- und Einzelvertretungsbefugnisse anerkannt, stellt sich aber die Frage nach

---

517 Zur Verantwortlichkeit einzelner Vorstandsmitglieder bei Kollegialentscheidungen im Aktienrecht und insbesondere zu Kausalitätsproblemen vgl. *Fleischer*, BB 2004, 2645 ff.

518 *Habersack*, WM 2005, 2360, 2361; *K.Schmidt*, § 28 II 3 b) S. 813 m.w.N.

519 *Hofman/Kreder*, ZfbF 37 (1985), 455; *K.Schmidt*, § 28 II 3 b), S. 813

520 *K.Schmidt*, § 28 II 3 b), S. 813

521 Dazu *Poensgen*, S. 28 ff.; *Wiesner*, in: Münch. Hdb. GesR IV, § 22 Rn. 12; *K.Schmidt*, ZGR 1981, 455, 479 ff.

522 Dies gilt insbesondere für Finanzen und Personal.

523 *Schreyögg*, S. 132 ff.

524 *Mertens*, in: KK-AktG, § 76 Rn. 49 sowie § 77 Rn. 15 und 21; *Hefermehl/Spindler*, in: MünchKommAktG, § 77 Rn. 32 ff.; *Hüffer*, § 77 Rn. 10 ff.; *Schiessl*, ZGR 1992, 64, 67; *Heller*, S. 18

525 *Heimbach/Boll*, VersR 2001, 801, 803

der Vereinbarkeit mit § 76 AktG und den aus dieser Bestimmung folgenden Grenzen. Heute wird § 76 AktG überwiegend als Ausdruck zwingender Gesamtzuständigkeit aller Vorstandsmitglieder angesehen[526]. Konsequenterweise leitet der Vorstand die Aktiengesellschaft damit in eigener Verantwortung unter gleichberechtigter Beteiligung aller Vorstandsmitglieder. Dies hat zur Folge, dass die eigenverantwortliche Leitung der Aktiengesellschaft einen Kernbereich zwingender Gesamtzuständigkeit und Gesamtverantwortung aller Vorstandsmitglieder beschreibt.

Die Möglichkeit einer Einzelgeschäftsführung ist somit nur eröffnet, wenn sie sich außerhalb des Bereichs der zentralen Vorstandskompetenz bewegt. Weiterhin ergibt sich aus § 76 AktG, dass die Einzelgeschäftsführung nur in begrenztem Umfang von der Gesamtverantwortung aller Vorstandsmitglieder dispensiert.

Im Rahmen der zwingenden Entscheidungsbereiche des Gesamtvorstands ist zwischen ausdrücklichen und ungeschriebenen Gesamtzuständigkeitsbereichen zu unterscheiden. Ausdrückliche, zwingende Entscheidungsbereiche des Gesamtvorstands sind Bereiche, in denen das Aktiengesetz den Vorstand ausdrücklich als Träger von Pflichten nennt, also insbesondere die Berichterstattung an den Aufsichtsrat (§ 90 AktG)[527], die grundlegenden Fragen der Organisation des Rechnungswesens und der Krisenfrüherkennung (§ 91 AktG)[528], die Einberufung der Hauptversammlung nach § 121 Abs. 2 AktG sowie Vorlagen an diese nach § 119 Abs. 2 AktG[529].

Darüber hinaus werden auch originäre unternehmerische Führungsentscheidungen anerkannt, die unabhängig von der strukturellen Organisation der zwingenden Leitungsbefugnis des Gesamtvorstands unterliegen.[530] Solche Geschäfte können aus der Korrelation der §§ 90 Abs. 1, 111 Abs. 4 S. 2 AktG[531] oder aus § 76 AktG selbst[532] ermittelt werden. Dabei ist jedoch eine Trennung zwischen Außen- und Innengeschäften der Aktiengesellschaft vorzunehmen.

Im Rahmen der Außengeschäfte unterliegen der Zuständigkeit des Gesamtvorstandes insbesondere strukturbestimmende Entscheidungen, also grundlegen-

---

526 *Mertens*, in: KK-AktG, § 77 Rn. 12; *Hefermehl/Spindler*, in: MünchKommAktG, § 77 Rn. 2; *Martens*, FS Fleck, 191, 194; *Schiessl*, ZGR 1992, 64, 67
527 Vgl. dazu *Hucke*, FS Lück, 117, 119
528 Vgl. hierzu auch das Urteil des LG Berlin vom 3.7.2002 – 2 O 358/01, in dem das Risikomanagement als Gesamtaufgabe des Vorstands bestätigt wird, mit Besprechung von *Preußner/Zimmermann*, AG 2002, 657 ff.
529 Zu den übrigen gesetzlich vorgesehenen Gesamtvorstandsaufgaben vgl. *Kort*, in: GroßKommAktG, § 77 Rn. 33; *Mertens*, in: KK-AktG, § 77 Rn. 19
530 *Mertens*, in: KK-AktG, § 77 Rn. 18; *Hüffer*, § 77 Rn. 18; *Martens*, FS Fleck, 191, 195; *Schiessl*, ZGR 1992, 64, 68
531 *Martens*, FS Fleck, 191, 199 f.; *Heller*, S. 61 ff.
532 *Semler*, S. 9 ff.; *Hoffmann-Becking*, ZGR 1998, 497, 507 ff.

de Maßnahmen hinsichtlich der Modifikation der Unternehmensstruktur oder der Marktpositionierung eines Unternehmens[533]. Derartige Maßnahmen betreffen in der Regel Geschäfte, die für die aktuelle und zukünftige Entwicklung der Finanz-, Vermögens und Ertragslage des Unternehmens von überragender Bedeutung sind[534].

Innerbetrieblich obliegt dem Gesamtvorstand die Pflicht, für den langfristigen Bestand des Unternehmens und die Steigerung des Unternehmenswertes Sorge zu tragen[535]. Dies betrifft insbesondere die Marktpositionierung eines Unternehmens, die für die Überlebensfähigkeit von nachhaltiger Bedeutung ist[536]. Die konkrete inhaltliche Ausgestaltung zur Erreichung dieses Zieles muss durch betriebswirtschaftliche Erkenntnisse erfolgen[537]. Der Versuch einer Konkretisierung dieser Maßnahmen wird größtenteils anhand von Grundsätzen ordnungsgemäßer Unternehmensleitung durchgeführt[538]. Danach obliegen dem Gesamtvorstand unter anderem folgende Aufgaben[539]:

- Die Festlegung des Unternehmensleitbildes[540], also die Offenlegung der allgemeinen Unternehmensgrundsätze, wie z.B. das Verhältnis des Unternehmens zu Anteilseignern, Mitarbeitern, der Umwelt u.ä.[541].
- Die strategische Ausrichtung des Unternehmens. Die strategische Planung sieht vor, dass der Vorstand Strategien für bestimmte Geschäftsfelder (Produkt-Markt-Kombinationen) und deren Marktdurchsetzung erstellt[542].
- Die Koordination relevanter unternehmensinterner Teilgebiete. Die Aufgabe des Vorstands besteht in diesem Bereich darin, die im Unternehmen vorhandenen Kräfte zur Optimierung der Unternehmenskraft zu bündeln[543].

---

533 *Mertens*, in: KK-AktG, § 77 Rn. 19; *Schiessl*, ZGR 1992, 64, 67; *Martens*, FS Fleck, 191, 194
534 *Scheffler*, S. 119
535 OLG Hamm, ZIP 1995, 1263, 1268 (Harpener/Omni); *Kort*, in: GroßKommAktG, § 76 Rn. 52; *Mertens*, in: KK-AktG, § 76 Rn. 17 und 22; *Wiesner*, in: Münch. Hdb. GesR IV, § 19 Rn. 19; *Semler*, Rn. 40 ff.
536 *Scheffler*, S. 119 f.
537 Zudem soll dieses Ziel mittelbar auch durch die Empfehlungen im Deutschen Corporate Governance Kodex unterstützt werden. Der Kodex beinhaltet Vorschriften für eine transparente Unternehmensführung und soll so das Vertrauen der Anleger in die Leitung und Überwachung deutscher Unternehmen fördern. Zu dem Aktionsplan der Europäischen Kommission zur Verbesserung der Corporate Governance vgl. *Hucke*, StuB, 2005, 375 ff.
538 *v. Werder*, DB 1995, 2177 ff.; *ders.* ZfbF 48 (1996), Sonderheft 36, S. 1 ff.; *ders.* ZfbF 48 (1996) Sonderheft 36 S. 27 ff.; *ders.* ZfB 67 (1997) S. 901 ff.
539 Zu den originären Führungsaufgaben im Konzern vgl. *Scheffler*, S. 83 f.
540 *Wöhe*, S. 124
541 *Wöhe*, S. 135
542 *Scheffler*, S. 150 f.; *Hinterhuber*, S. 37

- Der Sammelbegriff der „human resources". Dem Vorstand obliegen die Be-
setzung herausragender Managementpositionen sowie die Verpflichtung zur
Gewährleistung von Auswahl-, Ausbildungs-, Fortbildungs- sowie Abberu-
fungsmöglichkeiten[544].

Obwohl im Bereich der originären Führungsentscheidungen des Gesamtvor-
standes keine expliziten Regelungen im Gesetz verankert sind, müssen auch diese
Geschäfte vom Aufsichtsrat gemäß § 111 Abs. 1 AktG überwacht werden[545].
Dies kann bei besonders gravierenden Geschäften sogar zur Zustimmungspflich-
tigkeit und somit zur Mitwirkung des Aufsichtsrats führen, § 111 Abs. 4 S. 2
AktG. Unter besonderen Umständen (Strukturveränderungen etc.) ist auch die
Mitwirkung der Hauptversammlung erforderlich[546].

II. Zwischenergebnis

Zusammenfassend bleibt festzustellen, dass der Vorstand zur Leitung der Geschäfte der Gesellschaft verpflichtet ist und dabei als Zielsetzung insbesondere
die dauerhafte Rentabilität des Unternehmens sowie dessen langfristigen Bestand
zu berücksichtigen hat. Weiterhin hat er die Interessen der verschiedenen Interessengruppen in einem angemessenen Ausgleich zu berücksichtigen. Dabei lässt die
grundsätzliche Gesamtzuständigkeit aller Vorstandsmitglieder Abweichungen
vom Prinzip der Gesamtgeschäftsführungsbefugnis, die gemäß § 77 Abs. 1 S. 2
AktG möglich sind, dann zu, wenn sie nicht als zwingende Entscheidungsbereiche dem Gesamtvorstand ausdrücklich durch das Aktiengesetz vorgeschrieben
sind oder sich aus ungeschriebenen Gesamtzuständigkeiten ergeben. Insgesamt
steht dem Vorstand im Rahmen seiner Leitungsentscheidungen jedoch ein weiter
Ermessensspielraum zu, der allerdings durch Unternehmensinteressen sowie gesetzliche und satzungsspezifische Bestimmungen Einschränkungen erfährt.

---

543   *Semler*, S. 14.; *ders.* ZGR 1983, 1, 15
544   *Semler*, ZGR 1983, 1, 16
545   Vgl. dazu DCGK Ziffer 3 – „Zusammenwirken von Vorstand und Aufsichtsrat" –
      sowie insbesondere im Bereich der strategischen Ausrichtung des Unternehmens
      Ziffer 4.1.1.2.
546   Dazu später mehr – § 2 C. III. 2. b) cc) (1) und (2) – Holzmüller/Gelatine

C. Die Vorstandshaftung im Allgemeinen

I. Überblick

Eine Haftung der Vorstände kann sich aus zahlreichen Anspruchsgrundlagen ergeben. Dabei ist zunächst danach zu unterscheiden, ob eine Haftung gegenüber der von ihnen repräsentierten Gesellschaft (Innenhaftung) oder gegenüber Dritten (Außenhaftung) in Rede steht.

Bei der Innenhaftung resultiert die Einstandspflicht des Vorstands für von ihm verursachte Schäden aus dessen verschuldeter, kausaler Pflichtverletzung. Das Grundschema für Schadensersatzansprüche folgt für die Aktiengesellschaft aus § 93 Abs. 2 und Abs. 3 AktG[547].

Als Außenhaftung wird die Haftung eines Vorstands für bei Dritten entstandenen Schäden bezeichnet, zu denen der Vorstand weder in einer Organbeziehung steht, noch vertragliche Beziehungen hat[548]. Die Außenhaftung fußt nicht auf einer einheitlichen Rechtsgrundlage. Neben den zentralen deliktischen Haftungstatbeständen der §§ 823 ff. BGB beruhen Außenhaftungsansprüche daneben auf verschiedenen Sondertatbeständen.

II. Außenhaftung

Im Kontext der Außenhaftung sehen sich Unternehmensleiter größtenteils deliktischen Ansprüchen seitens der Anspruchsberechtigten ausgesetzt. Daneben existiert jedoch noch eine Vielzahl von Sondertatbeständen, die ebenfalls eine Haftung der Vorstandsmitglieder begründen kann. Die Vielzahl der Schadensersatzanspruchsgrundlagen gegen Vorstandsmitglieder lässt eine Systematisierung nach der Anspruchsberechtigung als sinnvoll erscheinen. Hierbei kann insbesondere zwischen Aktionären und sonstigen Dritten differenziert werden.

1. Außenhaftung gegenüber Aktionären

Eine Haftung der Vorstandsmitglieder gegenüber den Aktionären aus § 93 Abs. 2 AktG scheidet aus, da diese Norm nur zu Ansprüchen der Gesellschaft führen soll und auch kein Schutzgesetz im Sinne des § 823 Abs. 2 BGB zu Gunsten der

---

547 *Hüffer*, § 93 Rn. 11 ff., 22 ff.
548 *Thümmel*, Rn. 26

Aktionäre darstellt[549]. Damit ist zunächst eine Haftung aus § 823 Abs. 1 BGB denkbar[550], die jedoch regelmäßig an der fehlenden Rechtsgutverletzung scheitern wird, da insbesondere reine Vermögensschäden nicht von § 823 Abs. 1 BGB umfasst werden[551]. In Betracht kommt aber ein Anspruch aus § 823 Abs. 1 BGB wegen Verletzung eines sonstigen Rechts, des Mitgliedschaftsrechts des Aktionärs[552]. Dieser Anspruch scheitert aber grundsätzlich daran, dass durch die Schädigung zwar die Gesellschaft, und damit das dahinter stehende Vermögen, nicht aber die Mitgliedschaft als solche beeinträchtigt wird[553]. Deliktische Schadensersatzansprüche gegen Vorstandsmitglieder können sich weiterhin aus § 823 Abs. 2 in Verbindung mit Schutzgesetzen ergeben. Die relevantesten Schutzgesetze sind hierbei aktienrechtlicher[554] und strafrechtlicher[555] Natur. Abschließend besteht die Möglichkeit eines Anspruchs aus vorsätzlicher, sittenwidriger Schädigung, der den Schutz des Vermögens des Geschädigten insgesamt bezweckt, § 826 BGB[556].

An die Möglichkeit der Aktionäre ihre Haftungsklage auf § 823 Abs. 2 BGB in Verbindung mit einem Schutzgesetz oder auf § 826 BGB stützen zu können, schließt sich das Folgeproblem des sog. Doppel- oder Reflexschadens an. Darunter versteht man eine Schadensentstehung sowohl unmittelbar bei der Gesellschaft als auch mittelbar bei den Aktionären[557]. Die Folge ist eine Anspruchskonkurrenz der Ansprüche der Gesellschaft und derer der Aktionäre. Die Behandlung der Anspruchskonkurrenz ist umstritten. Während eine Ansicht die Anspruchsberechtigung der Aktionäre ablehnt, wenn gleichzeitig auch die Gesellschaft einen Anspruch hat und somit das Konkurrenzverhältnis zugunsten der Gesellschaft auflöst[558], soll nach einer anderen Ansicht ein Aktionär seinen mit-

---

549 *Hopt*, in: GroßKommAktG, § 93 Rn. 469; *Wiesner*, in: Münch. Hdb. GesR IV, § 26 Rn. 28 m.w.N.
550 Vgl. diesbezüglich BGH-Urteil vom 24.01.2006 – XI ZR 384/03(Kirch/Deutsche Bank und Breuer), NJW 2006, 830. Danach haftet Breuer persönlich gemäß § 823 Abs. 1 BGB (Recht am eingerichteten und ausgeübten Gewerbebetrieb). Dazu *Fischer*, DB 2006, 598 ff.
551 *Sprau*, in: Palandt BGB, vor § 823 Rn. 1
552 Vgl. hierzu insbesondere BGHZ 83, 122, 133 ff. „Holzmüller", wo das Mitgliedschaftsrecht als sonstiges Recht im Sinne des § 823 Abs. 1 BGB anerkannt wurde.
553 *Hefermehl/Spindler*, in: MünchKommAktG, § 93 Rn. 169 ff.
554 Beispielsweise §§ 399, 400, strittig für: §§ 92 Abs. 1, Abs. 2, 401 Abs. 1 Nr. 1, 401 Abs. 1 Nr. 2 sowie 404 und 405 AktG
555 §§ 263, 266 StGB; vgl. bzgl. § 266 StGB BGH-Urteil v. 21.12.2005 – 3 StR 470/04 („Mannesmann"), DB 2006, S. 323 mit Anmerkung von *Fleischer*, DB 2006, 542 ff. sowie BGH, Urteil v. 22.11.2005 – 1 StR 571/04 („Kinowelt"), AG 2006, 85
556 *Sprau*, in: Palandt BGB, § 826 Rn. 1
557 *Hopt*, in: GroßKommAktG, § 93 Rn. 484
558 *Hefermehl/Spindler*, in: MünchKomm-AktG, § 93 Rn. 184

telbaren Schaden zumindest dann geltend machen können, wenn die Gesellschaft von der Verfolgung ihres Schadensersatzanspruchs absieht[559]. Korrekterweise wird das Problem des sog. Doppelschadens heute in der Rechtsprechung[560] und dem überwiegendem Schrifttum[561] so gelöst, dass der Aktionär die Schadensersatzleistung an die Gesellschaft verlangen muss. Dies kommt im Ergebnis einer actio pro socio gleich.

Für Aktionäre ergeben sich aber noch weitere Anspruchsgrundlagen. Neben der börsenrechtlichen Prospekthaftung[562] ist hierbei insbesondere auf die deliktische Haftung für unrichtige oder unterlassene Ad-hoc-Meldungen zu verweisen[563]. Zudem sind bereits neue Gesetze zur persönlichen Haftung in Kraft getreten oder zumindest in Planung[564].

2. Außenhaftung gegenüber sonstigen Dritten

Neben den Ansprüchen der Aktionäre kommen je nach Zugehörigkeit zu einer bestimmten Gruppe von Anspruchsberechtigten zahlreiche Sondertatbestände in Betracht. Eine Unterteilung der Anspruchsberechtigten in Gläubiger des Unternehmens und sonstige Dritte ist sinnvoll.

Kennzeichnend für die Haftung des Vorstands gegenüber den Gläubigern des Unternehmens ist, dass diese Haftung sowohl vom Vorstand gegenüber Dritten begangene Rechtsgutverletzungen als auch originäre Unternehmensverbindlichkeiten umfasst[565]. Letzterer Bereich erlangt durch die persönliche Haftung gemäß

---

559 So bereits RGZ 157, 213, 219 zum Aktienrecht des HGB sowie BGH WM 1967, 287; 1969, 1081 für die GmbH
560 BGH NJW 1987, 1077, 1079 f.; OLG Düsseldorf AG 1997, 231, 236
561 *Hüffer*, § 93 Rn. 19, *Mertens*, in: KK-AktG, § 93 Rn. 170 ff.; *Henze*, Aktienrecht, Rn. 483 ff.; *Hopt*, FS Mestmäcker, 1996, 909, 925
562 Vgl. §§ 44 ff. BörsG
563 Vgl. dazu folgende Urteile des Bundesgerichtshofs: BGH-Urteil vom 19. Juli 2004 – II ZR 217/03, 218/03 und 402/02 „Infomatec", sowie BGH-Urteil vom 9.5. 2005 – II ZR 287/02 „EM.TV", in denen eine Haftung aus § 826 BGB bejaht wurde. Ausführlich zu „Infomatec" und der Haftung von Vorstandsmitgliedern für unrichtige oder unterlassene Ad-hoc-Mitteilungen *Kort*, AG 2005, 21 ff.; *Horn*, FS Ulmer, 817 ff., und allgemeiner *Kiethe*, DStR 2003, 1982 ff. Zur Besprechung des EM.TV-Urteils vgl. *Kowalewski/Hellgardt*, DB 2005, 1839 ff. sowie *Hutter/Stürwald*, NJW 2005, 2428 ff.
564 Das Gesetz zur Verbesserung des Anlegerschutzes (AnSVG), BT-Drucks. 15/3174 ist am 30. 10. 2004 in Kraft getreten (BGBl. 2004 I, S. 2630 ff.); das Kapitalmarktinformationshaftungsgesetz (KapInHaG) ist nach dem Referentenentwurf vom 07. Oktober 2004 nach massiven Protesten von Unternehmens- und Bankenverbänden zumindest vorläufig zurückgezogen worden.
565 *Thümmel,* Rn. 325

§ 41 Abs. 1 S. 2 AktG in der Gründungsphase (Organhaftung bei der Vorgesellschaft) besondere Bedeutung. Daneben stellt die Haftung für Insolvenzverschleppung nach § 92 AktG einen weiteren bedeutenden Haftungstatbestand dar. Weitere Haftungstatbestände in diesem Komplex sind die Durchgriffshaftung und die Sachwalterhaftung[566].

In die Gruppe der sonstigen anspruchsberechtigten Dritten fallen neben Verbrauchern[567] auch staatliche Einrichtungen[568] sowie Wettbewerber[569].

III. Innenhaftung

1. Überblick

Die zentrale Haftungsvorschrift des Aktiengesetzes im Rahmen der Innenhaftung von Vorstandsmitgliedern ist § 93 Abs. 2 AktG. Danach haften die Vorstandsmitglieder der Aktiengesellschaft für den Ersatz des aus ihrer Pflichtverletzung entstehenden Schadens als Gesamtschuldner[570]. Daneben zählt § 93 Abs. 3 AktG einige Sondertatbestände[571] auf und konkretisiert dadurch § 93 Abs. 2 S. 1 AktG[572]. Zudem lassen sich dem Gesetz weitere gesetzlich geregelte Einzelpflichten des Vorstands, wie z.B. die Gebote in § 92 Abs. 1 und Abs. 2 AktG sowie § 88 AktG entnehmen[573]. Da diese Einzelfälle jedoch nicht sehr zahlreich und abschließend sind, bleibt oftmals nur ein Rückgriff auf die Generalklausel des § 93 Abs. 1 S. 1 AktG, nach der die Vorstandsmitglieder bei ihrer Geschäftsführung die Sorgfalt eines ordentlichen und gewissenhaften Geschäftsleiters anzuwenden haben[574]. Ob neben der überwiegend[575] als organschaftlich verstande-

---

566 Näher dazu *Thümmel*, Rn. 328 ff.
567 Anspruchsgrundlagen sind hierbei insbesondere §§ 1, 4 ProdHaftG sowie § 823 Abs. 1 BGB
568 Hierbei ist insbesondere die Haftung der gesetzlichen Vertreter von Kapitalgesellschaften aus den §§ 34, 69 AO relevant, vgl. dazu auch BFH NJW-RR 2003, 1117 ff.
569 Die geläufigsten Anspruchsgrundlagen sind hierbei die §§ 1, 3 UWG, 14, 15 MarkenG sowie § 1 GWB
570 *Mertens*, in: KK-AktG, § 93 Rn. 21
571 Die neun Tatbestände des § 93 Abs. 3 AktG behandeln Verstöße gegen den Kapitalschutz; vgl. zur Rechtsnatur der Haftung aus § 93 Abs. 3 AktG: *Habersack/Schürnbrand*, WM 2005, 957 ff.
572 *Hopt*, in: GroßKommAktG, § 93 Rn. 233
573 Vgl. im Übrigen: §§ 46, 57, 71-71e, 83, 90, 91, 93 Abs. 1 S. 2, 131 AktG
574 *Mertens*, in: KK-AktG, § 93 Rn. 7; auch eine falsche Entsprechenserklärung zum Corporate Governance Kodex nach § 161 AktG stellt eine Pflichtverletzung im Sinne des § 93 Abs. 1 S. 1 AktG dar und kann zu einer Haftung aus § 93 Abs. 2 AktG

nen Haftung des § 93 Abs. 2 AktG noch Ansprüche aus positiver Vertragsverletzung des Dienstvertrags (§§ 241 Abs. 2, 280 Abs. 1 BGB) zugelassen werden sollten, ist umstritten.

Teilweise[576] wird vertreten, dass die Organhaftung die Vertragshaftung impliziere und letztere somit mangels Regelungsbereichs obsolet sei. Andererseits[577] wird auch eine Anspruchskonkurrenz zwischen beiden Anspruchsgrundlagen angenommen. Zur Begründung wird vor allem die Unterscheidung zwischen korporationsrechtlicher und schuldvertraglicher Ebene herangezogen (Trennungstheorie)[578]. Im Ergebnis ist dieser Streit jedoch folgenlos, da eine zusätzliche vertragliche Haftung nicht geeignet ist, die zwingende Haftung nach § 93 AktG durch weitergehende Haftungsansprüche zu verschärfen, sondern allenfalls zusätzliche Pflichten aufzuerlegen, die dann aber wiederum den Sonderregelungen des § 93 AktG unterliegen würden[579].

Vorliegend soll allein die Organhaftung aus § 93 Abs. 2 AktG von Interesse sein, da diese an die Leitung der Gesellschaft durch den Vorstand und seine Stellung als Organ anknüpft[580]. Die Voraussetzungen des § 93 Abs. 2 AktG lassen sich wie folgt zusammenfassen: ein Vorstandsmitglied muss schuldhaft seine Pflichten verletzt haben, und der Gesellschaft muss daraus ein Schaden entstanden sein[581].

2. Organhaftung aus § 93 Abs. 2 AktG

a. Haftungsadressaten

Zu dem in § 93 Abs. 2 AktG bezeichneten Adressatenkreis zählen bei der Aktiengesellschaft deren Vorstandsmitglieder und die nach § 94 AktG gleichgestellten stellvertretenden Vorstandsmitglieder[582], nicht hingegen leitende Angestell-

---

führen, vgl. dazu ausführlich *Hucke/Ammann*, S. 146 ff. sowie *Hucke, in:* Schiffer/Rödl/Rott, Rn. 565 ff.; *Lutter*, ZHR 166 (2002), 523 ff. sowie *Kiethe*, NZG 2003, 559 ff.

575 *Hopt*, in: GroßKommAktG, § 93 Rn. 20; *Hüffer*, § 93 Rn. 11; BGH NJW 1997, 741
576 BGH NJW 1997, 741; BGH NJW-RR 1989, 1255; *Hopt*, in: GroßKommAktG, § 93 Rn. 20; *Fleck*, ZIP 1991, 1270
577 *Wiesner*, in: Münch. Hdb. GesR IV, § 26 Rn.4
578 *Hefermehl/Spindler*, in: MünchKommAktG, § 93 Rn. 10
579 *Hopt*, in: GroßKommAktG, § 93 Rn. 227 f.
580 *Mertens*, in: KK-AktG, § 93 Rn. 3
581 LG Bochum, ZIP 1989, 1557, 1559 (Krupp/Rheinform)
582 Über die Verweisungsvorschrift des § 116 AktG gilt § 93 AktG auch für Aufsichtsratsmitglieder. Dies soll jedoch nicht Gegenstand der vorliegenden Untersuchung sein. Vgl. dazu beispielhaft *Schlitt*, DB 2005, 2007 ff.

te[583]. Die organschaftliche Haftung aus § 93 Abs. 2 AktG knüpft an die An- und Übernahme des Organamtes an[584]. Insofern sind die tatsächlichen Verhältnisse maßgebend[585]. Auf die Wirksamkeit der Bestellung kommt es nicht an[586]. Gleichsam endet die Organhaftung erst, wenn die Tätigkeit als Mitglied des Vorstands – mit der Billigung des für die Bestellung und deren Widerruf zuständigen Aufsichtsrats – tatsächlich nicht mehr ausgeübt wird[587].

b. Pflichtverletzung

Die zentrale und zugleich problematischste Voraussetzung im Rahmen der Organhaftung nach § 93 Abs. 2 AktG ist die Pflichtverletzung. Hierbei ist zwischen allgemeinen (§ 93 Abs. 1 S. 1 AktG)[588] und besonderen Sorgfaltspflichten zu unterscheiden. Letztere lassen sich etwa aus den besonderen kapitalerhaltenden Schadensersatzvorschriften in § 93 Abs. 3 AktG sowie einer Reihe weiterer gesetzlich geregelter Einzelpflichten entnehmen[589]. Gemäß § 93 Abs. 1 S. 1 AktG sind Vorstandsmitglieder verpflichtet, die Sorgfalt eines ordentlichen und gewissenhaften Geschäftsleiters zu beachten. Nach überwiegender Ansicht[590] erfüllt § 93 Abs. 1 S. 1 AktG danach eine Doppelfunktion: 1. als Verschuldensmaßstab und 2. als Generalklausel der Verhaltenspflichten.

---

583 *Hopt*, in: GroßKommAktG, § 93 Rn. 28 ff.; *Hüffer*, § 93 Rn. 12

584 *Hüffer*, § 93 Rn. 12; *Mertens*, in: KK-AktG, § 93 Rn. 9; *Hefermehl/Spindler*, in: MünchKommAktG, § 93 Rn. 10

585 BGH ZIP 1987, 1050, 1051; *Hopt*, in: GroßKommAktG, § 93 Rn. 34; *Hüffer*, § 93 Rn. 12

586 *Hopt*, in: GroßKommAktG, § 93 Rn. 34; *Hefermehl/Spindler*, in: MünchKommAktG, § 93 Rn. 10; nach a.A. ist ein – wenn auch unwirksamer – Bestellungsakt zu verlangen, vgl. *Hüffer*, § 93 Rn. 12; *Wiesner*, in: Münch. Hdb. GesR IV, § 26 Rn. 3

587 BGHZ 47, 341, 343; *Hopt*, in: GroßKommAktG, § 93 Rn. 38 ff.; *Hefermehl/Spindler*, in: MünchKommAktG, § 93 Rn. 13; *Mertens*, in: KK-AktG, § 93 Rn. 10

588 *Semler*, AG 2005, 321, 325 nennt folgende wesentliche Pflichtengruppen: allgemeine Mitwirkungspflichten sowie Pflicht zur Selbstorganisation, Pflicht zur ordnungsgemäßen Leitung und Geschäftsführung, Pflicht zur Selbstinformation, organschaftliche Treubindung und Förderpflicht, Verpflichtungen aus Einzelvorschriften und Pflichten aus dem Anstellungsvertrag. Vgl. dazu unter besonderer Beachtung der Legalitätspflicht auch *Fleischer*, ZIP 2005, 141, 145 ff.

589 Vgl. zu den Einzelpflichten: *Fleischer*, ZIP 2005, 141, 142 ff.; *Ihlas*, S. 75 ff.; *Hübner*, S. 2 ff. und S. 34 ff.; diese Pflichten sind für die vorliegende Untersuchung nicht dringlich und bedürfen daher keiner weiteren Erörterung. Beispielhaft seien die §§ 33, 34, 52, 57, 71, 80, 90 ff. 121, 150 ff AktG erwähnt.

590 *Hopt*, in: GroßKommAktG, § 93 Rn. 78; *Mertens*, in: KK-AktG, § 93 Rn. 7; *Hüffer*, § 93 Rn. 3; *Wiesner*, in: Münch. Hdb. GesR IV, § 26 Rn. 5; *Raiser*, § 14 Rn. 52; *Semler*, AG 2005, 321, 324

Die Formel der „Sorgfalt eines ordentlichen und gewissenhaften Geschäftsleiters" ist sehr allgemein gehalten. Sie wird jedoch gemeinhin als über die Anforderungen an die Sorgfalt eines ordentlichen Kaufmanns im Sinne von § 347 Abs. 1 HGB hinausgehend verstanden[591]. Eine inhaltlich zufrieden stellende Konkretisierung wird damit aber nicht erreicht. Die damit verbundene konkrete inhaltliche Ausgestaltung der Pflichtanforderungen obliegt somit den Gerichten. Weitere, jüngere Konkretisierungsversuche sind von umfassenderer Ausprägung als der gesetzliche Wortlaut und reichen von der Verpflichtung des Organmitglieds zur Wahrung des Vorteils der Gesellschaft und zur Abwendung von Schäden[592] bis hin zur Einbeziehung anerkannter betriebswirtschaftlicher Erkenntnisse[593]. Die rein betriebswirtschaftlichen Erkenntnisse legen die Vermutung nahe, dass es „die" richtige Entscheidung an sich, aufgrund der Komplexität der tatsächlichen Zustände und der Tatsache, dass ökonomische Unternehmensentscheidungen die Einschätzung zukünftiger Umstände betreffen (Entscheidungen unter Unsicherheit)[594], nicht geben kann[595]. Ob der Deutsche Corporate Governance Kodex (DCGK) zur weiteren Konkretisierung der allgemeinen Sorgfaltspflicht des § 93 Abs. 1 Satz 1 AktG geeignet ist, muss zurzeit noch offen bleiben[596]. Aufgrund seines Empfehlungscharakters und damit einhergehender mangelnder Sanktionsoptionen ist dies jedoch eher unwahrscheinlich[597].

Dem hat die Rechtsprechung durch das Zugeständnis eines weiten unternehmerischen Ermessensspielraums bei ökonomischen Unternehmensentscheidungen durch den Vorstand auch Rechnung getragen und festgestellt, dass ohne einen weiten Handlungsspielraum unternehmerische Tätigkeit schlechterdings nicht denkbar sei[598]. Dazu gehören das bewusste Eingehen geschäftlicher Risiken und die Gefahr von Fehlentscheidungen, die bei auch noch so verantwortungsbewusstem Verhalten unvermeidbar ist[599]. Diese Sachverhaltskonstellation wird im US-amerikanischen Recht unter dem Begriff Business Judgment Rule behandelt[600].

---

591 *Weber*, BB 1994, 1088 ff.; *Altmeppen*, in: Roth/Altmeppen, GmbHG § 43 Rn. 3; mindestens ebenso streng: *Mertens*, in: KK-AktG, § 93 Rn. 98
592 BGHZ 21, 354, 357; *Mertens*, in: KK-AktG, § 93 Rn. 29
593 *Mutter*, S. 204 ff., im Ergebnis ablehnend; zu den Grundsätzen ordnungsgemäßer Unternehmensführung und Unternehmensleitung vgl. *v. Werder*, DB 1995, 2177 ff. sowie DB 1998, S. 1193 ff.
594 *Wöhe*, S. 158
595 *Mutter*, S. 204
596 Vgl. zur Durchsetzbarkeit des Kodex' *Hucke/Ammann*, S. 146 ff.
597 *Hefermehl/Spindler*, in: MünchKommAktG § 93 Rn. 36; *Abram*, NZG 2003, 307, 307 f.
598 BGHZ 135, 244, 253f.
599 BGHZ 135, 244, 253f.
600 *Hopt*, in: GroßKommAktG, § 93 Rn. 83

Die dort entwickelten Grundsätze lassen sich insbesondere seit der Kodifizierung der Business Judgment Rule in § 93 Abs. 1 S. 2 AktG für die deutsche Rechtsprechung fruchtbar machen. Demnach scheidet eine Haftung von Vorstandsmitgliedern aufgrund einer Pflichtverletzung dann aus, wenn das Vorstandsmitglied bei einer unternehmerischen Entscheidung vernünftiger Weise annehmen durfte, auf der Grundlage angemessener Information zum Wohle der Gesellschaft gehandelt zu haben. Die Organhaftung des § 93 AktG ist also keine Erfolgshaftung[601], sondern eine Haftung für sorgfaltswidriges Verhalten[602]. Ob eine Pflichtverletzung vorliegt, ist aus der ex ante Sicht zu beurteilen. Spätere ungünstige Entwicklungen als solche begründen keine Haftung und lassen auch nicht den Schluss auf ein pflichtwidriges Verhalten zu[603].

aa. Sorgfaltswidriges Verhalten

Innerhalb der Haftung des Vorstands für sorgfaltswidriges Verhalten ist somit maßgebend, ob der Vorstand die zu beachtenden Entscheidungsfaktoren ausgleichend berücksichtigt hat[604]. Hierbei können sowohl tätigkeitsbezogene als auch inhaltliche Faktoren zum Gegenstand der unternehmerischen Entscheidung gemacht werden.

(1) Haftung für Unterlassen

Neben dem Recht zur Unternehmensleitung folgt aus § 76 Abs. 1 AktG auch die Pflicht unternehmerische Entscheidungen zu treffen, sowie eine Unternehmenspolitik festzulegen und diese zu verfolgen[605]. Mit der Haftung für eine Pflichtverletzung durch Unterlassen hat sich die Rechtsprechung bereits im Fall Harpener/Omni[606] beschäftigt. Darin wurde den beklagten früheren Vorstandsmitgliedern der Harpener AG vorgeworfen, nach dem Erwerb von Anteilen eines Unternehmens die sich daran anschließende Leitungsverpflichtung nicht wahrgenommen zu haben[607]. Vielmehr wären sie den Wünschen der Konzernmutter und ih-

---

601 RegBegr *Kropff,* § 93 AktG, S. 17; *Hopt,* in: GroßKommAktG, § 93 Rn. 81; a.A.: *Eucken,* S. 279 ff, 284 der die Haftung aus § 93 Abs. 2 AktG als Erfolgshaftung sieht und dieser in einem marktwirtschaftlichen System sowohl selektive als auch disziplinierende Funktion beimisst.
602 *Hefermehl,* in: Geßler/Hefermehl, § 93 Rn. 13; *Bastuck,* S. 69
603 BGHZ 135, 244, 253; *Hopt,* in: GroßKommAktG, § 93 Rn. 81; *Mertens,* in: KK-AktG, § 93 Rn. 48
604 *Hopt,* in: GroßKommAktG, § 93 Rn. 82
605 BGHZ 106, 54, 61f.; *Semler,* ZGR 1983, 1, 16
606 OLG Hamm, ZIP 1995, 1263
607 OLG Hamm, ZIP 1995, 1263, 1269

res Eigners „allzu willfähig und unkritisch gefolgt"[608]. Die Vorstandsmitglieder hätten keinerlei Vorstellung davon gehabt, wie sie die ihrer Gesellschaft zustehende Anteilseignerrolle und die damit verbundenen Leitungspflichten zu erfüllen hatten. Pflichtverletzend wirkte sich insbesondere auch die Untätigkeit der Beklagten zu dem Zeitpunkt aus, in welchem die Tochtergesellschaft in finanzielle Schwierigkeiten geriet[609]. Hier hätten die beklagten Vorstandsmitglieder tätig werden müssen. Dies taten sie jedoch nicht; vielmehr überließen sie die Leitungsfunktion vollständig der Muttergesellschaft[610].

Das Unterlassen von Entscheidungen muss jedoch nicht grundsätzlich eine Haftung des Vorstands begründen. Erst wenn die Untätigkeit einer faktischen Amtsniederlegung oder einer offensichtlichen Ignoranz gleichkommt, kann – insbesondere unter Bezugnahme auf die Bedeutung des Beschlussgegenstandes – eine Pflichtverletzung angenommen werden. Vorliegend musste sich das OLG Hamm nicht näher mit Detailfragen des Unterlassens auseinandersetzen, da die Vorstandsmitglieder zudem noch gegen weitere Pflichten verstoßen hatten.

(2) Pflichtwidriger Entscheidungsinhalt

Während die Haftung für Untätigkeit und der an Vorstandsmitglieder gerichtete Vorwurf der faktischen Amtsniederlegung wohl die Ausnahme bleiben wird, liegt der Schwerpunkt dieser Haftungsproblematik auf den schlicht fehlerhaften Entscheidungen. Hierbei sind, wie im US-amerikanischen Recht, hauptsächlich gesetzeswidrige und satzungswidrige Entscheidungen auf ihren Entscheidungsinhalt hin zu überprüfen.

(aa) Gesetzeskonformität

Die Vorstandsmitglieder haben bei der Geschäftsleitung die geltenden Gesetze zu beachten[611]. Dies meint nicht nur Konformität mit zwingenden, auch innenorganisatorischen, aktienrechtlichen Vorschriften wie § 92 AktG, in denen der Vorstand direkt angesprochen wird, sondern ebenso die Wahrung weiterer, externer gesetzlicher Vorschriften, die aufgrund der Existenz des Unternehmens und der Unternehmenspolitik für Konfliktpotential sorgen können[612].

---

608 OLG Hamm, ZIP 1995, 1263, 1269
609 OLG Hamm, ZIP 1995, 1263, 1269
610 OLG Hamm, ZIP 1995, 1263, 1269; Die Problematik der bewussten unternehmerischen Entscheidung ist dem US-amerikanischen Recht nicht fremd, vgl. § 1 D. V. 1.
611 *Mertens,* in: KK-AktG, § 93 Rn. 30
612 Beispielhaft seien hier wettbewerbsrechtliche, steuerrechtliche und umweltrechtliche Vorschriften genannt. Vgl. dazu auch das Urteil des OLG München, Beschl. v.

(bb) Satzungsverletzungen

Im Kontext der Einhaltung satzungsrechtlicher Bestimmungen wird insbesondere die Bestimmung des Unternehmensgegenstandes (§ 23 Abs. 3 Nr. 2 AktG) relevant. Wie im US-amerikanischen Recht ist es somit auch den Vorständen deutscher Aktiengesellschaften untersagt, gesetzes- oder satzungswidrige Handlungen vorzunehmen.

bb. Unternehmerisches Ermessen

Wie bereits dargestellt, können das Unternehmensinteresse sowie Gesetz und Satzung dem Vorstand nur grobe Vorgaben für die konkrete inhaltliche Ausgestaltung seiner Leitungspflichten bereitstellen; im Übrigen steht diesem ein weiter Handlungsspielraum zu. Folglich ist im Anschluss an eine Begriffsklärung zu untersuchen, ob ein solches unternehmerisches Ermessen im deutschen Recht anerkannt ist.

(1) Anerkennung eines unternehmerischen Ermessens

Explizit wird das unternehmerische Ermessen im Gesetz nicht genannt[613]. Vielmehr hat der Vorstand gemäß § 76 AktG die Gesellschaft in eigener Verantwortung zu leiten. Das unternehmerische Ermessen kann lediglich im Rahmen der Bestimmung des allgemeinen Verhaltensstandards, der sich aus § 93 Abs. 1 S. 1 AktG aus der Sorgfalt eines ordentlichen und gewissenhaften Geschäftsleiters ergibt, Berücksichtigung finden. Trotz dieser mangelnden Präsenz in der *lex scripta* haben sich Rechtsprechung und Literatur wiederholt mit dieser Rechtsfigur beschäftigt.

So hat der BGH in der Herstatt-Entscheidung[614] erklärt, dass das zuständige Gesellschaftsorgan[615] zwar nach § 92 Abs. 2 AktG ohne schuldhaftes Zögern einen Konkurs- oder Vergleichsantrag zu stellen habe, dass diese Anweisung aber die Befugnis einschließe, mit der Sorgfalt eines ordentlichen und gewissenhaften Geschäftsleiters (§ 93 Abs. 1 S. 1 AktG) zu prüfen und zu entscheiden, ob nicht andere, weniger einschneidende Maßnahmen besser als ein Insolvenzverfahren

---

16.3.2005 – 7 U 2857/04 = AG 2005, 662, 662, in dem ein Vorstandsvorsitzender wegen Verstoßes gegen das Bausparkassengesetz (BSpKG) auf Schadensersatz nach § 93 Abs. 2 Satz 1 AktG in Anspruch genommen worden ist.

613 *Hopt*, FS Mestmäcker, 909, 920
614 BGHZ 75, 96
615 Die Herstatt-Bank war als KGaA organisiert, zur Vereinfachung wird im Folgenden von Vorstand gesprochen.

geeignet seien, Schaden von der Gesellschaft, ihren Gläubigern und der Allgemeinheit abzuwenden. Durch diese Entscheidungsbefugnis sei der Unternehmensleitung ein pflichtgemäßes Ermessen eingeräumt, welches jedoch im Interesse der Gläubiger auf drei Wochen begrenzt sei[616]. Die Vorstandsmitglieder sollten eine sorgfältige Interessenabwägung vornehmen[617], deren gerichtliche Überprüfung darauf beschränkt sei, ob die Erwartung des Vorstands, das Unternehmen sanieren zu können, unrealistisch gewesen sei[618]. Der BGH anerkennt damit in der Herstatt-Entscheidung, dass es im Rahmen der Generalklausel des § 93 Abs. 1 S. 1 AktG Entscheidungen gibt, die von den Gerichten nur beschränkt überprüft werden können. Zudem wird klargestellt, dass es keine objektiv richtigen Entscheidungen gibt, sondern dass in derartigen Fallkonstellationen vielmehr die Einschätzung des Vorstands maßgebend ist, ob die getroffene Entscheidung realistisch sei.

In sich anschließenden Entscheidungen hat der BGH die Existenz des Vorstandsermessens wiederholt bestätigt. In der Siemens/Nold-Entscheidung[619] führt der BGH aus, dass der Vorstand im Rahmen der Ausnutzung des genehmigten Kapitals in sorgfältiger Ausübung seines unternehmerischen Ermessens zu entscheiden hat, ob ein Bezugsrechtsausschluss stattfinden soll[620].

Besonders deutlich bekennt sich der BGH in der ARAG/Garmenbeck-Entscheidung[621] zum unternehmerischen Ermessen. Darin heißt es, dass der Aufsichtsrat bei der Prüfung der Frage, ob die Vorstandsmitglieder eine Pflichtverletzung begangen hätten, den weiten Handlungsspielraum des Vorstands zu berücksichtigen habe, ohne den eine unternehmerische Tätigkeit schlechterdings nicht denkbar sei[622]. Dazu gehöre neben dem bewussten Eingehen geschäftlicher Risiken grundsätzlich auch die Gefahr von Fehlbeurteilungen und Fehleinschätzungen, der jeder Unternehmensleiter, mag er auch noch so verantwortungsbewusst handeln, ausgesetzt ist[623]. Eine Schadensersatzpflicht des Vorstands könne daraus nicht hergeleitet werden[624]. Sie käme erst dann in Betracht, wenn die Grenzen, innerhalb derer sich verantwortungsbewusstes und am Unternehmenswohl orientiertes unternehmerisches Handeln halten müsse, deutlich überschritten seien, oder die Bereitschaft, Risiken einzugehen, in unverantwortlicher Weise

---

616 BGHZ 75, 96, 108
617 BGHZ 75, 96, 110
618 BGHZ 75, 96, 113
619 BGH, ZIP 1997, 1499
620 BGHZ ZIP 1997, 1499, 1501
621 BGHZ 135, 244
622 BGHZ 135, 244, 253
623 BGHZ 135, 244, 253
624 BGHZ 135, 244, 253

überspannt worden sei, oder das Verhalten des Vorstands aus anderen Gründen pflichtwidrig sei[625].

Auch wenn die Existenz eines unternehmerischen Ermessens seitdem feststand, hat der BGH offen gelassen, wann eine Überschreitung dieser Grenzen vorliegt.

In der Literatur hatte man sich bereits seit längerem eindeutig für die Existenz eines solchen unternehmerischen Ermessens eingesetzt und im Zuge dessen auch dessen Rechtfertigung und Beschränkungen diskutiert[626].

(2) Begründung und notwendiger Schutz des Ermessens

Zur Begründung des unternehmerischen Ermessens werden unterschiedliche Ansatzpunkte diskutiert. Während *Hommelhoff* den Zusammenhang zum marktwirtschaftlichen System, insbesondere der notwendigen, absoluten Gestaltungsfreiheit des Vorstands aufgrund des Wettbewerbs, in den Vordergrund stellt[627], beziehen *Nirk* und *Semler* in Grundzügen entscheidungstheoretische Überlegungen zur Rechtfertigung mit ein[628]. Schließlich dient auch die Unbestimmtheit des Begriffs „Unternehmensinteresse" der Herleitung des unternehmerischen Ermessens. Hierbei habe der Vorstand die Interessen der verschiedenen Interessengruppen gegeneinander abzuwägen, so dass es folglich in seinem Ermessen stünde, welche Maßnahmen er zur Verfolgung des von ihm definierten Unternehmensinteresses als am Geeignetsten hält[629].

Im Ergebnis machen alle Begründungsversuche deutlich, dass es an konkreten Richtlinien für unternehmerisches Handeln mangelt. Ursache dieses Mangels sind insbesondere die komplexen wirtschaftlichen Zusammenhänge sowie die Unsicherheit zukünftiger ökonomischer Entwicklungen.

(3) Grenzen des unternehmerischen Ermessens

Nach der Anerkennung und Rechtfertigung des unternehmerischen Ermessens im deutschen Aktienrecht muss sich die Frage anschließen, wann ein Vorstand die Grenzen seines Ermessens überschreitet. Diese Grenzziehung entbehrt nahezu jeglicher Bestimmtheit[630]. Zur Einhaltung der Ermessensgrenzen seien bei der

---

625 BGHZ 135, 244, 253 f.
626 *Hopt,* in: GroßKommAktG, § 93 Rn. 81 ff.; *Hefermehl,* in: Geßler/Hefermehl, § 93 Rn. 10; *Hopt,* FS Mestmäcker, 909, 919 ff.; *Mutter,* S. 170 ff.
627 *Hommelhoff,* S. 168
628 *Semler,* S. 67; *Nirk,* FS Boujong, 393, 403
629 *Krieger,* S. 138
630 So auch *Abeltshauser,* S. 169 ff.

unternehmerischen Entscheidung vielmehr in einer Gesamtbetrachtung der konkreten Situation gesetzliche Pflichten, einzel- und gesamtwirtschaftliche Begebenheiten, steuerliche Auswirkungen sowie die Interessen der Aktionäre, Gläubiger und der Allgemeinheit zu berücksichtigen[631]. Grenzüberschreitungen sollen vorliegen, wenn der Vorstand unvertretbare Entscheidungen trifft[632] oder missbräuchlich oder willkürlich handelt[633]. Im Ergebnis sind auch dies nur vage Formeln, deren inhaltliche Ausgestaltung durch unbestimmte Rechtsbegriffe gekennzeichnet ist.

Konkretisierungsversuche werden auch im Rahmen von risikobehafteten sowie existenzgefährdenden Entscheidungen deutlich sichtbar. Demnach soll eine Grenzüberschreitung bei Risikoentscheidungen vorliegen, wenn das mit der beabsichtigten Maßnahme verbundene Nachteilsrisiko außerhalb jeden Verhältnisses zum möglichen Vorteil steht[634]. Bei existenzgefährdenden Eingriffen soll dies der Fall sein, wenn bei deren Misslingen die Existenz des Unternehmens gefährdet wäre[635]. Dabei ist eine solche Maßnahme jedoch stets aus der ex ante Sicht zu beurteilen[636]. Trotz des deutlichen Bemühens, klare Maßstäbe hinsichtlich der Ermessensgrenzen herauszuarbeiten, sind auch an den letzteren Grundsätzen Zweifel angebracht. Wann eine risikobehaftete Maßnahme „außerhalb jeden Verhältnisses" zu einem möglichen Vorteil steht, scheint ähnlich unbestimmt wie vorstehende Formulierungen. Hinsichtlich der drohenden Existenzgefährdung einer Maßnahme könnte dies im Ergebnis überspitzt bedeuten, dass nahezu jegliche Risikobereitschaft und Innovationsfreude zu einer Haftung des Vorstands führen könnte. Ebenso dürfte es Unternehmen, die potentiell gefährliche Produkte herstellen oder solche Tätigkeiten ausüben, in den seltensten Fällen möglich sein, diese Grenzen einzuhalten, ohne nicht die gesamte Produktion in Frage stellen zu müssen. Im Ergebnis bleibt es also bei der Ungewissheit hinsichtlich der konkreten Ausgestaltung der Ermessensgrenzen.

Da in der Literatur keine klaren Richtlinien entwickelt werden konnten, soll nunmehr versucht werden, durch eine Analyse der Rechtsprechung Klarheit zu erlangen.

---

631 *Hopt,* in: GroßKommAktG, § 93 Rn. 86 ff.
632 *Dreher,* ZHR 158 (1994) S. 614 ff.
633 *Flume,* FS Beitzke, 43, 64
634 *Mertens,* in: KK-AktG, § 93 Rn. 48; *Kleindiek,* in: Lutter/Hommelhoff, GmbHG, § 43 Rn. 16
635 *Mertens,* in: KK-AktG, § 93 Rn. 49
636 *Hefermehl,* in: Geßler/Hefermehl, § 93 Rn. 13

(aa) Historischer Abriss der Rechtsprechung zu den Grenzen des unternehmerischen Ermessens[637]

Anhand einer historischen Aufbereitung der Rechtsprechung zu den Grenzen des Ermessens bei ökonomischen Unternehmensentscheidungen soll versucht werden, den offensichtlichen Mangel hinsichtlich einer konkreten Ausgestaltung der Ermessensgrenzen zu konkretisieren und somit klar strukturierte Richtlinien zu entwickeln.

Bereits im Jahre 1911 beschäftigte sich das Reichsgericht mit der Haftung des Aufsichtsrats einer Gesellschaft, der gegen den Beschluss der Generalversammlung aufgrund sich verändernder Umstände in der Gesellschaft und unter Berücksichtigung des Interesses der Gesellschaft eine Kapitalerhöhung nicht durchführte[638]. Nach Ansicht des Gerichts konnte den Aufsichtsratsmitgliedern ein absichtliches Handeln zum Nachteil der Gesellschaft (auf der Grundlage des damaligen § 312 HGB) nicht vorgeworfen werden. Das Gericht ging anschließend der Frage nach, ob eine fahrlässige Sorgfaltspflichtverletzung in Betracht kommen könnte. Es äußerte dazu, dass dies zu bejahen sei, „wenn sie [die Aufsichtsratsmitglieder] ... Dinge oder Umstände nicht beachtet hätten, auf die ein ordentlicher Geschäftsmann in gleicher Lage Gewicht legt, vielleicht auch wenn sie umgekehrt auf Dinge oder Umstände Gewicht gelegt haben sollten, die der ordentliche Geschäftsmann in solcher Lage beiseite legt." Zum unternehmerischen Ermessen führte das Gericht aus: „Dagegen liegt der Regel nach in der unrichtigen Beurteilung der wahrscheinlichen Folgen einer geschäftlichen Maßnahme noch keine Fahrlässigkeit. Mit Sicherheit lassen sich viele Folgen überhaupt nicht vorhersehen, und im geschäftlichen Leben muss manches sogar mit dem Bewusstsein unternommen werden, dass es vielleicht auch nachteilig ausschlagen könne"[639].

An anderem Ort führte das Reichsgericht diesen Ansatz fort, als der Vorstand einer Aktiengesellschaft im Namen der Gesellschaft Wechsel ausgestellt hatte, die er selbst als Privatperson akzeptierte[640]. Das Gericht führte hierzu aus, dass dieses Vorgehen die Absicht beinhaltete, die Gesellschaft für die Wechselver-

---

637 Die Rechtsprechungsanalyse konzentriert sich im Kern zwar auf das Handeln von Vorständen in Aktiengesellschaften, bezieht zur Vervollständigung und Verdeutlichung der Thematik und nicht zuletzt aufgrund der geringen Anzahl an Entscheidungen zur Vorstandshaftung in diesem Bereich, aber auch Entscheidungen von GmbH-Geschäftsführern sowie, in Ausnahmefällen, auch von Aufsichtsräten bzw. Verwaltungsräten ein.
638 RG JW 1911, 223, 224
639 RG JW 1911, 223, 224
640 RGZ 129, 272

bindlichkeit aufkommen zu lassen[641]. Das Gericht nahm zwar den Einwand des Vorstandsmitglieds, gegen die Gesellschaft einen Ersatzanspruch in Höhe der Wechselsumme zu haben, zur Kenntnis, wies diesen jedoch mit der Begründung zurück, dass es nicht gewiss sei, „dass diese Erstattungsansprüche bei einer Abstimmung in der Generalversammlung der Klägerin eine Mehrheit finden würden." Im Ergebnis bejahte das Reichsgericht einen Ersatzanspruch in Höhe der Wechselsumme gegen das Vorstandsmitglied wegen absichtlichen Handelns zum Nachteil der Gesellschaft, die durch die Wechselausstellung keinerlei Vorteil erwarb[642].

Das Reichsgericht brachte damit deutlich zum Ausdruck, dass die Grenzen unternehmerischen Ermessens zumindest dann überschritten seien, wenn nicht einmal mehr die Möglichkeit eines Vorteils für die Gesellschaft bestand, sondern „das Geschäft vielmehr günstigstenfalls im Endergebnis ohne Nachteil für die Gesellschaft ablaufen kann..."[643].

Im weiteren Verlauf der diesbezüglich existierenden Judikatur musste sich der Bundesgerichtshof größtenteils mit Entscheidungen zur Vergabe ungesicherter Kredite befassen. So verurteilte der Bundesgerichtshof den Vorstand einer Genossenschaft zu Schadensersatzzahlungen, weil dieser es versäumt hatte, bei der Veräußerung eines Grundstücks der Genossenschaft Sicherheiten für die spätere Kaufpreiszahlung zu verlangen[644]. Der Bundesgerichtshof erklärte dazu, dass mangels Sicherung des Kaufpreisanspruchs bei der Genossenschaft eine Vermögensgefährdung eingetreten sei. Der Vorstand habe durch seinen Verstoß gegen die Pflicht zu einer wirtschaftlich vernünftigen Handlungsweise eine fahrlässige Sorgfaltspflichtverletzung begangen[645].

Weitere Entscheidungen aus dem Bereich ungesicherter Kredite wurden vom Bundesgerichtshof abgeurteilt, ohne explizit auf das unternehmerische Ermessen einzugehen. Von Bedeutung waren dabei vielmehr Fehler im Entscheidungsfindungsverfahren. Zunächst hatte der Geschäftsführer einer GmbH ungesicherte Geschäfte getätigt, ohne den Gesellschafter-Geschäftsführer, der für Kreditgeschäfte zuständig war, darüber zu informieren[646]. Diese Verletzung innergesellschaftlicher Kompetenzstrukturen war per se sorgfaltswidrig. Eine Rechtfertigung durch unternehmerisches Ermessen lehnte der Bundesgerichtshof ab[647].

641 RGZ 129, 272, 274
642 RGZ 129, 272, 273
643 RGZ 129, 272, 275 f.
644 BGH WM 1966, 323
645 BGH WM 1966, 323
646 BGH WM 1968, 1329
647 BGH WM 1968, 1329, 1329 f.

In einer anderen Fallkonstellation[648] hatte das Vorstandsmitglied einer Genossenschaft Kredite an die Genossen vergeben und dabei weder die satzungsmäßigen Grenzen beachtet, noch ausreichende Sicherheiten verlangt. Das unternehmerische Ermessen konnte den Sorgfaltspflichtverstoß durch die eingetretene Satzungsverletzung nicht rechtfertigen.

Ein deutliches Zeichen hinsichtlich der Grenzüberschreitung im Rahmen des unternehmerischen Ermessens setzte der Bundesgerichtshof in einem Fall des Beteiligungserwerbs einer Kommanditgesellschaft (X) an einer anderen Kommanditgesellschaft (Y)[649]. Die sich beteiligende Kommanditgesellschaft (X) wusste zum Zeitpunkt der Beteiligung an der auf den Erwerb und die Fortführung einer Kaffeerösterei ausgerichteten Y-Kommanditgesellschaft, dass der persönlich haftende Komplementär der Y-KG diese durch einen Kaufvertrag über die Rösterei in Höhe von 10 Millionen DM zur Kaufpreiszahlung innerhalb weniger Wochen verpflichtet hatte. Die X-KG war zudem über das mangelnde Eigenkapital der Y-KG und deren erfolgloses Ersuchen zur Aufnahme von Bankkrediten informiert. Der Verwaltungsrat der X-KG ließ sich trotz dieser ernüchternden Fakten jedoch nicht von einer Beteiligung an der Y-KG abhalten. Da eine Fremdfinanzierung nicht erreicht werden konnte, wurde der Kaufvertrag über die Rösterei unter der Prämisse aufgelöst, dass der Veräußerer die bereits vom Erwerber gezahlten 2,18 Millionen DM behalten durfte.

Der Bundesgerichtshof bejahte in analoger Anwendung der §§ 116, 93 AktG eine Sorgfaltspflichtverletzung der Verwaltungsratsmitglieder der X-Kommanditgesellschaft und äußerte, dass es sorgfaltswidrig gewesen sei, eine Beteiligung an einer Kommanditgesellschaft zu erwerben, „obwohl diese Gesellschaft bei den gegebenen Verhältnissen kaum Bestand haben konnte und jede finanzielle Beteiligung ein Wagnis darstellen musste. Sie sollte ihre wirtschaftliche Grundlage erst durch den Erwerb eines Handelsgeschäfts noch finden. Es bestand jedoch keine hinreichende Aussicht, die insoweit eingeleiteten Schritte – insbesondere den Kaufvertrag zum Erwerb dieses Handelsgeschäfts – erfolgreich abschließen zu können…"[650]. Der Bundesgerichthof stellt hier völlig zu Recht auf das eklatante Missverhältnis zwischen möglichen Chancen und offensichtlichen Risiken des Geschäfts ab (Risikoentscheidung). Das bloße Abstellen auf die Problematik der Fremdfinanzierung durch Banken und der Mangel an Eigenkapital ist nicht geeignet, die Beteiligung als nicht nachvollziehbar einzustufen. Vielmehr bestand auch – trotz oder gerade wegen des Zeitdrucks – die Möglichkeit der anderweitigen Fremdfinanzierung durch kapitalmarktspezifische Produkte oder den heuti-

---

648   BGH WM 1974, 131
649   BGHZ 69, 207
650   BGHZ 69, 207, 215

gen Private Equity Gesellschaften und Venture Capital Unternehmen vergleichbare Fremdkapitalgeber.

In einer anderen Entscheidung räumte der Bundesgerichtshof dem beklagten Geschäftsführer einer Innungskrankenkasse keinerlei Ermessen ein[651]. Der Geschäftsführer habe demnach seine Pflicht zur Wahrnehmung der Vermögensinteressen der Krankenkasse durch eine insgesamt zu nachteilige Vertragsgestaltung bei dem Kauf von Software verletzt[652]. Er wurde daraufhin zu Schadensersatz verurteilt.

In einer weiteren Entscheidung des Bundesgerichtshofs[653] ging es um den Geschäftsführer einer GmbH & Co. KG, der Waren der Gesellschaft an ein ihm unbekanntes Unternehmen verkauft und geliefert hatte. Da er zudem keinerlei Sicherheiten für die Vorleistungen gefordert hatte, sah der Bundesgerichtshof in dem Handeln des Geschäftsführers einen Verstoß gegen die Sorgfalt eines ordentlichen Kaufmanns[654]. Das haftungsauslösende Moment stellte nach Ansicht der Richter nicht die Kreditgewährung an sich dar, sondern vielmehr die Tatsache, dass diese Kreditgewährung völlig ohne Informationen „ins Blaue hinein" geschehen war[655].

Die Vergabe ungesicherter Kredite stellt folglich per se keine Ermessensüberschreitung dar. Vielmehr müssen zur Begründung einer Pflichtverletzung weitere Umstände hinzukommen. Derlei Gründe können sich aus Gesetzes- oder Satzungsverletzungen, sowie Fehlern im Entscheidungsverfahren und der Eingehung außerordentlicher Risiken ergeben[656].

---

651 BGH AG 1985, 165
652 BGH AG 1985, 165, 165 f.
653 BGH WM 1981, 440
654 BGH WM 1981, 440, 441
655 BGH WM 1981, 440, 441
656 Vgl. auch das Urteil des BGH vom 21. März 2005 = WM 2005, 933, 934 zur Haftung eines Vorstandsmitglieds einer Genossenschaftsbank für die Folgen einer Kreditgewährung ohne bankübliche Sicherheiten. Der BGH urteilte hier, dass der einem Vorstandsmitglied bei der Leitung der Geschäfte zuzubilligende weite Handlungsspielraum, ohne den eine unternehmerische Tätigkeit kaum denkbar sei, im Ansatz zwar auch das Eingehen geschäftlicher Risiken, einschließlich der Gefahr von Fehlbeurteilungen und Fehleinschätzungen umfasse. Dieser Spielraum sei jedoch dann überschritten, wenn aus der Sicht eines ordentlichen und gewissenhaften Geschäftsleiters das hohe Risiko eines Schadens unabweisbar sei und keine vernünftigen wirtschaftlichen Gründe dafür sprächen, es dennoch einzugehen. Für Vorstandsmitglieder einer Genossenschaftsbank bedeute dies, dass Kredite grundsätzlich nicht ohne übliche Sicherheiten und nur unter Beachtung der Beleihungsobergrenzen gewährt werden dürften.
Anders stellt sich das Urteil des KG Berlin v. 22.3.2005 – 14 U 248/03, rkr. = AG 2005, 581 dar. Darin wurde eine Haftung des Vorstands gemäß § 93 Abs. 2 AktG

Die deutlichste und seitdem in dieser Form nicht erneut dargelegte Anerkennung des unternehmerischen Ermessens des Vorstandes beinhaltet die ARAG/ Garmenbeck Entscheidung des Bundesgerichtshofes[657]. Der Entscheidung zu diesem Fall lag eine Klage einzelner Mitglieder des Aufsichtsrats der beklagten Gesellschaft (ARAG) zugrunde. Diese wandten sich gegen einen Mehrheitsbeschluss des Aufsichtsrats, mit dem die Geltendmachung eines Schadensersatzanspruchs gegen den Vorstandsvorsitzenden der Gesellschaft abgelehnt worden war. Dem Vorstandsvorsitzenden waren Pflichtverletzungen vorgeworfen worden, durch die er einen Schaden bei der ARAG in Höhe von über 55 Millionen DM mitverursacht haben soll. Die Pflichtverletzungen bezogen sich auf Finanztransaktionen der ARAG, die im Wesentlichen von dem Finanzvorstand der Gesellschaft veranlasst und über Tochtergesellschaften der ARAG durchgeführt wurden. Dabei hatte der Vorstand der ARAG mit der Garmenbeck Ltd., London, eine Vielzahl von Darlehensverträgen abgeschlossen. Zu Beginn der Transaktionen wurden der Garmenbeck von der ARAG oder ihren Tochtergesellschaften Kredite mit hohen Zinsen gewährt. Im weiteren Verlauf der Geschäftsbeziehungen nahmen Tochtergesellschaften der ARAG Kredite bei der Garmenbeck zu extrem günstigen Konditionen auf. Dabei handelte es sich um sog. Vorschaltdarlehen – die Mittel für diese Kredite sollten also vorher von der ARAG beschafft werden, erst dann würde die Garmenbeck die Darlehenssumme an die Tochtergesellschaften der ARAG auszahlen. Zur Mittelbeschaffung mussten von der ARAG Kredite aufgenommen werden, die erst dann an die Garmenbeck ausgezahlt werden sollten, wenn die Garmenbeck ihrerseits den Darlehensbetrag an die Tochtergesellschaften der ARAG ausgezahlt hatte. Gleichzeitig sollte die Garmenbeck die Rückzahlung der von der ARAG Gruppe aufgenommenen Vorschaltdarlehen übernehmen. Diese Geschäftspraxis lief zunächst reibungslos; dies änderte sich jedoch blitzartig, als bei einer Transaktion das Vorschaltdarlehen in Höhe von 55 Millionen DM vor Auszahlung des Darlehens der Garmenbeck an diese überwiesen wurde. Kurz nach diesem Vorfall wurde der Geschäftsführer der Garmenbeck verhaftet. Die Garmenbeck Gruppe brach zusammen. Im Verlauf der weiteren Untersuchungen stellte sich heraus, dass es sich bei der Geschäftspraktik der Garmenbeck um ein Schneeball-System gehandelt hatte. Dabei wurden Kredite zu hohen Zinsen aufgenommen und zu niedrigen Zinsen vergeben. Wie bei Schneeball-Systemen üblich, wurden zur Bedienung der Zinsen auf

---

trotz Kenntnis eines ablehnenden Votums im Revisionsbericht abgelehnt. Trotz der risikoreichen Kreditgewährung hat der Vorstand die Sorgfalt eines ordentlichen und gewissenhaften Geschäftsleiters beachtet.

657 BGHZ 135, 244

ältere Kredite ständig neue Kredite erforderlich. Durch diese Finanztransaktionen entstand der ARAG ein Schaden in Höhe von über 55 Millionen DM[658].

In der vorliegenden Entscheidung findet vor dem Hintergrund der Verpflichtung des Gesamtaufsichtsrats zur Prüfung einer etwaigen Vorstandshaftung eine grundlegende Auseinandersetzung mit dem unternehmerischen Ermessensspielraum und der Verantwortlichkeit des Vorstands statt. Danach hat der Aufsichtsrat, der für die Geltendmachung von Schadensersatzansprüchen gegen den Vorstand zuständig ist[659], zu berücksichtigen, „dass dem Vorstand bei der Leitung der Geschäfte des Gesellschaftsunternehmens ein weiter Handlungsspielraum zugebilligt werden muss, ohne den eine unternehmerische Tätigkeit schlechterdings nicht denkbar ist. Dazu gehört neben dem bewussten Eingehen geschäftlicher Risiken grundsätzlich auch die Gefahr von Fehlbeurteilungen und Fehleinschätzungen, der jeder Unternehmensleiter, mag er auch noch so verantwortungsbewusst handeln, ausgesetzt ist"[660].

Mit der Problematik des unternehmerischen Ermessens mussten sich auch verschiedene Instanzgerichte beschäftigen. In der Krupp/Rheinform-Entscheidung[661] musste sich das Gericht mit einer ungesicherten Lieferung von Waren auseinandersetzen. Dabei hatte der Vorstandsvorsitzende der klagenden Aktiengesellschaft veranlasst, dass Rückstände aus der Stahlerzeugung zur Aufbereitung an eine konkursreife GmbH verkauft wurden. In der Folge konnte die GmbH die Lieferung nicht bezahlen. Der Aktiengesellschaft entstand ein Schaden in Höhe von über 9 Millionen DM. Das Landgericht äußerte sich dazu wie folgt: „Die Aufnahme einer Geschäftsbeziehung zu einer derart wirtschaftlich angeschlagenen Gesellschaft ohne jede absichernde Vorsorge entspricht nicht den Grundsätzen eines ordentlichen und gewissenhaften Geschäftsleiters. Denn dass eine derartige Geschäftsverbindung zu einem Schaden der Aktiengesellschaft führen musste und muss, liegt auf der Hand"[662]. Das Gericht äußerte sich bewusst nicht zu dem unternehmerischen Ermessen. Dies beruhte auf der Tatsache, dass der Vorstand keinerlei nachvollziehbare Gründe für sein Handeln darlegen konnte. Weitere Umstände in der Sphäre der GmbH, wie die Anordnung der Sequestration des Vermögens der GmbH mit Beginn der Lieferungen sowie die Ladung des GmbH-Geschäftsführers zur Abgabe einer eidesstattlichen Versicherung mussten dem Vorstand der Aktiengesellschaft deutlich werden lassen, dass es sich bei diesem Geschäft nicht mehr nur um ein risikoreiches Geschäft handelte, sondern

---

658 Für weitere Einzelheiten des komplexen, streitigen Sachverhalts vgl. *Dreher*, ZHR 158 (1994), 614, 637 sowie OLG Düsseldorf, ZIP 1995, 1183 ff.
659 BGHZ 135, 244
660 BGHZ 135, 244, 253
661 LG Bochum, ZIP 1989, 1557
662 LG Bochum, ZIP 1989, 1557, 1561

vielmehr um ein solches, dass auf Seiten der Aktiengesellschaft mit hinreichender Sicherheit zu Schäden führen musste[663].

Eine pflichtwidrige Darlehensgewährung liegt auch der Harpener/Omni-Entscheidung zugrunde[664]. Hierbei sah das Gericht allerdings die Darlehensvergabe nicht als per se pflichtwidrig an. Vielmehr beanstandete das Gericht, das sich die Beklagten nicht ausreichend über die finanzielle Lage des Darlehensnehmers informiert und zudem dem Kreditrisiko insgesamt nicht die angemessene Aufmerksamkeit geschenkt hätten[665]. Das Gericht knüpfte in seiner Urteilsbegründung hinsichtlich der Pflichtwidrigkeit nicht an die ungenügende Sicherung des Kredits, sondern vielmehr an den Mangel an Information der Handelnden an[666].

In einer weiteren Entscheidung nimmt das Oberlandesgericht Zweibrücken deutlich zu den Grundsätzen des unternehmerischen Ermessens Stellung[667]. Die Klägerin, eine GmbH und als solche Tochtergesellschaft in einem Konzern, nahm ihren ehemaligen kaufmännischen und technischen Geschäftsführer, der zugleich Sprecher der Geschäftsführung der Klägerin war, auf Schadensersatz gemäß § 43 Abs. 2 GmbHG in Anspruch. Der Klage liegt folgender Sachverhalt zugrunde:

Die Geschäftsaktivitäten der Klägerin betrafen im Wesentlichen die Herstellung von Baumwollgarnen. Aufgrund des in dieser Sparte besonders ausgeprägten internationalen Wettbewerbs war die Klägerin in Deutschland kaum noch wettbewerbsfähig. Ihr Verlust belief sich im operativen Geschäft auf ca. 50 Millionen DM. Als im darauf folgenden Jahr drei Vorstandsmitglieder der Konzernmutter aus Altersgründen ausgewechselt wurden, entschied man sich in Absprache mit dem Aufsichtsrat, zeitgleich ein neues Unternehmenskonzept zu beschließen. Danach sollte der Konzern nur noch im Textilsektor tätig sein und sich von allen verlustbringenden Aktivitäten trennen. Im Rahmen dieser Neuausrichtung erwarb die Konzernmutter auch alle Anteile an der Klägerin, einer Gesellschaft, die trotz anhaltender Sanierungsversuche seit 25 Jahren nur Verluste erwirtschaftet hatte. Dabei wurde der Beklagte zu einem von zwei Geschäftsführern ernannt. Im weiteren Verlauf nahm die Klägerin im Rahmen eines Kooperationsvertrages Kontakt zu einer anderen Firma auf. Es wurde vereinbart, dass die Klägerin für diese in ihren eigenen Produktionsstätten Ware produzierte, die sie an die Firma kreditiert auslieferte. Im Laufe der Zeit stiegen die Verbindlichkeiten

663 LG Bochum, ZIP 1989, 1557, 1562
664 OLG Hamm, ZIP 1995, 1263
665 OLG Hamm, ZIP 1995, 1263 , 1270
666 Instruktiv in diesem Kontext auch die Harpener/Omni II-Entscheidung – LG Dortmund, AG 2002, 97 – zu den Pflichten der Aufsichtsratsmitglieder bei der Kontrolle der Kreditgewährung durch den Vorstand.
667 OLG Zweibrücken – Az: 8 U 98/98

der Firma gegenüber der Klägerin schnell an und erreichten Millionenbeträge. Bereits ein Jahr nach Abschluss des Kooperationsvertrages zwischen der Klägerin und der Firma geriet die Firma in die Insolvenz. Forderungen der Klägerin in Höhe von ca. 19 Millionen DM wurden anerkannt, der Schaden der Klägerin betrug ca. 10,5 Millionen DM.

Das Oberlandesgericht Zweibrücken lehnte eine Haftung des Beklagten ab. Es begründete dies damit, dass einem Geschäftsführer bei Wahrnehmung seiner Tätigkeit ein weiter Ermessensspielraum zustehe. Zwar stelle dieser keinen haftungsfreien Raum dar, er definiere jedoch die Entscheidungsfreiheit in den gesetzlichen Grenzen. Korrekterweise erklärte das Gericht bezüglich seiner eigenen Aufgabe hinsichtlich der Überprüfung folgendes: „Es kann aber nicht angehen, dass die Gerichte die unternehmerische Freiheit durch eine zu weitgehende gerichtliche Nachprüfbarkeit der vom Geschäftsführer getroffenen Entscheidung überprüfen. Die Gerichte haben sich bei der Prüfung darauf zu beschränken, ob die aus Gesetz und Satzung sich ergebenden Schranken und Regeln eingehalten sind; eine Zweckmäßigkeitskontrolle ist nicht ihre Aufgabe"[668]. Weiterhin erklärte es, dass Geschäftsführer auch risikoreiche Geschäfte eingehen müssen, da unternehmerische Geschäfte stets risikobehaftet seien. Vor der Durchführung derartiger Geschäfte ist jedoch genau zu analysieren, ob sich das Chance-Risiko-Verhältnis in einem angemessen Rahmen bewegt. Zudem sollten alle Maßnahmen zur Risikominimierung getroffen worden sein. Da der Geschäftsführer diese Voraussetzungen vorliegend erfüllt hatte, lehnte das Oberlandesgericht dessen Haftung zu Recht ab.

Einen Fall der Nichtbeachtung von Satzungsvorschriften hatte das OLG München zu entscheiden[669]. Hierbei verklagte eine KGaA ihren ehemaligen Komplementär auf Schadensersatz wegen eines Verstoßes gegen ihm aus der Satzung obliegende Pflichten gemäß §§ 93 Abs. 2 S. 1, 278 Abs. 2, 283 Nr. 3 AktG. Die Klage war erfolgreich. Der Beklagte hatte nach Ansicht des Gerichts bei seiner Geschäftsführung die Sorgfalt eines ordentlichen und gewissenhaften Geschäftsleiters außer Acht gelassen. Er hatte bei der Durchführung einer stillen Beteiligung in Höhe von 750.000 DM gegen die Satzung verstoßen, da ihm die Gesellschaft die Befugnis zu Geschäften bis zu einem Geschäftsvolumen in Höhe von maximal 400.000 DM ließ. Das unternehmerische Ermessen wurde von dem Oberlandesgericht, zu Recht, nicht weiter problematisiert, da hier ein eindeutiger Satzungsverstoß vorlag, der die Pflichtwidrigkeit des Handelnden per se begründet.

---

668 OLG Zweibrücken – Az: 8 U 98/98, S. 11 f.
669 OLG München, NZG 2000, 741 ff.

Mit einem weiteren Fall zur Gewährung eines Darlehens, hier an eine Schwestergesellschaft, hatte sich das Oberlandesgericht Saarbrücken auseinanderzusetzen[670]. Die klagende Aktiengesellschaft nahm den Beklagten, ein früheres Vorstandsmitglied der Klägerin und zugleich Geschäftsführer der A-GmbH, auf Schadensersatz gemäß § 93 AktG sowie § 823 BGB in Anspruch. Die Klägerin begründete ihr Vorgehen damit, dass der Beklagte als Vorstandsmitglied der Klägerin ein Darlehen in Höhe von 300.000 DM an die A-GmbH, deren Geschäftsführer der Beklagte war und deren Mitgeschäftsführerin die Ehefrau des Beklagten war, vergeben hatte. Die Klägerin berief sich sowohl auf die Nichtigkeit des Darlehensvertrages wegen Verstoßes gegen § 181 BGB, als auch auf eine Sorgfaltspflichtverletzung gemäß § 93 Abs. 1 S. 1, Abs. 2 AktG. Das Oberlandesgericht stellte dazu fest, dass der Darlehensvertrag wirksam zustande gekommen sei. Insbesondere habe auf beiden Seiten eine wirksame Vertretung vorgelegen, so dass ein Verstoß gegen § 181 BGB abzulehnen sei[671]. Auch aus wirtschaftlichen Gründen, und damit geht das Gericht auf das unternehmerische Ermessen des beklagten Vorstandsmitglieds ein, sei der Beklagte an der Darlehensvergabe nicht gehindert gewesen, da trotz eines Bilanzverlustes der Klägerin, diese im Zeitpunkt der Darlehensvergabe über ein zu 3% verzinstes Festgeldguthaben von mindestens 300.000 DM verfügte[672]. Das Gericht wies die Klage ab und respektierte damit die Ausübung des unternehmerischen Ermessens auf Seiten des Beklagten.

Dieser Exkurs zur Rechtsprechung der Instanzgerichte bekräftigt nochmals eindrucksvoll, was bereits die Analyse der Rechtsprechung des Bundesgerichtshofs im Rahmen des unternehmerischen Ermessens, insbesondere hinsichtlich der Gewährung von Darlehen, deutlich zum Ausdruck gebracht hat: Jede Fallsituation ist gesondert zu prüfen. Pauschalisierungen und allgemein gültige Regeln lassen sich nicht aufstellen; vielmehr ist eine Betrachtung der konkreten Umstände jedes Einzelfalles nötig. Die Vergabe ungesicherter Kredite allein genügt nicht zur Begründung einer Pflichtverletzung, hier müssen noch weitere Umstände hinzukommen. Liegen Verstöße gegen gesetzliche oder satzungsrechtliche Vorschriften vor, sind diese per se sorgfaltswidrig. Auf das unternehmerische Ermessen muss dann nicht mehr eingegangen werden.

In einem Urteil des Bundesgerichtshofs vom 04. November 2002 – II ZR 224/00[673] ging es um die Schadensersatzklage einer GmbH gegen deren frühere Alleingeschäftsführerin gemäß § 43 Abs. 2 GmbHG wegen angeblich zweckwid-

---

670 OLG Saarbrücken, AG 2001, 483 ff.
671 OLG Saarbrücken, AG 2001, 483, 483
672 OLG Saarbrücken, AG 2001, 483, 483 f.
673 Vgl. auch AG 2003, 381 ff.

riger Verwendung von Gesellschaftsmitteln. Die Klägerin stützte sich dabei auf das betriebswirtschaftliche Gutachten eines Wirtschaftsprüfers. Auf der Grundlage des Gutachtens ergab sich der Vorwurf gegenüber der Beklagten, auf die ungenügende Auslastung der Fertigungskapazitäten der Betriebsstätten der GmbH pflichtwidrig nicht rechtzeitig reagiert und es versäumt zu haben, für diesen Zeitraum Kurzarbeit anzumelden. Der Klägerin war dadurch ein Schaden in Form unnötiger Lohnkosten in Höhe von ca. 700.000 DM entstanden. Das Berufungsgericht[674] hatte eine Haftung der Alleingeschäftsführerin abgelehnt. Es hielt die geltend gemachten Schadensersatzansprüche schon deshalb für unbegründet, weil die Klägerin nicht hinreichend dargetan habe, dass die Beklagte mit der Nichtanmeldung von Kurzarbeit die Grenze des ihr zustehenden unternehmerischen Ermessens überschritten, und damit der Sorgfaltspflicht eines ordentlichen Geschäftsmannes gemäß § 43 Abs. 1 GmbHG zuwider gehandelt habe[675]. Der Bundesgerichtshof hingegen hob das Urteil des Oberlandesgerichts Oldenburg teilweise auf und machte deutlich, dass das Berufungsgericht in seiner Urteilsbegründung die maßgebenden Grundsätze der Darlegungs- und Beweislast verkannt hatte. Nach den gesetzlichen Vorschriften der §§ 93 Abs. 2 S. 2, 116 AktG und der §§ 34 Abs. 2 S. 2, 41 GenG treffe die betroffenen Organmitglieder im Streitfall die Darlegungs- und Beweislast dafür, dass sie „die Sorgfalt eines ordentlichen und gewissenhaften Geschäftsleiters angewandt haben"[676]. Der Bundesgerichtshof führte in dieser Entscheidung die ARAG/Garmenbeck-Rechtsprechung des grundsätzlich weiten Ermessensspielraums im Rahmen des § 93 AktG sowie des § 43 GmbHG fort und stellte dabei nochmals ausdrücklich auch dessen Anwendung in Fällen des (pflichtwidrigen) Unterlassens fest[677]. In der hier vorliegenden Entscheidung musste der Bundesgerichtshof sich nicht weiter mit den Grenzen des unternehmerischen Ermessens beschäftigen. Den Vortrag der Beklagten, die sich auf dieser Grundlage zu verteidigen versuchte, hielt er für unzureichend[678]. Die Beklagte äußerte lediglich, dass die tatsächlich schlechte Auftragslage nicht zwingend zu einer Unterbeschäftigung der Mitarbeiter hätte führen müssen. Dazu stellte der Bundesgerichtshof fest, dass „sonstige übergeordnete Gesichtspunkte, welche das Abwarten der Beklagten als eine vertretbare unternehmerische Ermessensentscheidung erscheinen lassen könnten, nicht festgestellt sind".

Die vorliegende Entscheidung verdeutlicht nochmals, dass die Darlegungs- und Beweislast für das Handeln eines Unternehmensleiters innerhalb des grund-

---

674 OLG Oldenburg Urteil vom 13.07. 2000 – Az 1 U 35/00
675 OLG Oldenburg Urteil vom 13.07.2000 – Az 1 U 35/00, S. 2 f.
676 BGH AG 2003, 381 ff.
677 BGH AG 2003, 381, 382
678 BGH AG 2003, 381, 382

sätzlichen weiten Ermessensspielraums auf Seiten der Unternehmensleiter liegt. Die Klägerin hat hier anhand eines betriebswirtschaftlichen Gutachtens detailliert dargelegt, dass die Alleingeschäftsführerin auf Kurzarbeit hätte umstellen müssen. Da die Beklagte keinerlei nachvollziehbare Gründe für ihr Unterlassen angab, hob der Bundesgerichtshof die Entscheidung des Berufungsgerichts zu diesem Punkt auf.

(bb) Zwischenergebnis

Die Rechtsprechungsanalyse zeigt zunächst, dass der Hauptanwendungsbereich der Entscheidungen zum unternehmerischen Ermessen im Bereich von ungesicherten Kreditgeschäften sowie sonstigen Risikogeschäften liegt. Der Begriff des Ermessens wird in den Entscheidungsgründen der Gerichtsurteile in den seltensten Fällen ausdrücklich angewendet. Dies hat sich auch seit der ARAG-Entscheidung, in der dieser Begriff im Rahmen der Vorstandshaftung geprägt worden ist, nur unwesentlich geändert. Eine Ursache dafür ist in der Konturenlosigkeit dieses Begriffs zu suchen. Das unternehmerische Ermessen findet zwar seitdem Anerkennung, eine Systematisierung im Wege der Rechtsfortbildung steht aber erst am Anfang. Dies führt konsequenterweise auch zu Anschlussproblemen bezüglich der Grenzen des unternehmerischen Ermessens. Die Rechtsprechungsanalyse lässt auch im Rahmen der Grenzen des unternehmerischen Ermessens keine Systematisierung zu. Vielmehr wird der spürbare Mangel einer klaren Linie seitens der Gerichte deutlich, der nicht zuletzt in engem Zusammenhang zu der relativ geringen Anzahl der von dieser Fragestellung betroffenen Fälle stehen dürfte. Hinzu kommen die häufigen Überschneidungen materiell-rechtlicher Sorgfaltswidrigkeit und unternehmerischer Ermessensfehler. Vielfach wird aus den Gerichtsentscheidungen nicht ersichtlich, ob ein Gericht jegliches Ermessen auf Seiten der Geschäftsleiter negiert oder ob im Einzelfall eine Überschreitung der Ermessensgrenzen vorliegt.

Interessanterweise fanden die jüngsten Systematisierungsversuche zum unternehmerischen Ermessen hauptsächlich durch die Oberlandesgerichte statt. Hierbei wurde versucht durch Vergleiche zum öffentlichen Recht oder durch das Erstellen von Sachverständigengutachten den Entscheidungsspielraum der Unternehmensleiter wissenschaftlich einzugrenzen und greifbarer zu machen. Häufig werden aber auch hierbei unbestimmte Rechtsbegriffe verwandt, die einer näheren Konkretisierung bedürfen. Ansatzweise klarere Aussagen zum unternehmerischen Ermessen und einer darauf bezogenen Grenzziehung sind durch den Bundesgerichtshof sowie die Instanzgerichte erst in jüngeren Entscheidungen zu erkennen.

Die Rechtsprechungsanalyse verdeutlicht, dass der Dogmatisierungsprozess im Rahmen des unternehmerischen Ermessens erst am Anfang steht und erheblich klarerer Strukturen und Richtlinien bedarf. Hierbei muss im Wege der Rechtsfortbildung eine Systematisierung erfolgen, die momentan nur äußerst eingeschränkt erkennbar ist. Daraus folgt auch eine erhebliche Rechtsunsicherheit für alle Beteiligten. Insbesondere die Stellung und das Handeln der Organmitglieder sowie die Interessen der Aktionäre leiden unter der mangelnden Konkretisierung. Damit gehen neben einer immanenten Haftungsgefahr der Organmitglieder, die jedoch unter Zugrundelegung der aktuellen Rechtslage eher die Ausnahme bildet, auch mangelnde Rechtsschutzmöglichkeiten auf Aktionärsseite einher.

cc. Sonderfälle unternehmerischer Entscheidungen

Der unternehmerische Ermessensspielraum des Vorstands erfährt jedoch in bestimmten Bereichen über das übliche Maß hinausgehende Einschränkungen. Dabei sind im Bereich der Innenhaftung insbesondere die Fälle des § 119 Abs. 2 AktG (Zustimmung der Hauptversammlung), die Fälle der Abwehr feindlicher Unternehmensübernahmen sowie die Fälle des Bezugsrechtsausschlusses bei genehmigtem Kapital von herausragender Bedeutung. In den letzten Jahren sind jedoch auch vermehrt Fälle zu beobachten, in denen das unternehmerische Ermessen auch im Verhältnis zu Unternehmensfremden, also im Bereich der Außenhaftung, Bedeutung erlangt. Hierbei sticht neben den Fällen der Insolvenzverschleppungshaftung vor allem die Haftung im Zusammenhang mit Verschmelzungen gemäß § 25 Abs. 1 UmwG hervor.

(1) Holzmüller-Entscheidung („Holzmüller I")[679]

Die Holzmüller-Entscheidung des II. Zivilsenats des Bundesgerichtshofs betrifft die Ausgliederung wesentlicher Teile des bisherigen Unternehmensvermögens auf Tochtergesellschaften durch Einzelübertragungen. Dabei bleibt zwar die Fähigkeit der Gesellschaft ihren bisherigen Unternehmensgegenstand zu verfolgen noch gewahrt, es liegt jedoch ein der Vollübertragung des Vermögens im Sinne des § 179a AktG nahe kommender Sachverhalt vor. Die Durchführung solcher Maßnahmen bedarf deshalb der Beteiligung der Aktionäre in Form der Zustimmung der Hauptversammlung, weil sie „die Mitgliedsrechte der Aktionäre und deren im Anteilseigentum verkörpertes Vermögensinteresse" nachhaltig betrifft[680]. Der Bundesgerichtshof verwies in seiner Urteilsbegründung zudem auf

---

679 BGHZ 83, 122
680 BGHZ 83, 122, 131 f.

die mit dem Ausgliederungsvorgang verbundene, grundlegende Änderung der Unternehmensstruktur[681]. Weiterhin bediente sich der Bundesgerichtshof in dieser Entscheidung auch konzernrechtlicher Argumente. Die Aktionäre würden – selbst wenn die Muttergesellschaft eine hundertprozentige Beteiligung an der Tochtergesellschaft hielte – demnach im weiteren Verlauf insbesondere Einwirkungsverluste hinsichtlich des eingesetzten Kapitals und der Ertragsverwendung hinnehmen müssen[682]. Hinzu käme, dass bei einer hundertprozentigen Beteiligung der Vorstand der Obergesellschaft alle Gesellschafterrechte der Tochtergesellschaft ausübe und dabei praktisch keinen Beschränkungen unterliege. Dies habe eine Verlagerung wichtiger Entscheidungen aus der Mutter- in die Tochtergesellschaft zur Folge und würde die Rechte der eigenen Aktionäre völlig aushöhlen[683]. Zwar gehöre die Gründung von Tochtergesellschaften normalerweise zu den Aufgaben, die der Vorstand im Rahmen seiner Leitungszuständigkeit eigenverantwortlich beschließen könne; anders verhält es sich jedoch dann, wenn die Ausgliederung des bedeutendsten Vermögensteils vorgenommen werden soll. Ein solcher Vorgang treffe die Mitgliedsrechte der Aktionäre im Kern, so dass der Vorstand nicht davon ausgehen könne, er dürfe diese Mitgliedsrechte in eigener Verantwortung durchführen. Dem Vorstand werde hierbei auch kein Ermessen eingeräumt, vielmehr reduziere sich sein Ermessen nach § 119 Abs. 2 AktG auf Null. Der Vorstand müsse somit die Hauptversammlung über die Ausgliederung beschließen lassen. Ist eine Ausgliederung dennoch ohne die Zustimmung der Hauptversammlung erfolgt, so müsse der Vorstand zum Schutz der Aktionäre der Obergesellschaft diese in grundlegenden, für ihre Rechtsstellung bedeutsamen Entscheidungen in der Tochtergesellschaft über ihre Hauptversammlung in derselben Form beteiligen, wie es für entsprechende Entscheidungen in der Obergesellschaft gelten würde[684].

Während die Instanzgerichte der Holzmüller-Entscheidung des Bundesgerichtshofs trotz unheinheitlichen Verständnisses insgesamt gefolgt sind[685], ist das Urteil im Schrifttum bis heute in Teilen umstritten geblieben[686]. Wird die Anerkennung einer ungeschriebenen Hauptversammlungszuständigkeit im Schrifttum heute überwiegend gebilligt,[687] so besteht insbesondere hinsichtlich des Schutz-

---

681 BGHZ 83, 122, 131 f.
682 BGHZ 83, 122, 136
683 BGHZ 83, 122, 137
684 BGHZ 83, 122, 140 f.
685 Hervorzuheben sind: OLG Celle AG 2001, 357; OLG Düsseldorf NZG 2000, 1078; OLG Köln ZIP 1993, 110; OLG München AG 1995, 232; LG Düsseldorf AG 1999, 94.
686 Zum vorhandenen Meinungsspektrum vgl. *Hüffer*, FS Ulmer, 279, 283 f.
687 Vgl. *Habersack*, in: Emmerich/Habersack, KonzernR, vor § 311 Rn. 33 m.w.N.

zweckes und der Herleitung der ungeschriebenen Hauptversammlungszuständigkeit weiterhin Streit[688]. Die besondere Brisanz erhält die Entscheidung, weil sie sich mit der zwingenden Abgrenzung zwischen Vorstands- und Hauptversammlungskompetenz befasst, und aus dem Urteil des Bundesgerichtshofs eine Verpflichtung des Vorstands folgen kann, bei schwerwiegenden Maßnahmen die Hauptversammlung zu befragen. Damit macht der Bundesgerichtshof im Wege der Rechtsfortbildung deutlich, dass die Mitwirkungskompetenzen der Hauptversammlung nicht auf die in § 119 Abs. 1 AktG und anderen Vorschriften[689] explizit genannten Maßnahmen beschränkt sind.

Für die vorliegend zu untersuchende Frage nach dem Ermessen des Vorstands bei unternehmerischen Entscheidungen kann festgestellt werden, dass eine Ermessensreduktion in bestimmten konzernrechtlichen Konstellationen stattfindet. Diese Ermessensschrumpfung führt in Fällen der Ausgliederung eines den wesentlichen Teil des Gesellschaftsvermögens ausmachenden Betriebs einer Gesellschaft, der einen tief greifenden Eingriff in die Mitgliedschafts- und Vermögensrechte der Aktionäre darstellt, zu einer Beteiligungspflicht der Aktionäre durch den Vorstand. In solchen Fällen wird dem Vorstand keinerlei Ermessen bei seiner Entscheidung eingeräumt. Der Vorstand bedarf in solchen Fällen der Zustimmung der Hauptversammlung.

(2) Gelatine-Entscheidungen („Holzmüller II")[690]

Den Gelatine-Entscheidungen des Bundesgerichtshofs liegen Anfechtungsklagen gegen zwei Hauptversammlungsbeschlüsse zugrunde. Die Kläger, vier Aktionäre der beklagten Aktiengesellschaft, verfügten über rund 30% des Grundkapitals der Beklagten. Die Beklagte ist auf verschiedenen Geschäftsfeldern tätig, den Schwerpunkt stellen jedoch die Herstellung und der Vertrieb von Gelatine dar. Dabei verfolgt die Beklagte ihren Unternehmensgegenstand durch diverse Tochtergesellschaften auch im In- und Ausland. Auf der Hauptversammlung im Jahre 2000 stellte der Vorstand neben einem von den Aktionären nicht gebilligten Plan, der die Umstrukturierung der Beklagten zu einer Holdinggesellschaft vorsah, folgende zwei Gegenstände zur Abstimmung: Im ersten Fall sollte die Hauptversammlung eine durch den Vorstand bereits im Jahre 1998 erfolgte Übertragung

---

688 Vgl. zur Herleitung der ungeschriebenen Hauptversammlungszuständigkeit die Gelatine-Entscheidung im Anschluss.

689 Vgl. §§ 179a (Verpflichtung zur Übertragung des ganzen Vermögens der Gesellschaft), 293, 295 (Unternehmensverträge), 274 (Fassung eines Fortsetzungsbeschlusses), 319, 320 (Eingliederungsbeschlüsse)

690 BGH, Urteile vom 26.April 2004 – II ZR 154/02 sowie II ZR 155/02 = AG 2004, 384 = WM 2004, 1090 – Gelatine

zweier ausländischer Tochtergesellschaften an eine im Alleineigentum der Be- klagten stehende Tochtergesellschaft genehmigen. Während eine der beiden Töchter von geringer wirtschaftlicher Bedeutung für die beklagte Aktiengesell- schaft war, trug die zweite Gesellschaft mit bis zu 30% zum Vorsteuerergebnis des Konzerns bei. Weiterhin sollte die Hauptversammlung beschließen, dass der Vorstand – aus steuerlichen Gründen – zur Einbringung der Gesellschaftsanteile (49%) an einer deutschen GmbH & Co. KG in eine im Alleineigentum der Be- klagten stehende Tochtergesellschaft ermächtigt werde. Beide Beschlüsse wurden gegen die Stimmen der Kläger mit ca. 66% bzw. ca. 69% angenommen. Die Klä- ger vertraten – im Anschluss an die Holzmüller-Entscheidung des Bundesge- richtshofs – die Auffassung, dass beide Maßnahmen grundlegende Entscheidun- gen des Vorstands seien, die somit einer Dreiviertelmehrheit der Hauptversamm- lung bedurften. Das Berufungsgericht[691] hatte beide Klagen abgewiesen und er- klärt, dass es sich nicht um grundlegende Maßnahmen im Sinne der „Holzmül- ler"-Rechtsprechung handele. Der II. Zivilsenat wies die Revisionen der Kläger ab. Unter Rückgriff auf die „Holzmüller"-Entscheidung und die dort entwickelten Grundsätze zur ungeschriebenen Hauptversammlungszuständigkeit stellte der II. Zivilsenat klar, dass an dieser Rechtsprechung grundsätzlich festzuhalten sei[692]. Eine im Gesetz nicht ausdrücklich vorgesehene Mitwirkung der Hauptversamm- lung bei Geschäftsführungsentscheidungen des Vorstands komme danach „nur in engen Grenzen" in Betracht, nämlich „wenn sie an die Kernkompetenz der Hauptversammlung, über die Verfassung der Gesellschaft zu bestimmen, rühren und in ihren Auswirkungen einem Zustand nahezu entsprechen, der allein durch eine Satzungsänderung herbeigeführt werden kann"[693]. Die Grundlage für dieses, nur im Innenverhältnis wirkende, ungeschriebene Mitwirkungsrecht der Aktionä-

---

691 OLG Karlsruhe, Urteil v. 12.3. 2002 – 8 U 295/00

692 Vor der Gelatine-Entscheidung hatte der Bundesgerichtshof bereits in der Mac- rotron-Entscheidung (BGHZ 153, 47) über die Frage ungeschriebener Hauptver- sammlungszuständigkeiten am Beispiel des Delistings, also dem Antrag auf Wider- ruf der Zulassung der Aktien zur Börsennotierung (vgl. § 38 Abs. 4 BörsG), zu ur- teilen. Darin bejahte der Bundesgerichtshof die Verpflichtung des Vorstands, vor Durchführung eines Delistings einen zustimmenden Hauptversammlungsbeschluss einzuholen (BGHZ 153, 47, 53 f.) Unter ausdrücklicher Ablehnung von Parallelen zur Holzmüller-Entscheidung leitete der Bundesgerichtshof dieses Zustimmungser- fordernis aus der Beeinträchtigung der Verkehrsfähigkeit und des Verkehrswertes der Aktie und somit aus Art. 14 GG her. Sich deutlichst von „Holzmüller" distanzie- rend stellte der Bundesgerichtshof klar, dass dem Delisting eine die mitgliedschaftli- che Stellung des Aktionärs beeinträchtigende Mediatisierung von Mitwirkungsrech- ten fehle und deshalb ein „Holzmüller"-Fall nicht gegeben sei (BGHZ 153, 47, 54).

693 BGH, Urteile vom 26.April 2004 – II ZR 154/02 sowie II ZR 155/02 = AG 2004, 384 = WM 2004, 1090 = DStR 2004, 922 – Gelatine

re bei Geschäftsführungsmaßnahmen entnimmt der II. Zivilsenat in Abkehr von der „Holzmüller" – Rechtsprechung weder aus § 119 Abs. 2 AktG noch, wie im Schrifttum[694] befürwortet, aus einer Gesetzesanalogie zu allen oder einzelnen aktienrechtlichen Vorschriften, die die Mitwirkung der Hauptversammlung bei bestimmten Maßnahmen anordnen[695]. Vielmehr sei diese auf „die zutreffenden Elemente beider Ansätze ...als Ergebnis einer offenen Rechtsfortbildung" zurückzuführen[696]. Hinsichtlich der „Wesentlichkeits-" oder „Schwellenwertbestimmung" stellt der Bundesgerichtshof zwar keine abschließende Definition auf, seine diesbezüglichen Äußerungen sind aber von deutlicherer Natur als jene im „Holzmüller"-Urteil: „Die Überschreitung der im Schrifttum ... genannten Schwellenwerte – sie beziehen sich auf unterschiedliche Parameter und schwanken zwischen 10 und 50% – kann nicht ausreichen; ..."[697]. Vielmehr fordert der Bundesgerichtshof zur Durchbrechung der vom Gesetz vorgesehenen Kompetenzteilung zwischen Vorstand und Hauptversammlung ein Ausmaß der Ausgliederung, das in seiner Bedeutung für die Gesellschaft das Ausmaß des „Holzmüller"-Falls erreicht[698]. Wird trotz dieser hohen Aufgreifgrenzen dennoch die Zustimmung der Hauptversammlung für eine Maßnahme des Vorstands nötig, bedürfe diese einer Dreiviertel-Mehrheit des vertretenen Grundkapitals[699].

Nach Ansicht des Bundesgerichtshofs lagen diese Voraussetzungen im vorliegenden Fall nicht vor. Weder stellten sich die vom Vorstand zur Abstimmung vorgelegten Maßnahmen als ein schwerwiegender Eingriff in die Mitgliedsrechte der Aktionäre dar, noch wurden die quantitativen Aufgreifgrenzen auch nur annähernd erreicht. Demzufolge war auch eine „Holzmüller"-Mehrheit bei der Abstimmung durch die Hauptversammlung nicht nötig. Die einfache Mehrheit genügte.

Mit der vorliegenden Entscheidung hat der Bundesgerichtshof weitestgehend die Weichen zur Beendigung der seit der Holzmüller-Entscheidung herrschenden Rechtsunsicherheit in der Frage der Abgrenzung der Organkompetenzen zwi-

---

694 Vgl. *Habersack*, in: Emmerich/Habersack, KonzernR, vor § 311 Rn. 36; *Mülbert*, in: GroßKommAktG, § 119 Rn. 23; *Liebscher*, ZGR 2005, 1, 33
695 DStR 2004, 922, 925
696 DStR 2004, 922, 925 f.; zustimmend *Habersack*, AG 2005, 137, 143; *Reichert*, AG 2005, 150, 152 f.; kritisch dazu *Liebscher*, ZGR 2005, 1, 22; *Arnold*, ZIP 2005, 1573, 1575; *Fleischer*, NJW 2004, 2335, 2337; *Koppensteiner*, Der Konzern 2004, 381, 385
697 DStR 2004, 922, 926
698 In der „Holzmüller" – Entscheidung ging es um eine Ausgliederung eines Teilbetriebes, der 80% des Gesellschaftsvermögens ausmachte. Vgl. DStR 2004, 922, 926
699 DStR 2004, 922, 926

schen Vorstand und Hauptversammlung einer Aktiengesellschaft gestellt[700]. Mit diesem Urteil stärkt er die Stellung des Vorstands als des eine Aktiengesellschaft eigenverantwortlich leitenden Organs und setzt einer Mitwirkung der Hauptversammlung bei Geschäftsführungsmaßnahmen des Vorstands zukünftig enge Grenzen. Eine deutlich restriktivere Auslegung der Holzmüller-Doktrin des Bundesgerichtshofs ist zu erwarten. Dies wird durch den Versuch einer möglichst klaren Definition der quantitativen Aufgreifgrenzen nochmals verdeutlicht. Die quantitative Grenze wird also im Bereich von ca. 75% des Vermögens der Gesellschaft – mit einzelfallspezifischen Abweichungen – anzusiedeln sein[701]. Zudem bedarf ein jeder „Holzmüller"-Beschluss einer qualifizierten Drei-Viertel-Mehrheit.

Die restriktivere Verwendung ungeschriebener Hauptversammlungszuständigkeiten stärkt insbesondere die Position des Vorstands[702]. Der Bundesgerichtshof führt dazu aus: „In einer global vernetzten Wirtschaftsordnung, in der es darauf ankommt, sich bietende Chancen umgehend zu nutzen oder aufkommenden Gefahren sogleich zu begegnen, wäre eine zu enge Bindung an jeweils einzuholende Entschließungen der nicht ständig präsenten, sondern regelmäßig nur mit erheblichem Aufwand an Zeit und Kosten einzuberufenden Hauptversammlung gänzlich unpraktikabel und hätte eine Lähmung der Gesellschaft zur Folge". Mit dieser Formulierung macht der Bundesgerichtshof nochmals klar, dass das Einholen der Zustimmung der Hauptversammlung nur in ganz engen Grenzen und absoluten Ausnahmefällen erforderlich ist und dass vom Grundsatz her der Vorstand die Geschäfte eigenverantwortlich leitet und ihm dabei ein weiter Ermessensspielraum zur Verfügung steht. Die durch das Holzmüller-Urteil herbeigeführte Ermessensschrumpfung des Vorstands ist damit zwar nicht aufgehoben, sie wird jedoch zukünftig auf ganz krasse Ausnahmefälle zu beschränken sein.

(3) Abwehr feindlicher Unternehmensübernahmen

Kaum ein anderer Bereich hat in den letzten Jahren eine derart rasante sowohl nationale als auch europaweite Entwicklung erlebt, wie der des Übernahme-

---

700 Weiterhin besteht jedoch Klärungsbedarf hinsichtlich der Informationspflichten des Vorstands gegenüber der Hauptversammlung bei Holzmüller-Maßnahmen, vgl. *Arnold*, AG 2005, R364 ff.

701 So auch *Fuhrmann*, AG 2004, 339, 341; vgl. auch *Altmeppen*, ZIP 2004, 999, 1000 der auf den „schmalen Anwendungsbereich der gesamten Holzmüller-Doktrin" hinweist. *Becker/Horn*, JuS 2005, 1067, 1070 ziehen die Grenze bei einen Unternehmensteil der „über 70% des Gesamtunternehmens ausmacht" und fordern vom Gesetzgeber eine diesbezügliche Neuregelung.

702 So auch *Habersack*, AG 2005, 137, 149

rechts[703]. In Deutschland bestand bis zum Inkrafttreten des Wertpapiererwerbs- und Übernahmegesetzes (WpÜG) zum 01. Januar 2002 nur der freiwillige Übernahmekodex (ÜK) der Börsensachverständigenkommission zur Regelung von Übernahmeangeboten[704]. Dieser wurde daher auch von einer Vielzahl von Unternehmen nicht anerkannt[705] und scheiterte vor allem auch an Vollzugsdefiziten, da der Übernahmekommission kaum Instrumente zur Erzwingung der Einhaltung des Kodex' zur Verfügung standen[706]. Daneben richtete sich das Verhalten des Vorstands der Zielgesellschaft bei Vorliegen eines Übernahmeangebotes nach dem Aktienrecht. Mit dem Inkrafttreten des WpÜG hat sich daran einiges geändert[707].

Neue Brisanz hat das Übernahmerecht durch die formelle Verabschiedung der EU-Übernahmerichtlinie 2004/25/EG vom 21. April 2004 erhalten. Dadurch wird das WpÜG aufgrund des Umsetzungserfordernisses für die nationalen Gesetzgeber bis Mai 2006 in zahlreichen Bereichen neu angepasst werden müssen.

(aa) Verhaltensweisen des Vorstands nach dem Übernahmekodex

Im Übernahmekodex wurden Verhaltenspflichten für den Vorstand der Zielgesellschaft an einigen Stellen geregelt. Demgemäß bestand zunächst eine generelle Informationspflicht gegenüber den Wertpapierinhabern beider Gesellschaften gemäß Art. 2 ÜK. Dieser fand in Art. 18 ÜK eine Konkretisierung, die es im Ergebnis dem Vorstand ermöglichte, in engen Grenzen beeinflussend auf die Aktionäre einzuwirken. Die zentrale Vorschrift stellte Art. 19 ÜK dar. Danach durfte der Vorstand nach Bekanntgabe eines öffentlichen Angebots bis zur Offenlegung des Ergebnisses des Angebots „keine Maßnahmen ergreifen, die dem Interesse der Wertpapierinhaber, von dem Angebot Gebrauch zu machen, zuwiderlaufen." Dies entsprach auch dem Grundgedanken der Norm, der den Vorrang der Aktionärsinteressen unterstreichen sollte[708]. Der Vorstand hatte eine Neutralitätspflicht gegenüber den Wertpapierinhabern, so dass Abwehrmaßnahmen eines Hauptversammlungsbeschlusses bedurften.

---

703 Vgl. zur Historie des deutschen Übernahmerechts sowie der Europäischen Übernahmerichtlinie *Hens*, S. 39 ff.
704 Ausführlich zum Übernahmekodex der Börsensachverständigenkommission *Kallmeyer*, ZHR 161 (1997), 435 ff.
705 Bis zum 11. April 2001 hatten 26% aller börsennotierten deutschen Unternehmen den Kodex noch nicht anerkannt, vgl. Regierungsentwurf, Begründung Allgemeiner Teil, S. 63
706 *Krause*, ZGR 2002, 500, 506
707 Näher dazu C. II. cc) (2) (cc) ((1))
708 Übernahmekommission, S. 28

Der Übernahmekodex beinhaltete somit eine Ermessensschrumpfung des Vorstands.

(bb) Verhaltenspflichten des Vorstands nach dem Aktiengesetz

Dass die aktienrechtlichen Grundwertungen auch nach Inkrafttreten des WpÜG fortgelten, wird insbesondere in § 3 Abs. 3 WpÜG deutlich, wonach Vorstand und Aufsichtsrat im Interesse der Zielgesellschaft handeln müssen. Nach der Regierungsbegründung werden die allgemeinen gesellschaftsrechtlichen Pflichten der Verwaltungsmitglieder durch die übernahmerechtlichen Vorschriften des WpÜG nicht suspendiert[709]. Mangels spezieller gesetzlicher Regelungen im Aktiengesetz muss die Frage nach der Abwehrbefugnis des Vorstands der Zielgesellschaft bei Übernahmeangeboten mittels einer Auslegung der allgemeinen aktienrechtlichen Normen zur Geschäftsführungsbefugnis, §§ 76 f., 93 AktG, erfolgen[710]. Die tatsächliche Anerkennung einer solchen Befugnis sowie deren konkretere Ausgestaltung sind jedoch heftig umstritten; zentraler Diskussionspunkt ist die Frage nach einer eventuell bestehenden Neutralitätspflicht des Vorstands einer Zielgesellschaft bei Abwehrmaßnahmen gegen Übernahmeangebote.

Die mittlerweile nahezu einhellige Auffassung lehnt grundsätzlich eine Befugnis des Vorstands zu Abwehrmaßnahmen gegen ein Übernahmeangebot ab und erlegt diesem stattdessen eine Neutralitätspflicht auf[711]. Dafür spräche insbesondere die Zuständigkeit der Hauptversammlung zur Ergreifung von Abwehrmaßnahmen gegen Übernahmeangebote (Organkompetenz)[712]. Zudem widerspräche es der Funktion des Vorstands als Wahrer der Vermögensinteressen der Aktionäre, wenn er auf die Aktionärszusammensetzung Einfluss nehmen würde[713]. Eng damit verbunden ist der bei einem Übernahmeangebot inhärente Verdacht der Aktionäre hinsichtlich einer möglichen Befangenheit des Vorstands, der im Falle einer Übernahme seine Abberufung befürchtet und schon aus diesem Grunde Abwehrmaßnahmen treffen werde[714].

Unter den Befürwortern einer generellen Neutralitätspflicht des Vorstands nimmt *Mertens* jedoch eine liberalere Position ein. Er gesteht in besonderen Ausnahmefällen dem Vorstand die Befugnis zur Abwehr eines Übernahmeangebotes

---

709 Vgl. BT-Drucks. 14/7034, S. 35
710 *Tröger*, in: Dörner/Menold/Pfitzer/Oser, 135, 164
711 *Assmann/Bozenhardt*, ZGR Sonderheft 9 (1990), 1, 113; *Krause*, AG 2000, 217 ff.; *Hopt*, in: GroßKommAktG, § 93 Rn. 122-131 m.w.N..; *Mertens*, in: KK-AktG, § 76 Rn. 26
712 *Müllbert*, IStR 1999, 83, 88
713 *Hopt*, in: GroßKommAktG, § 93 Rn. 122
714 *Altmeppen*, ZIP 2001, 1073, 1075

zu[715]. Eine solche Ausnahmesituation soll insbesondere vorliegen, wenn zu vermuten ist, dass die Bietergesellschaft die Zielgesellschaft in Schädigungsabsicht mittels solcher Maßnahmen übernehmen will, die nicht in den Kompetenzbereich der Hauptversammlung fallen, um im Ergebnis die Marktstellung der übernommenen Gesellschaft zu gefährden oder diese als Konkurrentin vollständig vom Markt zu verdrängen[716]. Von einer weiteren Ausnahme ist auszugehen, wenn das Vermögen einer sich durch herausragende Liquidität auszeichnenden Zielgesellschaft dazu missbraucht werden soll, eine stark fremdfinanzierte Übernahme zu refinanzieren (Leveraged buy-out – LBO)[717].

Eine andere Ansicht in der Literatur lehnt eine Neutralitätspflicht des Vorstands ab[718]. Danach falle die Einflussnahme des Vorstands auf den Aktionärskreis in dessen Kompetenzbereich[719]. Dafür spreche die langfristige Unternehmensausrichtung, die maßgeblich mit der Aktionärsstruktur in Zusammenhang stehe[720].

Mit der herrschenden Meinung ist eine Neutralitätspflicht des Vorstands der Zielgesellschaft bei Übernahmeangeboten zu bejahen. Die endgültige Entscheidung über die Annahme oder Ablehnung einer Übernahme muss bei den Eigentümern, also den Aktionären, liegen. Das Argument, dass der Vorstand als Leitungsorgan einen erheblichen Wissens- und Informationsvorsprung habe, gilt aufgrund der sich verändernden Aktionärsstruktur heute nur noch eingeschränkt. Tatsächlich werden die heutigen Publikumsgesellschaften von Pensionfonds, Fondsgesellschaften, Investmentbanken oder Private Equity Gesellschaften massiv beeinflusst. Von einem Informationsvorsprung kann im Rahmen einer solchen Gemengelage nicht mehr ausgegangen werden. Nicht zuletzt wäre die Blockade einzelner Aktionäre auch nicht mit dem Gleichheitsgrundsatz des § 53 a AktG zu vereinbaren[721].

Die unterschiedlichen Folgen für die Leitungsorgane im Hinblick auf die Verhaltenspflichten im Rahmen von Übernahmeangeboten sind eindeutig: Die Annahme einer Neutralitätspflicht des Vorstands geht mit einer deutlichen Ermessensbeschränkung dieses Organs in derart gelagerten Fällen einher. Das Auferlegen eines Neutralitätsgebots auf Seiten des Vorstands beschränkt dessen

---

715 *Mertens*, in: KK-AktG, § 76 Rn. 26
716 *Mertens*, in: KK-AktG, § 76 Rn. 26
717 *Mertens*, in: KK-AktG, § 76 Rn. 26
718 *Kort*, FS Lutter, 1421, 1434; *Bungert*, NJW 1998, 488, 492; *Müller*, FS Semler, 195, 211; *Kirchner*, AG 1999, 481
719 *Kort*, FS Lutter, 1421, 1434; *Bungert*, NJW 1998, 488, 492; *Müller*, FS Semler, 195, 211; *Kirchner*, AG 1999, 481
720 *Müller*, FS Semler, 195, 211
721 So auch *Ebenroth/Daum*, DB 1991, 1157, 1158; *Altmeppen*, ZIP 2001, 1073, 1075

Handlungsspielraum hinsichtlich der Abwehr eines Übernahmeangebots maßgeblich; es liegt eine Ermessensschrumpfung vor.

Die Ablehnung einer Neutralitätspflicht führt dazu, dass der Vorstand im Rahmen seines Leitungsermessens handeln kann. Das Ermessen ist nicht reduziert. Die mangelnde Ermessensreduzierung darf jedoch nicht zu einer Vorstandswillkür hinsichtlich der Abwehr von Übernahmeangeboten führen. Vielmehr sind vom Vorstand beschlossene Abwehrmaßnahmen nur dann vom Schutz des Aktienrechts umfasst, wenn sie das Ergebnis einer ordnungsgemäßen, ermessensfehlerfreien Geschäftsführung sind und somit auch die Interessen der betroffenen Interessengruppen sowie der Gesellschaft selbst angemessen berücksichtigen[722].

(cc) Verhaltenspflichten des Vorstands nach § 33 WpÜG

((1)) § 33 Abs. 1 Satz 1 WpÜG – Der Grundsatz der Neutralitätspflicht und die Mannesmann-Entscheidung[723]

Die Neutralitätspflicht des § 33 Abs. 1 Satz 1 WpÜG stellt als Organpflicht das Einfallstor für eine Pflichtverletzung des Vorstands im Rahmen seiner Leitungsaufgabe gemäß § 76 AktG dar[724]. Das WpÜG enthält keine spezielle Haftungsnorm für übernahmespezifische Pflichtverstöße des Vorstands der Zielgesellschaft[725]. Die Verletzung der Neutralitätspflicht des § 33 Abs. 1 Satz 1 WpÜG kann somit zu einem Schadensersatzanspruch der Gesellschaft gegen den Vorstand wegen Pflichtverletzung gemäß § 93 Abs. 2 Satz 1 AktG führen. Bevor näher auf die Bestimmung des § 33 WpÜG eingegangen wird, soll zunächst das Verhältnis dieser Norm zu den aktienrechtlichen Vorschriften geklärt werden.

Trotz der Fortgeltung der aktienrechtlichen Vorschriften kommt es hinsichtlich der Verhaltenspflichten des Vorstands der Zielgesellschaft zu keinerlei Überschneidungen des geltenden Aktienrechts mit dem § 33 WpÜG. § 33 WpÜG stellt keine aktienrechtliche Sondervorschrift im WpÜG dar. Vielmehr überlagert

---

722 BT-Drucks. 14/7034, S.35; zur andauernden Diskussion bzgl. der hierarchischen Struktur der Interessen vgl. *Kort*, FS Lutter, 1421, 1434 sowie *Horn*, ZIP 2000, 473, 481, der sich für eine Überordnung der Aktionärsinteressen ausspricht.

723 Vgl. zu möglichen Rückerstattungsansprüchen der Mannesmann AG gegen die ehemaligen Organmitglieder aufgrund geleisteter „Anerkennungsprämien" *Brauer/Dreier*, NZG 2005, 57, 58 ff., sowie allgemein zur aktienrechtlichen Einordnung der „Anerkennungsprämien" für Vorstandsmitglieder *Kort*, NJW 2005, 333, 333 ff.

724 *Bürgers/Holzborn*, ZIP 2003, 2273, 2274

725 § 12 WpÜG normiert nur eine Haftung des Bieters in Anlehnung an die börsengesetzliche Haftung der §§ 44 ff. BörsG.

er als kapitalmarktrechtliche[726] Norm (im Kontext der Verhaltenspflichten des Vorstands in Übernahmesituationen) die aktienrechtlichen Regelungen bzw. ist lex specialis zu diesen[727]. Hinsichtlich des Anwendungsbereichs bedeutet dies, dass bis zur Veröffentlichung der Entscheidung zur Abgabe eines Übernahmeangebotes das Verhalten des Vorstands an den §§ 76 f., 93 AktG zu messen ist, wohingegen ab diesem Zeitpunkt bis zur Veröffentlichung des Ergebnisses nach § 23 Abs. 1 Satz 1 Nr. 2 WpÜG, § 33 WpÜG die aktienrechtlichen Vorschriften überlagert[728]. Unberührt davon bleibt die Tatsache, dass der Vorstand auch während des Übernahmeverfahrens den bei allgemeinen Geschäftsführungsmaßnahmen anzulegenden Sorgfaltsmaßstab der §§ 76 f., 93 AktG zu berücksichtigen hat[729].

§ 33 Abs. 1 Satz 1 WpÜG begründet dem Wortlaut nach für die Zeit nach Veröffentlichung der Entscheidung zur Abgabe eines Übernahmeangebotes im Sinne des § 10 Abs. 3 WpÜG bis zur Bekanntgabe des Ergebnisses nach § 23 Abs. 1 Satz 1 Nr. 2 WpÜG eine Neutralitätspflicht. Dabei werden dem Vorstand sämtliche Handlungen untersagt, durch die der Erfolg eines Übernahmeangebotes verhindert werden könnte[730]. Darunter sind alle Handlungen zu subsumieren, die abstrakt geeignet sind, den Erfolg des Angebots zu vereiteln[731]. Zudem ist das Vorliegen einer Verteidigungsabsicht nicht erforderlich[732]. Die Grundsatznorm des § 33 Abs. 1 Satz 1 WpÜG macht deutlich, dass der Vorstand zur Abwehr von Übernahmeangeboten in seinem Handeln stark eingeschränkt ist[733]. Ausgenommen von dieser generellen Unterlassungspflicht des § 33 Abs. 1 Satz 1 ist jedoch einerseits die in § 27 WpÜG geregelte und auch gesellschaftsrechtlich[734] anerkannte gesetzliche Pflicht des Vorstands zu einer begründeten Stellungnahme hinsichtlich des Übernahmeangebotes, sowie andererseits die Zulässigkeit von Werbemaßnahmen, die aus dem Umkehrschluss zu § 28 WpÜG folgt[735]. Da-

---

726 *Hirte*, in: KK-WpÜG, § 33 Rn. 28 m.w.N.; *Fleischer*, NZG 2002, 545, 545
727 *Röh*, in: Haarmann/Riehmer/Schüppen, WpÜG, § 33 Rn. 46
728 *Steinmeyer/Häger*, WpÜG, § 33 Rn. 7; *Tröger*, in Dörner/Menold/Pfitzer/Oser, 135, 164; *Bürgers/Holzborn*, ZIP 2003, 2273, 2277
729 *Schwennicke*, in: Geibel/Süßmann, WpÜG, § 33 Rn. 1; *Steinmeyer/Häger*, WpÜG, § 33 Rn. 7; *Röh*, in Haarmann/Riehmer/Schüppen, WpÜG § 33 Rn. 47
730 Begründung des Regierungsentwurfes, BT-Drucks. 14/7034, S. 57
731 Begründung des Regierungsentwurfes, BT-Drucks. 14/7034, S. 57
732 *Steinmeyer/Häger*, WpÜG, § 33 Rn. 11
733 *Krause*, ZGR 2002, 500, 510
734 *Mertens*, in: KK-AktG, § 76 Rn. 26; *Martens*, FS Beusch, 529, 549 ff.; *Krause*, AG 2000, 217, 220; *Ebenroth/Daum*, DB 1991, 1157, 1159; *Hopt*, ZGR 1993, 534, 556 – diese folge aus der Verpflichtung des Vorstands zur Interessenwahrung der Gesellschaft und der Aktionäre.
735 *Steinmeyer/Häger*, WpÜG, § 33 Rn. 12

neben stehen der Zielgesellschaft auch all diejenigen Maßnahmen zu, die der Bieter zur Überzeugung der Aktionäre von seinem Zukunftskonzept und damit der Annahme der Übernahmeofferte diesen präsentiert[736]. Dies umfasst auch die Veranstaltung von road shows für institutionelle Anleger[737]. In der Mannesmann-Entscheidung hatte das Landgericht Düsseldorf[738] mit Beschluss vom 14. Dezember 1999 einen Antrag auf Erlass einer einstweiligen Verfügung von Privatanlegern der Mannesmann AG wegen angeblicher Unzulässigkeit einer Pool- und Frontenbildung durch die road show des Mannesmann-Vorstands abgelehnt. Nach Ansicht des Gerichts begründeten die road shows keine Beeinträchtigung der Entscheidungsbefugnisse der Aktionäre aus deren Mitgliedschaften[739]. Allenfalls würde die Entscheidungsbildung über die Mitgliedschaft beeinträchtigt werden[740].

In der Literatur ist dieser Beschluss auf Zustimmung gestoßen[741]. Die freie Entscheidung der Aktionäre das Übernahmeangebot anzunehmen oder abzulehnen werde dadurch nicht tangiert. Die Durchführung von road shows und die regelmäßig nicht erfolgende Beteiligung von privaten Kleinanlegern verstieße auch nicht gegen den aktienrechtlichen Gleichheitsgrundsatz des § 53 a AktG[742]. Aufgrund der stark divergierenden Interessen von institutionellen (Groß-) Anlegern einerseits und privaten Kleinanlegern andererseits liege „keine Ungleichbehandlung unter gleichen Voraussetzungen" vor[743]. Unzulässig wären im Rahmen solcher road shows allerdings Informationen, die von der dem gesamten Aktionärskreis zugänglichen begründeten Stellungnahme des Vorstands inhaltlich abweichen[744]. Insgesamt sind road shows somit als zulässige Maßnahmen anzuerkennen[745].

---

736 *Steinmeyer/Häger*, WpÜG, § 33 Rn. 12
737 LG Düsseldorf, AG 2000, 233, 234; Bei road shows handelt es sich um Treffen zwischen dem Vorstand einer Aktiengesellschaft und institutionellen Anlegern, in denen der Vorstand seine künftige Geschäftsstrategie vorstellt. Im Falle von Übernahmeangeboten hofft der Vorstand die institutionellen Anleger von seinem Konzept überzeugen zu können, indem er ihnen die nachhaltige Wertsteigerung ihres Investments im Falle der Ablehnung des Übernahmeangebots vor Augen führt. Zur nicht immer eindeutigen Einordnung von road shows als Werbung im Sinne des § 28 WpÜG vgl. *Röh*, in: Haarmann/Riehmer/Schüppen, WpÜG, § 28 Rn. 9; zum Vorgehen des Bieters allgemein *Schröder*, in: Hucke, 62, 65 ff.
738 LG Düsseldorf, Beschluß v. 14.12.1999 – 10 O 495/99 Q
739 LG Düsseldorf, AG 2000, 233, 234
740 LG Düsseldorf, AG 2000, 233, 234
741 Allen voran *Krause*, AG 2000, 217, 220
742 *Krause*, AG 2000, 217, 220
743 *Krause*, AG 2000, 217, 220
744 *Maier-Reimer*, ZHR 165 (2001), 258, 263
745 Andere Ansicht wohl *Bayer*, NJW 2000, 2609, 2611

Um neben den institutionellen Anteilseignern auch die Privatanleger von der Vorteilhaftigkeit der Ablehnung eines Übernahmeangebotes überzeugen zu können, nutzen Vorstände von Zielgesellschaften vermehrt auch öffentliche Werbemaßnahmen, die nach überwiegender Ansicht im Schrifttum generell zulässig sind, da im Ergebnis auch hier die endgültige Entscheidung bei den Aktionären verbleibt[746]. Wird aber die finale Entscheidungsbefugnis der Aktionäre beschnitten oder beinhalten die Werbemaßnahmen einen Verstoß gegen die in § 3[747] und § 4[748] WpÜG dargelegten Grundsätze und Zwecke des Gesetzes, so bestehen hinsichtlich der Zulässigkeit der Werbemaßnahmen Zweifel[749]. Liegen tatsächlich Missstände vor, kann das Bundesaufsichtsamt für den Wertpapierhandel Maßnahmen ergreifen, um diesen Missständen entgegen zu wirken[750]. Weiterhin müssen im Rahmen der Zulässigkeitsvoraussetzungen von Werbemaßnahmen die diesbezüglichen Anforderungen für Bieter und Zielgesellschaft vergleichbar sein[751].

((2)) Die Ausnahmen von der Neutralitätspflicht gemäß § 33 Abs. 1 Satz 2, Abs. 2 WpÜG

Nach § 33 Abs. 1 Satz 2, 1. Fall WpÜG gilt die Neutralitätspflicht aus § 33 Abs. 1 Satz 1 WpÜG nicht für solche Handlungen, die auch ein ordentlicher und gewissenhafter Geschäftsleiter einer Gesellschaft, die nicht von einem Übernahmeangebot betroffen ist, vorgenommen hätte. Diese Regelung soll dem Umstand Rechnung tragen, dass der Vorstand der Zielgesellschaft auch während einer Übernahmesituation zur Fortführung des „Tagesgeschäfts" unter Berücksichtigung der Interessen der Aktionäre, der Arbeitnehmer sowie des Gemeinwohls verpflichtet ist[752]. Dies beinhaltet insbesondere die Weiterverfolgung bereits eingeschlagener Geschäftsstrategien, selbst dann, wenn diese Maßnahmen geeignet erscheinen, das Übernahmeangebot zu vereiteln[753]. Maßgebend ist lediglich, dass die im Rahmen der verfolgten Geschäftsstrategie getroffenen Maßnahmen in kei-

---

746 *Schwennicke,* in: Geibel/Süßmann, WpÜG, § 28 Rn. 7; *Hopt,* FS Lutter, 1361, 1382 f.; *Becker,* ZHR 165 (2001), 280, 284; *Maier-Reimer,* ZHR 165 (2001), 258, 264; *Horn,* ZIP 2000, 473, 482
747 Vgl. z.B. § 3 Abs. 1 WpÜG: Gleichbehandlungsgrundsatz, § 3 Abs. 2: Transparenzgrundsatz
748 Insbesondere § 4 Abs. 2: Wahrnehmung öffentlicher Interessen des Bundesaufsichtsamts für den Wertpapierhandel
749 *Schwennicke,* in: Geibel/Süßmann, WpÜG, § 28 Rn. 11
750 *Schwennicke,* in: Geibel/Süßmann, WpÜG, § 28 Rn. 11
751 *Horn,* ZIP 2000, 473, 482
752 Regierungsentwurf, Begründung Bes. Teil zu § 33, BT-Drucks. 14/7034 S. 58
753 Regierungsentwurf, Begründung Bes. Teil zu § 33, BT-Drucks. 14/7034, S. 58

nerlei kausalem Zusammenhang zu dem Übernahmeangebot stehen. Umstritten ist hierbei jedoch die Frage, ob der Verweis auf den Sorgfaltsmaßstab eines ordentlichen Geschäftsleiters im Sinne des § 93 AktG auch die Anwendung des ARAG-Standards impliziert. Zweifelhaft erscheint dies insbesondere deshalb, weil sich der Vorstand in einer Übernahmesituation, aufgrund der Möglichkeit des Amtsverlustes, in einer besonderen Interessenkonfliktsituation befindet[754]. Im ARAG-Urteil hatte der Bundesgerichtshof unter stillschweigender Berücksichtigung der US-amerikanischen Rechtsprechung ausgeführt, dass der weite unternehmerische Ermessensspielraum des Vorstands ein „ausschließlich am Unternehmenswohl orientiertes, auf sorgfältiger Ermittlung der Entscheidungsgrundlagen beruhendes unternehmerisches Handeln..." [755] und somit Uneigennützigkeit und das Fehlen von dem Gesellschaftsinteresse zuwiderlaufenden Eigeninteressen voraussetze[756]. Folgte man dem Wortlaut der ARAG-Entscheidung, hätte dies eine modifizierte Anwendung der Business Judgment Rule in Übernahmesituationen zur Folge[757].

Gegen die Übertragung des Gedankens einer modifizierten Anwendung der Business Judgment Rule in Übernahmesituationen spricht zunächst der Wortlaut des Gesetzes. In § 33 Abs. 1 Satz 2 WpÜG wird die Existenz eines Übernahmeangebotes explizit ausgeklammert[758]. Die Folge dieser Ausblendlösung[759] ist das Verschwinden der Interessenkonfliktsituation und die Bindung des Vorstands an die allgemeinen rechtlichen Regelungen. Die Folge wäre eine nicht modifizierte Anwendung der Business Judgment Rule im Sinne eines weiten Ermessensspielraumes[760]. Nachdrücklich unterstützt wird eine derartige Regelung durch die Begründung zum Regierungsentwurf des § 33 WpÜG. Darin wird darauf hingewiesen, dass bei der Auslegung des § 33 WpÜG die aktienrechtlichen Vorschriften zu beachten sind, die auf die Sorgfalt eines ordentlichen und gewissenhaften Geschäftsleiters abstellen[761].

---

754 *Hirte*, ZGR 2002, 623, 635; *Winter/Harbath*, ZIP 2002, 1, 6 f.
755 BGHZ 135, 244, 253
756 *Ulmer*, ZHR 163 (1999), 290, 298; *Henze*, NJW 1998, 3309, 3310 f.
757 So insbesondere *Cahn*, ZHR 163 (1999), 554, 591 unter Berufung auf den Wortlaut des ARAG-Urteils, sowie *Drygala*, ZIP 2001, 1861, 1867, der eine unmodifizierte Anwendung der Business Judgment Rule als einen „sehr, sehr großzügigen Maßstab" ablehnt.
758 § 33 Abs. 1 Satz 2 WpÜG: „Dies gilt nicht für Handlungen,...einer Gesellschaft, die nicht von einem Übernahmeangebot betroffen ist, ...". So auch *Winter/Harbath*, ZIP 2002, 1, 6
759 Kritisch dazu *Drygala*, ZIP 2001, 1861, 1867 f.
760 In diesem Sinne auch *Thümmel*, DB 2000, 461, 463
761 Regierungsentwurf, Begründung Bes. Teil zu § 33, BT-Drucks. 14/7034, S. 58

Diese Regelung ist auch sachgerecht. Die Modifikation des grundsätzlich weiten Ermessensspielraums würde im Ergebnis zu einer Vielzahl von Ausnahmefällen – insbesondere bei außergewöhnlichen Geschäften – führen[762], was insgesamt in eine verstärkte Rechtsunsicherheit münden würde. Vielmehr sollte man die Business Judgment Rule in ihrer ursprünglichen, unmodifizierten Art anwenden. Die Begründung des Regierungsentwurfs zu § 33 WpÜG und der eindeutige Wortlaut des Gesetzes stellen unzweifelhaft klar, dass dies auch so gewollt ist. Hätte der Gesetzgeber eine Modifikation der Business Judgment Rule speziell für Übernahmesituationen beabsichtigt, dann hätte er diese, wie auch andere spezielle Verhaltenspflichten im WpÜG[763], explizit geregelt. Da es im Rahmen des § 33 WpÜG um den Kernbereich der Verhaltenspflichten des Vorstands in Übernahmesituationen geht, ist zudem die Wahrscheinlichkeit, dass es sich um ein Redaktionsversehen des Gesetzgebers handelt, äußerst gering. Die bereits aus § 93 Abs.1 Satz 1 AktG bekannte Formulierung des Maßstabs eines ordentlichen und gewissenhaften Geschäftsleiters gibt dem Vorstand damit im Ergebnis eine weiten Ermessensspielraum an die Hand, da sich die vom Bundesgerichtshof in der ARAG-Entscheidung entwickelten Grundsätze auf die Norm des § 33 Abs. 1 Satz 2 1. Fall übertragen lassen[764].

Zulässig ist gemäß § 33 Abs. 1 Satz 2 2. Fall WpÜG auch die Suche des Vorstands der Zielgesellschaft nach einem konkurrierenden Angebot. Der Gesetzgeber begründet diese Suche nach einem Weißen Ritter (white knight) mit dem Aktionärsinteresse[765]. Diesem werde durch das Hinzutreten eines weiteren Übernahmeinteressenten insbesondere dadurch Rechnung getragen, dass sich die Angebotskonditionen, allen voran der Übernahmepreis, noch attraktiver gestalten könnten[766]. Zudem wird auch nicht die Entscheidungsbefugnis der Aktionäre beschnitten. Vielmehr bietet sich den Aktionären die Möglichkeit verschiedene Angebote zu prüfen und sich im Rahmen dieser erweiterten Möglichkeiten für das ihnen am attraktivsten erscheinende Angebot zu entscheiden[767]. Konflikte können jedoch aufgrund der Verpflichtung des Vorstands entstehen, im Interesse der Zielgesellschaft zu handeln, § 3 Abs. 3 WpÜG. Der Vorstand muss bei seiner

---

762 Ausführlich dazu *Hirte*, ZGR 2002, 623, 636 f.
763 Vgl. z.B. § 27 WpÜG (Pflicht zur Stellungnahme des Angebots gegenüber den Aktionären und der Öffentlichkeit) und 16 Abs. 3 WpÜG (Besondere Pflichten im Zusammenhang mit der Einberufung einer Hauptversammlung)
764 *Steinmeyer/Häger*, WpÜG, § 33 Rn. 16; *Tröger*, in: Dörner/Menold/Pfitzer/Oser, 135, 168 f.
765 Regierungsentwurf, Begründung Bes. Teil zu § 33, BT-Drucks. 14/7034, S. 58
766 Regierungsentwurf, Begründung Bes. Teil zu § 33, BT-Drucks. 14/7034, S. 58
767 *Steinmeyer/Häger*, WpÜG, § 33 Rn. 18; *Röh*, in: Haarmann/Riehmer/Schüppen, WpÜG, § 33 Rn. 117

Suche nach einem Weißen Ritter daher auch immer das Interesse der Zielgesellschaft im Auge behalten. Steht dabei nur die Steigerung des Übernahmepreises im Mittelpunkt seiner Überlegungen, ohne dass dabei die strategische Ausrichtung der Zielgesellschaft Berücksichtigung findet, ist das Handeln des Vorstands geeignet eine Pflichtverletzung darzustellen.

Die wohl am weitesten reichende Erweiterung des Handlungsspielraums des Vorstands im Rahmen des § 33 WpÜG enthält § 33 Abs. 1 Satz 2, 3. Fall WpÜG. Danach sind Abwehrmaßnahmen denen der Aufsichtsrat der Zielgesellschaft zugestimmt hat im Rahmen von Übernahmeangeboten zulässig. Der Vorstand kann damit alle innerhalb seiner aktienrechtlichen Kompetenz liegenden Abwehrmaßnahmen ausüben[768]. Einschränkungen unterliegt der Vorstand insbesondere, wenn eine Abwehrmaßnahme in die Zuständigkeitskompetenz der Hauptversammlung fällt[769]. Als genereller Maßstab für das Handeln des Vorstands ergeben sich aber auch hierbei die in der ARAG-Entscheidung des Bundesgerichtshofs entwickelten Grundsätze[770]. Der Zustimmungsbeschluss des Aufsichtsrats muss die einzelnen Verteidigungsmaßnahmen konkret bezeichnen. Eine pauschale Zustimmung ist nicht ausreichend[771].

Schließlich regelt § 33 Abs. 2 WpÜG eine weitere Ausnahme von dem Grundsatz der Neutralitätspflicht. Danach kann die Hauptversammlung den Vorstand auch schon vor der Veröffentlichung der Entscheidung zur Abgabe eines öffentlichen Übernahmeangebots zur Vornahme von Abwehrmaßnahmen gegen zukünftige Übernahmeangebote ermächtigen[772]. Mit dieser Regelung schließt der Gesetzgeber die Kompetenzlücke im Bereich des § 33 Abs. 1 Satz 2 3. Fall, indem er dem Vorstand, nach Ermächtigung durch die Hauptversammlung (Vorratsbeschluss), auch solche Verteidigungsmaßnahmen ermöglicht, die in die originäre Zuständigkeit der Hauptversammlung fallen[773]. Diese nachhaltige Kompetenzübertragung und die damit einhergehende faktische Übertragung der Entscheidung über die Annahme oder Ablehnung eines zukünftigen Übernahmeangebots[774] von der Hauptversammlung an den Vorstand sind jedoch mit bestimmten Voraussetzungen verbunden. Diese sind in § 33 Abs. 2 WpÜG normiert. Nach § 33 Abs. 2 Satz 2 WpÜG sind Vorratsermächtigungen der Hauptversamm-

768 *Steinmeyer/Häger*, WpÜG, § 33 Rn. 20
769 *Röh*, in: Haarmann/Riehmer/Schüppen, WpÜG, § 33 Rn. 126
770 *Röh*, in: Haarmann/Riehmer/Schüppen, WpÜG, § 33 Rn. 126; *Steinmeyer/Häger*, WpÜG, § 33 Rn. 22; *Tröger*, in: Dörner/Menold/Pfitzer/Oser, 135, 169
771 *Winter/Harbarth*, ZIP 2002, 1, 11 f.
772 Vgl. dazu LG München I, Urt. v. 23.12.2004 – 5HK O 15081/04 (rkr.), wonach es ausreichend ist, „… wenn die Maßnahmen abstrakt bezeichnet sind".
773 Regierungsentwurf, Begründung Bes. Teil zu § 33, BT-Drucks. 14/7477, S. 53
774 Regierungsentwurf, Begründung Bes. Teil zu § 33, BT-Drucks. 14/7034, S. 58

lung auf einen Zeitraum von 18 Monaten beschränkt. Nach § 33 Abs. 2 Satz 3 bedarf der Beschluss der Hauptversammlung zudem einer Mehrheit von drei Viertel des bei der Beschlussfassung vertretenen Grundkapitals.

((3)) Stellungnahme

Die Anforderungen an die Verhaltenspflichten des Vorstands einer Zielgesellschaft bei Übernahmeangeboten nach dem WpÜG sind von einem weiten Handlungsspielraum geprägt. Insbesondere im Vergleich zu der im Schrifttum überwiegend vertretenen aktienrechtlichen Neutralitätspflicht sowie den Regelungen des Übernahmekodex' der Börsensachverständigenkommission sind die dem Vorstand in § 33 WpÜG auferlegten Anforderungspflichten deutlich liberaler. Ursache dieses weiten Ermessensspielraumes sind die Ausnahmetatbestände des § 33 Abs. 1 Satz 2, Abs. 2 WpÜG.

§ 33 Abs. 1 Satz 2 1. Fall WpÜG konstituiert die erste Ausnahme von der grundsätzlichen Neutralitätspflicht des § 33 Abs. 1 Satz 1 WpÜG, indem er die Zulässigkeit der Vornahme von Handlungen vorsieht, die auch ein ordentlicher und gewissenhafter Geschäftsleiter einer Gesellschaft, die nicht von einem Übernahmeangebot betroffen ist, vorgenommen hätte. Damit bleibt das Tagesgeschäft der Zielgesellschaft weitestgehend von Störungen durch das Übernahmeangebot verschont, und der Vorstand kann seine eingeschlagene Geschäftsstrategie im Großen und Ganzen unbeirrt fortsetzen. Dies ist insbesondere deshalb von großer praktischer Relevanz, weil somit notwendige Finanzierungsmaßnahmen, wie etwa Kapitalerhöhungen, die isoliert betrachtet geeignet sind, ein Übernahmeangebot abzuwehren, trotz eines erfolgten Übernahmeangebotes grundsätzlich durchgeführt werden können.

Die Ausnahme des § 33 Abs. 1 Satz 2 2. Fall WpÜG ist vergleichsweise unbedeutend. In der Praxis bezweckt eine Zielgesellschaft mit der Suche nach einem konkurrierenden Angebot oftmals nur die Steigerung des Angebotspreises. Dabei ist die Beschränkung des § 3 Abs. 3 WpÜG zu beachten. Die Suche nach einem weißen Ritter ist nur dann zulässig, wenn sie im Gesellschaftsinteresse liegt.

Die wohl bedeutendste Ausnahme bewirkt § 33 Abs. 1 Satz 2 3. Fall WpÜG. Danach bedürfen Abwehrmaßnahmen des Vorstands nur noch der Zustimmung des Aufsichtsrats. Dieser Ausnahmetatbestand ermöglicht es dem Vorstand schnell und flexibel auf Übernahmeangebote zu reagieren. Der Vorstand kann sich je nach Interessenlage für Abwehrstrategien entscheiden. Hierbei wird er stets die Interessen der Gesellschaft sowie der Aktionäre berücksichtigen. Diese derart gestärkte Verhandlungsposition wird sich regelmäßig in einem höheren Angebotspreis niederschlagen.

Missverständlich und überflüssig erscheint die Möglichkeit einer Vorratsermächtigung nach § 33 Abs. 2 WpÜG, da auch solche Maßnahmen gemäß § 33 Abs. 2 Satz 4 WpÜG der Zustimmung des Aufsichtsrats bedürfen. Aufgrund der Bestimmung in § 33 Abs. 1 Satz 2 3. Fall WpÜG ist die vom Ansatz her restriktivere Norm des § 33 Abs. 2 WpÜG als obsolet anzusehen.

Der insgesamt sehr weite Ermessensspielraum des Vorstands einer Zielgesellschaft wie er sich aus dem WpÜG ergibt trägt – zumindest vordergründig – auch insbesondere den Interessen der Aktionäre Rechnung. Je vielfältiger die Abwehrmöglichkeiten des Vorstands der Zielgesellschaft sind, umso größer ist auch die Chance auf eine Verbesserung des Angebotspreises. Andererseits leistet die Vielzahl von Verteidigungsoptionen auf Seiten der Zielgesellschaft einer möglichen Übernahme per se Vorschub. Der damit einhergehende potentielle Protektionismus deutscher börsennotierter Unternehmen birgt somit gleichzeitig die Gefahr in sich, dass derart verteidigungsstarke Unternehmen von möglichen Käufern gar nicht als Zielobjekt in Erwägung gezogen werden. Von steigenden Aktienkursen aufgrund einer möglichen Übernahme werden die Aktionäre solcher Unternehmen nur dann profitieren können, wenn sich der Vorstand der Zielgesellschaft grundsätzlich übernahmefreundlich und gesprächsbereit präsentiert, anstatt von vornherein zu versuchen, die Übernahme durch Gebrauch der vielfältigen Verteidigungsmöglichkeiten zu vereiteln.

Die explizite Nennung der Ausnahmetatbestände im WpÜG eröffnet dem Vorstand bei Abwehr eines Übernahmeangebotes einen weiten Ermessensspielraum und ist geeignet, den Interessen der Gesellschaft und der Aktionäre zu dienen.

(dd) Die EU-Übernahmerichtlinie 2004/25/EG[775] und der Gesetzentwurf für ein Übernahmerichtlinie-Umsetzungsgesetz[776]

Nach Jahrzehnten zäher Verhandlungen[777] hat das Europäische Parlament am 21. April 2004 nach der Annahme der Richtlinie durch den EU-Ministerrat vom 30. März 2004 die Richtlinie 2004/25/EG am 21. April 2004 erlassen, nachdem sich der EU-Ministerrat zuvor am 27. November 2003 auf einen Kompromissvor-

---

775 Richtlinie 2004/25/EG des Europäischen Parlaments und des Rates v. 21.4.2004 betreffend Übernahmeangebote, ABlEG Nr. L 142 v. 30.4.2004

776 Gesetzentwurf der Bundesregierung vom 17. März 2006 zur Umsetzung der Richtlinie 2004/25/EG des Europäischen Parlaments und des Rates vom 21. April 2004 betreffend Übernahmeangebote (Übernahmerichtlinie-Umsetzungsgesetz), BT-Drucks. 16/1003

777 Für einen ausführlichen Rückblick vgl. *Maul/Muffat-Jeandet*, AG 2004, 221, 223 ff.

schlag, die EU-Übernahmerichtlinie 15476/03, verständigt hatte[778]. Die Umsetzung der Richtlinie in nationales Recht hat bis zum 20. Mai 2006 zu erfolgen. Mit dem Gesetzesentwurf der Bundesregierung liegt seit dem 17. März 2006 ein Entwurf für ein Übernahmerichtlinie-Umsetzungsgesetz vor. In Deutschland werden die Regelungen des am 01. Januar 2002 in Kraft getretenen Wertpapiererwerbs- und Übernahmegesetzes (WpÜG) insbesondere auch im vorliegend relevanten Bereich der Abwehrmaßnahmen angepasst werden müssen[779]. Inhaltlich stellt das zweistufige Optionsmodell (Art. 12 der Richtlinie) das Herzstück der neuen Übernahmerichtlinie dar. Dieses geht von der grundsätzlichen Anwendbarkeit des Art. 9 Abs. 2 und 3 RL (Neutralitätspflicht) und des Art. 11 RL (Durchbrechungsregel hinsichtlich verschiedener Übernahmehindernisse) aus, wobei es den Mitgliedstaaten in der ersten Stufe allerdings freistellt, von der Anwendung der Neutralitätspflicht und/oder der Durchbruchsregel abzusehen (opt-out). Auf einer zweiten Stufe räumt das Optionsmodell – für den Fall, dass der Mitgliedsstaat von seinem Opt-out-Recht Gebrauch gemacht hat – den individuellen Gesellschaften mit Sitz in ihrem Hoheitsgebiet aber die Möglichkeit ein, diese Regelung anzuwenden (opt-in). Der dazu benötigte Hauptversammlungsbeschluss bedarf einer satzungsändernden Mehrheit nach den jeweiligen nationalen Vorschriften[780].

Unter Berücksichtigung der deutschen Blockadehaltung im Rahmen der Konsultationen zu dieser Übernahmerichtlinie überrascht es nicht, dass Deutschland von dem Opt-out-Recht sowohl hinsichtlich der Neutralitätspflicht als auch hinsichtlich der Durchbrechungsregel Gebrauch gemacht hat[781]. Nur so konnten die im WpÜG bereits normierten Verteidigungsmöglichkeiten aufrechterhalten und der Versuch der Beibehaltung eines weiten Handlungsspielraums des Vorstands im Rahmen von Verteidigungsmaßnahmen unternommen werden. Zielgesellschaften steht dennoch die Möglichkeit offen, sich für das in § 33 a des Gesetzentwurfs geregelte „europäische Verhinderungsverbot" sowie die in § 33 b des Gesetzentwurfs geregelte „europäische Durchbrechungsregel" zu entscheiden. Im Ergebnis liegt die Entscheidung über den Gebrauch des Opt-in-Rechts somit in der Hand der Aktionäre der Unternehmen, da für die Umsetzung gemäß § 33 a Abs. 1 bzw. § 33 b Abs. 1 des Gesetzentwurfs eine sich nach den allgemeinen ak-

---

778 Ratsdokument 15476/03; abrufbar unter: http://register.consilium.eu.int/pdf/de/03/st15/st15476.de03.pdf

779 Zu den einzelnen Abweichungen zu der bisherigen Rechtslage vgl. *Maul*, NZG 2005, 151, 152 ff.

780 *Wiesner*, ZIP 2004, 343, 348; in Deutschland ein Beschluss gemäß §§ 179, 133 AktG

781 Dies bereits antizipierend *Maul/Muffat-Jeandet*, AG 2004, 306, 310; *Krause*, BB 2004, 113, 114

tienrechtlichen Regeln richtende Satzungsänderung erforderlich ist[782]. Die Eigentümer müssen dann letztendlich entscheiden, ob sich das Unternehmen dem Wettbewerb unter Verzicht auf Abwehrrechte stellen möchte oder nicht. Die Entscheidung wird in jedem Fall schwierig und heftig umstritten sein. Als latenter Übernahmekandidat kann ein Unternehmen eher mit steigenden Aktienkursen rechnen als ein Unternehmen, das sich gegen den Abbau von Übernahmehindernissen entschieden hat und eine solche erheblich erschweren kann. Die immer stärker werdende Orientierung der Unternehmensleiter am Shareholder Value wird ein Übriges zu dieser Entwicklung und damit zur rasanten Steigerung der Aktienkurse betroffener Unternehmen beitragen. Ob sich die institutionellen Anleger – die in Publikumsgesellschaften regelmäßig über die abstimmungsrelevanten Mehrheiten verfügen – durch Verzicht auf das Opt-in-Recht die Chance beachtlicher Einnahmemöglichkeiten entgehen lassen werden, bleibt abzuwarten[783]. Dem Kapitalmarkt wird in diesem Kontext jedoch große Bedeutung zukommen.

Hinsichtlich des Handlungsspielraums des Vorstands in Übernahmesituationen können sich für diesen in den verschiedenen Fallkonstellationen durch die Richtlinie allerdings erhebliche Veränderungen ergeben. In Fällen, in denen weder der Mitgliedsstaat noch die einzelne Gesellschaft von dem Opt-out-Recht Gebrauch macht, finden keinerlei Veränderungen an der bisherigen Rechtslage statt. Maßgebend wäre danach weiterhin zunächst § 33 WpÜG einschließlich seiner Ausnahmetatbestände in § 33 Abs. 1 Satz 2 und Abs. 2 WpÜG. Losgelöst von dieser rein übernahmerechtlichen Neutralitätspflicht unterliegen die Gesellschaften jedoch im Rahmen möglicher Verteidigungsmaßnahmen auch weiterhin den aktienrechtlichen Beschränkungen[784].

Unterschiede zur gegenwärtigen Rechtslage sind aber dann festzustellen, wenn eine Gesellschaft individuell von ihrem Opt-in-Recht Gebrauch macht. Nach § 33 a Abs. 1 des Gesetzentwurfs gelten in Fällen, in denen sich die Zielgesellschaft für ein opt-in entscheidet, die an die Stelle des § 33 WpÜG tretenden Bestimmungen. § 33 a Abs. 2 S. 1 des Gesetzentwurfs regelt dabei das Verbot solcher Handlungen, die den Erfolg des Angebots verhindern könnten. Adressat dieses Verbots sind dabei ausdrücklich sowohl der Vorstand als auch der Aufsichtsrat. § 33 a Abs. 2 S. 2 des Entwurfs enthält die in Art. 9 Abs. 2, 3 und 5 der

---

782 Gesetzentwurf, Begründung Bes. Teil zu § 33 a, BT-Drucks. 16/1003, S. 19
783 Zu der Möglichkeit des Abgebens eines Übernahmeangebotes durch eine zwischengeschaltete Zweckgesellschaft (Special Purpose Vehicle), die nicht dem Übernahmerecht unterliegt vgl. *Seibt/Heiser*, ZGR 2005, 200, 234
784 Hierbei ist insbesondere an die Holzmüller/Gelatine-Rechtsprechung zur Veräußerung wichtiger Vermögensbestandteile zu denken, weiterhin an Kapitalerhöhungen aus genehmigtem Kapital und die damit verbundenen Ermächtigungsbeschlüsse, vgl. § 202 Abs. 2 AktG.

Richtlinie normierten Ausnahmen vom Verhinderungsverbot. Diese entsprechen weitestgehend § 33 Abs. 1 S. 1 und S. 2 WpÜG. Zulässig sind nach § 33 a Abs. 2 S. 2 Nr. 2 des Gesetzentwurfs Handlungen innerhalb des normalen Geschäftsbetriebs sowie nach Nr. 3 Handlungen außerhalb des normalen Geschäftsbetriebs, sofern sie der Umsetzung von Entscheidungen dienen, die vor der Veröffentlichung der Entscheidung zur Abgabe eines Angebots gefasst und teilweise umgesetzt wurden. Solche Maßnahmen sind selbst dann zulässig, wenn sie das Angebot vereiteln könnten. Diese Ausnahme ist im WpÜG nicht explizit genannt, entspricht jedoch partiell dem, was der Gesetzgeber mit der Ausnahme des § 33 Abs. 1 Satz 2 2. Var. WpÜG erreichen wollte und als „Weiterverfolgung eingeschlagener Unternehmensstrategien"[785] formulierte. Nach § 33 a Abs. 2 S. 2 Nr. 4 ist zudem die bereits aus § 33 Abs. 1 S. 2 2. Var. WpÜG bekannte Suche nach einem konkurrierenden Angebot zulässig. Eine wesentliche Abweichung zum aktuellen deutschen Verfahren normiert § 33 a Abs. 2 S. 2 Nr. 1 des Gesetzentwurfs im Rahmen der Ausnahmen vom Verhinderungsverbot. Danach sind bereits nach dem Wortlaut der Norm[786] abstrakte, für maximal achtzehn Monate geltende Vorratsermächtigungen für Abwehrmaßnahmen durch die Hauptversammlung nicht gestattet[787]. Eine Ermächtigung durch die Hauptversammlung muss nach der Entwurfsbegründung anlässlich eines aktuellen Angebots erfolgen[788].

Mit der in § 33 a Abs. 3 des Gesetzentwurfs geregelten Mitteilungspflicht des Vorstands der Zielgesellschaft hinsichtlich der Ausübung des Wahlrechts gemäß § 33 a Abs. 1 des Entwurfs findet die Umsetzung von Art. 12 Abs. 2 der Richtlinie statt[789].

Die Durchbrechungsregel des Art. 11 RL (§ 33 b des Gesetzentwurfs), wonach bestimmte Übernahmehindernisse durchbrochen werden, bezweckt die Harmonisierung der Ausgangsbedingungen für Übernahmeangebote[790]. Die ursprünglich folgenreiche Wirkung dieser Regel ist durch das Recht zum Opt-out nach Art. 12 deutlich verwässert worden. Im Rahmen der Durchbrechungsregel ist stets zwischen der Phase der Durchbrechung während des Laufens der An-

785 Regierungsentwurf, Begründung Bes. Teil zu § 33, BT-Drucks. 14/7034, S. 58
786 § 33 a Abs. 2 S. 2 Nr. 1 des Gesetzentwurfs lautet: „Dies gilt nicht für Handlungen, zu denen die Hauptversammlung den Vorstand und Aufsichtsrat *nach* Veröffentlichung der Entscheidung zur Abgabe eines Angebots ermächtigt hat."
787 Zur möglichen Unzulässigkeit von Vorratsbeschlüssen und einer daraus folgenden Streichung von § 33 Abs. 2 WpÜG vgl. bereits *Hopt/Mülbert/Kumpan*, AG 2005, 109, 112
788 Gesetzentwurf, Begründung Bes. Teil zu § 33 a, BT-Drucks. 16/1003, S. 19
789 Gesetzentwurf, Begründung Bes. Teil zu § 33 a, BT-Drucks. 16/1003, S. 19
790 ABIEG Nr. C 45E/1 (25.02.2003), abgedruckt in ZIP 2002, 1863 ff.

nahmefrist sowie der Durchbrechung nach erfolgreichem Angebot zu differenzieren. Art. 11 RL beinhaltet heute sowohl satzungsrechtliche[791] und vertragliche[792] Übertragungsbeschränkungen als auch satzungsrechtliche Stimmrechtsbeschränkungen[793]. Vertragliche Stimmrechtsbeschränkungen entfalten nach Art. 11 Abs. 3 Satz 2 RL dann keine Wirkung, wenn sie „nach Annahme dieser Richtlinie"[794] geschlossen worden sind. Inländischen Zielgesellschaften steht auch die Möglichkeit offen, sich der europäischen Durchbrechungsregel im Sinne des § 33 b des Gesetzentwurfs zu bedienen. Nach § 33 b Abs. 2 S. 1 Nr. 1 des Gesetzentwurfs, gelten nach Veröffentlichung der Angebotsunterlagen nach § 14 Abs. 3 S. 1 während der Annahmefrist satzungsmäßige und vertragliche Übertragungsbeschränkungen nicht gegenüber dem Bieter[795]. Nach Nr. 2 der Norm sind Mehrstimmrechte beschränkt. Dabei handelt es sich um die Phase der Durchbrechung während des Laufens der Annahmefrist. Die zweite Phase, also die Durchbrechung nach erfolgreichem Angebot, kommt in § 33 b Abs. 2 Nr. 3 des Gesetzentwurfs in der ersten Hauptversammlung, die auf Verlangen des Bieters einberufen wird, zum Tragen. Verfügt dieser nach einem Angebot über mindestens 75 Prozent des stimmberechtigten Kapitals der Zielgesellschaft, so finden gemäß § 33 b Abs. 2 Nr. 3 des Gesetzentwurfs satzungsmäßige und vertragliche Stimmrechtsbeschränkungen sowie satzungsmäßige Entsendungsrechte keine Anwendung.

Nach § 33 b Abs. 3 des Gesetzentwurfes betreffen den Vorstand die bereits aus § 33 a Abs. 2 des Entwurfs bekannten Mitteilungspflichten. § 33 b Abs. 5 des Gesetzentwurfs setzt Art. 11 Abs. 5 der Richtlinie um und normiert eine angemessene Entschädigungspflicht durch den Bieter, wenn durch die Durchbrechung im Sinne des § 33 b Abs. 1 Rechte entzogen werden.

Eine weitere Besonderheit neben dem Optionsmodell enthält die Übernahmerichtlinie mit der Gegenseitigkeitsklausel (Reziprozitätsregelung) des Art. 12 Abs. 3, die in § 33 c des Gesetzentwurfs normiert ist. Danach kann die Zielgesellschaft durch Beschluss der Hauptversammlung ihr Opt-in davon abhängig machen, dass der Bieter einer entsprechenden Regelung unterliegt. Dabei ist im

---

791 Art. 11 Abs. 2 RL – vinkulierte Namensaktien (§ 68 Abs. 2 AktG) können ohne Zustimmung der Gesellschaft an den Bieter übertragen werden.
792 Art. 11 Abs. 2 Satz 2 RL – insbesondere Stimmbindungsverträge zwischen der Gesellschaft und den Gesellschaftern, die gemäß § 136 Abs. 2 AktG unzulässig sind.
793 Art. 11 Abs. 3 Satz 1 RL – z.B. Höchststimmrechte
794 Annahme durch den EU-Rat gemäß Art. 251 Abs. 3 EG-Vertrag vom 30.März 2004
795 In der Begründung zum Gesetzentwurf, Bes. Teil zu § 33 b, BT-Drucks. 16/1003, S. 20 wird darauf hingewiesen, dass dadurch vor allem vinkulierte Namensaktien (§ 68 Abs. 2 AktG) ohne Zustimmung des Vorstands der Gesellschaft an den Bieter übertragen werden können.

Rahmen der Reziprozitätsregel nicht ausschlaggebend, ob es sich um einen Bieter aus einem Staat des Europäischen Wirtschaftsraums oder aus einem Drittstaat handelt. Maßgebend ist vielmehr die inhaltliche Gleichwertigkeit[796]. Bei direkt oder indirekt kontrollierten Gesellschaften ist hinsichtlich des Gegenseitigkeitserfordernisses auf die Muttergesellschaft abzustellen[797]. Der Hauptversammlungsbeschluss des Gegenseitigkeitserfordernisses gilt gemäß § 33 c Abs. 3 des Gesetzentwurfs für höchstens 18 Monate.

(ee) Stellungnahme

Die Folgen der EU-Übernahmerichtlinie für die Verhaltenspflichten der Vorstände von Zielgesellschaften sind aufgrund des andauernden Gesetzgebungsverfahrens noch nicht abschließend zu beurteilen. Ob die europäische Zielvorgabe der Transplantation übernahmefreundlicher Regelungen in das deutsche Recht von Erfolg gekrönt sein wird, scheint zum jetzigen Zeitpunkt zumindest fragwürdig. Der Gesetzentwurf vom 17. März 2006 beinhaltet jedenfalls keine wesentlichen Überraschungen. Durch das – vorhersehbare – Opt-out Deutschlands, soll der im WpÜG gesetzlich verankerte weite Ermessensspielraum der Vorstände von Zielgesellschaften mit Sitz in Deutschland erhalten bleiben, denn nur so kann an den vorhandenen Verteidigungsmitteln festgehalten werden[798]. In der Folge liegt es an den Aktionären, ob sie von dem Opt-in-Recht der Gesellschaft Gebrauch machen. Die damit einhergehende grundsätzliche Neutralitätspflicht des Vorstands stellt im Vergleich zum WpÜG eine restriktivere Regelung dar. Dies beruht insbesondere auf der Tatsache, dass der Vorstand zur Durchführung von Abwehrmaßnahmen stets einen Hauptversammlungsbeschluss benötigt. Die im Gesetzentwurf hinsichtlich der Verhaltenspflichten der Vorstände von Zielgesellschaften festgelegten tatsächlich wesentlichen Modifikationen beziehen sich einerseits auf die Einführung des Verbots von Abwehrmaßnahmen, die nur zwischen Vorstand und Aufsichtsrat abgestimmt sind, und andererseits auf den Ausschluss abstrakter Vorratsermächtigungen durch die Hauptversammlung. *Van Kann* und *Just* bemerken richtigerweise, dass es sich dabei um „echte Übernahmevereinfachungen" handelt[799]. Keine andere Abwehrmaßnahme war in der Vergangenheit geeigneter, den Handlungsspielraum des Vorstands einer Zielgesellschaft ähnlich stark auszuweiten, als die einfache Zustimmungsmöglichkeit des Aufsichtsrats. Doch auch die Möglichkeit von Vorratsermächtigungen durch den Beschluss der

---

796 Gesetzesentwurf, Begründung Bes. Teil zu § 33 a, BT-Drucks. 16/1003, S. 21
797 Vgl. dazu mit Beispielen auch *Maul*, NZG 2005, 151, 152
798 In diesem Sinne wohl auch *Schüppen*, BB 2006, 165, 171; dies antizipierend *Kindler/Horstmann*, DStR 2004, 866, 871
799 *v. Kann/Just*, DStR 2006, 328, 331

Hauptversammlung wirkte auf potentielle Bieter häufig abschreckend. Vor diesem Hintergrund ist es jedoch eher unwahrscheinlich, dass Zielgesellschaften durch ein Opt-in auf diese erprobten Abwehrmaßnahmen verzichten werden. Eine andere Entwicklung ist allenfalls dann denkbar, wenn vom Shareholder Value geprägte institutionelle Anleger ein Opt-in in der Hoffnung durchsetzen, dass der Börsenkurs einer von übernahmefreundlichen gesetzlichen Regelungen geprägten Zielgesellschaft an den internationalen Kapitalmärkten aufgrund potentieller Übernahmefantasie deutlich steigt.

Im Ergebnis muß daher bezweifelt werden, dass die Umsetzung der EU-Richtlinie 2004/25/EG in das deutsche Recht geeignet ist, den weiten Handlungsspielraum der Vorstände von Zielgesellschaften einzuschränken. Eine solche Einschränkung kann zudem nur dann stattfinden, wenn die Gesellschaften individuell von ihrem Opt-in-Recht Gebrauch machen. Da jedoch auch die Ausnahmetatbestände größtenteils von der bisher aus dem WpÜG bekannten Dimension sind, stellen sich die Einschränkungen der Verhaltenspflichten des Vorstands von Zielgesellschaften als durchaus überschaubar dar.

(4) Bezugsrechtsausschluss (insbesondere bei genehmigtem Kapital)

(aa) Einführung und Entwicklung des Bezugsrechtsausschlusses (insbesondere bei genehmigtem Kapital)

Einen weiteren Sonderfall des unternehmerischen Ermessens stellen die Fälle des Bezugsrechtsausschlusses bei genehmigtem Kapital dar. Bei dem genehmigten Kapital (§§ 202 – 206 AktG) handelt es sich um eine besondere Form der Kapitalerhöhung[800]. Voraussetzung für jede Art der Kapitalerhöhung[801] ist zunächst ein satzungsändernder Hauptversammlungsbeschluss, da die Höhe des Grundkapitals und die Anzahl der Aktien gemäß § 23 Abs. 3 Nr. 3 und Nr. 4 AktG in der Satzung festgelegt und die Interessen der Aktionäre in besonderer Weise betroffen sind[802]. Das genehmigte Kapital muss aber nicht zwingend durch Satzungs-

---

800 *Hüffer*, § 202 Rn. 1
801 Weiterhin kennt man die Kapitalerhöhung gegen Einlagen (§§ 182 – 191 AktG), bei der die Gesellschaft neue Aktien zu einem Betrag ausgibt, der mindestens dem Nennbetrag entspricht, sowie die bedingte Kapitalerhöhung (§§ 192 – 201 AktG), bei der eine Erhöhung des Grundkapitals nur insoweit erfolgt, wie von Umtausch- oder Bezugsrechten Gebrauch gemacht wird, die nach § 192 Abs. 2 AktG eingeräumt worden sind und schließlich die Kapitalerhöhung aus Gesellschaftsmitteln (§§ 207 – 220 AktG), bei der eine Umwandlung von in der Gesellschaft befindlichem Kapital in Grundkapital stattfindet.
802 Mit Beschluss vom 21. November 2005 – II ZR 79/04 hat der Bundesgerichtshof erklärt, dass für einen Hauptversammlungsbeschluss, durch den der Vorstand zu ei-

änderungsbeschluss gemäß § 202 Abs. 2 S. 1 AktG beschlossen werden; es kann auch bereits Bestandteil der Gründungssatzung sein, § 202 Abs. 1 AktG. Die tatsächliche Ausübung der Ermächtigung durch den Vorstand im Sinne des § 202 Abs. 3 AktG ist hingegen eine Maßnahme der Geschäftsführung gemäß § 77 AktG[803]. Dabei wird dem Vorstand Ermessen eingeräumt[804]. Der dahinter stehende Grundgedanke und Vorteil des genehmigten Kapitals liegt insbesondere bei börsennotierten Gesellschaften auf der Hand. Auf der Grundlage der Vorab-Ermächtigung kann der Vorstand der Aktiengesellschaft kurzfristig Kapitalmaßnahmen beschließen, ohne den deutlich kosten- und zeitaufwändigeren Weg der Einberufung einer Hauptversammlung beschreiten zu müssen[805]. Der Vorstand kann in Fällen des genehmigten Kapitals schneller auf Veränderungen im wirtschaftlichen Umfeld reagieren und somit den günstigsten Zeitpunkt für durch das genehmigte Kapital zu finanzierende Transaktionen abpassen[806]. In der Praxis wird der Reiz des genehmigten Kapitals weiterhin dadurch verstärkt, dass entweder bereits der Ermächtigungsbeschluss selbst einen Bezugsrechtssausschluss beinhaltet oder der Vorstand ermächtigt wird, das Bezugsrecht ausschließen zu dürfen[807].

Im Bereich des gesetzlichen Bezugsrechts[808] der Aktionäre liegen auch die wesentlichen Konfliktpotentiale im Kapitalerhöhungsrecht[809]. Um einer Verwässerung ihrer Beteiligung entgegenzuwirken gewährt § 186 Abs. 1 S. 1 AktG jedem bereits an der Gesellschaft beteiligten Aktionär grundsätzlich ein Bezugsrecht; dabei richtet sich die Zuteilung der neuen Aktien nach dem Aktienanteil des Altaktionärs am bisherigen Grundkapital. Dieses gesetzliche Bezugsrecht kann nur unter den besonderen Voraussetzungen des § 186 Abs. 3 und 4 AktG ausgeschlossen werden. Nach §§ 186 Abs. 1, 203 AktG besteht ein Bezugsrecht auch beim genehmigten Kapital. Das Bezugsrecht begründet jedoch keineswegs eine Pflicht zur Zeichnung der neu ausgegeben Aktien, da eine solche Nach-

---

nem Bezugsrechtsausschluss bei der Ausgabe von Wandelschuldverschreibungen i.S.v. § 221 AktG im Zusammenhang mit einer bedingten Kapitalerhöhung ermächtigt wird, die gleichen Grundsätze wie für eine Ermächtigung zum Bezugsrechtsausschluss im Rahmen eines genehmigten Kapitals gelten. Ausführlich dazu *Kniehase*, AG 2006, 180 ff.

803 *Lutter*, in: KK-AktG, § 204 Rn. 17
804 *Hüffer*, § 202 Rn. 20
805 Vgl. *K.Schmidt*, § 29 III c)
806 *Martens*, ZIP 1992, 1677, 1681
807 *Hüffer*, § 202 Rn. 5
808 Das Bundesverfassungsgericht hat das Bezugsrecht als eine von Artikel 14 GG erfasste Rechtsposition anerkannt, vgl. BVerfGE 100, 289, 302
809 Vgl. *K.Schmidt*, § 29 III 2 d) m.w.N.

schusspflicht mit dem Grundsatz der auf die geleisteten Einlagen beschränkten Haftung der Aktionäre (§ 54 Abs. 1 AktG) im Widerspruch stünde[810].

Die Grundüberlegung, die hinter dem Gedanken eines Bezugsrechts steht, wird deutlich, wenn man sich die Position der (Alt-)Aktionäre vcrinnerlicht. Einerseits verringert sich durch die Ausgabe junger Aktien das relative Gewicht der Beteiligung jedes Aktionärs und damit seine Stimmkraft in der Hauptversammlung[811], andererseits führt eine Kapitalerhöhung regelmäßig zu Kursverlusten der Aktien[812] und zu einer Verringerung des Gewinn- oder Liquidationsanteils[813], wenn die neuen Aktien – wie grundsätzlich üblich – zu einem niedrigeren Ausgabekurs als dem aktuellen Börsenkurs der alten Aktien emittiert werden. Es treten jedoch häufig auch Fälle auf, in denen ein den Aktionären zustehendes gesetzliches Bezugsrecht dem Gesellschaftsinteresse nicht dienlich ist. Dies ist zum Beispiel der Fall, wenn es der Gesellschaft gerade darum geht, ihre neuen Aktien an einer ausländischen Börse zu platzieren[814]. Dann stellt sich regelmäßig die Frage unter welchen Voraussetzungen vom Grundsatz des gesetzlichen Bezugsrechts gemäß § 186 Abs. 1 AktG abgewichen werden kann. Ein Bezugsrechtsausschluss kommt auch nur in Fällen der Kapitalerhöhung gegen Einlagen in Frage[815]. Für den vorliegend relevanten Fall eines Bezugsrechtsausschlusses beim genehmigten Kapital hat die Rechtsprechung, neben den explizit im Gesetz genannten formellen Informationspflichten (§§ 186 Abs. 3 und Abs. 4, 203 AktG), zum stärkeren Schutz der Vermögensinteressen der Aktionäre auch materiell-rechtliche Anforderungen entwickelt. Die Entwicklung materiell-rechtlicher Anforderungen an einen Bezugsrechtsausschluss reicht bis auf das Reichsgericht zurück.

Bereits in RGZ 68, 235 vertrat das Reichsgericht die Auffassung, dass die Aktionärsmehrheit grundsätzlich Bezugsrechte ausschließen könne. Beschränkt werden könne dieses Recht nur durch die Grenze des Sittengebots[816]. Mit dem „Victoria-Urteil"[817] aus dem Jahr 1931 gewann diese generalklauselartige Grenzziehung der inhaltlichen Anforderungen eines Bezugsrechtsausschlusses nach und nach an Schärfe. Diese ersten Klarstellungsversuche führte der Bundesge-

810 *Hirte*, Kapitalgesellschaftsrecht, Rn. 817
811 *Lutter*, in: KK-AktG, § 186 Rn. 7
812 *Hirte*, Bezugsrechtsausschluss und Konzernbildung, S. 7
813 *Heinsius*, FS Kellermann, 91, 118
814 BGHZ 125, 239
815 Bei der Kapitalerhöhung aus Gesellschaftsmitteln kommt ein Bezugsrechtsausschluss nicht in Frage. In solchen Fällen handelt es sich nicht um die Zuführung neuen Kapitals, sondern um die Umwandlung von angespartem Kapital in Grundkapital.
816 RGZ 68, 235, 246
817 RGZ 132, 149, 163

richtshof in den sich anschließenden Entscheidungen zum Bezugsrechtsausschluss fort.

In der Minimax II-Entscheidung[818] erkannte der Bundesgerichtshof erstmals die Geltung des Grundsatzes der Gleichbehandlung der Aktionäre auch beim Bezugsrecht an und stellte fest, dass dieser nur bei sachlicher Berechtigung durchbrochen werden dürfe[819]. In der Minimax II-Entscheidung wurde zum ersten Mal der Kapitalerhalt der Kleinaktionäre gesichert.

Von noch grundsätzlicherer Bedeutung war die „Kali & Salz-Entscheidung"[820] des Bundesgerichtshofs. In diesem Urteil legte der Bundesgerichtshof den Grundstein für eine materielle Kontrolle des Beschlusses über den Bezugsrechtsausschluss, indem er die Grundsätze des Gesellschaftsinteresses und der Verhältnismäßigkeit entwickelte. Ein Bezugsrechtsausschluss sei nur dann zulässig, wenn er einerseits bei gebührender Berücksichtigung der Folgen für die ausgeschlossenen Aktionäre und nach vernünftigen kaufmännischen Überlegungen durch sachliche Gründe im Interesse der Gesellschaft gerechtfertigt sei (Erfordernis des sachlichen Grundes) und andererseits davon auszugehen sei, dass der angestrebte, und allen Aktionären zugute kommende Nutzen den Beteiligungs- und Stimmrechtsverlust der vom Bezugsrecht ausgeschlossenen Aktionäre aufwiege[821]. Dieser Nutzen ist nach Ansicht des Bundesgerichtshofs eingehalten, wenn die angestrebte, im Interesse der Gesellschaft liegende Maßnahme, nicht schonender erreicht werden kann und der Nachteil für die Gesellschafter nicht außer Verhältnis zu dem Vorteil der Gesellschaft stehe[822]. Je schwerwiegender der Eingriff in die mitgliedschaftliche und vermögensrechtliche Stellung der ausgeschlossenen Aktionäre sei, desto strenger müssten die Anforderungen an einen Ausschluss sein[823].

Diese in der „Kali & Salz-Entscheidung" entwickelten Grundsätze sind in dem „Holzmann-Urteil"[824] auf die Ermächtigung des Vorstands zum Bezugsrechtsausschluss im Rahmen des genehmigten Kapitals ausgeweitet worden. Die Interessenabwägung des Vorstands zwischen dem Gesellschaftsinteresse und den Interessen der Minderheitsaktionäre hatte danach bereits zum Zeitpunkt der Ermächtigung, also in der Hauptversammlung, anhand konkreter und sachlicher

---

818 BGHZ 33, 175
819 BGHZ 33, 175, 186
820 BGHZ 71, 40
821 BGHZ 71, 40, 44 ff.; zustimmend zum Erfordernis einer sachlichen Rechtfertigung bei dem Ausschluss des Bezugsrechts: OLG Schleswig, Urt. v. 27.05.2004 – 5 U 2/04, nrk.
822 BGHZ 71, 40, 46
823 BGHZ 71, 40, 45
824 BGHZ 83, 319

Gründe stattzufinden und nicht erst bei Ausübung der Ermächtigung innerhalb des Fünf-Jahres-Zeitraums[825]. Eine Vorratsermächtigung war insofern unzulässig[826]. Mit dieser Entscheidung wurde der hinter dem genehmigten Kapital stehende Grundgedanke des flexiblen Reagierens auf sich kurzfristig ergebende Chancen an den Kapitalmärkten jäh zerstört. Der Vorstand war regelmäßig außer Stande bereits zum Zeitpunkt des Vorstandsberichts zu wissen, welche Gründe innerhalb des Fünf-Jahres-Zeitraums zu der Notwendigkeit eines Bezugsrechtsausschlusses führen könnten. In der Folge wurden die Unternehmen mit querulantischen Aktionärsklagen[827] überhäuft, die auf der Rüge einer mangelnden Konkretisierung des Vorstandsberichts beruhten. Der Einsatz des genehmigten Kapitals als Finanzierungsinstrument war damit weitestgehend zum Erliegen gekommen[828].

Erst das Deutsche Bank-Urteil[829] sorgte ansatzweise für Erleichterung in den Vorstandsetagen deutscher Großkonzerne. Der Bundesgerichtshof erklärte darin, dass dem Vorstand einer Aktiengesellschaft bei wirtschaftlichen Prognoseentscheidungen, wie der Zulassung von Aktien einer Aktiengesellschaft an ausländischen Börsen oder der Erweiterung aktiengesellschaftlicher Präsenz an ausländischen Finanzmärkten, ein unternehmerischer Ermessensspielraum zugestanden werden müsse[830]. Es sei demnach ausreichend, wenn der Vorstand zur Begründung des Bezugsrechtsausschlusses generelle Angaben zur Bestimmung der Börsenplätze und der Höhe des jeweils an ihnen einzusetzenden Aktiennennkapitals mache[831]. Dieser Ermessensspielraum müsse dem Vorstand zugestanden werden, da er nur so den wirtschaftlichen und politischen Gegebenheiten und Entwicklungen an der Börse eines Landes Rechnung tragen und das genehmigte Kapital flexibel und im Wohle der Gesellschaft einsetzen könne[832].

Eine abschließende Trendwende hinsichtlich des unternehmerischen Ermessensspielraumes beim Bezugsrechtsausschluss konnte aufgrund des stark eingeschränkten Anwendungsbereichs darin allerdings nicht gesehen werden. Diese

---

825 BGHZ 83, 319, 324 f.
826 BGHZ 83, 319, 325
827 Vgl. z.B. OLG München, AG 1993, 283, 284 f.; LG Hof, WM 1992, 2057, 2061 f. ; LG Landshut, AG 1991, 71, 72. Weitere Nachweise zur Rechtsprechung bei *Martens*, ZIP 1992, 1677 ff.
828 Vgl. *Volhard*, AG 1998, 397, 397: „Die ungeschriebenen, von der Rechtsprechung entwickelten materiellen Anforderungen an die sachliche Rechtfertigung von Eingriffen in Aktionärsrechte haben das Institut des bezugsrechtsfreien genehmigten Kapitals aus der Unternehmenspraxis eliminiert".
829 BGHZ 125, 239
830 BGHZ 125, 239, 246 ff.
831 BGHZ 125, 239, 247 f.
832 BGHZ 125, 239, 248

brachte wenige Jahre später, nach der Einholung einer Vorabentscheidung des Europäischen Gerichtshofes[833], die Siemens/Nold-Entscheidung[834] des Bundesgerichtshofs. In der Siemens/Nold-Entscheidung setzte der Bundesgerichtshof die Anforderungen an den Vorstandsbericht bezüglich des Bezugsrechtsausschlusses bei genehmigten Kapitalerhöhungen deutlich herab. Der II. Zivilsenat betonte dabei in seiner Urteilsbegründung ausdrücklich, dass seine bisherige Rechtsprechung in vielen Fällen dazu geführt habe, dass das genehmigte Kapital als flexibles Instrument der Kapitalbeschaffung auf dem nationalen und internationalen Kapitalmarkt nicht mehr sinnvoll genutzt werden konnte[835]. Aus diesem Grund hat das Gericht es ausreichen lassen, wenn in dem Vorstandsbericht bezüglich des Ermächtigungsbeschlusses nur allgemein umschriebene Anhaltspunkte für die möglichen Gründe dargelegt werden[836]. Vielmehr sei es, nach Ansicht des Gerichts, „die Pflicht des Vorstandes, im Rahmen seines unternehmerischen Ermessens sorgfältig zu prüfen, ob der allein ihm bekannte Sachverhalt die Durchführung des Hauptversammlungsbeschlusses, der den Ausschluss des Bezugsrechts der Aktionäre umfasst, rechtfertigt"[837]. Diese deutliche Ausweitung des unternehmerischen Ermessensspielraums auf Seiten des Vorstands ist von der Praxis positiv aufgenommen worden und hat zu einem Ansteigen des genehmigten Kapitals geführt[838]. Lediglich die Frage nach dem „Ob" und „Wann" des Vorstandsberichts bei Nutzung des Ermächtigungsbeschlusses hat der Bundesgerichtshof in der Siemens/Nold-Entscheidung offen gelassen. In der Urteilsbegründung heißt es dazu, dass der Vorstand „über die Einzelheiten seines Vorgehens auf der nächsten ordentlichen Hauptversammlung der Gesellschaft zu berichten und Rede und Antwort zu stehen" habe[839]. In der Folge bestand hinsichtlich der konkret notwendigen Berichtspflichten im Zusammenhang mit der Nutzung des Ermächtigungsbeschlusses erhebliche Rechtsunsicherheit.

Teilweise wurde unter Bezugnahme auf das Siemens/Nold-Urteil vom Vorstand gefordert, dass dieser unmittelbar vor Ausübung der Ermächtigung seiner ausführlichen Berichtpflicht nachzukommen habe, da ansonsten ein angemessener Schutz der vom Bezugsrechtsausschluss betroffenen Aktionäre nicht mehr

---

833 BGH EuZW 1995, 351 und EuGH Urteil vom 19.11.1996 (C 42/95)
834 BGHZ 136, 133
835 BGHZ 136, 133, 136
836 BGHZ 136, 133, 139
837 BGHZ 136, 133, 139
838 *Bayer*, FS Ulmer, 21, 21; *Bungert* dazu in NJW 1998, 488, 491: „Ihr Liberalisierungseffekt ist wesentlich größer als die Einführung des erleichterten Bezugsrechtsausschlusses in § 186 Abs. 3 S. 4 AktG".
839 BGHZ 136, 133, 140

gewährleistet werden könne[840]. Dem hält die wohl überwiegende Ansicht entgegen, dass es seit dem Siemens/Nold-Urteil genüge, wenn der Ausschluss des Bezugsrechts im Rahmen des Ermächtigungsbeschlusses nur abstrakt und generell begründet und in Form eines ausführlichen Vorstandsberichts erst auf der nächsten ordentlichen Hauptversammlung dargelegt werde[841].

Der Begründung des Bundesgerichtshofs in der Siemens/Nold-Entscheidung folgend überzeugt letztere Ansicht. Der Bundesgerichtshof fordert eine ausführliche Berichtspflicht des Vorstands nach Gebrauch der ihm erteilten Ermächtigung „auf der nächsten ordentlichen Hauptversammlung der Gesellschaft"[842]. Hätte der Bundesgerichtshof eine Vorabberichterstattung für erforderlich gehalten, dann hätte er sich zu dieser praktisch äußerst relevanten, von ihm früher ausdrücklich offen gelassenen Frage[843], prägnanter geäußert.

Diese Interpretation bestätigte auch das OLG Frankfurt am Main in seinem Urteil vom 01. April 2003[844] Diese Entscheidung betraf zwei Kapitalerhöhungen der Commerzbank AG aus genehmigtem Kapital unter Bezugsrechtsausschluss. Die Maßnahmen des Vorstandes wurden unter anderem auch deshalb angefochten, weil dieser es unterlassen hatte, vor Nutzung seines Ermächtigungsbeschlusses den Aktionären einen ausführlichen Bericht hinsichtlich der künftigen Maßnahmen zu erstatten. In der vorliegend relevanten Problematik des maßgeblichen Zeitpunkts der Berichtspflicht des Vorstandes interpretierte das Oberlandesgericht die Siemens/Nold-Entscheidung dahingehend, dass eine nachträgliche Berichterstattung durch den Vorstand auf der nächsten Hauptversammlung den Anforderungen an die Berichtspflicht des Vorstands genüge[845].

Mit Urteil vom 10. Oktober 2005[846] bestätigte der Bundesgerichtshof seine bisherige Rechtsprechung, wonach der Vorstand im Rahmen des genehmigten Kapitals nicht verpflichtet sei, vor Ausübung der Ermächtigung zur Kapitalerhöhung und zum Bezugsrechtsausschluss die Aktionäre (schriftlich) über den Bezugsrechtsausschluss und dessen Gründe zu unterrichten; vielmehr sei der Vorstand lediglich gehalten, nach Inanspruchnahme der Ermächtigung über die Ein-

---

840 *Bayer*, FS Ulmer, 21, 28 ff.; *Hirte*, in: GroßKommAktG, § 203 Rn. 70; *Meilicke/Heidel*, DB 2000, 2358, 2359 f.

841 *Hefermehl/Bungeroth*, in: Geßler/Hefermehl, § 203 Rn. 27; *Hüffer*, § 203 Rn. 36 f.; *Krieger*, FS Wiedemann, 1081, 1087 ff.; *Volhard*, AG 1998, 401, 402; *Cahn*, ZHR 164 (2000), 113, 118; *Böttger*, S. 74

842 BGHZ 136, 133, 140

843 BGHZ 83, 319, 327

844 AZ 5 U 54/01; BB 2003, 1971 ff.

845 AZ 5 U 54/01, BB 2003, 1971 ff.

846 AZ II ZR 148/03 = AG 2006, 36

zelheiten seines Vorgehens auf der nächsten ordentlichen Hauptversammlung der Gesellschaft zu berichten und Rede und Antwort zu stehen.

Die Bedeutung dieser Entscheidung liegt auf der Hand: Die Anforderungen an die formalen Voraussetzungen für den Bezugsrechtsausschluss bei Kapitalerhöhungen aus genehmigtem Kapital sind weitergehend liberalisiert worden und nunmehr nicht annähernd so restriktiv wie die einer ordentlichen Kapitalerhöhung. Das genehmigte Kapital hat damit eine erhebliche Aufwertung erfahren. Allerdings sind damit auch die Rechtsschutzmöglichkeiten der Aktionäre und die Kompetenzen der Hauptversammlung weiterhin eingeschränkt[847]. Das OLG Frankfurt am Main bestätigte im Parallelrechtsstreit[848] zu Recht, dass die Aktionäre gegen die im Ermessen des Vorstands stehende, auf dem Ermächtigungsbeschluss beruhende, konkret durchzuführende Kapitalmaßnahme nicht im Wege der aktienrechtlichen Anfechtungsklage (§ 243 AktG) vorgehen können[849]. Da eine aktienrechtliche Nichtigkeitsklage (§ 249 AktG) unter den gleichen Gründen unzulässig sei wie die Anfechtungsklage, bliebe den Aktionären nur eine allgemeine Feststellung- oder Unterlassungsklage gemäß § 256 ZPO[850]. Eine allgemeine Feststellungsklage wird aber regelmäßig daran scheitern, dass mit der Eintragung der Kapitalerhöhungen in das Handelsregister kein Feststellungsinteresse mehr besteht. Dies hat insbesondere für die nicht börsennotierte Aktiengesellschaft[851] negative Konsequenzen, da Aktionäre solcher Aktiengesellschaften regelmäßig erst mit Eintragung der Kapitalerhöhung in das Handelsregister von der Maßnahme erfahren werden. Selbst bei vorheriger Kenntniserlangung von der Beschlussfassung durch die Organe wird es für den Klageweg regelmäßig an Zeit mangeln. Bei dem sich dann anbietenden einstweiligen Rechtsschutz droht jedoch das Schadensersatzrisiko des § 945 ZPO[852].

Um die dadurch herabgesetzten Rechtsschutzmöglichkeiten der Aktionäre sicherzustellen und gleichzeitig ein Gegengewicht zu der Lockerung der präventi-

---

847 So auch *Kubis*, DStR 2006, 188, 193; grundlegend zu den Rechtsschutzmöglichkeiten nach Ausnutzung eines genehmigten Kapitals *Busch*, NZG 2006, 81, 82 ff.
848 OLG Frankfurt am Main, Urteil vom 4. Februar 2003 – 5 U 63/01 = BB 2003, 1971
849 Der Bundesgerichtshof hat bereits mehrfach entschieden, dass eine aktienrechtliche Anfechtungsklage gegen Beschlüsse der Verwaltung ausscheidet. Vgl. für fehlerhafte Aufsichtsratsbeschlüsse: BGH NJW 1993, 2307; BGH NJW 1994, 520; BGH NJW 1997, 1296; das Gleiche gilt für Vorstandsbeschlüsse, vgl. *Hüffer*, in: MünchKommAktG, § 241 Rn. 102; *Lutter*, in: KK-AktG, § 204 Rn. 23
850 AZ 5 U 63/01 S.10; BB 2003, 1971
851 Bei börsennotierten Gesellschaften hingegen erfahren die Aktionäre von der Beschlussfassung von Vorstand und Aufsichtsrat (vgl. § 204 Abs. 1 Satz 2 AktG); die konkrete Kapitalmaßnahme unterliegt der ad hoc-Publizität des § 15 WpHG vgl. *Kümpel*, in: Assmann/Schneider, WpHG, § 15 Rn. 48 f. und 72
852 *Drinkuth*, AG 2006, 142, 144 spricht von dem „Damoklesschwert" des § 945 ZPO.

ven Schranken bei der Erteilung der Ermächtigung zu etablieren, hat der Bundesgerichtshof ebenfalls mit Urteil vom 10. Oktober 2005[853] entschieden, dass eine
allgemeine Feststellungsklage gemäß § 256 Abs. 1 ZPO – auch noch nach der
Eintragung der Kapitalerhöhungen im Handelsregister und der Ausgabe der neu-
en Aktien – für zulässig zu erachten ist[854]. Weitere diesbezügliche Ausführungen
tätigte der Bundesgerichtshof nicht. Dem stand auch § 563 Abs. 3 ZPO entege-
gen. Danach konnte der Bundesgerichtshof aufgrund der Klageabweisung des
Berufungsgerichts als unzulässig nicht in der Sache entscheiden und musste die
Sache insoweit an die Vorinstanz zur Nachholung der gebotenen Sachprüfung zu-
rückverweisen.

(bb) Stellungnahme

Die restriktive Handhabung des Bezugsrechtsausschlusses aufgrund dessen judi-
kativ bedingter gesteigerter inhaltlichen Anforderungen haben über Jahrzehnte
hinweg zu einem kontinuierlichen Niedergang des genehmigten Kapitals bis hin
zu dessen faktischer Eliminierung durch die Kali&Salz-Entscheidung sowie das
Holzmann-Urteil geführt. Damit einher ging eine gravierende Schwächung der
Stellung des Vorstands bedingt durch mannigfaltige Leitungs- und Flexibilitäts-
beschränkungen. Erst durch das Deutsche Bank-Urteil erfuhr die Durchführung
von Kapitalerhöhungen aus genehmigtem Kapital eine deutliche Aufwertung.
Gleichzeitig wurde auch die Stellung des Vorstands durch das beschränkte Zugeständnis eines unternehmerischen Ermessensspielraumes im Zusammenhang mit
der Begründung des Bezugsrechtsausschlusses gestärkt. Die endgültige Anerkennung eines weiten unternehmerischen Ermessens des Vorstands in diesem Zusammenhang erfolgte jedoch erst in der Siemens/Nold-Entscheidung. Die jüngste
Entscheidung des Bundesgerichtshofs[855] bestätigt diese vorstandsfreundliche
Rechtsprechung und weitet dessen Ermessensspielraum darüber hinaus auch hinsichtlich der Anforderungen an den maßgeblichen Zeitpunkt der Berichtspflicht
des Vorstands bei der Nutzung eines Ermächtigungsbeschlusses aus.
  Die Liberalisierung im Kontext des Bezugsrechtsausschlusses zeigt deutlich,
dass die Durchführung von Kapitalerhöhungen aus genehmigtem Kapital in den
letzten Jahren eine erhebliche Vereinfachung und gleichzeitig eine offenkundige

---

853 BGH Urteil vom 10. Oktober 2005 – AZ II ZR 90/03 = AG 2006, 38
854 Kritisch dazu *Waclawik*, AG 2006, 397, 402 f. sowie 405; zu einem eventuellen
      Vorrang der §§ 142 ff., 148 AktG, den der BGH (BGH v. 10.10.2005 – ZR 90/03,
      AG 2006, 38, 41) mit der Begründung ablehnt, dass die Feststellungsklage nicht auf
      die Geltendmachung von Schadensersatzansprüchen beschränkt sei, vgl. kritisch
      Drinkuth, AG 2006, 142, 145.
855 BGH Urteil vom 10. Oktober 2005 – AZ II ZR 148/03 = AG 2006, 36

Aufwertung erfahren hat. Dass als negative Konsequenz dieser Entwicklung der Rechtsschutz der Aktionäre insbesondere bei nicht börsennotierten Aktiengesellschaften eingeschränkt worden ist, erschien angesichts der sich wandelnden Betrachtungsweise der Aktionäre hinsichtlich ihrer Beteiligung als grundsätzlich wenig bedeutsam. In der Mehrzahl sahen die (Klein-)Aktionäre ihre Beteiligung wohl eher unter dem Aspekt der Rendite- und Wertsteigerung als Kapitalanlage und weniger im Hinblick auf Stimmanteile und Verwaltungsrechte. Hilfsweise bestand zudem durch die Nachkaufmöglichkeiten an den internationalen Börsenplätzen ein Quasi-Bezugsrecht.

Trotz dieses scheinbar nur geringfügigen Eingriffs in die Rechtsschutzmöglichkeiten der Aktionäre hat der Bundesgerichtshof mit seiner jüngsten Entscheidung zur Zulässigkeit einer allgemeinen Feststellungsklage gemäß § 256 Abs. 1 ZPO auch noch nach Eintragung der Kapitalerhöhung im Handelsregister die Rechtsschutzmöglichkeiten der Aktionäre gestärkt und somit die abgesenkten Anforderungen an den Ermächtigungsbeschluss zur Schaffung genehmigten Kapitals in Ausgleich gebracht.

Die Ermessensschrumpfung des Vorstands, die bis zur Trendwende durch das Deutsche Bank-Urteil im Rahmen des Bezugsrechtsausschlusses bei genehmigtem Kapital vorlag, existiert so nicht mehr. Vielmehr steht dem Vorstand nunmehr auch im Rahmen des Bezugsrechtsauschlusses bei genehmigtem Kapital, sogar hinsichtlich des maßgeblichen Zeitpunkts der Berichtspflicht im Rahmen eines Ermächtigungsbeschlusses ein weiter unternehmerischer Ermessensspielraum zu[856].

(5) Insolvenzverschleppungshaftung[857]

Im Rahmen der Außenhaftung für Insolvenzverschleppung hat der Bundesgerichtshof wiederholt entschieden, dass den Unternehmensleitern ein „gewisser Beurteilungsspielraum" bei der Feststellung des Insolvenzauslösungszeitpunkts zugebilligt wird[858].

---

856 *Waclawik,* ZIP 2006, 397, 398
857 Zur Insolvenzverschleppungshaftung unter Berücksichtigung der EuInsVO vgl. *Altmeppen,* NJW 2005, 1911, 1913
858 BGHZ, 126, 181; BGHZ 75, 96 (Herstatt-Entscheidung); dazu *Goette,* in Hommelhoff/Hopt/v.Werder, 749, 765 f.; vgl. auch das Urteil des Bundesgerichtshofs vom 20. Juni 2005 – II ZR 18/03, wonach eine schuldhafte Insolvenzverschleppung durch den Geschäftsführer einer GmbH diese zur Kündigung seines Anstellungsvertrages aus wichtigem Grund (§ 626 Abs. 2 Satz 1 BGB) berechtigt.

(aa) Eröffnung des Insolvenzverfahrens

Nach § 13 Abs. 1 Satz 1 Insolvenzordnung (InsO) wird das Insolvenzverfahren nur auf Antrag eröffnet. Sachlich zuständig ist gemäß § 2 Abs. 1 InsO grundsätzlich das Amtsgericht. Örtlich zuständig ist nach § 3 Abs. 1 Satz 2 InsO ausschließlich das Amtsgericht, in dessen Bezirk der Schuldner den Mittelpunkt einer selbständigen wirtschaftlichen Tätigkeit hat. Das wird regelmäßig die Hauptniederlassung sein[859]. Mangelt es an einer solchen Tätigkeit, ist ausschließlich das Amtsgericht zuständig, in dessen Bezirk der Schuldner seinen allgemeinen Gerichtsstand (§§ 13 ff., 17 ZPO) hat, § 3 Abs. 1 Satz 1 InsO. Antragsberechtigt sind dabei nur die Gläubiger oder der Schuldner, § 13 Abs. 1 Satz 2 InsO. Voraussetzung des Antrags eines Gläubigers ist, dass dieser ein rechtliches Interesse an der Eröffnung des Insolvenzverfahrens hat[860] und den Eröffnungsgrund glaubhaft macht. Die Erforderlichkeit eines Eröffnungsgrunds für das Insolvenzverfahren ergibt sich aus § 16 InsO. Eröffnungsgründe können Zahlungsunfähigkeit (§ 17 InsO), drohende Zahlungsunfähigkeit (§ 18 InsO) oder Überschuldung (§ 19 InsO) sein. Ein zulässiger und begründeter Eröffnungsantrag wird dennoch vom Insolvenzgericht abgewiesen, wenn das Vermögen des Schuldners voraussichtlich nicht ausreichen wird, um die Kosten des Verfahrens zu decken, § 26 Abs. Satz1 InsO.

Für den weiteren Fortgang des Insolvenzverfahrens ist die Rechtspersönlichkeit des Schuldners maßgebend, insbesondere ob der Schuldner eine juristische Person, eine Person mit nicht nur geringfügiger selbständiger wirtschaftlicher Tätigkeit oder eine sonstige Person ist. Danach richten sich anschließend die verschiedenen Verfahrensmöglichkeiten, also ob das gewöhnliche Verfahren (§§ 1 ff. InsO) oder nur das Verbraucherinsolvenzverfahren mit vorgeschaltetem gerichtlichen Schuldenbereinigungsverfahren (§§ 304 ff. InsO) zulässig ist, weiterhin, ob Eigenverantwortung (§§ 270 ff. InsO), Restschuldbefreiung (§§ 286 ff. InsO) und Insolvenzplan (§§ 217 ff. InsO) durchführbar sind[861].

Im hier vorliegenden, gesellschaftsrechtlich relevantesten Fall, in dem der Schuldner eine juristische Person, also z.B. eine Aktiengesellschaft oder eine Gesellschaft mit beschränkter Haftung (GmbH) ist, ist das gewöhnliche Verfahren (§§ 1 ff.) zulässig. Dabei ist Eigenverantwortung (§§ 270 ff. InsO) möglich. Zum besseren Verständnis der Eigenverantwortung muss man sich die grundsätzlichen Wirkungen der Eröffnung des Insolvenzverfahrens vergegenwärtigen.

---

859   *Zimmermann*, S.2; *Bork*, S. 21 Rn. 43
860   AG Burgwedel, ZIP 1984, 475
861   Vgl. dazu anschaulich die Tabellen von *Zimmermann* auf den Seiten 8 und 16.

Obwohl grundsätzlich mit Eröffnung des Insolvenzverfahrens nach § 80 Abs. 1 InsO das Recht des Schuldners, das zur Insolvenzmasse gehörende Vermögen zu verwalten und darüber zu verfügen, auf den Insolvenzverwalter übergeht[862], um so unredliche Handlungen des Schuldners zu unterbinden, ermöglicht es die Insolvenzordnung in Ausnahmefällen, dass der Schuldner selbst die Insolvenzmasse verwaltet und darüber verfügt (Eigenverantwortung, §§ 270-285 InsO). Zuvor muss der Insolvenzverwalter jedoch gemäß § 148 Abs. 1 InsO nach der Eröffnung des Insolvenzverfahrens das gesamte zur Insolvenzmasse gehörende Vermögen sofort in Besitz und Verwaltung genommen haben, um anschließend die Insolvenzmasse zu bilden[863]. Hintergrund der Möglichkeit der Eigenverantwortung ist die Kostenreduzierung des Verfahrens, da der Sachwalter eine, im Vergleich zum Insolvenzverwalter, nur hälftige Vergütung erhält (§ 12 InsVV).

(bb) Rechtsprechungsanalyse

Der Bundesgerichtshof erklärte bereits in der Herstatt-Entscheidung[864], dass das zuständige Gesellschaftsorgan nach § 92 Abs. 2 AktG ohne schuldhaftes Zögern einen Konkurs- oder Vergleichsantrag zu stellen habe[865]. Diese Forderung impliziert und anerkennt jedoch gleichzeitig, dass den leitenden Gesellschaftsorganen in einem gewissen Rahmen der Generalklausel des § 93 Abs. 1 Satz 1 AktG ein pflichtgemäßes Ermessen hinsichtlich der Feststellung der Eröffnung des Insolvenzverfahrens zustehen müsse[866]. Das der Unternehmensleitung eingeräumte pflichtgemäße Ermessen ist dabei auf eine Frist von drei Wochen begrenzt[867].

---

862 Der Insolvenzverwalter wird durch seine Bestellung aber nicht Organ der Gesellschaft. Nach der von der Rechtsprechung vertretenen Amtstheorie (BVerwG 32, 316, 321; BGHZ 100, 346, 351 = MDR 1987, 667) wird der Insolvenzverwalter als Inhaber eines privaten Amtes und Rechtspflegeorgan angesehen. Er vertritt den Schuldner nicht, sondern hat in Bezug auf die Insolvenzmasse ein Amt inne, kraft dessen er über die Insolvenzmasse verfügt.

863 Die Insolvenzmasse erfasst nach § 35 InsO das gesamte Vermögen, das dem Schuldner zur Zeit der Eröffnung des Verfahrens gehört und das er während des Verfahrens erlangt.

864 Ausführlicher dazu § 2 C. III. 2. b. bb. (1)

865 BGHZ 75, 96, 108; dies gilt auch für einen faktischen Geschäftsführer, vgl. BGH-Urteil vom 11.7. 2005 – II ZR 235/03

866 BGHZ 75, 96, 108

867 BGHZ 75, 96, 108; so auch das OLG Frankfurt am Main, Urt. v. 18.8.2004 – 23 U 170/03, rkr. = AG 2005, 91, wonach die Frist von drei Wochen, binnen derer nach Eintritt der Zahlungsunfähigkeit oder der Überschuldung der Gesellschaft die Eröffnung des Insolvenzverfahrens beantragt werden muss, erst mit Kenntnis oder böswilliger Unkenntnis des Vorstandsmitglieds vom Eintritt der Zahlungsunfähigkeit

Die Anerkennung eines Ermessensspielraums im Zusammenhang mit der Feststellung des Insolvenzauslösungszeitpunktes führte der Bundesgerichtshof in seinem Urteil vom 06. Juni 1994[868] fort[869]. Darin bestellte der beklagte Allein-Geschäftsführer einer GmbH mit einem Stammkapital von 50.000 DM im Dezember 1985 und im Januar 1986 im Namen der GmbH bei der Klägerin Waren im Wert von 98.236,22 DM. Diese lieferte die Waren unter Eigentumsvorbehalt im Januar und Februar 1986 an die GmbH. Wenige Zeit später, am 27. März 1986, beantragte der Beklagte die Eröffnung des Konkursverfahrens über die GmbH, welches am 25. April 1986 tatsächlich eröffnet wurde. Der Klägerin, die für die gelieferten Waren keine Bezahlung erhielt, gelang es, durch Aussonderung Waren im Wert von 7960, 11 DM zurück zu erlangen. Wegen der Restforderung in Höhe von 90.276, 11 DM nahm sie den Beklagten auf Schadensersatz in Anspruch.

Nach Ansicht des Bundesgerichtshofs hat der Geschäftsführer die Entscheidung einer Konkurseröffnung mit der Sorgfalt eines ordentlichen Geschäftsleiters zu treffen, wobei dieser die wirtschaftliche Situation des Unternehmens ständig zu verfolgen und in Zweifelsfällen eine Fortbestehensprognose anzustellen habe[870]. Rechtfertigen Anhaltspunkte eine solche Prognose, so könne das Unternehmen weiterbetrieben werden. Dabei sei dem Geschäftsführer ein „gewisser Beurteilungsspielraum" zuzubilligen. Zudem komme es auf die damalige ex ante-Sicht des Unternehmensleiters an und nicht auf Erkenntnisse, die sich in einer ex post Beurteilung ergeben haben[871]. Bei Erstellung der Prognose könne sich der Geschäftsführer zudem „fachkundig beraten lassen".

(cc) Stellungnahme

Diese Entscheidungen machen deutlich, dass Unternehmensleitern auch im Rahmen der Außenhaftung, also im Verhältnis zu Unternehmensfremden – in Gren-

---

oder der Überschuldung beginnt; so auch OLG Koblenz, Urteil vom 5.11.2004 – 5 U 875/04 = NZG 2005, 79; a.A.: *Bayer/Schmidt*, AG 2005, 644, 650 ff.
868 BGHZ 126, 181; vgl. dazu auch *Fleischer*, ZGR 2004, 437, 450 ff.
869 In dieser Entscheidung vollzog der Bundesgerichtshof auch einen Wechsel von der bis dahin relativ beschränkten Haftung von Geschäftsführern gegenüber Neugläubigern, also solchen Gläubigern, die nach dem Zeitpunkt, in dem das Insolvenzverfahren hätte beantragt werden müssen, noch Geschäfte mit der Gesellschaft getätigt haben, hin zu dem Grundsatz der vollen Haftung des Geschäftsführers gegenüber Neugläubigern. So ausdrücklich auch der Bundesgerichtshof, vgl. BGHZ 126, 182, 183 f. Vgl. dazu unter Darstellung der Rechtsprechungsentwicklung *Hirte*, Kapitalgesellschaftsrecht, S. 101, Rn. 262 ff.
870 BGHZ 126, 181, 199
871 BGHZ 126, 181, 199

zen – ein Entscheidungsermessen zusteht. Damit einher geht eine Stärkung der Stellung der Unternehmensleiter. Diese müssen somit bei der Ermittlung des Insolvenzauslösungszeitpunkts die Sorgfalt eines ordentlichen und gewissenhaften Geschäftsleiters anwenden. Im Rahmen dieser Beurteilung steht ihnen folglich auch ein unternehmerischer Handlungsspielraum offen.

(6) Persönliche Schadensersatzhaftung von Organmitgliedern der übertragenden Rechtsträger nach § 25 Abs. 1 UmwG

Seit einiger Zeit wird der Frage der unmittelbaren persönlichen Außenhaftung von Organmitgliedern nicht mehr nur in der Wissenschaft[872], sondern auch in der Rechtspolitik[873] nachgegangen. Ein Schattendasein führt in diesem Kontext jedoch die Organhaftung für rechtswidrig und schuldhaft verursachte Verschmelzungsschäden nach § 25 Abs. 1 UmwG. Nach § 25 Abs. 1 UmwG sind die Mitglieder des Vertretungsorgans als Gesamtschuldner zum Ersatz des Schadens verpflichtet, den dieser Rechtsträger, seine Anteilseigner oder seine Gläubiger durch die Verschmelzung erleiden. Von besonderer Bedeutung ist hierbei die Frage, ob der Anspruch nach § 25 Abs. 1 Satz 1 UmwG auch den Grenzen der Binnenhaftung des § 93 Abs. 2 AktG unterliegt, ob den Organen mithin ein Ermessensspielraum zusteht.

(aa) Die Verschmelzung im Umwandlungsrecht

Vor Inkrafttreten des Umwandlungsgesetzes im Jahre 1994 wurde begrifflich zwischen Umwandlung, Verschmelzung und Vermögensübertragung unterschieden[874]. Seit dem Inkrafttreten des Umwandlungsgesetzes am 1. Januar 1995 stellt sich der Begriff der Umwandlung in § 1 Abs. 1 UmwG als Oberbegriff dar, unter den folgende Unterbegriffe fallen:
- die Verschmelzung[875]
- die Spaltung [876]

---

872 Beispielsweise *Fissenewert,* BuW 2003, 905 ff. m.w.N.
873 Das Gesetz zur Verbesserung des Anlegerschutzes (AnSVG), BT-Drucks. 15/3174 ist am 30. 10. 2004 in Kraft getreten (BGBl. 2004 I, S. 2630 ff.); das Kapitalmarktinformationshaftungsgesetz (KapInHaG) ist nach dem Referentenentwurf vom 07. Oktober 2004 nach massiven Protesten von Unternehmens- und Bankenverbänden zumindest vorläufig zurückgezogen worden.
874 Näheres dazu bei *K.Schmidt,* § 12 S.331 ff.
875 Zur Verschmelzung gleich ausführlicher.
876 Die Spaltung ist in den §§ 123-173 UmwG geregelt. Dabei ist zwischen drei Arten der Spaltung zu unterscheiden, § 123 UmwG: Die Aufspaltung (§ 123 Abs. 1

- die Vermögensübertragung[877]
- der Formwechsel[878].

Im vorliegend relevanten Fall der organschaftlichen Außenhaftung auf Schadensersatz nach § 25 Abs. 1 UmwG geht es um Schäden im Rahmen einer Verschmelzung. Daher soll vorliegend auch nur die Verschmelzung, die als Grundtatbestand der im UmwG geregelten Umwandlungstypen dient[879], näher betrachtet werden.

Als Verschmelzung oder Fusion bezeichnet man die Zusammenführung des Vermögens von zwei oder mehreren Rechtsträgern ohne Liquidationsverfahren zu einem einzigen Rechtsträger[880]. Im Rahmen dieses Verschmelzungsverfahrens werden als Gegenleistung für die Vermögensübertragung die Anteilsinhaber erlöschender Rechtsträger nunmehr zu Anteilsinhabern an dem übernehmenden Verschmelzungsrechtsträger[881]. Gesetzlich geregelt ist die Verschmelzung in den §§ 2-122 UmwG. In § 2 UmwG nennt das Gesetz zwei Arten von Verschmelzungen:

Die Verschmelzung durch Aufnahme nach § 2 Nr. 1 UmwG, die dadurch gekennzeichnet ist, dass ein schon existierender Rechtsträger (der übernehmende Rechtsträger) das Vermögen eines oder mehrerer Rechtsträger (übertragende (r) Rechtsträger) mit der Folge übernimmt, dass der/die übertragende(n) Rechtsträger unter geht/gehen.

Bei der Verschmelzung durch Neubildung gemäß § 2 Nr. 2 UmwG übertragen zwei oder mehrere Rechtsträger (übertragende Rechtsträger) ihr Vermögen auf einen neu gebildeten Rechtsträger unter Wegfall der übertragenden Rechtsträger.

Wer als verschmelzungsfähiger Rechtsträger in Frage kommt, normiert § 3 UmwG. Das Verschmelzungsverfahren wird unabhängig von dessen Art eröffnet, wenn die Vertretungsorgane der an der Verschmelzung beteiligten Rechtsträger einen gemäß § 6 UmwG notariell zu beurkundenden Verschmelzungsvertrag ab-

---

UmwG); die Abspaltung (§ 123 Abs. 2 UmwG) und die Ausgliederung (§ 123 Abs. 3 UmwG).

877 Die Vermögensübertragung ist in den §§ 174-189 UmwG normiert. Die §§ 174 ff. UmwG sollen ausgewählten, nicht an einer Verschmelzung oder Spaltung teilnehmenden Rechtsträgern, die (Teil-) Vermögensübertragung durch Gesamtrechtsnachfolge möglich machen.

878 Der Formwechsel ist in den §§ 190-304 UmwG geregelt. Nach § 190 Abs. 1 UmwG liegt dann ein Formwechsel vor, wenn ein Rechtsträger eine andere Rechtsform erhält. Dabei wahrt der Rechtsträger seine rechtliche und wirtschaftliche Identität, vgl. *Schwanna*, in: Semler/Stengel, UmwG, § 190 Rn. 3.

879 *Stengel*, in: Semler/Stegel,UmwG, § 2 Rn. 2

880 *Stratz*, in: Schmitt/Hörtnagel/Stratz, UmwG, § 2 Rn. 3; *Raiser*, § 48 I, Rn. 1 ff.

881 *Stratz*, in: Schmitt/Hörtnagel/Stratz, UmwG, § 2 Rn. 3; *K.Schmidt*, § 13 III, S.384 f.

schließen (§ 4 Abs. 1 UmwG). Soll der Verschmelzungsvertrag jedoch erst nach den Verschmelzungsbeschlüssen geschlossen werden, so ist vor diesem Beschluss wenigstens ein schriftlicher Vertragsentwurf aufzustellen, § 4 Abs. 2 UmwG. Die zwingenden inhaltlichen Angaben des Verschmelzungsvertrages regelt § 5 Abs. 1 UmwG, wobei es aufgrund von § 5 Abs. 2 UmwG Ausnahmen geben kann. Weiterhin hat jedes der Vertretungsorgane der an der Verschmelzung beteiligten Rechtsträger nach § 8 UmwG einen Verschmelzungsbericht[882] zu erstatten. Darin ist eine ökonomische und juristische Erklärung zu der Verschmelzung, dem Verschmelzungsvertrag oder seinem Entwurf zu geben. In welchen Fällen eine Verschmelzungsprüfung vorgeschrieben ist, regeln die §§ 9 ff. UmwG. Der Verschmelzungsbericht und die Verschmelzungsprüfung dienen als Informationsquelle der Kontrolle und dem (Präventiv-)Schutz der Anteilseigner[883]. Weiterhin hängt die Wirksamkeit einer Verschmelzung von den Verschmelzungsbeschlüssen ab. Nach § 13 Abs. 1 Satz 1 UmwG wird der Verschmelzungsvertrag nämlich nur dann wirksam, wenn die Anteilsinhaber der beteiligten Rechtsträger ihm mittels Verschmelzungsbeschluss zustimmen. Dabei kann dieser Beschluss nur in einer Versammlung der Anteilsinhaber gefasst werden, § 13 Abs. 1 Satz 2 UmwG. Damit soll die innergesellschaftliche Legitimation der Verschmelzung sichergestellt werden. Besondere Zustimmungserfordernisse ergeben sich aus § 13 Abs. 2 UmwG.

Letztlich ist die Verschmelzung noch anzumelden (§ 16 UmwG) und einzutragen (§ 19 UmwG). Die Eintragung der Verschmelzung in das Handelsregister des Sitzes des übernehmenden Rechtsträgers kennzeichnet den Vollzug der Verschmelzung und führt den Rechtsübergang sowie das Erlöschen der übertragenden Rechtsträger (§ 20 UmwG) herbei.

Die Verschmelzung ist somit in aller Regel das Ergebnis langwieriger, schwieriger Verhandlungen über im Widerspruch stehende Interessen, die im Verschmelzungsvertrag festgehalten werden. Aufgrund der Komplexität des Verschmelzungsverfahrens birgt die Verschmelzung für die vertretungsbefugten Organe eine erhebliche Haftungsgefahr in sich.

(bb) Anwendungsbereich des § 25 Abs. 1 UmwG

Die Schadensersatzhaftung der Vertretungs- und Aufsichtsorgane übertragender Rechtsträger für von ihnen verursachte Schäden, die dem Rechtsträger, seinen

---

882 Näher zum Verschmelzungsbericht *Bayer,* ZIP 1997,1613, 1619; *Heckschen/Simon,* S. 34 ff.; *Raiser,* § 48 II, Rn. 15

883 *Stratz,* in: Schmitt/Hörtnagel/Stratz, UmwG, § 8 Rn. 1, § 9 Rn. 1; *Gehling,* in: Semler/Stegel,UmwG, § 8 Rn. 2 sowie *Zeidler,* in: Semler/Stegel, UmwG, § Rn. 9

Anteilseignern oder Gläubigern durch die Verschmelzung entstanden sind, regelt § 25 Abs. 1 UmwG[884]. § 25 UmwG ist ein unselbständiger Teil des § 93 AktG, so dass nicht jede Pflichtverletzung im Sinne des § 93 AktG zu einem Schadensersatzanspruch nach § 25 UmwG führt[885]. Diese Haftung kann gemäß § 26 Abs. 1 UmwG jedoch nur durch einen vom Gericht zu bestellenden besonderen Vertreter geltend gemacht werden. § 25 Abs. 1 Satz 2 UmwG normiert eine Befreiung von der Schadensersatzverpflichtung für Organmitglieder, die ihre Sorgfaltspflicht beachten; dabei wird das Verschulden der Organe vermutet. Den Organmitgliedern steht damit jedoch eine gesetzliche Exkulpationsmöglichkeit zu (Beweislastumkehr)[886].

Aufgrund der Verweisungstechnik[887] in den besonderen Teilen des Umwandlungsgesetzes hat die Schadensersatzpflicht der Organe nach § 25 Abs. 1 Satz 1 UmwG analog auch für die Spaltungsvarianten (§§ 123 ff., 125 Satz 1 UmwG) sowie für die Vermögensübertragung (§§ 174-180, 184 UmwG) Geltung[888]. Eine Parallelnorm zu § 25 Abs. 1 Satz 1 UmwG für den Formwechsel beinhaltet § 205 Abs. 1 Satz 1 UmwG. Danach sind die Mitglieder des Vertretungs- bzw. Aufsichtsorgans des formwechselnden Rechtsträgers zum Schadensersatz verpflichtet, der dem Rechtsträger, seinen Anteilseignern oder seinen Gläubigern durch den Formwechsel entstanden ist. § 205 Abs. 1 Satz 2 UmwG normiert zudem die entsprechende Anwendung des § 25 Abs. 1 Satz 2 UmwG, mithin die Beweislastumkehr[889].

Die Ausweitung der Organhaftung auf das Verhältnis zu Anteilseignern und Gläubigern innerhalb des § 25 Abs. 1 UmwG ist bemerkenswert, da die Organmitglieder regelmäßig im Rahmen der Binnenhaftung nur gegenüber der Gesellschaft selbst haften. Einzig der Rechtsträger selbst unterwirft sich gegenüber den Anteilseignern potentiell haftungsauslösenden Sorgfalts- und Treuepflichten[890]. § 25 Abs. 1 UmwG stellt somit eine Haftungserweiterung der Organe und gleichzeitig einen Sonderfall einer gesetzlich normierten Anspruchsgrundlage für die

884   Vgl. zu den Voraussetzungen der persönlichen Haftung im Rahmen des § 25 Abs. 1 UmwG *Hucke,* in: Schiffer/Rödl/Rott, Rn. 1864 ff.
885   *Pöllath/Philipp,* DB 2005, 1503, 1506
886   *Stratz,* in: Schmitt/Hörtnagel/Stratz, UmwG, § 25 Rn. 20
887   Vgl. dazu *Schmidt,* ZGR 1990, 580, 581 ff.; kritisch zum „Verweisungsdschungel" des Umwandlungsgesetzes *Bayer/Wirth,* ZIP 1996, 817 (zur Spaltung)
888   *Schnorbus,* ZHR (167) 2003, 666, 667 m.w.N.
889   *Kübler,* in: Semler/Stegel, UmwG, § 205 Rn. 8 ff.
890   Ausnahmsweise entstehen eigene Sorgfaltspflichten der Organmitglieder aus cic oder Gesetz, vor allem der unerlaubten Handlung.

persönliche Außenhaftung von Organmitgliedern bei der Verschmelzung dar[891]. Aufgrund des erweiterten Kreises der Anspruchsberechtigten bei gleichzeitigem Mangel eindeutiger gesetzlicher Regelungen für eventuell über die gewöhnlichen gesellschaftsrechtlichen Maßstäbe hinausgehende Anforderungen an die Sorgfaltspflichten von Anteilsinhabern und Gläubigern ist davon auszugehen, dass diese der gleichen Sorgfaltspflicht unterliegen, wie sie im Verhältnis der Organe zu der Gesellschaft besteht[892]. § 25 Abs. 1 Satz 1 UmwG begründet also ohne Unterscheidung hinsichtlich der Anspruchsberechtigten eine einheitliche Sorgfaltspflicht[893].

Der Pflichtenkatalog der Organe im Rahmen der Sorgfaltspflichtanforderungen des § 25 Abs. 1 Satz 2 UmwG ist mit der Prüfung der Vermögenslage der beteiligten Rechtsträger und des Abschlusses des Verschmelzungsvertrages abschließend geregelt[894]. Unterliegen die Organmitglieder gegenüber dem anspruchsberechtigten Rechtsträger sowie den Anteilsinhabern und Gläubigern dem identischen Pflichtenkatalog und entspricht dessen konkrete Ausgestaltung den diesbezüglich entwickelten Grundsätzen zur Innenhaftung, dann muss der Anspruch nach § 25 Abs. 1 Satz 1 UmwG auch den entsprechenden Haftungsbeschränkungen und Geschäftsführungsfreiräumen unterliegen. Dies ist für § 25 UmwG mittlerweile auch anerkannt und führt aufgrund der Anerkennung eines unternehmerischen Ermessensspielraums auch hier zu einer Stärkung der Vorstandsposition.

Eine nochmals gesteigerte Bedeutung würde die Lehre vom unternehmerischen Ermessen demnach erfahren, wenn man sie grundsätzlich auch im Rahmen der Außenhaftung etablieren könnte[895].

---

891 *Clemm/Dürrschmidt*, FS Widmann, 3, 6; *Schnorbus*, ZHR (167) 2003, 666, 672 f.; zur Außenhaftung gegenüber Aktionären oder sonstigen Dritten aus cic und Gesetz, vor allem unerlaubter Handlung, vgl. *Hopt*, in: GroßKommAktG, § 93 Rn. 469 ff.

892 *Bermel*, in: Goutier/Knopf/Tulloch, UmwG, § 25 Rn. 18 f.; *Pöllath/Philipp*, DB 2005, 1503, 1506; *Schnorbus*, ZHR (167) 2003, 666, 679 m.w.N.

893 *Kraft*, in: KK-AktG, § 349 Rn. 2 : „einheitliche aktienrechtliche Schadensersatzpflicht"

894 *Kübler*, in: Semler/Stegel, UmwG, § 25 Rn. 8; *Stratz*, in: Schmitt/Hörtnagel/Stratz, UmwG, § 25 Rn. 19; *Clemm/Dürrschmidt*, FS Widmann, 3, 10; *Grunewald*, in: Lutter, UmwG, § 25 Rn. 2 f.; *Schnorbus*, ZHR (167) 2003, 666, 680; bei andersartigen, z.B. nachgelagerten Pflichtverletzungen im Rahmen des Verschmelzungsverfahrens findet ein Rückgriff auf die allgemeinen Regeln der Organhaftung (§§ 93, 116 AktG) statt. Vgl. dazu *Grunewald*, in: Lutter UmwG § 25 Rn. 12

895 Hierbei ist vor allem auch an eine Anerkennung im Rahmen der geplanten persönlichen Außenhaftung von Organmitgliedern für fehlerhafte Kapitalmarktinformationen zu denken. Vgl. *Baums*, ZHR (167) 2003, 139, 175

(7) Zwischenergebnis zu den Sonderfällen unternehmerischen Ermessens

Das Risiko für Vorstandsmitglieder aufgrund ihrer Stellung als Organ auf Schadensersatz in Anspruch genommen zu werden ist auch seit der ARAG/Garmenbeck-Entscheidung, in der der Begriff des unternehmerischen Ermessensspielraums geprägt worden ist, nicht wesentlich größer geworden. War das Risiko einer Organhaftung bis dahin von „eher theoretischer Natur"[896], so hat sich an diesem Zustand nur wenig geändert. Die Rechtsprechung tut sich in den gewöhnlichen Fallkonstellationen mit einer Systematisierung von Haftungsfällen äußerst schwer und bleibt daher im Grundsatz bei zwei anerkannten Fallgruppen: den ungesicherten Kreditgeschäften einerseits und den umfassenden sonstigen Risikogeschäften, die von fehlenden Sicherheiten für Kaufpreiszahlungen bis hin zu ungesicherten Warenlieferungen reichen, andererseits.

Die Formel des unternehmerischen Ermessens findet in den Urteilsbegründungen wohl nicht zuletzt aufgrund der Unbestimmtheit des Begriffs nur in den seltensten Fällen Verwendung. Die jüngsten Systematisierungsversuche und interdisziplinären Ansätze mit dem Ziel der Schaffung eines besseren Verständnisses des jeweiligen Entscheidungsfindungsprozesses können jedoch nicht darüber hinweg täuschen, dass sich der Dogmatisierungsprozess des unternehmerischen Ermessens noch in den Anfängen befindet und somit für eine latente Rechtsunsicherheit aller Beteiligten ursächlich ist. Die damit einhergehende Haftungsgefahr für Organmitglieder stellt momentan aber eher die Ausnahme dar und kommt nur bei besonders schwerwiegenden Verfehlungen der Organmitglieder zum Tragen.

So auffallend und spürbar der Mangel an einer klaren Linie der Gerichte in den „üblichen" Haftungsfällen dennoch ist, so frappierend detailliert und systematisch sauber mutet die Beurteilung der Gerichte zuweilen in den Sonderfällen des unternehmerischen Ermessens an. So nutzte der Bundesgerichtshof in der Gelatine-Entscheidung die sich ihm bietende Möglichkeit, die heftig umstrittene Holzmüller-Entscheidung zu konkretisieren und die seitdem in diesem Kontext bestehende Rechtsunsicherheit größtenteils zu beenden. In seiner Urteilsbegründung gelingt es dem Bundesgerichtshof eine – im Vergleich zur Holzmüller-Entscheidung – stark verbesserte, relativ klare Definition der quantitativen Aufgreifgrenzen zu geben, die danach grundsätzlich bei ca. 75% des Gesellschaftsvermögens anzusiedeln sein werden. Zudem bedarf jeder „Holzmüller"-Beschluss einer qualifizierten Mehrheit von 75%. Die durch das Holzmüller-Urteil herbeigeführte Ermessensschrumpfung hinsichtlich des Vorstandshandelns ist damit zwar nicht aufgehoben, sie wird jedoch auf ganz wenige Ausnahmefälle begrenzt werden. Damit wird die Position des Vorstands als eigenverantwortlich

---

896 *Oltmanns*, S. 367

handelndes Geschäftsleitungsorgan insgesamt gestärkt und sein Ermessensspielraum konkretisiert.

Eine ähnliche, wohl noch liberalere, Tendenz lässt sich hinsichtlich der Anforderungen an die Verhaltenspflichten des Vorstands einer Zielgesellschaft bei Übernahmeangeboten nach dem WpÜG feststellen. Die Ausnahmetatbestände innerhalb des § 33 WpÜG erlauben dem Vorstand einen sehr weiten Ermessensspielraum bei seiner Entscheidungsfindung und führen zu einer außerordentlichen Stärkung seiner Stellung. An dieser grundsätzlich übernahmefeindlichen Tendenz wird auch die Umsetzung der EU-Richtlinie 2004/25/EG kaum etwas ändern. Dies macht der Gesetzesentwurf des Übernahmerichtlinie-Umsetzungsgesetzes vom 17. März 2006 deutlich. Mit der Entscheidung für ein Opt-out hat der deutsche Gesetzgeber den Gesellschaften das Wahlrecht überlassen, sich durch ein individuelles Opt-in oder Opt-out für oder gegen das europäische Verfahren zu entscheiden. Ob die einzelnen Gesellschaften vor dem Hintergrund des Verlustes erprobter Abwehrmaßnahmen lediglich aufgrund der vagen Hoffnung einer höheren Marktkapitalisierung von ihrem Opt-in-Recht Gebrauch machen, bleibt abzuwarten.

Die jüngere Entwicklung im Bereich des Bezugsrechtsausschlusses setzt den allgemeinen Trend einer Stärkung der Stellung des Vorstands durch Anerkennung eines weiten Ermessensspielraumes im Rahmen seiner eigenverantwortlichen Leitungsbefugnis fort. Dieser reicht nunmehr sogar über den bloßen Bezugsrechtsausschluss hinaus bis auf den maßgeblichen Zeitpunkt der Berichtspflicht im Rahmen eines Ermächtigungsbeschlusses. Diese Liberalisierung zeigt die Parallelität zwischen der Aufwertung dieser Kapitalbeschaffungsmaßnahme und der Neugewichtung zugunsten des Vorstands.

Abschließend greift die Stärkung des Vorstands nunmehr auch auf die Außenhaftung über. Wie die Fälle der Insolvenzverschleppungshaftung und der Verschmelzung zeigen, erlangt der unternehmerische Ermessensspielraum auch verstärkt im Verhältnis zu Unternehmensfremden Bedeutung.

c. Verschulden, § 93 Abs. 2 Satz 1 AktG

Bei der Haftung gemäß § 93 Abs. 2 AktG handelt es sich um eine Verschuldenshaftung[897]. Das im Gesetz nicht explizit erwähnte Verschuldenserfordernis ergibt sich aus der in § 93 Abs. 1 S. 1 AktG normierten Doppelfunktion der „Sorgfalt eines ordentlichen und gewissenhaften Geschäftsleiters" als Pflichtenstandard

---

897 *Mertens*, in: KK-AktG, § 93 Rn. 98; *Hefermehl/Spindler*, in: MünchKommAktG, § 93 Rn. 67; *Hopt*, in: GroßKommAktG, § 93 Rn. 253; *Hüffer*, § 93 Rn. 14

und Verschuldensmaßstab[898]. Dabei gilt ein objektiver typisierter Verschuldensmaßstab[899]. Die Vorstandsmitglieder haben somit für die vorsätzliche oder fahrlässige Missachtung der Sorgfalt eines „ordentlichen und gewissenhaften Geschäftsleiters" einzustehen. Der Verschuldensmaßstab orientiert sich zwar, wie allgemein im Zivilrecht, nicht an individuellen Kenntnissen und Fähigkeiten der einzelnen Vorstandsmitglieder, doch hat jedes Vorstandsmitglied für die Fähigkeiten und Kenntnisse einzustehen, welche die ihm konkret anvertraute Leitungsaufgabe objektiv erfordert[900]. Eine Exkulpation aufgrund individueller Unfähigkeit[901] oder persönlichen Kenntnismangels[902] ist ausgeschlossen. Da Vorstandsmitglieder der Verpflichtung unterliegen ihre gesamten Fähigkeiten dem Unternehmen zur Verfügung zu stellen, wirken besondere Fähigkeiten in der Person eines Vorstandsmitglieds haftungsverschärfend[903]. Weiterhin begründet § 93 AktG nur eine Haftung für Eigenverschulden; eine Zurechnung für Fremdverschulden findet nicht statt[904].

d. Schaden, § 93 Abs. 2 Satz 1 AktG

Jede Schadensersatzhaftung setzt, unabhängig davon ob es sich um Innen- oder Außenhaftung handelt, das Vorliegen eines Schadens voraus. Rechtlich relevant ist dabei nur der „rechtlich ersatzfähige Schaden", also derjenige Schaden, für den ein Anderer nach Rechtsgrundsätzen verantwortlich sein kann[905]. Dies ist im Fall der schuldhaften Ersatzpflicht des § 93 AktG nicht anders. Auch hier wird das Vorliegen eines adäquat kausalen Schadens bei der Aktiengesellschaft, für den die §§ 249 ff. BGB maßgeblich sind, vorausgesetzt[906]. Allerdings handelt es sich im Rahmen der Ersatzpflicht des § 93 AktG um eine Sonderform eines

898 *Hefermehl*, in: Geßler/Hefermehl, § 93 Rn. 29; *Hopt*, in: GroßKommAktG, § 93 Rn. 253; *Mertens*, in: KK-AktG, § 93 Rn. 98
899 RGZ 163, 200, 208; *Hüffer*, § 93 Rn. 14; *Hefermehl/Spindler*, in: MünchKommAktG, § 93 Rn. 82; *Wiesner*, in: Münch. Hdb. GesR IV, § 26 Rn. 7
900 RGZ 163, 200, 208; BGH WM 1971, 1548, 1549; *Mertens*, in: KK-AktG, § 93 Rn. 99; *Hefermehl/Spindler*, in: MünchKommAktG, § 93 Rn.83; *Wiesner*, in: Münch. Hdb. GesR IV, § 26 Rn. 7
901 *Mertens*, in: KK-AktG, § 93 Rn. 99 m.w.N.; *Hefermehl/Spindler*, in: MünchKommAktG, § 93 Rn. 83; *Wiesner*, in: Münch. Hdb. GesR IV, § 26 Rn. 7; sowie für den Aufsichtsrat: BGHZ 95, 293, 295 f.
902 BGH WM 1981, 440; BGH WM 1983, 725
903 OLG Düsseldorf, WM 1984, 1080, 1085 f.; *Lutter*, S. 56
904 *Hopt*, in: GroßKommAktG, § 93 Rn. 253; *Hüffer*, § 93 Rn. 14
905 *Larenz*, § 27 II.
906 OLG Düsseldorf, AG 1997, 231, 237; *Hefermehl/Spindler*, in: MünchKommAktG, § 93 Rn. 79 ff.; *Hopt*, in: GroßKommAktG, § 93 Rn. 261; *Mertens*, in: KK-AktG, § 93 Rn. 23; *Hüffer*, § 93 Rn. 15

Schadens, einen sog. „Reflexschaden"[907]. Beim Reflexschaden stimmen der Gesellschafterschaden und der Gesellschaftsschaden überein. Aufgrund dieser Kongruenz kann der mittelbar geschädigte Gesellschafter nur die Geltendmachung des Ersatzanspruchs an die Gesellschaft verlangen. Im Moment des Schadensausgleichs der Gesellschaft wird auch der mittelbare Schaden des Gesellschafters beseitigt.

Der Schadensbegriff selbst sorgt aber auch heute noch für weitere Unklarheit. Die Kontroverse beschäftigt sich mit der Frage, ob bereits jede Minderung des Gesellschaftsvermögens einen Schaden im Sinne des § 93 AktG darstellt[908] oder ob vielmehr eine den Zwecken des Unternehmens widersprechende Beeinträchtigung zu verlangen ist (eingeschränkter Schadensbegriff)[909].

Die zusätzliche Voraussetzung, dass die Vermögensminderung dem Unternehmenszweck widersprechen muss, ist heute wichtiger denn je. Umfasst werden sollen insbesondere solche Vermögensdispositionen des Unternehmens, für die es keinerlei messbare Gegenleistungen erhält. Solche Ausgaben können soziale, kulturelle oder umweltschützende Hintergründe haben und dienen den Unternehmen heute verstärkt zur Verfolgung des Unternehmensgegenstands im Rahmen der *corporate identity* und des *corporate citizenship*[910]. Derartige Ausgaben mindern zwar augenscheinlich das Gesellschaftsvermögen, sie eignen sich andererseits jedoch auch zu einer deutlichen Imageverbesserung des aktiv tätigen Unternehmens; Kunden und Geschäftspartnern wird deutlich, dass es sich um Unternehmen handelt, die ihrer sozialen Verantwortung gerecht werden. Ein Vermögensbegriff, der die außergewöhnlichen Zwecke von Ausgaben ausklammert und in jeder Minderung des Gesellschaftsvermögens einen Schaden erkennt, wird den heutigen Anforderungen an das Unternehmertum in keiner Weise gerecht.

Die Begründung der Gegenmeinung[911], Fälle sozialer Aufwendungen würden keine Pflichtverletzung darstellen und wären damit auch nicht von dem Schadensbegriff umfasst, vermag nicht zu überzeugen. Nach § 93 Abs. 2 Satz 2 AktG trägt das Vorstandsmitglied im Falle des Schadenseintritts die Beweislast dafür, dass sein Handeln keine Pflichtverletzung darstellt. Die darin geregelte Beweislastumkehr ist nur dann zu rechtfertigen, wenn man von dem eingeschränkten

---

907 *Mertens*, in: KK-AktG, § 93 Rn. 23 ff.
908 *Hüffer*, § 93 Rn. 15; *Hopt,*in: GroßKommAktG, § 93 Rn. 263
909 Grundlegend: *Mertens*, S.128 ff, 165 ff; speziell zum Aktienrecht: *Mertens*, in: KK-AktG, § 93 Rn. 23 ff.; *Hefermehl*, in: Geßler/Hefermehl, § 93 Rn. 28; *Wiesner*, in: Münch. Hdb. GesR IV, § 26 Rn. 6; *Lutter*, S. 58
910 *Mertens*, in: KK-AktG, § 93 Rn. 23
911 So insbesondere *Hüffer*, § 93 Rn. 17

Vermögensbegriff ausgeht, da nur darin ein pflichtwidriges Verhalten zu sehen ist[912].

Hinsichtlich der Kausalität des Schadens gelten die allgemeinen Grundsätze. Die Vorstandsmitglieder können sich somit auch grundsätzlich auf den Einwand des rechtmäßigen Alternativverhaltens berufen[913]. Zur Exkulpation eines Vorstandsmitgliedes bedarf es aber des sicheren Nachweises, dass der Schaden auch bei pflichtgemäßem Verhalten eingetreten wäre[914]. Von diesem Einwand ausgenommen sind Fälle, in denen die Pflichtwidrigkeit in der Verletzung von Organisations-, Kompetenz- oder Verfahrensnormen besteht. Der Schutzzweck dieser Normen würde bei Berufung eines Vorstandsmitgliedes darauf ansonsten ins Leere laufen[915].

e. Beweislast, § 93 Abs. 2 Satz 2 AktG

Die Beweislast für die Anwendung der Sorgfalt eines ordentlichen und gewissenhaften Geschäftsleiters liegt, anders als gewöhnlich im Zivilprozess, nicht bei dem Anspruchsteller (hier: der Gesellschaft), sondern gemäß § 93 Abs. 2 Satz 2 AktG bei den Vorstandsmitgliedern (Beweislastumkehr).

Die Beweislastumkehr des § 93 Abs. 2 Satz 2 AktG fußt auf der Begründung, dass die den Anspruch geltend machende Gesellschaft regelmäßig nicht in der Lage sei, die eine Pflichtverletzung begründenden Tatsachen zu ermitteln und zu beweisen[916]. Vielmehr wird das pflichtwidrige Verhalten des Vorstandsmitglieds vermutet[917]; die betroffenen Organmitglieder müssen zur Abwendung der Schadensersatzpflicht nachweisen, dass sie – subjektiv und objektiv – die Sorgfalt eines ordentlichen und gewissenhaften Geschäftsleiters beachtet haben (Haftung

---

912 *Hefermehl* in: Geßler/Hefermehl, § 93 Rn. 28; *Mertens,* in: KK-AktG, § 93 Rn. 23
913 Im Rahmen des Leitungsermessens bedarf es zur Berufung auf den Einwand des rechtmäßigen Alternativverhaltens zudem einer „informierten" unternehmerischen Entscheidung. Die generelle Berufung des Vorstands auf das unternehmerische Ermessen reicht dafür nicht aus, vgl. diesbezüglich *Roth,* S. 138
914 *Hopt,* in: GroßKommAktG, § 93 Rn. 268
915 *Mertens,* in: KK-AktG, § 93 Rn. 23 ff.; *Lutter,* S. 59
916 *Hüffer,* § 93 Rn. 16; *Hefermehl/Spindler,* in: MünchKommAktG, § 93 Rn. 86; *Mertens,* in: KK-AktG, § 93 Rn. 100
917 Nach der h.M. betrifft die Beweislastumkehr nicht nur den Verschuldensvorwurf, sondern entsprechend der bereits erwähnten Doppelfunktion des § 93 Abs. 1 Satz 1 AktG auch die Pflichtwidrigkeit, vgl. BGH NJW 1963, 46 (zur Genossenschaft); BGH BB 1974, 994; BGH NJW 1986, 54 (beide zur GmbH); BGH GmbHR 2003, 113; *Mertens,* in: KK-AktG, § 93 Rn. 102; *Hopt,* in: GroßKommAktG, § 93 Rn. 285 f.; *Hüffer,* § 93 Rn. 16; *Goette,* ZGR 1995, 648, 673 f., der die Gesellschaft als darlegungspflichtig für ein *möglicherweise pflichtwidriges Verhalten* des Organs ansieht.

für vermutetes Verschulden)[918]. Dies ist ihnen insbesondere aufgrund ihrer Stellung im Unternehmen und der damit verbundenen Sachnähe leichter möglich[919].

Demgegenüber hat die Gesellschaft, vertreten durch ihren Aufsichtsrat (§ 112 AktG), zur Begründung ihres Schadensersatzanspruchs darzulegen und zu beweisen, dass ihr ein Schaden – gegebenenfalls mit der Erleichterung des § 287 ZPO – entstanden ist, der auf einer kausalen Handlung bzw. eines Unterlassens des betroffenen Vorstandsmitglieds beruht[920].

Die Beweislastumkehr bringt die klagende Gesellschaft prozessual in eine vielversprechende Lage. Diese kann bei Schadenseintritt stets auf einen sonst wie gearteten Verhaltensbeitrag des Vorstandsmitglieds abstellen, das anschließend den erheblich komplexeren Exkulpationsbeweis führen muss. Dies führt im Ergebnis zu einer Haftungsverschärfung der Organmitglieder.

f. Gesamtschuldnerische Haftung, § 93 Abs. 2 Satz 1 AktG

Nach § 93 Abs. 2 Satz 1 AktG sind Vorstandsmitglieder, die ihre Pflichten verletzen, der Gesellschaft zum Ersatz des daraus entstehenden Schadens als Gesamtschuldner verpflichtet. Mündet eine pflichtwidrige Maßnahme mehrerer Vorstandsmitglieder in einen Schaden der Gesellschaft ein, so haften diese alle als Gesamtschuldner[921]. Differenzierungen hinsichtlich des Verschuldensbeitrags oder spezifischer Zuständigkeiten der einzelnen Organmitglieder sind für das Innenverhältnis zur Aktiengesellschaft gegenstandslos; diese finden aber im Rahmen der Regressansprüche Berücksichtigung[922]. Dabei findet der Ausgleich im Innenverhältnis nach bürgerlichem Recht – § 426 BGB – statt.

IV. Haftungsdurchsetzung

Die Effektivität der Organhaftung im deutschen Aktienrecht ist zwingend mit der Haftungsdurchsetzung verbunden. Die Durchsetzung von Ersatzansprüchen der

---

918 BGH NJW 1963, 46; BGH BB 1974, 994; BGH ZIP 1985, 1135; OLG Hamm, AG 1995, 512, 513; *Mertens*, in: KK-AktG, § 93 Rn. 102; *Wiesner*, in: Münch. Hdb. GesR IV, § 26 Rn. 9; *Hefermehl/Spindler*, in: MünchKommAktG, § 93 Rn. 87

919 *Hüffer*, § 93 Rn. 16; *Mertens*, in: KK-AktG, § 93 Rn. 100; *Hopt*, in: GroßKommAktG, § 93 Rn. 276

920 *Hefermehl/Spindler*, in: MünchKommAktG, § 93 Rn. 87 m.w.N.; *Hüffer*, § 93 Rn. 16; *Mertens*, in: KK-AktG, § 93 Rn. 101

921 Die Anordnung einer gesamtschuldnerischen Haftung verweist damit auf die §§ 421 ff. BGB, vgl. *Hüffer*, § 93 Rn. 18

922 *Hüffer*, § 93 Rn. 18; *Mertens*, in: KK-AktG, § 93 Rn. 21

Gesellschaft steht seit jeher im Zentrum der Diskussion und wird von den Kritikern als durchweg unzureichend angesehen[923]. Als problematisch wird insbesondere angesehen, dass sich die Schadensdurchsetzung aufgrund pflichtwidrigen Verhaltens von Vorstand oder Aufsichtsrat nach der allgemeinen aktienrechtlichen Kompetenzverteilung richtet. Danach sind die Organe zur Durchsetzung von Ersatzansprüchen der Gesellschaft wechselseitig zuständig; der Vorstand gem. § 78 AktG, der Aufsichtsrat gem. § 112 AktG. Die Gefahr einer Interessenkollision bzw. des „Versäumens" der Geltendmachung von Ansprüchen liegt nicht zuletzt aus Gründen des Selbstschutzes des jeweiligen Organs nahe[924] und fand zuletzt in dieser Form auch im Regierungsentwurf zum UMAG Erwähnung[925]. Neben rein persönlichen Interessen spielen aber auch geschäftliche Interessen der Gesellschaft eine bedeutende Rolle. Hierbei ist vor allem an einen Imageverlust der Gesellschaft, die Auswirkungen der Anspruchsverfolgung auf Geschäftsbeziehungen zu Dritten[926], sowie die Beeinträchtigung der Arbeitsumstände der Gesellschaftsorgane und letztlich auch an die Kostenrisiken zu denken[927]. Innenhaftungsansprüche der Gesellschaft auf der Rechtsgrundlage des § 93 Abs. 2 AktG können einerseits vom Aufsichtsrat und andererseits durch Beschluss auf Drängen der Hauptversammlung geltend gemacht werden[928].

1. Geltendmachung durch den Aufsichtsrat

In Fällen pflichtwidrigen Verhaltens von Organmitgliedern haben je nach Zuständigkeit der Vorstand oder der Aufsichtsrat nach einer sorgfältigen und sachgerechten Ermessensprüfung zu verifizieren, ob sie einen Schadensersatzanspruch der Gesellschaft gegen andere Verwaltungsmitglieder verfolgen.

---

923 *Ulmer,* ZHR 1999, 290, 292 spricht von einer „misslungenen Vorschrift"; *Schröer,* in: MünchKommAktG, § 147 Rn. 9; *Baums,* Gutachten F zum 63. DJT 2000, F 241 ff.; *Hölters,* FS Wiedemann, 975, 976; *Kallmeyer,* AG 1997, 107, 107 f.; *Thümmel,* S. 81

924 *Hüffer,* § 147 Rn. 1; *Baums,* Gutachten F zum 63. DJT 2000, F 241; *Koch/Heidel,* in: Heidel, AktienR, § 147 AktG Rn. 1; *Hölters,* FS Wiedemann, 975, 975; *Trescher,* DB 1995, 661 ff.

925 Regierungsentwurf, Begründung, Bes. Teil zu §§ 147, 148 AktG, BT-Drucks. S. 42 f

926 *Schröer,* in: MünchKommAktG, § 147 Rn. 9 m.w.N.

927 Regierungsentwurf, zum KonTraG, Begründung, BT-Drucks. 13/9712, S. 21=ZIP 1997, 2065, 2066

928 Nach § 93 Abs. 5 AktG kann ein Ersatzanspruch der Gesellschaft auch von den Gläubigern der Gesellschaft geltend gemacht werden, soweit diese von der Gesellschaft keine Befriedigung erlangen können. Aufgrund der geringen Praxisrelevanz wird vorliegend aber von einer Darstellung abgesehen.

2. Verfolgungsrecht des § 147 AktG a.F.

Zur weiteren Sicherung der Wahrnehmung des Gesellschaftsinteresses gab § 147 AktG a.F. den Aktionären zur Geltendmachung von Ansprüchen gegenüber aktiven oder bereits ausgeschiedenen[929] Vorstandsmitgliedern die Möglichkeit, den Aufsichtsrat zum Handeln zu zwingen. Sie konnten ein Minderheitsverlangen in der Hauptversammlung äußern (§ 147 Abs. 1 AktG a.F.), darauf aufbauend einen Antrag auf die gerichtliche Bestellung besonderer Vertreter stellen (§ 147 Abs. 2 S. 2 AktG a.F.) und weiterhin, losgelöst von der Hauptversammlung, die Bestellung eines besonderen Vertreters erreichen (§ 147 Abs. 3 AktG a.F.). Dieses indirekte Klagerecht der Aktionäre unterstrich erneut die Ablehnung gegen eine actio pro socio im Rahmen des § 147 AktG a.F.[930]. Ein unmittelbares Klagerecht stand den Aktionären nur dann zu, wenn sie in ihren eigenen Rechten, insbesondere in ihrem Mitgliedschaftsrecht, verletzt waren[931].

a. § 147 Abs. 1 AktG a.F. (Minderheitsverlangen)

Nach § 147 Abs. 1 AktG a.F. konnte die Hauptversammlung mit einfacher Mehrheit der abgegebenen Stimmen (§ 147 Abs. 1 a.F., 133 Abs. 1 AktG) oder einer qualifizierten Mehrheit (10% des Grundkapitals) vom Aufsichtsrat oder in seltenen Fällen auch vom Vorstand, die Geltendmachung von Ansprüchen gegenüber dem jeweils anderen Organ verlangen, wenn das zuständige Organ untätig geblieben war oder sich weigerte. Es handelte sich daher um ein subsidiäres Verfolgungsrecht der Minderheit[932]. Die Frist zum Tätigwerden von Aufsichtsrat oder Vorstand betrug sechs Monate, § 147 Abs. 1 Satz 4 AktG a.F. Die Minderheit, die den Beschluss durchgesetzt hatte, war zunächst nicht für Kosten und Aufwendungen verantwortlich[933].

Da in großen Publikumsgesellschaften, zuweilen auch bei Hauptversammlungsmehrheiten, Interessenkonflikte auftraten[934], sah § 147 Abs. 1 Satz 1 2. Fall AktG a.F. ein Minderheitsverlangen durch die 10%-ige Minderheitsklausel vor. Um der Gefahr von Missbräuchen vorzubeugen, mussten die betroffenen Min-

---

929 BGH AG 1991, 269; BGH NJW 1989, 2055
930 So auch *Zöllner*, ZGR 1988, 392, 407 f. m.w.N.; *K.Schmidt*, § 28 V 3., S. 874; *Hüffer*, § 147 Rn. 5; *Habersack*, DStR 1998, 533, 533
931 BGHZ 83, 122; *Zöllner*, ZGR 1988, 392, 408
932 *Baums*, Gutachten F zum 63. DJT 2000, F 243
933 *Wiedemann*, S. 49; vgl. jedoch die nachträgliche Kostenbelastung in § 147 Abs. 4 AktG
934 Z.B. in Fällen, in denen ein Großaktionär gleichzeitig im Aufsichtsrat vertreten ist oder enge persönliche oder geschäftliche Beziehungen bestehen.

derheitsaktionäre seit mindestens 3 Monaten vor Einberufung der Hauptversammlung Aktieninhaber gewesen sein (§ 147 Abs. 1 Satz 2 AktG a.f.) und dies auch durch eidesstattliche Versicherung vor einem Notar glaubhaft gemacht haben[935]. Dieser Minderheitsschutz wurde aufgrund des hohen Schwellenwertes von 10 % häufig kritisiert[936]. Rechtsfolge eines solchen Minderheitsverlangens war die Geltendmachung von Ersatzansprüchen der Gesellschaft durch ihre vertretungsberechtigten Organe gegenüber den in dem Verlangen benannten Organmitgliedern.

b. *Besondere Vertreter, § 147 Abs. 2 AktG a.f.*[937]

Nach § 147 Abs. 2 AktG a.F. konnte von der Hauptversammlung oder von dem Gericht ein besonderer Vertreter bestellt werden, der in den Fällen der Unwilligkeit der Schadensersatzanspruchsdurchsetzung durch den Aufsichtsrat oder den Vorstand die Geltendmachung der Ersatzansprüche verfolgte. Voraussetzung dafür war, dass zunächst die Hauptversammlung gemäß § 147 Abs. 1 S. 1 AktG a.F. die Geltendmachung von Schadensersatzansprüchen beschloss oder eine Minderheit sie verlangt hatte. Im Rahmen der gerichtlichen Bestellung (§ 147 Abs. 2 Satz 2 – 9 AktG a.F.) entschied das zuständige Amtsgericht (§ 145 Abs. 1 FGG) am Sitz der Gesellschaft (§ 14 Abs. 1 AktG) nach einer Zweckmäßigkeitsprüfung über die Bestellung eines oder mehrerer besonderer Vertreter[938]. Die Zweckmäßigkeit war stets dann zu bejahen, wenn die Anspruchsverfolgung bei besonderen Vertretern geeigneter war als bei den grundsätzlich nach §§ 78, 112 AktG zuständigen Personen[939]. Die derart bestellten Vertreter traten damit an die Stelle der ursprünglich für die Anspruchsverfolgung zuständigen Organe, deren Vertretungsmacht für die konkrete Geltendmachung des Ersatzanspruchs ausgeschlossen war[940].

---

935 *Hölters*, FS Wiedemann, 975, 979 m.w.N.
936 *Kling*, DZWIR 2005, 45, 54; *Ulmer*, ZHR 163 (1999), 290, 337 f.; *Bork*, RWS Forum 10, Gesellschaftsrecht 1997, 53, 68 spricht im Zusammenhang mit § 147 Abs. 1 von einer „legislatorischen Totgeburt".
937 Ausführlich dazu: *Böbel*, Die Rechtsstellung der besonderen Vertreter gem. § 147 AktG
938 *Schröer*, in: MünchKommAktG, § 147 Rn. 50 ff.
939 *Hüffer*, § 147 Rn. 8; *Thümmel*, Rn. 185
940 BGH NJW 1981, 1097, 1098; *Hölters*, FS Wiedemann, 975, 987 m.w.N.

c. Erleichterte Bestellung besonderer Vertreter, § 147 Abs. 3 AktG a.F.

Von der gerichtlichen Bestellung nach § 147 Abs. 2 AktG a.f. war die des § 147 Abs. 3 AktG a.f. zu unterscheiden. Das im dritten Absatz der Norm verbriefte subsidiäre Klageerzwingungsrecht einer Minderheit sollte aufgrund der niedrigeren 5%-Schwelle (des Grundkapitals) die Durchsetzung von Organhaftungsansprüchen erleichtern[941]. Die in § 147 Abs. 3 AktG a.F. formulierte aktionärsfreundlichere 5%-Schwelle wurde aber aufgrund der weitergehenden Voraussetzungen der Norm im Rahmen der Geltendmachung des Anspruchs relativiert. Vornehmlich die Erfüllung der materiellen Voraussetzungen des § 147 Abs. 3 Satz 1 AktG a.f. erwies sich als Klagehindernis[942]. Danach war das Gericht verpflichtet, einen besonderen Vertreter zu bestellen, wenn Tatsachen vorlagen, die den dringenden Verdacht rechtfertigten, dass der Gesellschaft durch Unredlichkeiten oder grobe Verletzungen des Gesetzes oder der Satzung ein Schaden zugefügt worden war. Im Anschluss daran oblag es dem bestellten besonderen Vertreter, die Prozess- und Erfolgsaussichten einer Klage zu prüfen. Im weiteren Verlauf war er zur Anspruchsdurchsetzung verpflichtet[943]. Ausnahmsweise konnte der besonders bestellte Vertreter von einer Klagedurchsetzung absehen, wenn gewichtige Interessen und Belange der Gesellschaft eine ersatzlose Hinnahme des Schadens erforderten[944].

In der Praxis spielte § 147 Abs. 3 AktG a.f. eine untergeordnete Rolle[945]. Das umständliche und bürokratische Verfahren, das Erfordernis eines grob fahrlässigen Verhaltens der Organmitglieder sowie die Kostenregelung des § 147 Abs. 4 AktG a.f., die der Minderheit im Falle einer Prozessniederlage die Kosten auferlegte, waren ursächlich für die weit verbreitete Ablehnung dieser Klagemöglichkeit.

---

941 Regierungsentwurf, Begründung zum KonTraG = ZIP 1997, 2065

942 Ein weiterer bedeutender Unterschied zu § 147 Abs. 2 AktG bestand darin, dass in Fällen des § 147 Abs. 3 AktG in subjektiver Hinsicht zumindest grobe Fahrlässigkeit verlangt wurde.

943 *Hüffer*, § 147 Rn. 9a

944 So der Bundesgerichtshof im ARAG-Urteil – BGHZ 135, 244, 255: Der Aufsichtsrat darf von der Geltendmachung begründeter Schadensersatzansprüche absehen, „wenn gewichtige Interessen und Belange der Gesellschaft dafür sprechen, den ihr entstandenen Schaden ersatzlos hinzunehmen".

945 *Thümmel*, DB 1997, 261, 262

V. Möglichkeiten der Haftungsfreistellung, Haftungserleichterung und der Versicherung

Die Wirtschaftsskandale der letzten Jahre und die latenten, tätigkeitsimmanenten Haftungsrisiken der Organmitglieder haben die Diskussion um die Möglichkeiten der Haftungsfreistellung und Haftungserleichterung der Organmitglieder sowie deren Versicherung neu entfacht. Neben den reinen Versicherungsoptionen bietet auch das geltende Recht Enthaftungsmöglichkeiten.

1. Zustimmung der Hauptversammlung, § 93 Abs. 4 AktG

Nach § 93 Abs. 4 S. 1 AktG tritt die Haftung der Vorstandsmitglieder nicht ein, wenn die Handlung auf einem gesetzmäßigen Hauptversammlungsbeschluss beruht. Dieser Haftungsausschluss ist im Hinblick auf § 83 Abs. 2 AktG auch konsequent, da gemäß § 83 Abs. 2 AktG der Vorstand verpflichtet ist, die von der Hauptversammlung im Rahmen ihrer Zuständigkeit beschlossenen Maßnahmen durchzuführen. Aus der engen Verbindung zwischen § 83 Abs. 2 AktG und § 93 Abs. 4 S. 1 AktG folgt aber auch, dass ein Haftungsausschluss nach § 93 Abs. 4 S. 1 AktG tatsächlich nur soweit gehen kann, wie die Pflichtenbindung nach § 83 Abs. 2 AktG reicht[946]. Aus dem Wortlaut des § 93 Abs. 4 S. 1 AktG, dass das Handeln des Vorstands auf dem Beschluss der Hauptversammlung „beruhen" müsse, wird heute geschlossen, dass ein Haftungsausschluss des Vorstands nur dann möglich ist, wenn der Hauptversammlungsbeschluss vor dem pflichtwidrigen Handeln des Organs ergangen ist[947].

2. Vertragliche Haftungsbeschränkung

Die Frage der Zulässigkeit einer vertraglichen Haftungsbeschränkung ist im deutschen Aktienrecht nicht geregelt. Die Ausgestaltung der Organhaftung als zwingendes Recht[948] und der Umkehrschluss aus § 93 Abs. 4 Satz 3 AktG, der einen Verzicht oder Vergleich erst drei Jahre nach Entstehung des Anspruchs ermöglicht, sprechen gegen die Zulässigkeit einer präventiven vertraglichen Haftungsbeschränkung[949]. Eine vertragliche oder satzungsspezifische Haftungsbeschrän-

---

946 *Hopt,* in: GroßKommAktG, § 93 Rn. 307
947 *Hefermehl,* in: Geßler/Hefermehl, § 93 Rn 51; *Hopt,* in: GroßKommAktG, § 93 Rn. 314; *Baumbach/Hueck,* AktG, § 93 Rn. 12; *Mertens,* in: KK-AktG, § 93 Rn. 15; *Fleischer,* BB 2005, 2025, 2027; a.A. *Godin/Wilhelmi,* Rn. 22
948 *Mertens,* in: KK-AktG, § 93 Rn. 4; *Krieger,* RWS-Forum, Bd. 8, Gesellschaftsrecht 1995, 149, 162
949 *Schneider,* FS Werner, 795, 800

kung der Vorstandsmitglieder würde zudem der durch § 93 Abs. 4 Satz 3 AktG bezweckten Vermeidung nachteiliger oder gar doloser Absprachen zuwiderlaufen und einen Verstoß gegen diese Regelung darstellen[950].

3. Haftungsbeschränkung aus betrieblich veranlasster Tätigkeit

Weiterhin könnten jedoch trotz des zwingenden Charakters des § 93 AktG die arbeitsrechtlichen Grundsätze einer Haftungserleichterung aus betrieblich veranlasster Tätigkeit Anwendung finden.

Die Anwendung dieser Grundsätze auf Organmitglieder wird heute aber einheitlich abgelehnt[951]. Zwar spreche für eine Anwendung dieser Grundsätze, dass die Organmitglieder einem hohen Haftungsrisiko ausgesetzt seien, das zur Vergütung in keinem Verhältnis stehe[952] und dass die Komplexität der Haftpflichtversicherungen und deren Prämien ständig wachse, dennoch sei eine Anwendung dieser arbeitsrechtlichen Grundsätze abzulehnen. Zunächst leiste das Organmitglied keine fremdbestimmte Arbeit und sei daher nicht gleichsam an Weisungen gebunden wie ein Arbeitnehmer[953]. Das Argument der mangelnden Arbeitnehmereigenschaft von Organmitgliedern bestätigt auch der Bundesgerichtshof[954], obwohl er in begründeten Einzelfällen auch davon abweicht[955]. Weiterhin sei das Verhältnis der Vorstandsmitglieder zur Gesellschaft ein anderes als das der Arbeitnehmer zur Gesellschaft. Zweck der Organhaftung ist neben dem Schutz der Gesellschaft auch der Schutz der Gläubiger der Gesellschaft. Diese Erwägungen ließen keine Haftungsmilderung zu[956]. Die Grundsätze der betrieblich veranlassten Tätigkeit sind somit auf Vorstandsmitglieder im Verhältnis zu ihrer Gesellschaft nicht anzuwenden. Dies ist insbesondere vor dem Hintergrund eines effektiven und lückenlosen Schutzes der Gesellschaftsinteressen konsequent.

---

950 *Hopt*, in: GroßKommAktG, § 93 Rn. 353
951 BGH WM 1975, 467, 469; *Mertens*, in: KK-AktG, § 93 Rn. 4; *Hüffer*, § 93 Rn. 14; *Schneider*, FS Werner, 795, 807; *Fleck*, FS Hilger/Stumpf, 197, 216; *Henze*, Rn. 419 f.; *Bastuck*, S. 82
952 *Bastuck*, S. 82
953 *Fleck*, FS Hilger/Stumpf, 197, 215 f.
954 BGHZ 36, 142, 143
955 BGHZ 79, 291, 292
956 *Schneider*, FS Werner, 795, 797 ff.; *Hopt*, in: GroßKommAktG, § 93 Rn. 342

4. Versicherungsdeckung durch Directors & Officers-Versicherungen[957]

Das Platzen der Spekulationsblase an den Kapitalmärkten hat das Bewusstsein der Aktionäre großer Publikumsgesellschaften hinsichtlich der Unternehmensführung geschärft und zu einer zunehmenden Bereitschaft geführt, Schadensersatzansprüche gegen Organmitglieder geltend zu machen und gerichtlich durchzusetzen. Zur Vermeidung persönlicher Haftung drängen die Organmitglieder auf den Abschluss sog. Directors & Officers-Versicherungen (D&O-Versicherungen)[958].

a. Entwicklung[959]

In Deutschland sind D&O-Versicherungen seit 1986 erhältlich[960], etabliert hat sich diese Art der Versicherung jedoch erst Mitte der 90er Jahre[961]. Die Gründe für die schwerfällige Durchsetzung der Organhaftpflichtversicherung sind vor allem in der mangelhaften Ausgestaltung der Aktionärsklagerechte zu suchen. Da später auch der Gesetzgeber auf die Missstände im Rahmen des aktienrechtlichen Klageschutzes aufmerksam und in der Folge gesetzgeberisch tätig wurde[962], konnten vor dem Hintergrund verschärfter Organhaftungsansprüche die D&O-Versicherungen auch in Deutschland ihren Platz finden. Das Angebot der D&O-Versicherungen zeichnet sich auf dem deutschen Markt dadurch aus, dass der Deckungsschutz sowohl Außenhaftungsansprüche als auch Innenhaftungsansprüche umfasst[963].

b. Ausgestaltung

D&O-Versicherungen sind Vermögensschadens-Haftpflichtversicherungen für Organmitglieder oder leitende Angestellte, die grundsätzlich einen Selbstbehalt

---

957 Aus dem anglo-amerikanischen Sprachgebrauch stammend: Directors and Officers – Versicherungen

958 D&O-Versicherungen sind heute grundsätzlich sowohl Fremd- als auch Haftpflichtversicherung, vgl. *Dreher*, DB 2005, 1669, 1673 ff.

959 Ausführlich zu der historischen Entwicklung *Schillinger*, VersR 2005, 1484, 1486 ff.

960 *Ihlas*, S. 54

961 *Sieg*, DB 2002, 1759, 1759; zu den verschiedenen Versicherungsanbietern vgl. *Kästner*, AG 2000, 113, 114

962 Man denke z.B. an das KonTraG, das TransPuG und das 4. Finanzmarktförderungsgesetz.

963 *v. Westphalen*, DB 2005, 431, 431; *Koch*, GmbHR 2004, 18, 19; anders als in den USA, wo die Beschränkung auf Außenansprüche Marktstandard ist.

beinhalten[964] und dem unmittelbaren Zweck dienen, das private Vermögen des geschützten Personenkreises vor den Haftungsrisiken aufgrund beruflicher Tätigkeit zu schützen[965]. Damit finden insbesondere die Vorschriften über die Haftpflichtversicherung (§§ 149 ff. VVG) und die Vorschriften über die Versicherung für fremde Rechnung (§§ 74 ff. VVG) Anwendung. Der Versicherungsschutz ist derart ausgestaltet, dass das Unternehmen als vertragsabschließender Versicherungsnehmer eine Vermögensschadens-Haftpflichtversicherung zugunsten seiner Organe als versicherte Person abschließt[966]. Der Versicherungsvertrag wird als sog. Firmenpolice grundsätzlich direkt zwischen dem Versicherer und der Gesellschaft als Versicherungsnehmerin abgeschlossen[967]. Es handelt sich dabei um einen sog. Versicherungsvertrag für fremde Rechnung, §§ 74 ff. VVG[968]. Die Gesellschaft ist Prämienschuldner und das versicherte Organmitglied wird Gläubiger der Rechte aus dem Versicherungsvertrag, § 75 Abs. 1 VVG[969]. Das Organmitglied ist aber nicht Partei des Versicherungsvertrages, sondern nur Dritter im Sinne des § 328 Abs. 1 BGB[970]. Aufgrund eines sog. „company reimbursement" geht aber der Anspruch des Organmitglieds bei Bestehen einer Freistellungsverpflichtung[971] gegen die Gesellschaft als Arbeitgeber (§§ 670, 257 Satz 1 BGB[972]) grundsätzlich auf diese über (Ziff. 1.2. AVB-AVG)[973]. In den Fällen der „corporate (oder company) reimbursement coverage" kann neben den Organmitgliedern auch die Gesellschaft gegen Schäden versichert werden, die ihr durch

---

964 So auch die Empfehlung im DCGK Ziffer 3.8.

965 OLG München, Urteil vom 15.3.2005 (25 U 3940/04) – rkr. – = VersR 2005, 540, 541; *Lange*, AG 2005, 459, 460; *Kiethe*, BB 2003, 537, 538

966 *Schimmer*, in: Managerhaftung, S. 13; *Kiethe*, BB, 2003, 537, 538

967 *Ihlas*, S. 192; der direkte Abschluss des Versicherungsvertrags zwischen dem Organmitglied un dem Versicherer, die sog. Einzel- oder Singulärpolice, wird heute wegen der Prämienhöhe kaum noch angeboten und noch seltener nachgefragt.

968 OLG München, Urteil vom 15.3.2005 (25 U 3940/04) – rkr. – = VersR 2005, 540, 541; *Säcker*, VersR 2005, 10, 11; *Kästner*, AG 2000, 113, 114; *Küppers/Dettmeier/ Koch*, DStR 2002, 199, 201

969 *Schüppen/Sanna*, ZIP 2002, 550, 551

970 *Koch*, GmbHR 2004, 160, 160

971 Zur Freistellung von Organen von persönlicher Haftung ausführlich *Habersack*, FS Ulmer, 151 ff.

972 Zu den erstattungsfähigen Aufwendungen im Sinne des § 670 BGB gehören grundsätzlich auch die Kosten aus einem Rechtsstreit, vgl. dazu auch *Fleischer*, WM 2005, 909, 915

973 Vgl. diesbezüglich auch die „Allgemeinen Bedingungen für die Vermögensschaden-Haftpflichtversicherung von Aufsichtsräten, Vorständen und Geschäftsführern (AVB-AVG) des Gesamtverbandes der Deutschen Versicherungswirtschaft e.V. (GDV); zu den Ansprüchen des Organmitglieds gegen die Gesellschaft ausführlich *Koch*, GmbHR 2004, 160, 162.

die Haftungsfreistellung ihrer Organmitglieder entstehen. In derartigen Fällen ist die Gesellschaft sowohl Versicherungsnehmer als auch Versicherter[974]. Der Versicherungsschutz ist dabei zweiteilig strukturiert. Er beinhaltet die Rechtsschutzgewährung und die Schadensersatzleistung[975]. Bei Eintritt eines Versicherungsfalles durch Anspruchserhebung[976] übernimmt der Versicherer in einem ersten Schritt die gerichtlichen und außergerichtlichen Rechtsschutzkosten, die zur Abwehr gegen die Inanspruchnahme notwendig sind. Die Höhe der Kostenübernahme ist durch die vertraglich fixierte Deckungssumme begrenzt und versteht sich abzüglich des vereinbarten Selbstbehalts. Wird eine Haftpflichtschuld festgestellt, zahlt der Versicherer in einem zweiten Schritt den anfallenden Schadensersatz an den Geschädigten[977]. Der Bedarf solcher Versicherungen ist heute unvermindert groß, was nicht zuletzt auf den schier unendlichen gesellschaftsrechtlichen Gesetzesreformen und den gesteigerten Versicherungsforderungen der Manager beruht[978], die die Existenz von Versicherungsschutz mittlerweile als eine notwendige Arbeitsplatzvoraussetzung ansehen[979]. Aktuell stellt jede zehnte D&O-Police einen Schadensfall dar[980]. Die Großschäden der vergangenen Zeit[981] haben dabei auf dem deutschen D&O-Markt deutliche Spuren hinterlassen. Neben drastischen Prämienerhöhungen gehen Experten davon aus, dass in den nächsten fünf Jahren die Zahl der Anbieter von D&O-Versicherungen auf dem Deutschen Markt auf fünf zusammenschrumpfen wird[982].

c. Interessenlage

Die Beantwortung der Frage, in wessen Interesse der Abschluss einer D&O-Versicherung liegt, hat durch das Urteil des OLG München vom 15. März

---

974 *Küpper-Dirks*, S. 63
975 *Schillinger*, VersR 2005, 1484, 1486; *Dreher*, ZHR 165 (2001), 293, 296
976 Sog. claims-made-Prinzip
977 *Lange*, DStR 2002, 1626, 1627
978 Zur D&O-Versicherungsverschaffungsklausel im Manageranstellungsvertrag vgl. *Lange*, ZIP 2004, 2221 ff.; zum wachsenden D&O-Risiko allgemein: *Ihlas/Stute*, PHi Sonderheft D&O 2003, 1, 2 f.
979 *Thümmel*, Rn. 404; vgl. zur Frage, ob das Fehlen einer D&O-Versicherung als wichtiger Grund für die Amtsniederlegung eines Vorstandsmitglieds anzusehen ist *Deilmann*, NZG 2005, 54, 55 f.
980 *Görsdorf-Kegel*, VW 2005, 74, 74
981 Beispielhaft seien hier DaimlerChrysler in Höhe von 300 Millionen US-$, die Deutsche Telekom in Höhe von 120 Millionen US-$, Lufthansa in Höhe von 250 Millionen € sowie EM-TV in Höhe von 100 Millionen € genannt.
982 *Görsdorf-Kegel*, VW 2005, 74, 74

2005[983] Aktualität erfahren. Darin erklärte das Gericht, dass, soweit in der Literatur die Ansicht vertreten werde, der Abschluss einer D&O-Versicherung liege überwiegend im Interesse der Gesellschaft, dieser Auffassung aus versicherungsrechtlicher Sicht nicht gefolgt werden könne[984]. Zur Klärung dieser Frage ist als Ausgangspunkt, aufgrund der unterschiedlichen Parteienkonstellationen, zunächst zwischen Außenhaftung und Innenhaftung zu differenzieren. In Fällen der Innenhaftung wird ein Organmitglied vom Versicherungsnehmer oder einem anderen versicherten Unternehmen selbst in Anspruch genommen, während die Inanspruchnahme bei der Außenhaftung durch einen außenstehenden Dritten erfolgt[985].

Im Bereich der Außenhaftung bezweckt die D&O-Versicherung grundsätzlich allein den Schutz der versicherten Person[986]. Dass zugleich der geschädigte Dritte durch die Versicherungsdeckung vor der Zahlungsunfähigkeit des Haftpflichtigen geschützt wird, ist lediglich ein nicht von der D&O-Versicherung bezweckter Effekt. Dies wird insbesondere dadurch deutlich, dass der Dritte sich nicht an den Prämienzahlungen beteiligt[987]. In Fällen, in denen die Gesellschaft jedoch zur Haftungsfreistellung gegenüber dem Organmitglied verpflichtet ist, dient die D&O-Versicherung hingegen dem Schutz der Gesellschaft, da durch die Kostenübernahme der Versicherung die gesellschaftsinterne Haftungsfreistellung überflüssig bzw. ausgeglichen wird[988]. Zahlt das versicherte Organmitglied freilich zunächst selbst an den Geschädigten, so liegt die D&O-Versicherung erneut auch in dessen Interesse, da die Versicherung Schutz vor einer eventuellen Zahlungsunfähigkeit hinsichtlich des gesellschaftsinternen Haftungsfreistellungsanspruchs gewährleistet[989].

Bei der Innenhaftung dient die D&O-Versicherung ihrem Grundansatz als Haftpflichtversicherung folgend[990] und, indem sie die versicherten Organmitglieder von der Erfüllung ihrer Schadensersatzpflicht befreit, dem Schutz der versicherten Organmitglieder. Dass es sich bei der D&O-Versicherung um eine Haftpflichtversicherung handelt, verdeutlicht Ziffer 4.1. AVB-AVG. Darin ist festgelegt, dass der Versicherungsanspruch auch die Prüfung der Haftpflichtfrage und damit die Abwehr unbegründeter Ansprüche (zugunsten des jeweiligen Organ-

---

983 OLG München, Urt. v. 15.3.2005 – 25 U 3940/04, rkr. = AG 2005, 817
984 OLG München, Urt. v. 15.3.2005 – 25 U 3940/04, rkr. = AG 2005, 817, 817
985 OLG München, Urt. v. 15.3.2005 – 25 U 3940/04, rkr. = AG 2005, 817, 817
986 *Ihlas*, S. 309
987 *Kästner*, AG 2000, 113, 114 f.
988 *Lange*, DStR 2002, 1626, 1628; dies ist davon abhängig, ob der Versicherer oder die Versicherungsnehmerin zuerst an den Geschädigten leistet.
989 *Dreher*, ZHR 165 (2001), 293, 311
990 OLG München, Urt. v. 15.3.2005 – 25 U 3940/04, rkr. = AG 2005, 817, 818

mitglieds) umfasst. In Ziffer 4.5 AVG-AVG sind bestimmte Obliegenheiten festgelegt. Besonders relevant sind insbesondere das Anerkenntnis- und Befriedigungsverbot, gekoppelt mit dem Gebot, dem D&O-Versicherer die Prozessführung zu überlassen[991]. Wie *Graf von Westphalen* feststellt, indiziert damit die Prozessführungsbefugnis des D&O-Versicherers, dass die D&O-Versicherung im Bereich der Innenhaftung hauptsächlich dem Schutz der Interessen der versicherten Organmitglieder und tendenziell nicht auch den Interessen der Gesellschaft als Versicherungsnehmerin dient[992]. Es sprechen jedoch auch gute Gründe dafür, die D&O-Versicherung als eine gleichzeitig dem Schutz der Gesellschaft als Versicherungsnehmerin dienende Versicherung anzusehen. Im Vordergrund steht dabei, dass die Versicherungsdeckung der Gesellschaft das Risiko einer Insolvenz der versicherten Person abnimmt[993]. Darüber hinaus sind D&O-Versicherungen heutzutage unerlässlich, um qualifizierte Führungskräfte für Managementpositionen gewinnen zu können. Vor diesem Hintergrund kann *Dreher* zugestimmt werden, der die D&O-Versicherung als „konstitutives Element" zur Sicherung unternehmerischer Handlungsfreiheit bezeichnet hat[994].

Das sich aus den gegensätzlichen Interessen von Gesellschaft und D&O-Versicherer ergebende Szenario war auch Gegenstand der oben erwähnten Entscheidung des OLG München. Aufgrund des zusätzlichen Abwehrschutzes der Versicherer – im Wege der Prüfung der Haftpflichtfrage – für von ihrer Gesellschaft verklagte versicherte Organmitglieder, an dem die Gesellschaft offenkundig kein Interesse hat, versuchen die Gesellschaften den Versicherer direkt in Anspruch zu nehmen, ohne vorher einen zeitaufwändigen Haftungsprozess führen zu müssen. Dies wiederum widerspreche, wie *Koch* zu Recht anmerkt, dem Interesse des Versicherers. Dessen Aussichten einer erfolgreichen Anspruchsabwehr verschlechterten sich, „denn der Gesellschaft böte sich die „Chance", sich des Organmitglieds als Zeugen zum Beweis für dessen Haftung und für die damit einhergehende Deckung zu bedienen"[995]. Das OLG München lehnte im Ergebnis eine unmittelbare Inanspruchnahme des Versicherers durch die Gesellschaft ab. Zur Begründung führte es aus, dass eine unmittelbare Inanspruchnahme des Versicherers im Widerspruch zu dem in der Haftpflichtversicherung geltenden sog. Trennungsprinzip, wonach die Haftpflichtfrage und die Deckungsfrage unabhängig voneinander und in getrennten Prozessen zu verhandeln seien und zu einer Verschlechterung der Rechtsposition des Versicherers führe[996]. Diese Begrün-

---

991 Vgl. zur Prozessführung *Koch,* GmbHR 2004, 18, 20
992 *v. Westphalen,* DB 2005, 431, 432
993 *Dreher,* ZHR 165 (2001), 293, 313
994 *Dreher,* ZHR 165 (2001), 293, 310
995 *Koch,* GmbHR 2004, 18, 20
996 OLG München, Urt. v. 15.3.2005 – 25 U 3940/04, rkr. = AG 2005, 817, 819

dung überzeugt. Würde man eine unmittelbare Inanspruchnahme des Versicherers durch die Gesellschaft als Versicherungsnehmerin gestatten, dann wäre die
aus § 149 VVG abgeleitete Abwehrfunktion – wie *Graf von Westphalen* zu Recht
bemerkt – nicht länger Teil des ursprünglichen Haftpflichtprozesses zwischen
dem in Anspruch genommenen Organmitglied als versicherter Person und der geschädigten Gesellschaft als Versicherungsnehmerin. Vielmehr wäre der Abwehrschutz dann als Teil des zwischen der Gesellschaft und dem Versicherer geführten Deckungsprozess anzusehen[997].

d. Gesellschaftsrechtliche Zulässigkeit

Zunächst stellt sich allerdings die Frage, ob eine Gesellschaft überhaupt eine
Haftpflichtversicherung für Mitglieder des Vorstands abschließen darf[998]. Dies
kann aus zweierlei Gründen problematisch sein. Erstens sind vertragliche Haftungsbeschränkungen dem deutschen Aktienrecht fremd und als unzulässig anzusehen[999], und zweitens könnte die Präventionswirkung der Haftung, die die Entscheidungsfindung des Vorstands maßgeblich beeinflussen soll, durch die Möglichkeit des Abschlusses gerade einer solchen Versicherung ausgehöhlt werden.
    In Übereinstimmung mit der heute überwiegenden Lehre wird man die Prä-
mientragung der Gesellschaft dennoch als gesellschaftsrechtlich zulässig ansehen
müssen[1000]. Der Einfluss der Versicherung auf die Entscheidungsfindung des
Vorstands wird regelmäßig als eher gering einzustufen sein. Zwar wird die Ver-
mögenssituation der Gesellschaft in Höhe der zu tragenden Prämien für die Organmitglieder gemindert, dies dient jedoch unmittelbar dem Schutz der Gesellschaft, da die Vorstandsmitglieder die teils astronomisch hoch anmutenden Scha-
denssummen aus ihrem privatem Vermögen oft nicht vollständig begleichen können[1001]. Dadurch würde der Gesellschaft ein weitaus größerer Schaden entstehen,
als dies durch die Zahlung der Versicherungsprämien der Fall ist. Das Restituti-
onsinteresse der Gesellschaft erfährt durch die Versicherung somit eine Absicherung[1002]. Die Zulässigkeit der Prämientragung ist auch sachgerecht, da der Vor-

---

997 v. *Westphalen*, DB 2005, 431, 432; so auch *Langheid/Grote*, VersR 2005, 1165,
     1172
998 Auf das Problem, ob eine von der Gesellschaft bezahlte D&O-Versicherung eine
     Vergütung für das *Aufsichtsratsmitglied* darstellt und damit dem Zustimmungserfor-
     dernis der Hauptversammlung nach § 113 AktG unterliegt, soll hier nicht weiter
     eingegangen werden. Einen guten Überblick über den Meinungsstand geben *Käst-
     ner*, AG 2000, 113, 115 ff., sowie *Lange*, ZIP 2001, 1524, 1525 f.
999 Siehe oben § 2 C. V. 2.
1000 *Hopt*, in: GroßKommAktG, § 93 Rn. 510 m.w.N.
1001 *Hopt*, in: GroßKommAktG, § 93 Rn. 510 m.w.N.
1002 Dazu *Mertens*, AG 2000, 447 ff.; *Vetter*, AG 2000, 453 ff.

stand die notwendigen Entscheidungen nicht vor dem Hintergrund latenter persönlicher Haftung treffen sollte. Eine dadurch bedingte allzu innovationsfeindliche und risikoscheue Unternehmensführung könnte die Folge sein. Diese könnte jedoch ihrerseits mittel- und langfristig das Gesellschaftsvermögen weitaus nachhaltiger schädigen, als es durch die Zahlung der Versicherungsprämien der Fall ist. Die in diesem Zusammenhang immer wieder angeführte Besorgnis, der Abschluss einer D&O-Versicherung könnte die versicherten Unternehmensleiter zu allzu nachlässigem Handeln ermutigen, dem nur durch ausreichende Selbstbehalte[1003] entgegengetreten werden könne[1004], kann hier nicht vorbehaltlos mitgetragen werden. Gegen diese Besorgnis sprechen zunächst die Regeln des Marktes. Unternehmensleiter die aufgrund sorglosen Handelns in regelmäßigen Abständen ihre D&O-Versicherung in Anspruch nehmen müssen – sollte diese, wie in aller Regel üblich, den Versicherungsvertrag nach dem ersten nennenswerten Vorfall nicht bereits gekündigt haben – werden infolgedessen genauso regelmäßig von ihren Gesellschaften auf Schadensersatz verklagt werden. Dies kann für das Organmitglied nicht nur insofern gravierende Folgen haben, als es für die Differenz zwischen der von der Versicherung übernommenen Deckungssumme und dem tatsächlich entstandenen Schaden persönlich haften muss, sondern es wird damit gleichzeitig ein drastischer Anstieg der Versicherungsprämie für dessen Gesellschaft verbunden sein[1005]. Potentielle Arbeitgeber könnten vor einem derart zum Haftungsrisiko neigenden Organmitglied leicht zurückschrecken. Zudem sieht sich das Organmitglied der Gefahr ausgesetzt, zukünftig überhaupt nicht mehr versichert zu werden, da es sich um eine (freiwillige) Haftpflichtverischerung handelt.

Hinzukommt, dass gemäß § 152 VVG Ansprüche wegen vorsätzlicher und rechtswidriger Herbeiführung des Versicherungsfalls stets ausgeschlossen sind. Eine D&O-Vermögensschaden-Haftpflichtversicherung kommt nur für die Folgen fahrlässiger Pflichtverletzungen auf. In den Versicherungsbedingungen finden sich daneben regelmäßig zusätzliche Ausschlüsse wegen vorsätzlicher Pflichtverletzung und/oder wissentlicher Pflichtverletzung[1006]. Zudem hat der Gesamtverband der Deutschen Versicherungswirtschaft (GDV) in seinen überarbeiteten Musterbedingungen den Deckungsumfang durch eine Erweiterung des

---

1003 *Hefermehl/Spindler*, in MünchKommAktG, § 93 Rn. 93 m.w.N.
1004 *Bender/Vater*, VersR 2003, 1376, 1377
1005 Als Folge der 300 Millionen US-$ Schadenssumme, die gegen DaimlerChrysler-Chef Schrempp geltend gemacht wurde, muss DaimlerChrysler nunmehr das Zehnfache – nämlich 20 Millionen Euro pro Jahr – der früheren Prämien zahlen, vgl. *Görsdorf-Kegel*, VW 2005, 74
1006 Zur Abgrenzung zwischen Vorsatz- und Wissentlichkeitsklausel vgl. *Penner*, VersR 2005, 1359 ff.

Ausschlusskatalogs noch weiter eingeschränkt[1007]. Insbesondere die Frage danach, ob der Ausschlusstatbestand der „wissentlichen Pflichtverletzung" eine Deckungserweiterung oder –einschränkung für die versicherten Personen bedeutet, wird in der versicherungsrechtlichen Literatur aktuell diskutiert[1008]. Die haftungsrechtlichen Konsequenzen für Unternehmensleiter sind somit selbst bei Abschluss einer D&O-Versicherung nicht immer offenkundig und keinesfalls lückenlos, sodass der Abschluss einer D&O-Versicherung nicht durchweg zu sorglosem Handeln seitens der Unternehmensleiter ermutigt. Daneben besteht die Möglichkeit, durch angemessene Selbstbehalte steuernd auf das Verhalten der versicherten Organmitglieder einzuwirken.

Nach *Kollhosser* ist ein Selbstbehalt ein „prozentual oder auf andere Weise bestimmter bezifferter Betrag jedes versicherten Schadens oder einer bestimmten Art von Schäden, den der Versicherer aufgrund einer Vereinbarung nicht zu ersetzen hat"[1009]. Er dient dem Versicherer zur Vermeidung von zeit- und kostenintensivem Verwaltungsaufwand bei Bagatellschäden[1010] und steigert gleichzeitig die Aufmerksamkeit des Versicherungsnehmers im Kontext der Schadensverhütung[1011]. Für den Versicherten ergibt sich durch eine Selbstbehaltsregelung aufgrund der günstigeren Schadensprognose eine niedrigere Prämie als bei einer Versicherung ohne Selbstbehalt. Darüber hinaus wirkt die Vereinbarung eines Selbstbehalts einem kollusiven Zusammenwirken zwischen versicherter Gesellschaft und versichertem Organmitglied im Rahmen der Innenhaftung („friendly understanding") entgegen[1012]. Aufgrund der Tatsache, dass gesellschaftsrechtlich keine Pflicht zur Vereinbarung eines Selbstbehalts bei Abschluss einer D&O-Versicherung besteht[1013] und der Deutsche Corporate Governance Kodex in Ziffer 3.8 ebenfalls nur eine Empfehlung in Form einer Sollbestimmung erklärt[1014], kann nur eine potentielle verhaltenssteuernde Wirkung die Zweckmäßigkeit eines Selbstbehalts begründen. Ob eine solche Wirkung tatsächlich besteht ist zweifelhaft. Teilweise[1015] wird ein solcher Selbstbehalt zumindest im Bereich der Innen-

---

1007 *Vorrath*, VW 2006, 151, 151
1008 Als Deckungseinschränkung einschätzend *Vorrath*, VW 2006, 151 f. sowie VW 2006, 575 f., wohl auch *Hendricks*, VW 2006, 229 f.; offen lassend *Hansen*, VW 2006, 313 ablehnend *Vothknecht*, VW 2006, 488 f.
1009 *Kollhosser*, in: Prölss/Martin, § 56 Rn. 9
1010 *Plück/Lattwein*, S. 202; *Ihlas*, S. 220
1011 *Plück/Lattwein*, S. 202
1012 *Thümmel*, Rn. 410
1013 *Dreher/Görner*, ZIP 2003, 2321, 2324
1014 Sollbestimmungen des Kodex' sind Empfehlungen, von denen die Gesellschaften abweichen können. Sie sind dann aber verpflichtet, dies jährlich offen zu legen.
1015 *Hefermehl/Spindler*, in: MünchKommAktG, § 93 Rn. 94; *Hucke*, DB 1996, 2267, 2270; *Baumann*, VersR 2006, 455, 461 m.w.N.

haftung dann für erforderlich gehalten, wenn das Organmitglied Versicherter ist, und die Gesellschaft die Prämien zahlt, da in diesen Fällen ohne die Vereinbarung von Selbstbehaltsklausen der Innenhaftung ansonsten keinerlei steuernde Wirkung mehr zukommen würde. Dagegen weist die Gegenauffassung[1016] darauf hin, dass auch D&O-Versicherungen ohne Selbstbehalt verhaltenssteuernde Wirkung zukomme. So würden z. B. die persönliche Haftung der Organmitglieder für alle Schäden, die die Deckungssumme überschreiten, die Vielzahl von Haftungsausschlüssen in den D&O-Versicherungen und die Gefahr der Abberufung des Organmitglieds bei einer Pflichtverletzung ein erhebliches Restrisiko für die Organmitglieder in sich bergen.

Der ersten Auffassung ist insofern zuzustimmen, als das die Vereinbarung einer Selbstbehaltsklausel als ein die D&O-Versicherung ausgleichendes Element durchaus sachgerecht erscheint. Eines solchen Ausgleichs bedarf es jedoch dann nicht, wenn andere versicherungsspezifische Besonderheiten bereits ausgleichend wirken. Diese Wirkung erzielen die von der Gegenauffassung angeführten Besonderheiten der typischen D&O-Versicherungen. Da aber nicht jede D&O-Versicherung identisch ausgestaltet ist, sondern vielmehr den spezifischen Bedürfnissen des Organmitglieds angepasst wird, erscheint eine Kombination beider Ansichten vorzugswürdig. Danach wäre die Vereinbarung eines Selbstbehalts immer dann als erforderlich anzusehen, wenn die spezifische D&O-Versicherung nicht bereits anderweitige ausgleichende Elemente beinhaltet. Im Ergebnis sollte daher maßgebend sein, wie *Dreher* und *Görner* zu Recht bemerken, ob die jeweils betroffene Gesellschaft selbst von einer verhaltenssteuernden Funktion des Selbstbehalts ausgeht[1017]. Ihr obliegt es dann im Einzelfall eine Abwägung zwischen den Vor- und Nachteilen eines Selbstbehalts vorzunehmen. Dabei werden sich regelmäßig als wichtigste Argumente einerseits eine deutliche Prämienersparnis und andererseits die Gefahr des Ausfallrisikos der Organmitglieder im Schadensfall gegenüberstehen. Ein Blick in die Unternehmenspraxis verdeutlicht, dass eine allgemeingültige Aussage zur verhaltenssteuernden Wirkung von Selbstbehalten kaum möglich ist. Die eine Selbstbehaltsregelung ablehnenden Unternehmen begründen dies entweder damit, dass man sich davon keinen zusätzlichen Anreiz für pflichtbewusstes Verhalten der Organmitglieder verspreche oder sie verweisen darauf, dass sie nur über Gruppenversicherungen verfügen und persönliche Selbstbehalte daher nicht sachgerecht seien[1018]. Vor diesem Hintergrund erscheint es sachgerecht, den jeweiligen Gesellschaften im Einzelfall die

---

1016 *Ringleb,* in: Ringleb/Kremer/Lutter/v. Werder, Rn. 529 ff.; *Fleischer,* WM 2005, 909, 919 f.; *Dreher/Görner,* ZIP 2003, 2321, 2326
1017 *Dreher/Görner,* ZIP 2003, 2321, 2329
1018 Unter Verwendung konkreter Beispiele *Bender/Vater,* VersR 2003, 1376, 1377

endgültige Entscheidung darüber zu überlassen, ob in ihrem Unternehmen einem Selbstbehalt verhaltenssteuernde Funktion zukommt oder nicht, ob die Vereinbarung eines Selbstbehalts in einer D&O-Versicherung also zweckmäßig ist.

e. Versicherungskonzepte

Bereits vor der Einführung der D&O-Versicherungen bestand für Organmitglieder die Möglichkeit, sich durch den Abschluss von Rechtsschutzpolicen zumindest gegen das Risiko des Tragens der Prozesskosten im Rahmen möglicher Haftungsprozesse zu versichern. Diese Rechtsschutzpolicen beinhalteten aber keine Versicherung hinsichtlich des tatsächlich zu leistenden Schadensersatzes[1019]. Konsequenterweise bieten heute eine Vielzahl von Versicherern[1020] die D&O-Versicherung zur Deckung von Vermögensschäden, welche Organe durch die Verletzung von Pflichten in Ausübung ihrer Tätigkeit entweder der Gesellschaft („Innenhaftung") oder außenstehenden Dritten („Außenhaftung") zugefügt haben, an[1021].

Die unbeschränkte Deckung der Versicherungen für Innenhaftungsansprüche beinhaltet aber auch Missbrauchsgefahren[1022]. Diese werden vor allem in einem kollusiven Zusammenwirken zwischen dem Unternehmen und dem Organmitglied gesehen („friendly understanding")[1023]. Durch das Vortäuschen einer Pflichtverletzung kann somit de facto eine Verschiebung des unternehmerischen Risikos auf das Versicherungsunternehmen stattfinden[1024]. Dieser Gefahr ist die Versicherungswirtschaft durch die in den AVB-AVG neu aufgenommenen Regelungen, insbesondere des Anerkenntnis- und Befriedigungsverbots ,entgegen getreten. Der dadurch gewährleistete Abwehrschutz des D&O-Versicherers ist ebenso geeignet, etwaige „friendly understandings" abzuwenden, wie die Vereinbarung einer Selbstbehaltsregelung[1025]. Die Beweislastumkehr in § 93 Abs. 2

1019 *Thümmel*, Rn. 407

1020 Für einen Überblick über die Anbieter vgl. *Kästner*, AG 2000, 113, 114

1021 *Lange*, DStR 2002, 1616

1022 Vgl. dazu auch *v. Westphalen*, DB 2005, 431, 431 der anmerkt, dass in solchen Fällen der entstandene Verlust zum – pflichtwidrig herbeigeführten – Schaden „degradiert" werde, getreu dem Motto: „Insurance breeds claims"; ausführlich dazu *Ihlas/Stute*, PHi Sonderheft D&O 2003, 1, 7 ff.

1023 Vgl. zu den Auswirkungen für die Einkommens- und Lohnsteuer der versicherten Person *Küppers/Dettmeier/Koch*, DStR, 199, 202 ff.

1024 *Koch*, GmbHR 2004, S.18, 20 f.; *Thümmel*, Rn. 409; *Kiethe*, BB, 2003, 537, 539 f.; *Schneider/Ihlas*, DB 1994, 1123, 1127

1025 *v. Westphalen*, DB 2005, 431, 432; vgl. bezüglich der weiteren Gegenstrategien zur Abwehr einer „freundlichen" Inanspruchnahme in Form des Auskunftsrechts nach § 34 VVG und der Kündigungsklausel *v. Westphalen*, VersR 2006, 17, 18 ff.

AktG, aufgrund derer die Pflichtwidrigkeit und das Verschulden des Organs vermutet werden, unterstützt diese Gefahr[1026]. Zur Verringerung dieses Missbrauchsrisikos werden heute verschiedene Versicherungslösungen angeboten[1027]. Die radikalste Lösung stellt der pauschale, vollständige Ausschluss der Innenhaftungsansprüche dar[1028]. Darüber hinaus werden weitere Einschränkungen im Versicherungsschutz, wie z.B. die Einbeziehung von Innenhaftungsansprüchen mit Selbstbehaltsregelungen[1029] oder geringen Deckungsgrenzen, angeboten. Die am häufigsten verwandte – aus US-amerikanischen D&O-Policen bekannte – Modifizierung der Deckung im Innenverhältnis besteht darin, Versicherungsschutz für Innenhaftungsansprüche nur für solche Ansprüche zu gewähren, die „nicht auf Weisung, Veranlassung oder Empfehlung einer versicherten Person, einer Tochter- oder Konzerngesellschaft oder deren Organmitglieder geltend gemacht werden"[1030]. Zudem wird die Position der Versicherungsunternehmen dadurch gestärkt, dass ein Direktanspruch der Gesellschaft als Versicherungsnehmer gegenüber der D&O-Versicherung nicht anzuerkennen ist[1031].

Der Versicherungsschutz für Organmitglieder ist damit alles andere als lückenlos; eine latente Haftungsgefahr oder zumindest eine massive Belastung aufgrund der enorm angestiegenen Versicherungsprämien ist offensichtlich. Die Versicherungsunternehmen bemühen sich zwar durch Einzelfallanalysen das Risiko sowie die finanzielle Belastung für risikoärmere Branchen und Unternehmen zu mindern[1032], die Haftungsgefahren für Organmitglieder werden jedoch immer offenkundiger. Neben der persönlichen Haftung für die Deckungssumme der D&O-Versicherung überschreitende Schäden und den von den Versicherern wiederholt eingeschränkten Versicherungsbedingungen, die eine Vielzahl von Risikoausschlüssen, z.B. für wissentliche Pflichtverletzungen, beinhalten, reichen die Haftungsgefahren für Organmitglieder bis hin zu deren Abberufung. Organmit-

---

1026 Aufgrund der erheblichen Schäden auf Seiten der Versicherer haben die Versicherungsunternehmen die Prämien in den letzten Jahren um bis zu 500% erhöht, vgl. *Kiethe*, BB 2003, 537, 537
1027 *Thümmel*, Rn. 410; *Schneider/Ihlas*, DB 1994, 1123, 1127
1028 Vgl. zu dem Ausschluss von Innenhaftungsansprüchen ausführlich *Koch*, GmbHR 2004, 288, 293 ff.
1029 Zum angemessen Selbstbehalt in der D&O-Versicherung sehr instruktiv *Dreher/ Görner*, ZIP 2003, 2321 ff.; die generelle Zulässigkeit des Abschlusses von D&O-Versicherungen ist auch von der Regierungskommission Corporate Governance unterstützt worden; von einer Pflicht zum Abschluss wurde jedoch abgesehen, vgl. *Bender/Vetter*, VersR 2003, 1376, 1376
1030 Vgl. z.B. Ziff. 1.3 der AVB-AVG
1031 OLG München, Urt. v. 15.3.2005 – 25 U 3940/04, rkr. = AG 2005, 817 sowie LG Marburg, Urteil vom 3.6.2004 – 4 O 2/03, = DB 2005, 437
1032 *Thümmel*, Rn. 412

glieder die sich dieser Haftungssituation bewusst sind, werden ihr – auch ohne Vereinbarung eines Selbstbehalts – in aller Regel auch verhaltenssteuernde Präventivwirkung beimessen. Ob dem Abschluss eines Selbstbehalts daneben verhaltenssteuernde Wirkung zukommt, sollte der autonomen Einschätzung der Gesellschaften im Einzelfall unterliegen. Diese allein wissen um die spezifischen Fähigkeiten und Charaktereigenschaften ihrer Organmitglieder und leitenden Angestellten. Dass die Vorstellungen hier auseinander gehen können, zeigt die unterschiedliche Handhabung in der Unternehmenspraxis. Ein Zwang zum Abschluss eines Selbstbehalts im Rahmen einer D&O-Versicherung erscheint jedoch nicht sachgerecht. Die latente Gefahr des einzelnen Unternehmensleiters mit seinem Privatvermögen für eine Pflichtverletzung einstehen zu müssen, könnte diese zu einer allzu ängstlichen und zurückhaltenden Unternehmensführung verleiten. Dies kann nicht gewollt sein, denn Angst ist ein schlechter Ratgeber.

D. Zusammenfassung zum deutschen Recht

War das Risiko einer Inanspruchnahme von Vorstandsmitgliedern auf Schadensersatz bereits vor der ARAG/Garmenbeck-Entscheidung des Bundesgerichtshofs äußerst gering, so hat dieses, entgegen andersartiger Befürchtungen[1033], kaum zugenommen[1034]. Die in dieser Entscheidung erstmals erfolgte Anerkennung eines unternehmerischen Ermessensspielraums des Vorstands im Rahmen von ökonomischen Unternehmensentscheidungen hat zu einer offensichtlichen Privilegierung des Vorstands und zu einer dauerhaften und nachhaltigen Stärkung von dessen Stellung geführt. Der häufig gezogene Vergleich zu der damit in das deutsche Aktienrecht implantierten Business Judgment Rule ist vom Grundsatz her folgerichtig. Im Gegensatz zu der klar strukturierten und über Jahrzehnte gewachsenen US-amerikanischen Judikatur in diesem Kontext, entbehrte die sich an die ARAG/Garmenbeck-Entscheidung anschließende deutsche Rechtsprechung auch in den Folgejahren jeglicher Systematik. Die Ungenauigkeit einzelner Urteilsbegründungen musste zu Rechtsunsicherheit im Rahmen der Organhaftung führen. Einzig im Kontext der Sonderfälle des unternehmerischen Ermessens wurde in den jüngsten Entscheidungen und vor dem Hintergrund gesetzgeberischer Aktivitäten eine klare Linie erkennbar. Die Richtung war deutlich. Der Haftungsfreiraum des Vorstands, und damit dessen Stellung, sollte gestärkt werden. Zudem sollte eine allgemeine Liberalisierung im Umgang mit den Entscheidungen und

---

1033 *Oltmanns*, S. 367 ff.
1034 *Hoor*, DStR 2005, 2104, 2108 sieht die derzeitige Regelung der Organinnenhaftung als streng an.

Verhaltenspflichten des Vorstands forciert werden. Der Vorstand sollte, geschützt vor drohenden Haftungsrisiken, seinen weiten unternehmerischen Ermessensspielraum zum Wohl der Gesellschaft nutzen. Dass in diesem gesamten Zeitraum die Rechtsschutzmöglichkeiten der Aktionäre nur mangelhaft ausgebildet waren, wurde erst in der Folge der Kursstürze an den internationalen Kapitalmärkten und der damit aufkommenden Bereitschaft, Haftungsklagen wegen verschiedenster Managementfehler anzustreben, erkannt. Dass der Gesetzgeber dennoch grundsätzlich gewillt ist, das Risiko der Schadensersatzpflicht von Managern zu erhöhen, um diese so zu einem behutsameren und ethisch akzeptableren Führungsstil zu bewegen, zeigen die verschiedensten Gesetzesinitiativen zur Verbesserung des Anlegerschutzes[1035] und der persönlichen Vorstandshaftung[1036]. Diese Entwicklung sollte vor dem Hintergrund der vorhandenen Haftungsmilderungsmöglichkeiten, insbesondere der einzelfallspezifischen Organhaftpflichtversicherung, positiv bewertet werden.

Insgesamt wird damit für die Rechtslage bis zum Inkrafttreten des UMAG vor allem deutlich, dass der Dogmatisierungsprozess im Rahmen des unternehmerischen Ermessens, der vereinzelt aufgrund konsequenter und berechenbarer Rechtsprechung konkrete Formen angenommen hatte, trotz der ARAG/Garmenbeck-Entscheidung und der sich daran anschließenden Annerkennung eines unternehmerischen Handlungsspielraums im Sinne der US-amerikanischen Business Judgment Rule im deutschen Aktienrecht noch keinesfalls abgeschlossen ist.

Ob sich dies durch die Änderung des Organhaftungsrechts im lex scripta ändern wird, bleibt abzuwarten. Die Kodifizierung der Business Judgment Rule könnte jedoch die Gefahr eines Flexibilitätsverlustes mit sich bringen, zumal eine Konkretisierung des unternehmerischen Ermessensspielraums durch Fallgruppen durchaus möglich und denkbar wäre. Hier müssen sich die Gerichte den Vorwurf inkonsistenter, ungenauer und die Rechtsunsicherheit schürender Urteile gefallen lassen. Die Möglichkeit klare, einheitliche Kriterien zu entwickeln, haben sie in dem – zugegebenermaßen recht kurzen – Zeitraum seit der ARAG/Garmenbeck-Entscheidung verpasst.

Dass eine Kodifizierung von Fallgruppensystematik, wie nun durch die Implementierung der Business Judgment Rule in dem UMAG vorgeschlagen, nicht immer den gewünschten Erfolg erzielt, zeigen die Neuregelungen im Gesetz gegen den unlauteren Wettbewerb (UWG). Hier wird trotz Kodifizierung noch im-

---

1035 Gesetz zur Unternehmensintegrität und Modernisierung des Anfechtungsrechts (UMAG), Kapitalanleger-Musterverfahrensgesetz (KapMuG) sowie Anlegerschutzverbesserungsgesetz (AnSchVG)

1036 Kapitalmarktinformationshaftungsgesetz (KapInHaG), Gesetz zur Unternehmensintegrität und Modernisierung des Anfechtungsrechts (UMAG)

mer auf die Fallgruppensystematik vor der Gesetzesnovelle aus dem Jahre 2004 zurückgegriffen.

§ 3 Vergleichende Betrachtungen zur Organhaftung für ökonomische Unternehmensentscheidungen im US-amerikanischen und deutschen Recht vor Inkrafttreten des Gesetzes zur Unternehmensintegrität und Modernisierung des Anfechtungsrechts (UMAG)

Die vergleichende Betrachtung zur Organhaftung für ökonomische Unternehmensentscheidungen im US-amerikanischen und deutschen Recht zeigt bis zu dem Beginn der Wirtschaftsskandale um Enron und WorldCom tendenziell ähnliche Entwicklungen. Die Leitungs- und Überwachungsstrukturen sind sowohl in den USA durch das monistische Leitungssystem, als auch in Deutschland durch das dualistische System eindeutig geregelt. Die jüngsten Veränderungsvorschläge innerhalb des jeweiligen Systems sollen im Ergebnis primär – vorrangig durch mehr Transparenz – einer besseren Unternehmensführung und Unternehmenskontrolle dienen.

Hinsichtlich der Organhaftung für unternehmerische Entscheidungen unterscheidet sich die US-amerikanische Rechtslage von der deutschen Rechtslage hauptsächlich durch die in den USA seit Jahrzehnten anerkannte und angewandte Business Judgment Rule sowie durch einfache, stark ausgeprägte Rechtsschutzmöglichkeiten für Aktionäre.

Die Business Judgment Rule ermöglicht es den US-amerikanischen Gerichten, den Spagat zwischen der Gewährung und Sicherstellung unternehmerischer Handlungsfreiheit, Innovationsbereitschaft und Risikobereitschaft einerseits und der potentiellen Gefahr der Organhaftung andererseits zu bewältigen. Aufgrund ihrer außerordentlichen praktischen Relevanz für das US-amerikanische Gesellschaftsrecht konnte sich die Business Judgment Rule über Jahrzehnte hinweg in der US-amerikanischen Rechtsprechung weiterentwickeln. Ihr hoher Stellenwert ist von unbestrittener Anerkennung.

Die Organhaftung unterlag aufgrund dessen über einen sehr langen Zeitraum hinweg vorgezeichneten, sich kaum modifizierenden Regeln und gewährte in der Folge allen Beteiligten, vor allem den Unternehmensleitern, ein überragendes Maß an Rechtssicherheit. Aufgrund ihrer immanenten Flexibilität ist die Business Judgment Rule auch geeignet, jederzeit auf spezifische Einzelfallprobleme einzugehen und es den Gerichten somit zu ermöglichen, selbst in äußerst komplexen Fallkonstellationen adäquate Lösungsmöglichkeiten zu entwickeln. Dies zeigt sich insbesondere im Rahmen der Sonderfälle der Business Judgment Rule. Gesteigerte Anforderungen an die Organe gelten konsequenterweise dort, wo die Gefahr des Machtmissbrauchs der Organe vor dem Hintergrund des Erhalts pekuniärer Vorteile besonders groß ist.

Die offenkundige Unbestimmtheit ihrer Tatbestandsmerkmale fördert zwar einerseits ihre Flexibilität, sie trägt jedoch andererseits auch die latente Gefahr von Unvorhersehbarkeit und folglich mangelnder Rechtssicherheit in sich. Diese Gefahr hat sich seit den jüngsten Wirtschaftsskandalen auch aufgrund des öffentlichen Drucks nochmals spürbar erhöht. Die tatbestandlichen Voraussetzungen der Business Judgment Rule werden nunmehr wesentlich restriktiver interpretiert. Insbesondere die Auslegung der Elemente des „independent director" und des „good faith" ist erheblich modifiziert worden. Die Gerichte untersuchen neben geschäftlichen und institutionellen Beziehungen zwischen Unternehmensleitern nunmehr auch soziale und persönliche Verbindungen der betroffenen Unternehmensleiter. Zudem werden der Entscheidungsfindungsprozess und dabei insbesondere die zu Grunde gelegte Sorgfalt im Rahmen der Informationsbeschaffung der Unternehmensleiter Gegenstand akribischer Untersuchungen. Hier liegt seit kurzer Zeit ein Schwerpunkt der gerichtlichen Überprüfung im Rahmen von Organhaftungsprozessen. Auf die Organhaftung hat sich diese strikte Vorgehensweise der Gerichte bereits ausgewirkt. Die Haftung von Directors für ökonomische Unternehmensentscheidungen stellt nicht länger eine exotische Ausnahme dar. Das Verhältnis von Haftung und Enthaftung hat sich zu Lasten der Enthaftung umgekehrt.

Untrennbar mit der Haftungsprivilegierung der Business Judgment Rule im Bereich der Organhaftung verbunden, sind die Rechtsschutzmöglichkeiten der Aktionäre. Der weite Haftungsfreiraum, den die Business Judgment Rule den Organen in den USA gewährt und der durch die organfreundliche Beweislastverteilung nochmals unterstützt wird, findet im US-amerikanischen Recht durch die stark ausgeprägten Aktionärsklagerechte eine stark frequentierte und geeignete Einschränkung. Im Rahmen einer Lösung dieses Spannungsverhältnisses überwog im Ergebnis jedoch größtenteils die über Jahrzehnte hinweg gewachsene Bedeutung Business Judgment Rule, so dass eine Haftung der Directors in den USA zumindest bis zu den jüngsten Wirtschaftsskandalen die Ausnahme bildete und nur äußerst selten eintraf. Seit diesen Vorfällen ist jedoch eine deutliche Tendenz zur verstärkten Organhaftung zu verzeichnen, die ihre Ursache in der modifizierten Auslegung der oben erwähnten Tatbestandsvoraussetzungen der Business Judgment Rule hat.

Eine derartige Entwicklung ist in Deutschland bislang nicht zu erkennen. Die Business Judgment Rule wurde zwar faktisch mit der ARAG/Garmenbeck-Entscheidung in das deutsche Recht implantiert und für dieses fruchtbar gemacht. Der darin entwickelte Begriff des unternehmerischen Ermessens, der den hinter der Business Judgment Rule stehenden Gedanken eines weiten unternehmerischen Handlungsspielraums reflektieren soll, kann jedoch in den Urteilsbegründungen der hiesigen höchstrichterlichen Rechtsprechung nur äußerst selten wieder gefunden werden. Die restriktive Verwendung dieser Begrifflichkeit durch die Gerichte ist offenkundig. Wie die Rechtsprechungsanalyse gezeigt hat, haben sich die Gerichte in der Vergangenheit stets bemüht, die Anwendung dieses bis heute im Dogmatisierungsprozess befindlichen Begriffs zu vermeiden und die jeweilige Entscheidung losgelöst von Problemen des unternehmerischen Ermessens zu begründen.

Wie die Rechtsprechungsanalyse weiterhin gezeigt hat, kann die einst vorhandene Haftungsschärfe im deutschen Organhaftungsrecht so nicht mehr vorgefunden werden. Vielmehr ist seit der ARAG/Garmenbeck-Entscheidung eine Tendenz zur nachhaltigen Stärkung der Stellung des Vorstands zu erkennen, die in den letzten Jahren stetig zugenommen hat. Vor allem im Rahmen der Sonderfälle zum unternehmerischen Ermessen analysieren die Gerichte die Vorgänge stets detailliert und in jüngster Zeit auch unter Zuhilfenahme von Gutachten Dritter. Im Ergebnis bleibt es jedoch in aller Regel im Rahmen der Sonderfälle bei einer Haftungsprivilegierung der Unternehmensleiter. Einzig bei Urteilen, in denen der unternehmerische Entscheidungsfindungsprozess auch unter Hinzuziehung von Gutachten externer Dritter untersucht wurde, ergeben sich Abweichungen davon. Die eingeschränkte Organhaftung im deutschen Recht wird nicht zuletzt auch durch die mangelhaft entwickelten Möglichkeiten der Haftungsdurchsetzung seitens der Aktionäre unterstützt. Diese sind, ausweislich der obigen Ausführungen, vor allem aufgrund des enorm hohen Minderheitenquorums faktisch wirkungslos und werden zu Recht massiv kritisiert. Als weitere Haftungsprivilegierungen der Organe sind die Möglichkeiten der Haftungsfreistellungen sowie der immer weiter verbreiteten und stetig detaillierter ausgestalteten Organhaftpflichtversicherungen zu nennen.

Im Ergebnis kann somit festgehalten werden, dass in den USA zwar die Aktionärsklägerrechte besser ausgebildet sind und die Aktionäre davon auch zahlreich Gebrauch machen, dass jedoch einer wirksamen Organhaftung in den USA stets der Haftungsfreiraum der Business Judgment Rule entgegenstand. Dies hat sich seit den jüngsten Wirtschaftsskandalen aufgrund einer modifizierten Auslegung einiger Tatbestandsmerkmale der Business Judgment Rule sowie einer veränderten Sichtweise der Gerichte, insbesondere in dem früher so organfreundlichen Bundesstaat Delaware, gewandelt.

In Deutschland hingegen ist eine umgekehrte Entwicklung zu beobachten. Hier hat eine Abkehr von der einstigen Haftungsschärfe gegenüber Organmitgliedern stattgefunden. Vielmehr ist die Stellung des Vorstands im Wege der Rechtsfortbildung in der jüngsten Zeit, und bemerkenswerter Weise auch vor dem Hintergrund nationaler und internationaler Unternehmensskandale, stetig weiter gestärkt worden. Die Unbestimmtheit des im Mittelpunkt der Diskussion stehenden Rechtsbegriffs des „unternehmerischen Ermessens" hat zu vielen Unsicherheiten sowohl auf Seiten der Unternehmensleiter als auch auf Aktionärsseite geführt. Der diesbezügliche Dogmatisierungsprozess ist in vollem Gange und wird flankierend von der Wissenschaft begleitet. In Verbindung mit den ungenügend ausgebildeten Aktionärsklägerrechten und der Organhaftpflichtversicherung stellt sich die Organhaftung für unternehmerische Entscheidungen bis heute als stumpfes Schwert dar.

Abschließend ist somit festzustellen, dass im Rahmen der vergleichenden Betrachtung beider Rechtssysteme eine deutlich zu erkennende Tendenz dahingehend zu bemerken ist, dass die Gerichte den unternehmerischen Entscheidungsfindungsprozess zu einem Schwerpunkt bei der Sachverhaltsaufklärung und der Urteilsgewinnung ausersehen haben. Ursache dafür ist dessen herausragende Bedeutung innerhalb des unternehmerischen Handelns. Untersuchungen des Entscheidungsfindungsprozesses ermöglichen den Gerichten zudem Rückschlüsse auf die Angemessenheit und Sorgfalt der Informationsgewinnung sowie auf subjektive Persönlichkeitskomponenten der handelnden Unternehmensleiter.

Zur weiteren Verfolgung dieser Tendenz und um weitere Erkenntnisse hinsichtlich des unternehmerischen Entscheidungsfindungsprozesses und den damit einhergehenden verhaltensspezifischen Anforderungen erhalten zu können, soll im Anschluss eine Analyse zur Justiziabilität ökonomischer Unternehmensentscheidungen im Lichte der Wirtschaftswissenschaft und Verhaltenswissenschaft erfolgen. Eine solche Analyse ist notwendig, um die wirtschaftswissenschaftlichen und behavioristischen Einflussfaktoren auf den Prozess der Entscheidungsfindung von Unternehmensleitern transparenter, strukturierter und nachvollziehbarer zu gestalten. Die sich aus dieser Analyse ergebenden Erkenntnisse sollen der Optimierung des gesellschaftsinternen Entscheidungsfindungsprozesses dienen. Ein derart transparenter und sorgfältig dokumentierter Ablauf des Entscheidungsfindungsprozesses erleichtert nicht nur die gerichtliche Überprüfbarkeit von Unternehmensentscheidungen im Wege der ex-post Kontrolle, sondern verbessert gleichzeitig die Justiziabilität ökonomischer Unternehmensentscheidungen. Mittelfristig soll damit eine verbesserte Vorhersehbarkeit gerichtlicher Entscheidungen und somit eine gesteigerte Rechtssicherheit einhergehen.

§ 4 Die Justiziabilität ökonomischer Unternehmensentscheidungen im Lichte einer wirtschaftswissenschaftlichen und verhaltenswissenschaftlichen Analyse

In der zentralen ARAG/Garmenbeck-Entscheidung[1037] zum Haftungsfreiraum des Vorstands bei ökonomischen Unternehmensentscheidungen hat der Bundesgerichtshof entschieden, dass dem Vorstand bei der Geschäftsleitung eines Unternehmens ein „weiter Handlungsspielraum"[1038] zugebilligt werden müsse. Die sich an dieses Urteil anschließende lebhafte Diskussion[1039] über die konkrete inhaltliche Ausgestaltung dieser Formulierung hat zu der Entstehung einer Vielzahl neuer Termini geführt. Die Begrifflichkeiten reichen von „unternehmerischer Entscheidung" über „unternehmerischen Ermessensspielraum" bis hin zu „wirtschaftlichem Ermessen". Ihnen allen ist die Unbestimmtheit des jeweiligen Rechtsbegriffs gemein. Einzig *Mutter* gibt weitergehende Konkretisierungsversuche, indem er unter Zuhilfenahme betriebswirtschaftlicher Erkenntnisse eine Begriffsbestimmung der „unternehmerischen Entscheidung" vornimmt[1040]. Demnach ist eine unternehmerische Entscheidung jede bewusste Auswahl einer unternehmerischen Handlungsmöglichkeit von besonderer wirtschaftlicher Tragweite aus mehreren Handlungsalternativen. Eine besondere wirtschaftliche Tragweite sei dann anzunehmen, wenn die getroffene Entscheidung entweder nach ihrem Umfang oder Risiko von hoher Bedeutung für die Vermögens- oder Ertragslage des Unternehmens ist oder aufgrund ihrer andauernden Gestaltungswirkung das Unternehmen oder einen Teil desselben so prägt, dass durch diese Ausrichtung die künftige Entwicklung des Unternehmens in seiner Gesamtheit vorgezeichnet wird. Der von *Mutter* erarbeiteten Definition mangelt es jedoch an der vertieften Einbindung von Erkenntnissen aus dem Grenzbereich zwischen Wirtschaftswissenschaft und Psychologie. Im Rahmen der betriebswirtschaftlichen Analyse anerkennt *Mutter*, dass Entscheidungen unter Unsicherheit juristisch nur schwer fassbar sind[1041].

1037 BGHZ 135, 244 ff.

1038 BGHZ 135, 244, 253

1039 Aus der umfangreichen Literatur vgl. *Boujoung,* Anmerkung zu BGH vom 21.4. 1997, DZWIR 1997, 326 ff. m.w.N.

1040 *Mutter,* S. 4 ff., insbesondere S. 23; kritisch dazu *Lüpkemann,* S. 37 f.

1041 *Mutter* fordert jedoch – zu Recht –, dass die Erkenntnisse der Entscheidungslehre sowie die zukunftsorientierte Ausrichtung und die hohe Komplexität von unternehmerischen Entscheidungen in die spätere rechtliche Bewertung miteinbezogen werden müssen.

Dies muss jedoch nicht weiter verwundern, bedenkt man doch, dass unternehmerische Entscheidungen, getroffen auf der Basis wirtschaftswissenschaftlicher Erkenntnisse, juristisch, wenn überhaupt, nur unter extremen Schwierigkeiten zu fassen sind[1042]. Auch *Fleischer* hat darauf hingewiesen, dass es sich bei Entscheidungen, „über den alternativen Einsatz von Ressourcen" um Entscheidungen unter Unsicherheit handele, die zudem unter großem Zeitdruck gefasst würden[1043]. Weiterhin weist *Fleischer* – zu Recht – auf die problematische gerichtliche *ex-post*-Kontrolle hin, das Kernproblem der richterlichen Überprüfung unternehmerischer Entscheidungen[1044]. Die Problematik der richterlichen Überprüfbarkeit und damit der Justiziabilität dieser Entscheidungen im allgemeinen, sowie die *ex-post*-Kontrolle im besonderen, fußen auf den Rekonstruktionsschwierigkeiten, die mit der Informationserlangung und der Wahrnehmung unterschiedlicher Handlungsalternativen zum Zeitpunkt der Entscheidungsfindung einhergingen[1045]. Wie *Fleischer* weiter ausführt, mangele es insbesondere an der Klärung der „begleitenden Verhaltensanforderungen an eine unternehmerische Entscheidung"[1046]. Die Diskussion ranke sich – nach amerikanischem Vorbild – regelmäßig um das Erfordernis eines vernünftigen Entscheidungsprozesses inklusive ausreichender Informationsbeschaffung[1047]. Dass *Fleischer* sich tendenziell gegen eine ausreichende Informationsbeschaffung ausspricht[1048], muss verwundern. Insbesondere die Begründung mit dem dadurch entstehenden hohen finanziellen Mehraufwand sowie mit der Korrelation von Investitionserfolg und Entscheidungsgeschwindigkeit[1049] mag nicht recht zu überzeugen. Es sei hierbei nur auf die vergleichbare Schadensgefahr durch eine insgesamt verheerende unternehmensspezifische Fehlentscheidung hingewiesen. Die finanziellen Verluste können aufgrund übereilten Handels umfangreichere Dimensionen annehmen, als

---

1042 *Schneider,* in: Scholz, GmbHG, § 43 Rn. 44 b ff.
1043 *Fleischer,* ZGR 2001, 1, 24 f.; siehe dazu auch *Hopt,* in: GroßKommAktG, § 93 Rn. 81
1044 *Fleischer,* ZGR 2001, 1, 24 f.
1045 *Fleischer,* ZGR 2001, 1, 24 f.
1046 *Fleischer,* ZGR 2001, 1, 24 f.; so auch bereits der Bundesgerichtshof in ARAG/ Garmenbeck (BGHZ 135, 244, 253), in dem er die „sorgfältige Ermittlung der Entscheidungsgrundlagen" als eine Voraussetzung des unternehmerischen Ermessens nennt. Vgl. zudem *Oltmanns,* der ausführt, dass die an das Entscheidungsverfahren abzuleitenden Anforderungen „blass geblieben" sind.
1047 *Fleischer,* ZGR 2001, 1, 24 f.; sowie *Hopt,* in: GroßKommAktG, § 93 Rn. 84; *Horn,* ZIP 1997, 1129, 1134; *Kindler,* ZHR 162 (1998), 101, 106
1048 *Fleischer,* ZGR 2001, 1, 24 f.; in abgeschwächter Form und unter Berücksichtigung einzelfallspezifischer Besonderheiten bereits *Hommelhoff,* S. 174.
1049 *Fleischer,* ZGR 2001, 1, 24 f.

dies durch ein Abwarten bzw. ein neuerliches Überdenken der Entscheidung der Fall sein muss. Im schlimmsten Fall kann sogar die Insolvenz drohen.

Auf der Grundlage dieses Problems soll im weiteren Verlauf der Untersuchung unter Zuhilfenahme betriebswirtschaftlicher und psychologischer Erkenntnisse ein allgemeingültiger Anforderungskatalog hinsichtlich des Entscheidungsfindungsprozesses bei Vorständen entwickelt werden. Ziel soll es sein, den Vorständen als geschäftsleitenden Organen die Erfüllung dieses Anforderungskanons vor bestimmten, im Verlauf dieser Untersuchung zu konkretisierenden wirtschaftlichen Unternehmensentscheidungen, aufzuerlegen. Dadurch soll eine detaillierte Dokumentation des Entscheidungsfindungsprozesses ermöglicht werden, die zugleich die spätere gerichtliche Überprüfbarkeit im Wege der *ex-post*-Kontrolle vereinfachen und so die verbesserte Justiziabilität ökonomischer Unternehmensentscheidungen bewirken soll. Die damit einhergehende Formalisierung der Vorstandsarbeit[1050] muss nicht zwangsläufig ausufernd sein, wie es *Oltmanns* unter Berufung auf das damit verbundene Haftungsrisiko der Vorstandsmitglieder darstellt. Zweifelsfrei würde die Bearbeitung eines Anforderungskanons an den Entscheidungsfindungsprozess für den Vorstand zunächst Mehrarbeit bedeuten, auf der anderen Seite würde er bei ordnungsgemäßer Einhaltung des Anforderungsprofils aufgrund der ausführlichen Dokumentation einen erheblichen Gewinn an Rechtssicherheit erlangen, der im Zweifel der Mehrbelastung durch bürokratischere Entscheidungsprozesse vorzugswürdig erscheinen wird. Zudem würde eine ausführliche Dokumentation des Entscheidungsfindungsprozesses zur Erleichterung der Exkulpation des Vorstands im Rahmen des § 93 Abs. 1 S. 2 AktG dienen[1051].

A. Problemdarstellung

Der Problemkreis der Justiziabilität ökonomischer Unternehmensentscheidungen ist sowohl für Praktiker als auch für Wissenschaftler von überragender Relevanz. Dahinter steht der Gedanke, dass unternehmerische Entscheidungen (insbesondere strategische Unternehmensentscheidungen) den Erfolg bzw. Misserfolg von Unternehmen maßgeblich beeinflussen. Fehlentscheidungen können tiefgreifende und langandauernde Konsequenzen für die Unternehmensentwicklung haben. Diese können bis hin zur Existenzgefährdung reichen. Andererseits zeichnet sich der Bereich der Unternehmensführung im Allgemeinen durch einen hohen Grad

---

1050 Diese Tendenz strikt ablehnend *Oltmanns*, S. 280
1051 Im Rahmen des § 93 Abs. 1 S. 2 AktG liegt die Darlegungs- und Beweislast für das Vorliegen der Voraussetzungen des § 93 Abs. 1 S. 2 AktG bei den Geschäftsleitern.

an Komplexität und Dynamik, sowie – gleichzeitig – durch einen geringen Struk-
turierungsgrad aus, was eine spätere gerichtliche Beurteilung der Entscheidungen
erheblich kompliziert.

Da ökonomische Unternehmensentscheidungen oft mit unvollkommenen Informationen getroffenen werden, besteht ein enger Zusammenhang zu Theorien,
die sich mit der Entscheidungsfindung unter Risiko bzw. Unsicherheit beschäftigen (insbesondere: Nutzen Theorie, Erwartungsnutzen-Theorie, Prospect Theory)[1052].

Eine Analyse der umfangreichen Literatur zu der Vielzahl von Entscheidungstheorien macht deutlich, dass die Mehrzahl dieser Theorien aufgrund nicht
nachvollziehbarer oder realitätsfremder Annahmen nur begrenzte Einblicke in
den vollständigen Problemkomplex gewährt[1053].

Es soll daher im Anschluss an eine kurze Begriffsbestimmung sowie eine systematische Einordnung der Entscheidungsforschung versucht werden, durch die
Zusammenführung wirtschaftswissenschaftlicher und verhaltenswissenschaftlicher Erkenntnisse und Theorien die Justiziabilität ökonomischer Unternehmensentscheidungen greifbarer zu gestalten[1054].

Hierbei darf jedoch keine reflexionslose Übertragung betriebswirtschaftlicher
oder verhaltenspsychologischer Erkenntnisse auf rechtliche Grundsätze und
Maßstäbe stattfinden[1055]. Vielmehr sollen mittels dieser interdisziplinären Analyse Erkenntnisse für die Justiziabilität ökonomischer Unternehmensentscheidungen gewonnen werden, um so langfristig allen Beteiligten ein gesteigertes Maß an
Rechtssicherheit gewähren zu können. Ob im Ergebnis einzelne betriebswirt-
schaftlich oder verhaltenswissentschaftlich geeignete Handlungen auch rechtlich
erforderlich sind, wird zu untersuchen sein[1056]. In diesem Kontext wird insbesondere der Entscheidungsforschung in Form ihrer verschiedenen Theorieansätze erhebliche Bedeutung zukommen. In jedem Fall muss eine sorgfältige Abwägung

---

1052 Vgl. dazu *Fiegenbaum*, JEBO (14) 1990, 187,189; zur Nutzen-Theorie und insbe-
    sondere auch der Erwartungsnutzen-Theorie vgl. *Camerer*, Journal of Risk and Un-
    certainty 2 (1989), 61, 61 ff., insbesondere 63 f. sowie 73 f.
1053 Vgl. auch *Palmer/Wisemann*, Strat. Mgmt. J. 20 (1999), 1037, 1037 ff.
1054 Dass sich Menschen in Entscheidungssituationen (insbesondere bei Entscheidungen
    unter Unsicherheit) anders verhalten, als dies die ökonomische Theorie unterstellt,
    haben bereits der Psychologe *Kahneman* und der Ökonom *Smith* erkannt und für ih-
    re Arbeiten im Grenzbereich zwischen Wirtschaftswissenschaft und Psychologie im
    Jahre 2002 zu gleichen Teilen den Nobelpreis für Wirtschaftswissenschaften erhal-
    ten, vgl. *Bofinger/Schmidt*, WiSt 2003, 107 ff.
1055 Vgl. zur Kritik *Kallmeyer*, ZGR 1993, 104, 106 sowie allgemein zur Gefahr eines
    „uninformierten Theorieimports", *Voßkuhle*, in: Bauer, 172, 182 ff.
1056 Ausführlich zu der gesamten Problematik *Hommelhoff/Schwab*, ZfbF Sonderheft 36
    (1996), 149, 168

des Einzelfalls stattfinden, denn nur wenn der Vorstand ohne nachvollziehbaren Grund willkürlich betriebswirtschaftliche und/oder verhaltenswissenschaftliche Erkenntnisse missachtet, ist eine Haftung denkbar.

B. Begriffsbestimmung

Jahrelang wurde als „Entscheidung" allein der Moment bzw. das Ergebnis der Entscheidung zwischen vorhandenen Möglichkeiten verstanden[1057]. Innerhalb dieser Definition wurde das sog. Wert-Erwartungs-Modell favorisiert. Darin werden Entscheidungen so erklärt, dass Menschen die gegebenen Möglichkeiten unter dem Gesichtspunkt des Wertes und der Wahrscheinlichkeit ihrer Konsequenzen beurteilen und sich daran anschließend für die ihrer Meinung nach beste Option entscheiden[1058]. Im Zuge der fortschreitenden wissenschaftlichen Entwicklung der Entscheidungsforschung stellte man jedoch fest, dass sich dieses Modell für eine Vielzahl von Situationen als nicht ausreichend darstellte. Daraus resultierte eine stetig zunehmende Erweiterung des Entscheidungsbegriffs. Heute wird der Begriff der Entscheidung allgemein als die Auswahl einer von zwei oder mehreren Handlungsmöglichkeiten bezeichnet, die dem Entscheidungsträger zur Realisierung eines Ziels zur Verfügung stehen[1059].

C. Historischer Hintergrund

Die Entscheidungsforschung im eigentlichen Sinne ist eine noch sehr junge Disziplin[1060], die jedoch weitaus ältere Wurzeln in Philosophie, Ökonomie und Mathematik hat.

Der philosophische Ursprung ist der Utilitarismus in der systematischen Gründungsdarstellung von *Jeremy Bentham*. Danach ist der Zweck allen menschlichen Handelns nur in dem Nutzen zu sehen, der dadurch für den einzelnen oder die Gemeinschaft gestiftet wird[1061].

1057 *Jungermann/Pfister/Fischer*, S. 3
1058 *Jungermann/Pfister/Fischer*, S. 3
1059 *Hörschgen*, S. 18; zum Begriffsverständnis aus der juristischen Literatur *Henze*, BB 2000, 209, 212; *Fleischer*, ZIP 2003, 1, 2
1060 Etabliert hat sich die Entscheidungsforschung erst 1947 mit dem Erscheinen des Buchs „*Spieltheorie und wirtschaftliches Verhalten*" von John von Neumann und Oskar Morgenstern.
1061 *Jungermann/Pfister/Fischer*, S. 4

Die ökonomische Wurzel liegt in dem von *Adam Smith* beschriebenen Gedankenentwurf eines selbstsüchtig agierenden und gerade dadurch dem allgemeinen Wohl dienenden Wirtschaftssubjektes *(homo oeconomicus)*[1062]. *John Stuart Mill* entwickelte Smiths Beschreibungen fort und brachte später die utilitaristische Philosophie und die politische Ökonomie in Zusammenhang.

Der mathematische Ursprung liegt in der Wahrscheinlichkeitstheorie. Hier schufen Bernoulli und Laplace mit ihren Überlegungen zum Glücksspiel die Grundlagen. Erst die Verzahnung von Nutzen- und Wahrscheinlichkeitstheorie ermöglichte die Auseinandersetzung mit Entscheidungen unter gleichzeitiger Beachtung sowohl der Wertschätzung als auch der Unsicherheit der Ergebnisse[1063].

D. Systematische Einordnung

Die systematische Einordnung der Entscheidungsforschung zeichnet sich einerseits durch die inhaltliche Trennung von präskriptiver (normativer) und deskriptiver Entscheidungstheorie, andererseits jedoch auch durch deren notwendig enges Wechselspiel aus.

Die präskriptive Entscheidungstheorie gibt vor dem Hintergrund des Anerkennens bestimmter Grundforderungen vernunftgemäßen Denkens verhaltens- und möglichkeitsspezifische Soll-Vorgaben, indem sie zur Strukturierung und Verarbeitung formalisierte Regeln vorlegt und ihren Auftrag in der Entscheidungsunterstützung von Menschen in schwierigen Situationen sieht. Sie sucht nach Entscheidungsregeln (Normen) für rationales Handeln[1064]. Damit kann sie zur Unterstützung von Managern eines Unternehmens im Rahmen von ökonomischen Unternehmensentscheidungen fruchtbar gemacht werden und soll hier vorrangig Gegenstand der Untersuchung sein.

Im Gegensatz dazu liegt die Aufgabe der deskriptiven (empirisch realistischen) Entscheidungsforschung in der Beschreibung und Erklärung des tatsächlichen, realen menschlichen Entscheidungsverhaltens[1065]. Da die Aufnahmefähigkeit des kognitiven Systems verschiedenen – insbesondere auch situationsbedingten – Restriktionen unterliegt, ist das tatsächliche Verhalten im Vergleich zu dem aus der präskriptiven Theorie entwickelbaren Verhalten nur beschränkt rational[1066]. Die deskriptive Forschung versucht Entscheidungen durch die Entwick-

---

1062 *Jungermann/Pfister/Fischer,* S. 4
1063 *Jungermann/Pfister/Fischer,* S. 4
1064 *Laux,* S. 13 f.; *Eisenführ/Weber,* S. 2 f.; *Wöhe,* S. 151; *Bamberg/Coenenberg,* S. 3 f.
1065 *Laux,* S. 12 f.; *Eisenführ/Weber,* S. 2 f.; *Baron,* S. 31f.; *Wöhe,* S. 151; *Bamberg/Coenenberg,* S. 4 f.
1066 *Sieben/Schildbach,* S. 3

lung von Theorien und Modellen sowie deren anschließender Überprüfung durch Empirie zu erklären und dadurch voraussagen zu können[1067]. Dennoch besteht zwischen diesen beiden Hauptrichtungen eine enge Verknüpfung. Die präskriptive Theorie kommt in ihrer Entwicklung anerkanntermaßen nicht gänzlich ohne tatsächlich beobachtetes Verhalten aus und muss folglich auch weiter entwickelten Erkenntnissen zum menschlichen Entscheidungsverhalten in ihren Verfahren Rechnung tragen. Auf der anderen Seite ermöglichen die Gegensätze von Modellen „rationalen" und „beschränkt rationalen" Entscheidungsverhaltens einen empirischen Anregungsgewinn[1068]. Somit scheint das Zusammenspiel von Deskription (also der Frage nach dem Verlauf eines Entscheidungsprozesses) und Präskription (der Frage nach einer möglichen Verbesserung des Entscheidungsprozesses)[1069] tendenziell geeignet zu sein, allgemeingültige Erkenntnisse zur Justiziabilität ökonomischer Unternehmensentscheidungen unter Zuhilfenahme betriebswirtschaftlicher und verhaltenswissenschaftlicher Erkenntnisse hervorzubringen.

Bevor jedoch über die Justiziabilität von Entscheidungen vor dem Hintergrund dieser wissenschaftlichen Disziplinen vertieft diskutiert werden kann, muss zunächst das Entscheidungsumfeld definiert werden, in welchem sich der jeweilige Entscheidungsträger zum Zeitpunkt der Entscheidung befindet.

Eine Entscheidungssituation und ein damit verbundenes Entscheidungsproblem erfordert zunächst, dass mehrere Handlungsoptionen zur Verfügung stehen[1070]. Weitere Bestandteile eines Entscheidungsproblems sind neben den vom Entscheidungsträger vorweggenommen Konsequenzen dieser Handlungsmöglichkeiten insbesondere Informationen aus der Umwelt des Entscheidungsträgers. Diese Umweltinformationen beeinflussen zwar das Ergebnis der Handlungsmöglichkeiten, sie sind aber von dem Entscheidungsträger selbst nicht beherrschbar[1071]. Im Rahmen des Auswahlverfahrens einer Handlungsmöglichkeit müsste der Vorstand als Entscheidungsträger nun zunächst klären, ob ihm alle Rahmenbedingungen bekannt sind oder nicht, und ob er diese beeinflussen kann.

Je nachdem, ob dem Entscheidungsträger die Menge der Umweltzustände bekannt (vollkommenes Informationssystem) oder unbekannt (unvollkommenes In-

---

1067 *Sieben/Schildbach*, S. 3
1068 *Jungermann/Pfister/Fischer*, S. 6 f.
1069 *Keeney/Raiffa*, S. 8 m.w.N. verweisen auf die Überschneidungen zwischen deskriptiver und präskriptiver Entscheidungstheorie und den zunehmenden Einfluss der deskriptiven Entscheidungstheorie auf die präskriptiven Analysen.
1070 *Schneeweiß*, S. 7 f.
1071 *Sieben/Schildbach*, S. 15

formationssystem) ist, trifft er eine Entscheidung unter Sicherheit oder unter Unsicherheit[1072].

Im Rahmen der Entscheidungen unter Unsicherheit sind die Entscheidungen unter Risiko von besonderer Bedeutung. Risikosituationen liegen vor, wenn den möglichen Umweltbedingungen die Eintrittswahrscheinlichkeiten von Ergebnissen zugeordnet werden können[1073].

E. Betriebswirtschaftliche Analyse von Risiko und Unsicherheit bei Unternehmensentscheidungen

Die auffälligen Diskrepanzen in der Risiko-Definition der präskriptiven Entscheidungstheorie stellen eines der Hauptprobleme im Rahmen des Entscheidungsverhaltens von Managern dar[1074]. Im Weiteren sollen nun kurz die bedeutendsten Unterschiede im Risikoverständnis zusammengefasst und ein Überblick über die Unsicherheitsdefinition gegeben werden.

I. Klassische Risiko- und Unsicherheitsdefinition

Bei Entscheidungen unter Risiko im Kontext der präskriptiven Entscheidungstheorie bezieht sich Risiko auf Situationen, in denen eine Entscheidung getroffen wird, deren quantifizierbare Konsequenzen von dem Eintritt künftiger Ereignisse abhängen. Den möglichen Konsequenzen können bestimmte Wahrscheinlichkeiten zugeordnet werden[1075]. Das Risiko in dieser Entscheidungssituation besteht darin, dass der optimale Fall nicht sicher eintrifft, sondern eine Wahrscheinlichkeit vorhanden ist, dass sich eine andere, wirtschaftlich ungünstigere, Alternative ergeben kann. Andere Risikodefinitionen, die sich im Grundsatz an die oben er-

---

1072 *Wöhe*, S. 153; zur problematischen Grenzziehung zwischen Entscheidungen unter Sicherheit und Entscheidungen unter Unsicherheit vgl. *Lopes*, Advances in Experimental Social Psychology 20 (1987), 255, 256: „Obviously, risk shades into ignorance and most important decisions are made past way between the poles".

1073 *Laux*, S. 24 f.

1074 Vgl. zu den Definitionsunterschieden *March/Shapira*, Management Science 33 (1987), 1404, 1404 ff., sowie zur Vermengung von unternehmerischen und individuellen Entscheidungsrisiken: *Palmer/Wisemann*, Strat. Mgmt. J. 20 (1999), 1037, 1043 f.

1075 *Wöhe*, S. 151; *Sieben/Schildbach*, S. 56

wähnte Risikodefinition anlehnen, sind teilweise ähnlich prägnant[1076], teilweise ausufernder[1077].

Im Rahmen von Entscheidungen unter Risiko geht man von dem Erwartungswertprinzip (Bayes-Prinzip) aus. Das Erwartungswertprinzip erfordert, dass der Entscheidungsträger diejenige Handlungsmöglichkeit wählt, die den maximalen mathematischen Erwartungswert der Zielerreichungsgraden aufweist. Der mathematische Erwartungswert ist definiert als die über alle Umweltsituationen gebildete Summe der mit den Eintrittswahrscheinlichkeiten gewichteten Zielerreichungsgraden[1078].

Anders als bei Entscheidungen unter Risiko kann der Entscheidungsträger bei Entscheidungen unter Unsicherheit den verschiedenen, möglich eintretenden Umweltbedingungen keine Eintrittswahrscheinlichkeiten zuordnen[1079]. Vielmehr werden die zur Verfügung stehenden Handlungsoptionen von dem Entscheidungsträger analog ihrem Nutzen evaluiert. Anschließend werden mittels der Darstellung einer Entscheidungsmatrix sowie anhand von Dominanzüberlegungen gezielt Aktionen eliminiert und die günstigste Möglichkeit herausgefiltert[1080]. Die fehlende Zuordnungsmöglichkeit von Wahrscheinlichkeiten führt dazu, dass die Wirkungen einer Handlungsalternative nur eingeschränkt in der Auswahlentscheidung berücksichtigt werden können. Dies führt zu gesteigerter Komplexität im Entscheidungsfindungsprozess und muss durch ein gesteigertes Maß an Informationsbeschaffung auf Seiten der Entscheidungsträger kompensiert werden.

Zur Lösung des Entscheidungsproblems wird eine Fülle von Entscheidungsregeln diskutiert, die ihrerseits in engem Zusammenhang zu der Risikoeinstellung des Entscheidungsträgers stehen[1081].

1076 *March/Shapira*, Management Science 33 (1987), 1404, 1404 finden folgende Risikodefinition: „In classical decision theory, risk is most commonly conceived as reflecting variations in the distribution of possible outcomes, their likelihoods, and their subject values. Risk is measured either by nonlinearities in the revealed utility for money or by the variance of the probability distribution of possible gains and losses associated with a particular alternative".

1077 Nach *Vlek/Stallen*, Acta Psychologica 45 (1980), 273, 275 ff. lassen sich sechs Risikodefinitionen finden. Vgl. auch *Fiegenbaum/Thomas*, Academy of Management Journal 31 (1988), 85, 88 ff.

1078 *Laux*, S. 59; *Wöhe*, S. 157 f.; *Sieben/Schildbach*, S. 59 f.

1079 *Wöhe*, S. 158; *Sieben/Schildbach*, S. 51

1080 *Wöhe*, S. 158; *Sieben/Schildbach*, S. 51

1081 *Wöhe*, S. 158; *Sieben/Schildbach*, S. 51; es sind dies insbesondere die Minimax-Regel (pessimistisches Kriterium), die Maximax-Regel, (optimistisches Kriterium), Hurwicz-Regel (Pessimismus-Optimismus-Regel), Savage-Niehans-Regel (Regel des kleinsten Bedauerns) sowie die Laplace-Regel (Regel des unzureichenden Grundes).

II. Risiko- und Unsicherheitsdefinition der angewandten Managementtheorie

Bevor auf das Risikoverhalten von Entscheidungsträgern eingegangen wird, sollen zuvor die formal-theoretischen Risiko- und Unsicherheitsdefinitionen von denen der angewandten Managementtheorie abgegrenzt werden.

Verschiedene empirische Studien[1082] verdeutlichen, dass insbesondere Führungspersonen in Unternehmen eine wesentlich ungenauere und unreflektiertere Definition von Risiko geben, als sie aus der präskriptiven Entscheidungstheorie bekannt ist[1083]. Demnach wird nicht die Veränderlichkeit möglicher positiver Entscheidungsergebnisse, sondern vielmehr eine allgemeine Bedrohung durch ein negatives Ergebnis als Risiko angesehen[1084].

Weitestgehend unberücksichtigt bleibt dabei die Unterscheidung zwischen individuellen Risiken der Entscheidungsträger und institutionellen Risiken des Unternehmens sowie den Interessen der Aktionäre[1085].

Besondere Bedeutung erfährt jedoch die Unsicherheit als Einflussfaktor der Unternehmensführung. *Courtney, Kirkland* und *Viguerie* weisen darauf hin, dass sich durch eine systematische Analyse vorhandener Unternehmensdaten, sowie systematischen Ergänzungen noch nicht existenter Daten die anfängliche Unsicherheit im Entscheidungsprozess verringern lässt und unterscheiden vier Ebenen der Unsicherheit[1086].

Von dem ersten Unsicherheitslevel (A Clear Enough Future) ausgehend, der von grundlegender Klarheit hinsichtlich der Rahmenbedingungen gekennzeichnet ist, findet eine Abstufung aufgrund dieses Erkenntnisverlustes über „Alternate Futures", „A Range of Futures" bis hin zu tatsächlicher Mehrdeutigkeit (True Ambiguity) statt. *Courtney, Kirkland* und *Viguerie* bieten als Lösungsansatz im Stadium der größten Unsicherheit, wo weder Einflussfaktoren, noch Interdependenzen, noch deren Ergebnisse identifiziert werden können, die Beibehaltung des Status quo, also reines Abwarten, an. Eine wissenschaftliche Auseinandersetzung mit den anerkannten entscheidungstheoretischen Theorien findet nicht statt.

1082 Unter anderem von *MacCrimmon/Wehrung*, Management Science 36 (1990), 422 ff.; *Palmer/Wiseman*, Strat. Mgmt. J. 20 (1999), 1037 ff.; und *Shapira*, nicht veröffentlichtes Arbeitspapier, zu erhalten über den Lehrstuhl von Prof. Shapira an der Stern University New York City, www.stern.nyu.edu , S. 3 ff.

1083 Vgl. dazu *March/Shapira*, Management Science 33 (1987), 1404, 1407 f.

1084 *March/Shapira*, Management Science 33 (1987), 1404, 1407 f.

1085 Vgl. dazu *Fiegenbaum/Thomas*, Academy of Management Journal 31 (1988), 85, 100 sowie *Palmer/Wiseman*, Strat. Mgmt. J. 20 (1999), 1037, 1037 die die Notwendigkeit einer Differenzierung zwischen individuellen und institutionellen Risiken anmahnen.

1086 *Courtney/Kirkland/Viguerie*, Harvard Business Review 75 (1997), 66, 68 ff.

Im Ergebnis bleibt festzustellen, dass die Behandlung von Risiko- und Unsicherheitssituationen im Rahmen der formalen Entscheidungstheorie deutlich fundierter ausfällt als ihre Behandlung im Rahmen der angewandten Managementtheorie. Die angebotenen Definitionen von Risiko und Unsicherheit sind dennoch in beiden Fällen zu unvollständig und somit für eine Generalisierung ungeeignet. Sind die Konsequenzen einer Entscheidung unsicher, wie dies im Rahmen von Entscheidungen unter Unsicherheit üblich ist, wird als weitere Komponente jedoch die Risikoeinstellung des Entscheidungsträgers relevant.

III. Risikoeinstellung von Entscheidungsträgern[1087]

Heute weit verbreitet ist die Annahme, die sich auf verschiedene ökonomische Theorien bezieht und durch verschiedene empirische Studien begründet, dass die meisten Menschen[1088] und insbesondere Manager ein risikoscheues Entscheidungsverhalten zeigen[1089]. Während früher das Risikoverhalten als eine weitestgehend statische und vorgeprägte Eigenschaft von Individuen eingestuft wurde, ist heute anerkannt, dass die Risikoeinstellung von Entscheidungsträgern durch unterschiedliche Faktoren beeinflusst wird. Neben vorhandenen Vorprägungen sind dies insbesondere die Verfügbarkeit von Informationen sowie die spezifische Entscheidungssituation[1090]. In diesem Kontext wird zwischen intrapersonalen und situationsbedingten Einflussfaktoren des individuellen Entscheidungsverhaltens unterschieden[1091]. *March/Shapira* zeigen, neben der teilweisen Vorprägung der eigenen Persönlichkeit, wechselnde Einflussfaktoren wie Stimmung, Gefühl sowie Art der Risikopräsentation auf[1092]. Eine umfangreiche Studie von *Shapira* zum konkreten Entscheidungsverhalten in Managementsituationen hat ergeben, dass Manager die Unterschiede in ihrem Risikoverhalten und dem ihrer Kollegen auf die jeweiligen Anreizsysteme und die von ihnen selbst gemachten Erfahrungen zurückführen[1093]. Ihre Aussagen begründen sie mit divergierender intrinsischer Motivation. Zudem anerkennen sie, dass das Eingehen von Risiken

---

1087 Im folgenden Abschnitt wird anstelle des entscheidungstheoretischen Risikobegriffs wieder der umgangssprachliche Risikobegriff verwendet.
1088 Dieser Umstand wird häufig falsch eingeschätzt und vornehmlich auf Manager bezogen; *Milgrom/Roberts*, S. 187; *Jungermann/Pfister/Fischer*, S. 212 f.
1089 *Sarasvathy/Simon/Lave*, JEBO 33 (1998), 207, 208 und insbesondere 217 f.
1090 *Weber/Milliman*, Management Science 43 (1997) 2, 123, 138 ff.
1091 *March/Shapira*, Management Science 33 (1987), 1404, 1405 f.
1092 *March/Shapira*, Management Science 33 (1987), 1404, 1408 f.
1093 *Shapira*, nicht veröffentlichtes Arbeitspapier, zu erhalten über den Lehrstuhl von Prof. Shapira an der Stern University New York City, www.stern.nyu.edu., S. 7 ff.

eine der grundlegenden Komponenten im Aufgabenbereich eines Managers sei und weisen darauf hin, dass die Risikobereitschaft mit jedem Erreichen einer weiteren Hierarchiestufe ansteigt[1094].

Neben diesen intrapersonalen Einflussfaktoren zeigen Entscheidungsträger auch situativbedingt ein verändertes Risikoverhalten[1095]. Das Risikoverhalten ist danach insbesondere von der Einschätzung des Status quo zum Entscheidungszeitpunkt im Verhältnis zu Referenzpunkten, wie der augenblicklichen wirtschaftlichen Leistungsfähigkeit des Unternehmens[1096], abhängig. Je besser die Ausgangslage eingestuft wird, umso deutlicher steigt die Risikoaversion und umgekehrt[1097].

Unabhängig von den einzelnen Risikoeinstellungen zeigt sich bei auftretenden Risiken eine grundsätzliche Tendenz zur Risikovermeidung, die durch den Abschluss von Versicherungsverträgen oder schlichtes Hinauszögern der Entscheidung zur weiteren Informationsbeschaffung gekennzeichnet ist[1098]. *MacCrimmon/Wehrung* fügen zudem die Möglichkeit der Risikovermeidung durch Delegation der eigenen Entscheidung an[1099]. Ein weiteres, von den Managern selbst beigebrachtes Vermeidungsverhalten ist die subjektive Risikoverringerung. Die Mehrzahl der Manager sieht Risiken als kontrollierbar und steuerbar an und unterscheidet zwischen externen, nicht beeinflussbaren und internen, beeinflussbaren Risiken. Die Manager selbst geben an, dass man im Rahmen der Entscheidungsfindung versuche, durch Risikoanalyse, Informationsbeschaffung und Al-

---

1094 *March/Shapira*, Management Science 33 (1987), 1404, 1408; so auch *MacCrimmon/Wehrung*, Management Science 36 (1990), 422, 433
1095 *Weber/Milliman*, Management Science 43 (1997) 2, 123, 126 ff.
1096 *March/Shapira*, Management Science 33 (1987), 1404, 1410 f.
1097 Die Berücksichtigung des individuellen und situationsbedingten Bezugspunktes sowie die asymmetrische Verteilung der Risikobereitschaft für Verlust- und Gewinnsituationen ist ein wichtiger Bestandteil der Prospect-Theory, die, vereinfacht gesagt beinhaltet, dass Individuen Ziel- oder Referenzpunkte benutzen, um risikoreiche Handlungsoptionen zu bewerten. Weiterhin seien nicht alle Menschen gleichermaßen risikoscheu. Sie werden vielmehr dann risikofreudiger, wenn ihre Ergebnisse unter dem Zielniveau (Benchmark) liegen und risikoscheuer, wenn sich ihre Ergebnisse über dem Zielniveau befinden, vgl. dazu auch *Fiegenbaum*, JEBO 1990, 187, 188; so auch *Wiemann/Mellewigt*, ZfbF 1998, 551, 553 f. Dies bestätigt auch die Studie zu Haftungsrisiken für Gesellschaftsorgane von *Köhler/Marten/Hülsberg/Bender*, BB 2005, 501, 502
1098 Vgl. zu den Maßnahmen der Unsicherheitsreduzierung in Unsicherheitslevel „True ambiguity" *Courtney/Kirkland/Viguerie*, Harvard Business Review 1997, 66, 67 ff.
1099 *MacCrimmon/Wehrung*, Management Science 36 (1990), 422, 433

ternativenwechsel das Risiko einer negativen Unternehmensentscheidung zu verringern[1100].

Zusammenfassend bedeutet dies, dass Manager grundsätzlich risikoscheu sind und somit versuchen, Risikosituationen im Allgemeinen zu vermeiden. Befinden sie sich dennoch in einer Risikosituation, so streben sie nach Absicherung oder versuchen sich der Risikosituation mittels Delegation zu entziehen; bestenfalls streben sie eine Risikoverringerung durch umfangreichere Informationsbeschaffung an. Einzig der Einfluss interner und externer Faktoren kann die Entscheidungsträger von ihrem grundsätzlich risikoscheuen Verhalten abbringen. Hier spielen vor allem Anreizsysteme – insbesondere pekuniärer Art –, Erfahrungsreflektion sowie situationsbedingte Geschehnisse eine Rolle. Die Einflussfaktoren stellen somit ein geeignetes Einfallstor zur Reformierung des Entscheidungsfindungsprozess auf Unternehmensleiterebene dar, die idealerweise eine nahezu lückenlose Dokumentation beinhaltet.

IV. Ergebnis

Die Einbeziehung betriebswirtschaftlicher Entscheidungsregeln auf juristische Problemstellungen ist nicht zuletzt aufgrund der Vielzahl von Entscheidungstheorien und ihrer innerdisziplinären Kritik[1101] problematisch. Eine juristisch verpflichtende Berücksichtigung dieser Theorien im Rahmen des Treffens ökonomischer Unternehmensentscheidungen scheidet mangels Generalisierungspotentials der erwähnten Theorien aus[1102].

Einzig die Erkenntnisse zum Risikoverhalten von Entscheidungsträgern scheinen tendenziell geeignete Ansatzpunkte für eine Formalisierung der Vorstandsarbeit und eine damit verbundene Justiziabilität ökonomischer Unternehmensentscheidungen liefern zu können. Ausgehend von der Grundannahme, dass Manager risikoscheu sind und sich ihr Risikoverhalten nur aufgrund interner und externer Einflussfaktoren, wie Anreizsystemen, Erfahrungen, der wirtschaftlichen Lage des Unternehmens etc. verändert, bleibt hier Raum für regulative gesetzgeberische Aktivitäten.

Die vorstehenden Ausführungen beziehen sich jedoch nur auf die betriebswirtschaftliche Entscheidungsforschung. Die Verwertbarkeit der betriebswirt-

---

1100 Zu einem ähnlichen Resultat kommt auch *Shapira,* S. 128 f. in einer weiteren Studie.
1101 *Bamberg/Coenenberg,* S. 137 ff.
1102 Unabhängig von der Existenz einer eventuell verallgemeinerungsfähigen Entscheidungslehre warnt *Kallmeyer* vor einem voreiligen und unbegründetem Schluss auf eine Rechtspflicht, ZGR 1993, 104, 107

schaftlichen Entscheidungstheorien ist in diesem Kontext nur von begrenzter Bedeutung. Im Folgenden soll daher geklärt werden, ob die Psychologie weiterreichende Erkenntnisse liefern kann.

F. Psychologische Erkenntnisse zur Entscheidung unter Unsicherheit

Während die Anwendung der unterschiedlichen betriebswirtschaftlichen Entscheidungsregeln strikt von Überlegungen zur mathematischen Wahrscheinlichkeitstheorie geprägt ist, wählt die Psychologie einen divergierenden Ansatz. Im Mittelpunkt der psychologischen Analyse zu Entscheidungen unter Unsicherheit steht zunächst die Frage nach der Ursache der Unsicherheit in den verschiedensten Entscheidungssituationen. Erst in einem zweiten Schritt wird auf die mathematische Wahrscheinlichkeitstheorie und deren theoretische Ansätze eingegangen. Das Zentrum der Analyse ist unmissverständlich auf die Beantwortung der Frage gerichtet, ob für das Eintreten eines bestimmten Ereignisses der Zufall verantwortlich ist oder ob die Ursache der Unsicherheit schlicht in einem Wissensmangel begründet liegt.

Das Ergebnis dieser Frage könnte auch von zentraler Bedeutung für die Anforderungen an die Informationsbeschaffung von Vorständen vor dem Treffen wirtschaftlicher Unternehmensentscheidungen sein.

I. Psychologische Strukturierungsansätze

1. Spielarten der Unsicherheit

In der Psychologie wird zunächst zwischen externen und internen Ursachen für Unsicherheit unterschieden[1103].

Wird die Unsicherheit external bestimmt, wird sie auf unbeeinflussbare, äußere Umstände zurückgeführt. Derartige Unsicherheiten können weitergehend nur durch Erfahrungswerte und Tendenzen verringert werden.

Anders jedoch die internen Ursachen. Interne Ursachen sind in der Person des Entscheidungsträgers begründete Wissensmängel aller Art. Interne Ursachen sind also durchaus beherrschbar.

Dass man externe Ursachen für Unsicherheit überhaupt in die wissenschaftlichen Überlegungen einbezieht, ist nicht zwingend. Vielmehr gibt der erkenntnistheoretische Determinismus weiteren Aufschluss über inhaltliche Tendenzen im

---

1103 *Kahneman/Slovic/Tversky*, S. 516; *Jungermann/Pfister/Fischer*, S. 140

Umgang mit Entscheidungen unter Unsicherheit. Danach können grundsätzlich alle Ereignisse durch physikalische und chemische Gesetzmäßigkeiten festgelegt werden[1104]. Unsicherheit könne demnach nur dann bestehen, wenn man diese Gesetzmäßigkeiten nicht kennt. Folglich beruhten alle Unsicherheiten auf Wissensmängeln[1105]. Dieser – zugegebenermaßen sehr extensive – Ansatz zur Unsicherheitserklärung bekräftigt die Vermutung, dass jedenfalls bestimmte Unsicherheiten nicht existieren müssten und dass zumindest eine Unsicherheitsminimierung mittels bestimmter Formalisierungen im Entscheidungsfindungsprozess und dessen Ablauf stattfinden könnte.

Im Ergebnis lässt sich für die Einstufung der Unsicherheit im Rahmen der Psychologie folgendes feststellen: 1.) es muss strikt zwischen externen und internen Ursachen für Unsicherheit unterschieden werden und 2.) nur die internen Ursachen können von dem Entscheidungsträger beeinflusst werden.

2. Entscheidungen unter Unsicherheit

Während sich bei Entscheidungen unter Sicherheit die Wahl zwischen Handlungsalternativen ausschließlich mit dem Nutzen der Ergebnisse erklärt, geht es bei Entscheidungen unter Unsicherheit sowohl um die Unsicherheit, was den Nutzen angeht, als auch um die Unsicherheit die Konsequenzen betreffend[1106]. Der gedankliche Ansatz hinter der Mehrzahl der diesbezüglichen Theorien beruht auf einer konsequentialistischen Grundannahme. Danach werden Entscheidungen im Hinblick auf ihre Folgen getroffen. Mittels verschiedenster Modelle und Theorien hat man in den letzten Jahrzehnten versucht, Wahlen unter Unsicherheit widerspruchsfrei zu beschreiben. Ausgangspunkt war stets die Subjectively Expected Utility – Theory (SEU-Theorie). Danach wählt ein Entscheider diejenige Möglichkeit, die die Maximierung des subjektiv erwarteten Nutzens zur Folge hat. Mittlerweile hat man jedoch herausgefunden, dass die SEU-Theorie ihrem Universalitätsanspruch in keiner Weise gerecht werden konnte und sie sich zur Beschreibung und Erklärung des Entscheidungsverhaltens nur begrenzt bewährt hat. Vielmehr folgten auf die SEU-Theorie verschiedene Theorien, die aufgrund ihrer sehr spezialisierten Denkmuster die von ihnen aufgeworfenen Fragestellungen damit auch fundiert erklären konnten. Hierbei seien beispielhaft die von *Kahneman* und *Tversky* entwickelte Prospect-Theory, die emotionale Komponenten einbeziehenden Theorien des Bedauerns und der Enttäuschung sowie die jüngsten Ansätze rangabhängiger Nutzenmodelle genannt.

1104 *Rosenkranz*, S. 19 ff.
1105 *Rosenkranz*, S. 47 ff.
1106 *Wöhe*, S. 157 f.

II. Ergebnis

Wie die betriebswirtschaftlichen Entscheidungstheorien, so beinhalten auch die psychologischen Entscheidungstheorien bei Entscheidungen unter Unsicherheit keinerlei Verallgemeinerungspotenzial. Einige Theorien mögen zwar im Einzelfall geeignet sein, bestimmte entscheidungsspezifische Probleme schlüssig zu lösen, dennoch existiert nicht die Entscheidungstheorie, die rechtlich verpflichtend zu beachten wäre. Dies können diese Theorien offenkundig auch nicht leisten, da ihr Grundansatz deskriptiv ist.

Vielmehr deutet einiges darauf hin, dass die psychologische Ursachenforschung einen geeigneten Ansatz darstellen könnte, um zumindest den Entscheidungsfindungsprozess rechtlich greifbarer zu gestalten. Die Unterscheidung zwischen externen und internen Ursachen für die Unsicherheit macht deutlich, dass diese – zumindest teilweise – beeinflussbar sind. Dieser Einfluss muss nur ausgeübt werden.

G. Stellungnahme

Die Auseinandersetzung mit der Wechselbeziehung zwischen betriebswirtschaftlichen und psychologischen Entscheidungstheorien einerseits sowie der Justiziabilität ökonomischer Unternehmensentscheidungen andererseits muss zu dem Schluss kommen, dass weder die betriebswirtschaftlichen noch die psychologischen Entscheidungsregeln geeignet sind, diesen hochkomplexen Extrakt wirtschaftlichen Handelns mittels einer allgemeinen Theorie darzustellen und zu beschreiben.

Keiner der vorgestellten Disziplinen allein ist es möglich, einen hinreichenden Erklärungsansatz zu bieten. Vielmehr bedarf es einer Zusammenführung beider Denkansätze, um den Entscheidungsprozess von Entscheidungsträgern umfassend erklären zu können. Hierbei müssen in einer Gesamtanalyse zunächst alle auf den Entscheidungsprozess und den Entscheidungsträger einwirkenden Einflussfaktoren berücksichtigt werden. Anschließend muss die jeweils passende Entscheidungsregel bestimmt werden. In einem weiteren Schritt wäre es denkbar, einzelne Entscheidungstheorien auf bestimmte Sachverhalte anzuwenden, um so die geeignetste Handlungsmöglichkeit herauszufiltern. Dieser sehr theoretische Ansatz wird sich jedoch in der Praxis kaum im Rahmen jeder Unternehmensentscheidung durchführen lassen. Hier könnte man die Anwendbarkeit mittels bestimmter Schwellenwerte auf besonders wichtige Unternehmensentscheidungen begrenzen.

Naheliegender, und für die Unternehmenspraxis vorteilhafter, erscheint daher eine Formalisierung im Rahmen des formalen Entscheidungsfindungsprozesses. Da im Rahmen solcher Entscheidungen unvollkommene Information herrscht und Entscheidungsträger als Menschen auch vielen Einflussfaktoren unterliegen, wäre es konsequent, das Risikoverhalten von Entscheidungsträgern als zentralen Punkt für mögliche Ansatzpunkte juristischer Gestaltbarkeit des formalen Entscheidungsfindungsprozesses zu etablieren.

Nicht nur in der betriebswirtschaftlichen Analyse, auch in der psychologischen Auseinandersetzung spielen externe und interne Einflussfaktoren eine bedeutende Rolle für das Risikoverhalten von Entscheidungsträgern und somit auch für deren Entscheidungsfindungsprozess. Die Mehrzahl der Entscheidungsträger versucht im Allgemeinen, Risikosituationen zu vermeiden, zumindest eine Risikoverringerung anzustreben. Empirische Studien belegen jedoch, dass Manager Einflussfaktoren gegenüber empfänglich sind und offenbaren damit die latente Neigung, ihr Risikoverhalten unter bestimmten Voraussetzungen zu verändern. Ähnliches gilt für die Ursachenforschung der Unsicherheit im Rahmen der psychologischen Analyse. Insbesondere dann, wenn die Unsicherheit auf internen Ursachen beruht, ist der Entscheidungsträger massiv beeinflussbar. Die prägnanteste interne Unsicherheitsursache ist der Wissensmangel. Dieser ist jedoch beeinflussbar.

Damit wird deutlich, dass es zwar nicht *die* richtige Entscheidung gibt, dass es andererseits aber durchaus möglich erscheint, den Entscheidungsfindungsprozess so zu formalisieren, dass zumindest die Fehlerquote in diesem frühen, formalen Stadium der Entscheidungsfindung verringert werden kann. Hierbei sollte der Schwerpunkt auf den Ursachen der Unsicherheit und insbesondere auf der vollständigen Auseinandersetzung mit dem zur Verfügung stehenden Informationsmaterial liegen.

Wie die Ausführungen zeigen, kann die Unsicherheit auch auf Wissensmängeln beruhen. Hier kann die Erstellung eines Anforderungskatalogs an den Entscheidungsfindungsprozess geeignet sein, bereits erste, oberflächliche, unter scheinbarer Unsicherheit getroffene Entscheidungen herauszufiltern. Der Gesetzgeber könnte eine Art rechtlich verbindlicher Check-Liste erlassen, wonach es den Entscheidungsträgern, hier dem Vorstand, obliegt, bestimmte Punkte abzuhandeln, bevor eine Entscheidung getroffen werden kann. Beim Entwickeln einer solchen Check-Liste oder eines Katalogs wäre jedoch besonders darauf zu achten, dass ein vernünftiger Kompromiss zwischen überdetaillierter Starrheit und allgemeinplatzartiger Beliebigkeit gefunden wird. Hierbei böte sich die Möglichkeit der Erstellung verschiedener Check-Listen variabel nach Unternehmensgrößen an. Auch umsatz- oder gewinnspezifische Schwellenwerte könnten für eine einzelfallgerechte Umsetzung hilfreich sein. Diese Liste würde nicht nur als

Handwerkszeug zur Optimierung der unternehmerischen Entscheidung dienen, sondern hätte auch Dokumentationsfunktion.

Die Dokumentationsfunktion wäre dabei von zweierlei Nutzen für die Entscheidungsträger. Zum einen ist hierbei an die Dokumentation als unternehmensinternes Informationsmittel zu denken, zum anderen kommt der Dokumentation auch Exkulpationsfunktion zu, da der Vorstand sich gem. § 93 Abs. 1 S. 2 AktG im Falle einer gegen ihn gerichteten Klage exkulpieren muss.

Der Dokumentation als unternehmensinternes Mittel kommt im Prozess der Entscheidungsfindung besondere Bedeutung zu. Die Entscheidungsträger befinden sich vor dem Treffen von Entscheidungen unter Unsicherheit vor Entscheidungsproblemen, die stets diskussionsbedürftiger Natur sind und von Ambiguität hinsichtlich der Handlungsergebnisse gekennzeichnet sind. Diesem Organisationsmangel, der der Mehrzahl von Entscheidungssituationen immanent ist, kann nur durch vorgegebene Prozeduren abgeholfen werden. Nur so kann auch die überragend wichtige Handlungsfähigkeit des Gesamtgebildes und insbesondere der Entscheidungsträger auf Dauer sichergestellt werden. Hierbei sollte idealerweise auf die betriebswirtschaftlichen Grundsätze zu Organisation und Führung zurückgegriffen werden.

Die letztendlich vom Vorstand getroffene unternehmerische Entscheidung sollte somit im Idealfall eine im Rahmen eines unternehmensinternen Entwicklungsprozesses herausgearbeitete, der optimalen Lösung sehr nahe kommende Entscheidung sein.

Die primäre Aufgabe des Vorstands vor dem finalen Entscheidungsurteil ist somit die Etablierung eines umfangreichen Organisationsgebildes innerhalb des Unternehmens, in dem sich der Entscheidungsfindungsprozess optimal strukturiert entwickeln kann. Nur wenn diese Voraussetzung gegeben ist, besteht überhaupt die theoretische Möglichkeit, dass der Vorstand im Ergebnis eine annähernd „richtige" Entscheidung treffen kann. Innerhalb dieser einzelnen Entwicklungsprozesse sollte der Vorstand eine nachvollziehbare Dokumentationspflicht einführen, um später im Rahmen des von ihm zu erfüllenden Anforderungskanons überprüfen zu können, ob bestimmte Problemkreise im Rahmen des Entscheidungsfindungsprozesses Berücksichtigung gefunden haben oder nicht, ob inhaltliche Vorgaben erfüllt und Formvorschriften eingehalten worden sind. Hierbei ist von den jeweiligen Verantwortlichen eine umfassende Informationsbeschaffung einzufordern. Der Nachweis der Einhaltung der notwendigen Sorgfalt bei unternehmerischen Entscheidungen wird ihm bei Beachtung der Check-Liste so gewiss erleichtert.

Die Dokumentation vor dem Hintergrund der Exkulpationsfunktion gibt dem Vorstand die erleichterte und relativ unkomplizierte Möglichkeit den Entlastungsbeweis im Rahmen einer Haftungsklage zu führen. Das konsequente, lückenlose Abarbeiten sowie die Befolgung und Beachtung eines Anforderungskanons können ihm bereits in diesem frühen Stadium der Entscheidungsfindung ein hohes Maß an Rechtssicherheit gewähren. Hierbei sollte allerdings auf eine zeitnahe Dokumentation geachtet werden. Der erst später entstehende Nutzeneffekt der Dokumentation vor Gericht würde hohe Zusatzkosten erfordern.

Ein gesetzlicher Vorstoß zur Formalisierung der Vorstandsarbeit im Rahmen des Treffens von ökonomischen Unternehmensentscheidungen würde zwar für die Entscheidungsträger einen zeitlichen Mehraufwand und für die Unternehmen höhere Kosten bedeuten; dem stünden jedoch ein gesteigertes Maß an Rechtssicherheit und somit Verlässlichkeit gegenüber. Missachtungen des Anforderungskanons würden den Gerichten im Rahmen der ex-post-Kontrolle des Organhandelns deutlich werden. Für die Gerichte würde dies eine nachhaltige Erleichterung bei der Sachverhaltsklärung und der Urteilsfindung darstellen. Ordentliche und gewissenhafte Geschäftsleiter müssten bei Einhaltung der Formalien selbst bei risikoreicheren Unternehmensentscheidungen nicht die Gefahr einer Organhaftung befürchten.

Zudem könnte man mittels eines Anforderungskanons die Missbrauchsgefahr von Entscheidungsträgern beschränken. Wie erwähnt werden Manager von vielerlei Einflussfaktoren geprägt. Hier besteht eine latente Gefahr, dass sie aufgrund bestimmter Anreize, wie Aktienoptionsplänen etc. ihren persönlichen, kurzfristigen Vorteil vor die langfristige Entwicklung des Unternehmens stellen und somit das Unternehmen nachhaltig schädigen. Da offensichtlich eine Vielzahl von unterschiedlichsten Einflussfaktoren in den Entscheidungsprozess einfließt, wäre ein objektiver Überprüfungsmaßstab des Gesetzgebers wünschenswert.

Eines muss jedoch klar sein, die Entscheidungs- und Handlungsfähigkeit des Vorstands selbst darf nicht durch ein ausuferndes Übermaß an bürokratischen Anforderungen beeinträchtigt werden.

§ 5 Die Haftung von Vorstandsmitgliedern deutscher Aktiengesellschaften für ökonomische Unternehmensentscheidungen nach dem Gesetz zur Unternehmensintegrität und Modernisierung des Anfechtungsrechts (UMAG)

Mit dem am 01. November 2005 in Kraft getretenen Gesetz zur Unternehmensintegrität und Modernisierung des Anfechtungsrechts (UMAG) ist die aus dem US-amerikanischen Recht bekannte Business Judgment Rule weitestgehend identisch in § 93 Abs. 1 S. 2 AktG transformiert worden. Die Neufassung des § 93 AktG verfolgt das Ziel der Schaffung eines Haftungsfreiraums für Unternehmensleiter im Bereich unternehmerischer Entscheidungen und modifiziert somit die bis zum 01. November 2005 geltende Rechtslage im Bereich der Organinnenhaftung. Weitere für die vorliegende Arbeit relevante Veränderungen beinhaltet das UMAG im Kontext des Aktionärsrechtsschutzes. Im Mittelpunkt steht dabei die erleichterte Klagemöglichkeit einer Aktionärsminderheit zur Durchsetzung von Haftungsansprüchen gegen Vorstands- oder Aufsichtsratsmitglieder. Eine kritische Auseinandersetzung mit den für die vorliegende Arbeit relevanten aktienrechtlichen Neuregelungen ist unerlässlich.

A. Das Gesetz zur Unternehmensintegrität und Modernisierung des Anfechtungsrechts (UMAG)

Am 28. Januar 2004 hat das Bundesjustizministerium den Referentenentwurf[1107] eines Gesetzes zur Unternehmensintegrität und Modernisierung des Anfechtungsrechts (UMAG) vorgelegt[1108]. Im November 2004 hat die Bundesregierung einen überarbeiteten Entwurf[1109] des UMAG vorgestellt. Nach der Stellungnahme des Bundesrates vom 18. Februar 2005[1110] und der sich anschließenden Gegenäußerung der Bundesregierung[1111] ist das Gesetz nach weiteren Beschlussempfehlun-

---

1107 Im Folgenden abgekürzt als AktG-RefE.

1108 Der Referentenentwurf (AktG-RefE) nebst Begründung ist in der Sonderbeilage zu Heft 4/2004 der NZG abgedruckt.

1109 Der Regierungsentwurf (AktG-RegE) nebst Begründung ist im Internet abrufbar unter: www.bmj.de/media/archive/797.pdf

1110 Stellungnahme des Bundesrates zum Entwurf eines Gesetzes zur Unternehmensintegrität und Modernisierung des Anfechtungsrechts (UMAG),BR-Drucks. 3/05 (Beschluss) v. 18.02.05

1111 Gegenäußerung der Bundesregierung zur Stellungnahme des Bundesrates zum Entwurf eines Gesetzes zur Unternehmensintegrität und Modernisierung des Anfechtungsrechts (BR-Drucks. 3/05 (Beschluss))

gen und eines Berichts des Rechtsausschusses (6. Ausschuss)[1112] am 16. Juni 2005 vom Deutschen Bundestag verabschiedet[1113] und am 08. Juli 2005 vom Bundesrat gebilligt worden. Das Gesetz ist am 01. November 2005 in Kraft getreten.

Mit diesem Gesetz soll die weitere Umsetzung von Empfehlungen der Regierungskommission Corporate Governance[1114] und von Teilen des von der Bundesregierung im Jahre 2002 initiierten 10-Punkte-Programms zur Stärkung der Unternehmensintegrität und des Anlegerschutzes[1115] erfolgen. Das Gesetz reiht sich damit nahtlos in die Einsetzung der Regierungskommission Deutscher Corporate Governance Kodex (Cromme-Kommission)[1116], des Transparenz- und Publizitätsgesetzes (TransPuG)[1117] sowie des Spruchverfahrensneuordnungsgesetzes[1118] ein.

I. Struktur, Aufbau und Regelungen des UMAG

Das Gesetz zur Unternehmensintegrität und Modernisierung des Anfechtungsrechts (UMAG) enthält drei Artikel mit insgesamt 38 Paragraphen. Den Kern des Gesetzes stellen die in Artikel 1 enthaltenen Modifikationen des Aktiengesetzes dar.

Artikel 2 des Gesetzes enthält Änderungen von Gesetzen, die durch das Gesetz zur Unternehmensintegrität und Modernisierung des Anfechtungsrechts (UMAG) tangiert werden[1119]. Nach Artikel 3 tritt das Gesetz am 01. November 2005 in Kraft.

1112 Beschlussempfehlung und Bericht des Rechtsausschusses (6. Ausschuss) zu dem Gesetzesentwurf der Bundesregierung – Drucksache 15/5092 – Entwurf eines Gesetzes zur Unternehmensintegrität und Modernisierung des Anfechtungsrechts (UMAG) vom 15.06.2005

1113 Gesetzesbeschluss des Deutschen Bundestages, BT-Drucks. 454/05 vom 17.06.2005

1114 *Baums*, Bericht der Regierungskommission Corporate Governance, 2001 (auch BT-Drucks. 14/7515 v. 14.8.2001)

1115 Abrufbar unter http//: www.bundesregierung.de/artikel-,413.469121/Der-Massnahmenkatalog-in-Kuerze.htm.

1116 Eingesetzt am 06.09.2001; www.corporate-governance-code.de

1117 Gesetz zur weiteren Reform des Aktien- und Bilanzrechts, zu Transparenz und Publizität (Transparenz- und Publizitätsgesetz – TransPuG) v. 19.07.2001 (BGBl. I, 2681).

1118 Gesetz zur Neuordnung des gesellschaftsrechtlichen Spruchverfahrens (Spruchverfahrensneuordnungsgesetz) v. 12.06.2003 (BGBl. I, 838).

1119 Art. 2 Abs. 1: Änderung des Einführungsgesetzes zum Aktiengesetz; Art. 2 Abs. 2: Änderung des Gesetzes über die Angelegenheiten der freiwilligen Gerichtsbarkeit; Art. 2 Abs. 3: Änderung des Wertpapiererwerbs- und Übernahmegesetzes; Art. 2

Inhaltlich betrifft das Gesetz folgende drei Bereiche:
- Die Neuregelung des Organinnenhaftungsrechts wegen Sorgfaltspflichtverletzungen gegenüber der Gesellschaft sowie Neuregelungen des Rechts der Sonderprüfung
- Modifikationen im Zusammenhang mit der Vorbereitung und Durchführung von Hauptversammlungen
- Neuregelungen im Bereich des Anfechtungsrechts (insbesondere der Anfechtungsklage gegen Hauptversammlungsbeschlüsse der Aktiengesellschaft[1120])

II. Schwerpunktbereiche

Der Verfasser wird sich in der Analyse und Bewertung des UMAG auf eine Auseinandersetzung mit den Neuregelungen im Bereich der Organinnenhaftung, also vor allem der Kodifizierung der Business Judgment Rule in § 93 Abs. 1 Satz 2 AktG, sowie der veränderten Haftungsklage beschränken.

Im Ganzen muss der Neuregelung des § 93 Abs. 1 Satz 2 AktG im UMAG besondere Bedeutung beigemessen werden. Mit dieser Norm hat der Gesetzgeber eine an das US-amerikanische Recht angelehnte Business Judgment Rule in das deutsche Aktienrecht aufgenommen[1121]. Für die Innenhaftung der Organe ist sie von überragender Bedeutung[1122]. Die Business Judgment Rule stellt einen Haftungsfreiraum für den Vorstand dar. Dieser soll grundsätzlich nicht für Fehlentscheidungen im Rahmen des ihm zustehenden unternehmerischen Entscheidungsspielraumes haften[1123]. Eine Erfolgshaftung der Organmitglieder gegenüber der Gesellschaft soll ausscheiden[1124].

Abs. 4: Änderung des Versicherungsaufsichtsgesetzes; Art. 2 Abs. 5: Änderung des Gerichtskostengesetzes; Art. 2 Abs. 6: Änderung des Rechtsanwaltsvergütungsgesetzes

1120 Vgl. zu den hier nicht behandelten Anfechtungsklagen von Hauptversammlungsbeschlüssen instruktiv *Wilsing*, DB 2005, 35; *Kock/Dinkel*, NZG 2004, 249

1121 Siehe auch *Ulmer*, DB 2004, 859, 860 f.

1122 Vgl. zu den Haftungsrisiken für Gesellschaftsorgane auch die Studie von *Köhler/Marten/Hülsberg/Bender*, BB 2005, 501 ff.

1123 Regierungsentwurf, Begründung, Bes. Teil zu § 93 Abs. 1 Satz 2 und Satz 3, BT-Drucks. S. 21

1124 Regierungsentwurf, Begründung, Bes. Teil zu § 93 Abs. 1 Satz 2 und Satz 3, BT-Drucks. S. 21; ausdrücklich zustimmend *Semler*, AG 2005, 321, 321

Regelungstechnisch ist die Business Judgment Rule eine sog. „Safe Harbor-Rule"[1125], also ein Tatbestandsausschlussgrund, der die Organhaftung insgesamt erschweren wird. Das Vorliegen der tatbestandlichen Voraussetzungen der Business Judgment Rule sperrt den Rückgriff auf den allgemeinen Sorgfaltsmaßstab des § 93 Abs. 1 Satz 1 AktG[1126]. Umgekehrt folgt aus der Unanwendbarkeit der Business Judgment Rule jedoch nicht die zwingende Bejahung eines objektiv pflichtwidrigen Verhaltens. Ob eine solche Pflichtverletzung vorliegt, ist sodann gesondert zu prüfen.

Mit der Kodifizierung der Business Judgment Rule führt der Gesetzgeber die vom Bundesgerichtshof in der ARAG/Garmenbeck-Entscheidung entwickelte Rechtsprechung zum unternehmerischen Ermessen fort[1127]. Innerhalb dieser orientierte sich der Bundesgerichtshof zur Konkretisierung des unternehmerischen Handlungsspielraums an der anglo-amerikanischen Business Judgment Rule[1128]. Die Stellungnahmen und Diskussionsbeiträge zur Business Judgment Rule waren dann auch, wie erwartet[1129], äußerst umfangreich[1130]. Deren Mittelpunkt bildeten in aller Regel Vorschläge zur Auslegung und konkreten inhaltlichen Ausgestaltung ihrer einzelnen tatbestandlichen Voraussetzungen.

Als Gegengewicht zu der Einführung der Business Judgment Rule hat der Gesetzgeber gleichzeitig umfangreiche Modifikationen im Bereich der Haftungsdurchsetzung vorgenommen. Hier werden die §§ 147, 148 und 149 AktG, die eine aktionärsfreundlichere Möglichkeit der Geltendmachung von Ersatzansprüchen bezwecken sollen, Gegenstand ausführlicher Erörterungen sein. Dabei stellt das Klagezulassungsverfahren des § 148 AktG als Verfolgungsrecht der Minderheit die bedeutendste Neuerung dar.

1125 Vgl. instruktiv zur Regelungstechnik dieser Figur *Fleischer*, ZIP 2004, 685, 688 f.; *Ihrig*, WM 2004, 2098, 2103; vgl. *Geber/Zur Megede*, BB 2005, 1861 ff zur „Safe-harbor-Verordnung" (EG Nr. 2273/2003) im Rahmen von Aktienrückkäufen.
1126 Ordentlicher und gewissenhafter Geschäftsleiter
1127 Regierungsentwurf, Begründung, Bes. Teil zu § 93 Abs. 1 Satz 2 und Satz 3, BT-Drucks. S. 22
1128 Zur Ähnlickeit der Formulierungen der Voraussetzungen des Bundesgerichtshofs in der ARAG/Garmenbeck-Entscheidung sowie denen der Business Judgment Rule vgl. *Fleischer*, FS Wiedemann, 827, 836 ff.
1129 *Seibert/Schütz*, ZIP 2004, 252, 254
1130 Beispielhaft seien zu erwähnen: *Weiss/Buchner*, WM 2005, 162 ff.; *Fleischer*, ZIP 2004, 685 ff.; *Paefgen*, AG 2004, 245 ff.; *Ihrig*, WM 2004, 2098 ff.

B. Innenhaftung von Vorständen deutscher Aktiengesellschaften für ökonomische Unternehmensentscheidungen nach dem Gesetz zur Unternehmensintegrität und Modernisierung des Anfechtungsrechts (UMAG)

I. § 93 Abs. 1 Satz 2 AktG – Business Judgment Rule

1. Anlass für die Gesetzesänderung – § 93 Abs. 1 Satz 2 AktG im Gesetzgebungsverfahren

Anders als in den USA, wo sich aufgrund der über einhundertjährigen Existenz und Anwendung der Business Judgment Rule ein detailliert ausgestaltetes Richterrecht entwickelt hat, ist der unternehmerische Handlungsspielraum in Deutschland erst mit der ARAG/Garmenbeck-Entscheidung in den Fokus des aktienrechtlichen Forschungsinteresses gerückt[1131]. Kodifizierungsverlangen wurden erstmals Ende der neunziger Jahre im Zusammenhang mit der Corporate Governance-Debatte geäußert[1132].

Den ersten konkreten Vorschlag für eine gesetzliche Verankerung der Business Judgment Rule nach der ARAG/Garmenbeck-Entscheidung[1133] legte *Ulmer* in seiner Grundlagenuntersuchung zur Aktionärsklage[1134] vor[1135]. *Ulmer* zeigt darin rechtspolitische Entwicklungsvorschläge auf, die einerseits eine Vereinfachung des Aktionärsklagerechts, andererseits jedoch – quasi als ausgleichendes Element – eine vorstandsfreundliche Regelung des Vorstandsermessens vorsehen[1136]. Im Fortgang seiner Untersuchungen schlägt *Ulmer* eine Erweiterung des § 93 Abs. 2 AktG um einen Satz 2 (der bisherige Satz 2 würde zu Satz 3 werden) vor. Danach soll eine Pflichtverletzung nicht vorliegen, „wenn der Schaden durch unternehmerisches Handeln im Interesse der Gesellschaft auf der Grundlage angemessener Informationen verursacht wurde, auch wenn dieses Handeln sich aufgrund späterer Entwicklungen oder Erkenntnisse als für die Gesellschaft nachtei-

---

1131 Vgl. beispielhaft zur Aufzählung wissenschaftlicher Beiträge sowie von Gerichtsurteilen *Schneider*, DB 2005, 707, 707
1132 *Ulmer*, ZHR 163 (1999), 290, 298 f.; 63. Deutscher Juristentag 2000, Bd. II/1 O 79; Regierungskommission Corporate Governance, Bericht der Regierungskommission Corporate Governance, 2001, Rn. 70 (auch BT-Drucks. 14/7515 v. 14.8.2001)
1133 BGHZ 135, 244
1134 *Ulmer*, ZHR 163 (1999), 290, 298 f.
1135 Im Anschluß an *Ulmer* wurden auch Forderungen auf dem 63. Deutschen Juristentag 2000, Bd. II/1 O 79 und schließlich von der Regierungskommission Corporate Governance, *Baums*, Bericht der Regierungskommission Corporate Governance, 2001, Rn. 70 (auch BT-Drucks. 14/7515 v. 14.8.2001) geäußert.
1136 *Ulmer*, ZHR 163 (1999), 290, 298 f.

lig erweist"[1137]. Der 63. Deutsche Juristentag 2000 hat sich diesem Formulierungsvorschlag angeschlossen[1138]; und auch die Corporate Governance Kommission unterstützte einen derartigen Vorschlag[1139]. Letztere wollte mit einer Kodifizierung nochmals ausdrücklich klarstellen, dass eine Erfolgshaftung der Organmitglieder gegenüber der Gesellschaft ausscheide[1140].

Die endgültige Fassung des Gesetzesbeschlusses zur Business Judgment Rule des § 93 Abs. 1 Satz 2 AktG zeigt dann somit konsequenterweise auch deutliche Parallelen zu *Ulmers* Formulierungsvorschlag. Sie lautet:

„Eine Pflichtverletzung liegt nicht vor, wenn das Vorstandsmitglied bei einer unternehmerischen Entscheidung vernünftigerweise annehmen durfte, auf der Grundlage angemessener Information zum Wohle der Gesellschaft zu handeln".

Wie die Mehrzahl der Vorschriften zum UMAG hat auch § 93 Abs. 1 Satz 2 AktG im Laufe des Gesetzgebungsverfahrens wesentliche Veränderungen erfahren[1141]. Die ursprüngliche Fassung des § 93 Abs. 1 Satz 2 im Referentenentwurf vom Januar 2004 war Gegenstand nachhaltiger Modifikationen[1142]. Das Kriterium der „groben Fahrlässigkeit" fand somit, anders als noch im Referentenentwurf, im Regierungsentwurf keine Berücksichtigung mehr. Dies hätte eine Vermengung von Pflichten- und Sorgfaltsmaßstab bedeutet[1143]. Im weiteren Gesetzgebungsverfahren schlug der Bundesrat in seiner Stellungnahme[1144] erneute Formulierungsänderungen vor.

Danach sei § 93 Abs. 1 Satz 2 AktG-RegE wie folgt zu fassen:

1137 *Ulmer*, ZHR 163 (1999), 290, 299
1138 Vgl. Verhandlungen des 63. Deutschen Juristentages: „Empfiehlt sich eine Neuregelung des aktienrechtlichen Anfechtungs- und Organhaftungsrechts, insbesondere der Klagemöglichkeiten von Aktionären?", 2000, Bd. II/ 2 O 79, 226 (III. 1)
1139 BT-Drucks. 14/7515 v. 14. August 2001, S. 50 f.
1140 *Baums*, Bericht der Regierungskommission Corporate Governance, 2001 (auch BT-Drucks. 14/7515 v. 14. August 2001), Rn. 70 (auch BT-Drucks. 14/7515 v. 14. August 2001)
1141 Einen guten Überblick der Veränderungen innerhalb des parlamentarischen Verfahrens zwischen Regierungsentwurf und Referentenentwurf gibt *Schütz*, NZG 2005, 5 ff.
1142 § 93 Abs. 1 Satz 2 AktG-RefE lautete: „Eine Pflichtverletzung liegt nicht vor, wenn das Vorstandsmitglied bei einer unternehmerischen Entscheidung ohne grobe Fahrlässigkeit annehmen durfte, auf der Grundlage angemessener Information zum Wohle der Gesellschaft zu handeln".
1143 Regierungsentwurf, Begründung, Bes. Teil zu § 93 Abs. 1 Satz 2 und Satz 3, BT-Drucks. S. 22
1144 Stellungnahme des Bundesrates zum Entwurf eines Gesetzes zur Unternehmensintegrität und Modernisierung des Anfechtungsrechts (UMAG), Drucksache 03/05 v. 18. Februar 2005

„Eine Pflichtverletzung liegt nicht vor, wenn das Vorstandsmitglied bei einer unternehmerischen Entscheidung Recht und Gesetz, die Bestimmungen der Satzung und rechtswirksame Beschlüsse von Gesellschaftsorganen beachtet sowie auf der Grundlage angemessener Information zum Wohle der Gesellschaft gehandelt hat".

Zur Begründung wurde vorgebracht, dass eine explizite Nennung der nicht von dem unternehmerischen Ermessen gedeckten Verstöße nötig sei, da sich dieses nicht aus dem Begriff der „unternehmerischen Entscheidung" ergebe[1145]. Weiterhin wurde, statt der im Regierungsentwurf vorgeschlagenen subjektiven Betrachtung der Eignung einer Entscheidung zum Wohle der Gesellschaft zu handeln, eine objektive Betrachtung favorisiert. Eine solche objektive Betrachtung sei insbesondere deshalb vorzugswürdig, weil der Schutz der Vorstandsmitglieder als ausreichend zu qualifizieren sei. Die Geeignetheit einer Entscheidung im Moment des Treffens derselben, deren Orientierung am Wohle der Gesellschaft sowie die Einbeziehung situationsentsprechender Informationen könne auch objektiv festgestellt werden[1146].

Die Formulierungsvorschläge des Bundesrates wurden jedoch im Wege der ablehnenden Gegenäußerung der Bundesregierung zur Stellungnahme des Bundesrates zum Entwurf eines Gesetzes zur Unternehmensintegrität und Modernisierung des Anfechtungsrechts (UMAG) zurückgewiesen[1147]. Ausdrücklich sei keine Erfolgshaftung beabsichtigt. Weiterhin sei einerseits zwischen unternehmerischen Entscheidungen, andererseits zwischen rechtlich gebundenen Entscheidungen, wie vom Bundesrat im Formulierungsvorschlag angegeben, zu unterscheiden[1148]. Der Formulierungsvorschlag des Bundesrats bringe keine Verbesserung, sondern verhindere vielmehr die weitere Rechtsentwicklung[1149]. Zudem ha-

---

1145 Stellungnahme des Bundesrats zum Entwurf eines Gesetzes zur Unternehmensintegrität und Modernisierung des Anfechtungsrechts (UMAG), Drucksache 03/05 v. 18. Februar 2005, S. 3

1146 Stellungnahme des Bundesrats zum Entwurf eines Gesetzes zur Unternehmensintegrität und Modernisierung des Anfechtungsrechts (UMAG), Drucksache 03/05 v. 18. Februar 2005, S. 3

1147 Gegenäußerung der Bundesregierung zur Stellungnahme des Bundesrates zum Entwurf eines Gesetzes zur Unternehmensintegrität und Modernisierung des Anfechtungsrechts (BR-Drucks. 3/05 (Beschluss)); im Internet abrufbar unter: www.bmj.de/media/archive/875.pdf

1148 Gegenäußerung der Bundesregierung zur Stellungnahme des Bundesrates zum Entwurf eines Gesetzes zur Unternehmensintegrität und Modernisierung des Anfechtungsrechts (BR-Drucks. 3/05 (Beschluss)); im Internet abrufbar unter: www.bmj.de/media/archive/875.pdf , S. 2

1149 Gegenäußerung der Bundesregierung zur Stellungnahme des Bundesrates zum Entwurf eines Gesetzes zur Unternehmensintegrität und Modernisierung des Anfechtungsrechts (BR-Drucks. 3/05 (Beschluss)); im Internet abrufbar unter: www.bmj.de/media/archive/875.pdf , S. 2

be man sich mit der Formulierung „vernünftigerweise annehmen durfte" ausdrücklich für eine subjektive Betrachtung entschieden, da diese, als bewusster Perspektivwechsel zum Vorstand, aus dessen damaliger Sicht grundlegend sei[1150].

Auch der Rechtsausschuss hat von der Übernahme anders lautender Formulierungsvorschläge zur Business Judgment Rule Abstand genommen und den Wortlaut zu Lasten einer deutlich geringeren Herabsetzung des Minderheitenquorums des § 148 AktG unverändert empfohlen[1151].

2. Anwendungsbereich und Adressaten der Business Judgment Rule

Trotz ihrer Stellung im Aktiengesetz ist der Anwendungsbereich der Business Judgment Rule nicht nur auf das Geschäftsleiterermessen in Aktiengesellschaften beschränkt. Auch ohne explizite Regelung findet sie sich in allen Formen unternehmerischer Betätigung wieder[1152].

Inhaltlich liegt die Hauptfunktion der Business Judgment Rule auf dem Geschäftsleiterermessen im Rahmen unternehmerischer Entscheidungen des Vorstands. Dabei werden dem Anwendungsbereich der Business Judgment Rule grundsätzlich alle unternehmerischen Entscheidungen des Vorstands im Rahmen der von § 76 AktG umfassten Geschäftsführungstätigkeit unterliegen[1153]. Über die Verweisung des § 116 AktG gilt die Haftungsprivilegierung im Rahmen des unternehmerischen Handlungsspielraumes auch für die Mitglieder des Aufsichtsrats[1154]. Hierbei ist vor allem an die unternehmerischen Entscheidungen im Rahmen der gesetzlichen Hauptaufgaben des Aufsichtsrats, namentlich der Überwachung (§ 111 Abs. 1 AktG), der Personalkompetenz (§ 84 AktG) und der Vertretung der Gesellschaft gegenüber den Vorstandsmitgliedern (§ 112 AktG) zu denken. Letztlich erlangt die Business Judgment Rule bei der gerichtlichen Überprü-

---

1150 Gegenäußerung der Bundesregierung zur Stellungnahme des Bundesrates zum Entwurf eines Gesetzes zur Unternehmensintegrität und Modernisierung des Anfechtungsrechts (BR-Drucks. 3/05 (Beschluss)); im Internet abrufbar unter: www.bmj.de/media/archive/875.pdf, S. 2

1151 Beschlussempfehlung und Bericht des Rechtsausschusses zu dem Gesetzesentwurf der Bundesregierung – Drucksache 15/5092 – Begründung der Beschlussempfehlung BT-Drucks. 15/5693, S. 32 f.

1152 Regierungsentwurf, Begründung, Bes. Teil zu § 93 Abs. 1 Satz 2 und Satz 3, BT-Drucks. S.24; insbesondere GmbH-Geschäftsführern wird im Rahmen des § 43 GmbHG ein unternehmerischer Ermessensspielraum zugebilligt, vgl. *Schneider*, in: Scholz, GmbHG, § 43 Rn. 70 ff.; *Altmeppen*, in: Roth/Altmeppen, GmbHG, § 43 Rn. 8; *Zöllner*, in: Baumbach/Hueck, GmbHG, § 43 Rn. 7 f.

1153 *Hülsberg/Köhler/Merkt/Schartmann*, S. 9

1154 So auch *Weiss/Buchner*, WM 2005, 162, 165; *Roth*, BB 2004, 1066, 1068

fung des gleichfalls in dem UMAG geregelten Klagezulassungsverfahrens gemäß § 148 Abs. 1 AktG Bedeutung.

Außerhalb des Bereichs der organschaftlichen Binnenhaftung kann die Business Judgment Rule auch in der Außenhaftung gegenüber unternehmensfremden Dritten Relevanz erlangen. Dass den Unternehmensleitern dabei Direktionsspielräume zustehen können, ist von den Gerichten zumindest in Urteilen zur Insolvenzverschleppungshaftung bejaht worden. Darin ist den Geschäftsleitern ein „gewisser Beurteilungsspielraum" bei der Feststellung des Insolvenzauslösungszeitpunktes zugebilligt worden[1155]. In der Literatur ist diese Rechtsprechungsentwicklung aufgenommen und fortgeführt worden[1156]. Dabei sind die Grundsätze des unternehmerischen Ermessens auf weitere, das Außenverhältnis betreffende Rechtsverhältnisse ausgeweitet worden[1157]. Die aktuellsten Tendenzen betreffen das unternehmerische Ermessen im Zusammenhang mit der Außenhaftung von Organmitgliedern nach § 25 Abs. 1 Umwandlungsgesetz (UmwG) für rechtswidrig und schuldhaft verursachte Schäden aus einer Verschmelzung[1158].

3. Tatbestandliche Voraussetzungen des § 93 Abs. 1 Satz 2 AktG

Ausweislich der Regierungsentwurfsbegründung setzt die Business Judgment Rule fünf Merkmale voraus: Unternehmerische Entscheidung, Handeln ohne Sonderinteressen und sachfremde Einflüsse, Handeln zum Wohle der Gesellschaft und Handeln auf der Grundlage angemessener Informationen[1159].

a. Unternehmerische Entscheidung

Die zentrale Anwendungsvoraussetzung der „Safe Harbor"-Regelung des § 93 Abs. 1 Satz 2 AktG ist das Vorliegen einer „unternehmerischen Entscheidung"[1160]. Als Entscheidung wird die Auswahl einer von zwei oder mehreren Handlungsmöglichkeiten bezeichnet, die dem Entscheidungsträger zur Realisierung eines Ziels zur Verfügung stehen[1161]. Davon umfasst, ist auch die bewusste

---

1155 BGHZ 75, 96 ff.; BGHZ 126, 181 ff. = ZIP 1994, 1103, 1110; dazu *Goette,* in: Hommelhoff/Hopt/v. Werder, 749, 765 f.; *Fleischer,* ZGR 2004, Heft 3/4
1156 *Roth,* S. 269 ff.
1157 *Roth,* S. 261 ff.
1158 *Schnorbus,* ZHR 167 (2003), 666, 681 ff.
1159 Regierungsentwurf, Begründung, Bes. Teil zu § 93 Abs. 1 Satz 2 und Satz 3, BT-Drucks. S.22
1160 Ausführlich dazu und unter Beachtung psychologischer Erkenntnisse *Schneider,* DB 2005, 707, 709
1161 *Hörschgen,* S. 18; zum Begriffsverständnis aus der juristischen Literatur *Henze,* BB 2000, 209, 212; *Fleischer,* ZIP 2003, 1, 2; *Mutter,* S. 206

Entscheidung, untätig zu bleiben[1162]. Die „unternehmerische Entscheidung" wird im Regierungsentwurf als „infolge ihrer Zukunftsbezogenheit durch Prognosen und Einschätzungen geprägt" definiert[1163]. Damit findet, als eine von drei Auswahlwirkungen dieses Merkmals, auch eine Unterscheidung „von der Beachtung klar umrissener gesetzlicher, satzungsmäßiger oder anstellungsvertraglicher Pflichten ohne Ermessensspielraum" statt[1164]. Diese Beschneidung richterlicher Beurteilungen umfasst jedoch noch zwei weitere Bereiche. Ebenfalls von dem Unternehmensleiterermessen ausgeklammert, ist folglich der Bereich der organschaftlichen Treuepflichten[1165]. Sorgfalts- und Treuepflichten sind angesichts ihres divergierenden Geltungsgrundes und ihrer abweichenden Zweckverfolgung strikt voneinander zu trennen[1166]. Abschließend ist ein unternehmerischer Handlungsspielraum bei gesellschafts- und kapitalmarktrechtlichen Informationspflichten dem Grunde nach[1167] nicht eröffnet[1168].

Soweit im Ergebnis der Anwendungsbereich der Business Judgment Rule eröffnet ist, wird der unternehmerische Handlungsspielraum einzig durch rechtliche Grenzen sowie Satzungsbestimmungen und Hauptversammlungsbeschlüsse be-

---

1162 *Semler*, FS Ulmer, 627, 627
1163 Regierungsentwurf, Begründung, Bes. Teil zu § 93 Abs. 1 Satz 2 und Satz 3, BT-Drucks. S.22; diese Definition mangels rechtlichen Abgrenzungskriteriums ablehnend: *Paefgen*, AG 2004, 245, 251.
1164 Regierungsentwurf, Begründung, Bes. Teil zu § 93 Abs. 1 Satz 2 und Satz 3, BT-Drucks. S. 21; kritisch zum Regierungsentwurf *Hauschka*, ZRP 2004, 65, 66, der auch in fehlerhaft zu Stande gekommenen Entscheidungen „unternehmerische Entscheidungen" im Sinne des § 93 Abs. 1 Satz 2 AktG sieht und die Nichtanwendung des Geschäftsleiterermessens auf unternehmerische Entscheidungen, die Verstöße gegen Gesetz, Satzung oder Anstellungsvertrag beinhalten, unter der Anwendungsvoraussetzung „Handeln zum Wohle der Gesellschaft" subsumieren will. Dies ist abzulehnen. Bei unternehmerischen Entscheidungen im Sinne des § 93 Abs. 1 Satz 2 AktG, die Verstöße gegen Gesetz, Satzung oder Anstellungsvertrag darstellen, soll die Haftungserleichterung der Business Judgment Rule gerade keine Anwendung finden. *Paefgen*, AG 2004, 245, 251 bemerkt zutreffend, dass es im Rahmen solcher Pflichtverstöße gleichgültig sei, ob diese bewusst, unbewusst oder sogar für die Gesellschaft insgesamt Nutzen bringend seien.
1165 Regierungsentwurf, Begründung, Bes. Teil zu § 93 Abs. 1 Satz 2 und Satz 3, BT-Drucks. S. 21
1166 Regierungsentwurf, Begründung, Bes. Teil zu § 93 Abs. 1 Satz 2 und Satz 3, BT-Drucks. S. 21 f.; *Fleischer*, ZIP 2004 , 685, 690; *Goette*, in: Hommelhoff/Hopt/v. Werder, Handbuch Corporate Governance, S. 749, 762-766; anderer Ansicht: *Schäfer*, ZIP 2005, 1253, 1256
1167 Für eine Ausnahme vgl. *Fleischer*, ZIP 2004, 685, 689
1168 Zur Diskussion bei der Außenhaftung von Organmitgliedern für fehlerhafte Kapitalmarktinformationen vgl. *Baums*, ZHR 167 (2003), 139, 175; *Fleischer*, BKR 2003, 608, 612; *Mülbert*, JZ 2002, 826, 832

schränkt. Innerhalb dieser Grenzen variiert der entscheidungsspezifische Direktionsspielraum. Der sich den Entscheidungsträgern im Rahmen dieser Grenzen bietende Handlungsspielraum ist für die Business Judgment Rule somit von überragender Relevanz.

b. Handeln zum Wohle der Gesellschaft

Das Vorstandsmitglied muss annehmen, zum Wohle der Gesellschaft zu handeln. Das subjektive Element der „Annahme" ruft eine Beurteilung der Voraussetzungen der Entscheidungsfindung aus der Sicht des betreffenden Organs hervor[1169]. Einschränkenden und objektivierenden Einfluss übt dabei das „annehmen dürfen" aus[1170].

Der Handlungsbegriff an sich ist dabei nach der Regierungsentwurfsbegründung weit zu verstehen[1171]. Er „umfasst die Entscheidung selbst, wie auch die Umsetzung der unternehmerischen Entscheidung, gleichviel ob dies durch Rechtsgeschäft oder tatsächliche Handlung geschieht"[1172]. Korrekterweise müssen auch bewusste Unterlassensentscheidungen, insoweit diese eine von mehreren Handlungsmöglichkeiten darstellen, erfasst werden[1173].

Auffällig ist, dass der Wortlaut des § 93 Abs. 1 Satz 2 AktG vom „Wohle der Gesellschaft" spricht. Abgrenzungen zu dem Begriff des Unternehmenswohls oder des Unternehmensinteresses finden auch in der Entwurfsbegründung keinerlei Berücksichtigung. Dies mutet umso verwunderlicher an, da der Bundesgerichtshof in der ARAG/Garmenbeck-Entscheidung vom „Unternehmenswohl"

1169 Regierungsentwurf, Begründung, Bes. Teil zu § 93 Abs. 1 Satz 2 und Satz 3, BT-Drucks. S. 22

1170 Regierungsentwurf, Begründung, Bes. Teil zu § 93 Abs. 1 Satz 2 und Satz 3, BT-Drucks. S. 22

1171 Regierungsentwurf, Begründung, Bes. Teil zu § 93 Abs. 1 Satz 2 und Satz 3, BT-Drucks. S. 22

1172 Regierungsentwurf, Begründung, Bes. Teil zu § 93 Abs. 1 Satz 2 und Satz 3, BT-Drucks. S. 22

1173 Treffend aus dem US-amerikanischen Recht: *Rabkiin v. PhillipA. Hunt Chem. Corp.*, 547 A.2d 963 (972) (Del. Ch. 1986) (the rule „may apply to a deliberate decision not to act, but it has no bearing on a claim that directors' inaction was the result of ignorance") sowie *Gabelli & Co.Profit Sharing Plan v. Liggett Group, Inc.*, 444 A.2d 261, 265 (Del. Ch. 1982): „A decision not to act is as much a decision as an affirmative decision to enter in a specific transaction."

sprach[1174]. Dabei wird es sich wohl, wie *Fleischer* zu Recht vermutet[1175], um eine „terminologische Lässigkeit" handeln[1176].

Nach dem Regierungsentwurf liegt ein Handeln zum Wohle der Gesellschaft jedenfalls dann vor, „wenn es der langfristigen Ertragsstärkung und Wettbewerbsfähigkeit des Unternehmens und seiner Produkte oder Dienstleistungen dient", wobei dies auch das Wohl von Tochtergesellschaften und des Gesamtkonzerns einbeziehe[1177]. Mit dieser Definition nimmt die Regierungsentwurfsbegründung offensichtlich sowohl Bezug auf den Begriff des Gesellschaftsinteresses, als auch auf den des Unternehmensinteresses, wobei letztendlich scheinbar doch nachhaltigere Parallelen zu der Definition des Gesellschaftswohls festgestellt werden können. Dabei ergänzt das Unternehmensinteresse das, bereits früher als zu eng empfundene[1178], Konzept des Gesellschaftsinteresses. Während das Gesellschaftsinteresse alles umfasst, „was den Bestand, die Funktionsfähigkeit und die Aufgabenerfüllung einer Aktiengesellschaft im Hinblick auf die Zielsetzung der Gesellschaftsorgane" betrifft[1179], ist Inhalt des Unternehmensinteresses „die Selbsterhaltung und die fortdauernde funktionsgerechte Erfüllung der Aufgaben des Unternehmens gegenüber Anteilseignern, Arbeitnehmern, Lieferanten, Abnehmern, Konsumenten, Staat und Gesellschaft"[1180].

Der Vorstand hat als Vertreter des Unternehmensinteresses die Unternehmensleitung somit an diesem auszurichten. Dabei ist es seine Aufgabe, diese inte-

---

1174 BGHZ 135, 244, 253 („Unternehmenswohl"); vgl. auch *Hüffer*, § 76 AktG Rn. 15 („Unternehmensinteresse")
1175 *Fleischer*, ZIP 2004, 685, 690
1176 *Ihrig*, WM 2004, 2098, 2105 sieht darin einen unbestimmten Rechtsbegriff, der potentiellen Klägern die Anspruchsbegründung unter Ablehnen der Business Judgment Rule erleichtert.
1177 Regierungsentwurf, Begründung, Bes. Teil zu § 93 Abs. 1 Satz 2 und Satz 3, BT-Drucks. S. 22 f.; kritisch dazu *Gehb/Heckelmann*, ZRP 2005, 145, 147, die bei Gesellschaften mit Liquiditätsengpässen ein Handeln gegen langfristige Ziele als möglicherweise geboten ansehen.
1178 Zur Entwicklung des Gesellschaftsrechts als Unternehmensrecht vgl. *Zöllner*, AG 2003, 1 ff.
1179 Vgl. *Krämer*, S. 47
1180 *Raiser*, FS Potthoff, 31, 44

ressenpluralistische Konzeption[1181] im Wege der praktischen Konkordanz[1182] gegeneinander abzuwägen und möglichst auszugleichen[1183].

Die den verschiedenen Definitionen entnommenen Begriffe „Bestand", „Selbsterhaltung" und „Funktionsfähigkeit" lassen sich insgesamt unter die Regierungsentwurfsbegründung, insbesondere die Begriffe „langfristige Ertragsstärkung" und „Wettbewerbsfähigkeit", subsumieren.

Der aufgezeigte deutsche Sonderweg einer Gewichtsverschiebung von den Interessen der Anteilseigner hin zu denen des Unternehmens an sich ist dem angloamerikanischen Gesellschaftsrecht fremd[1184]. Betroffene Interessen von Arbeitnehmern, Gläubigern und Verbrauchern werden dort primär durch andere Rechtsgebiete geschützt. Das Gesellschaftsrecht wird so vor einer Überladung geschützt.

Im Ergebnis ist *Fleischers* Vermutung, dass es sich im Rahmen der Formulierung „Wohle der Gesellschaft" in § 93 Abs. 1 S. 2 AktG um eine „terminologische Lässigkeit" handelt, somit zuzustimmen[1185]. Fest steht, dass die US-amerikanische Business Judgment Rule der Neuregelung des § 93 Abs. 1 Satz 2 AktG als Vorbild diente und dass dem US-amerikanischen Gesellschaftsrecht die Berücksichtigung von Arbeitnehmer-, Gläubiger- und Verbraucherinteressen fremd ist. Wollte man diese tatbestandliche Voraussetzung jedoch auf die inländische Dogmatik übertragen, dann hätte man sich wohl tatsächlich, unter Berücksichtigung der inländischen Besonderheiten, auf den Begriff des Unternehmensinteresses verständigen müssen. Alternativ hätte sich eine umfangreichere, allen Interessen gerecht werdende, Formulierung angeboten.

Ob Unternehmensstrategien, die auf kurz- oder mittelfristige Ertragsstärkung ausgerichtet sind, als ein Minus in der Definition der Regierungsentwurfsbegründung enthalten sind oder aber bewusst ausgeklammert werden sollen, lässt sich mittels der Entwurfsbegründung nicht eruieren.

Ungeklärt bleiben muss in der momentanen Situation auch, ob mit dem unbestimmten und damit erhebliches Diskussionspotential beinhaltenden, Begriff des Wohls der Gesellschaft potentiellen Klägern die einzelfallspezifische Ablehnung

---

1181 So auch der Deutsche Corporate Governance Kodex in der Präambel sowie in den Abschnitten 4.1.1, 4.3.3 und 5.5.1.; vgl. *Kuhner*, ZGR 2004, 244, 251

1182 Dieser von *Böckenförde* stammende Begriff lässt sich trotz seiner verfassungsrechtlichen Herkunft auf die Interessenabwägung im Aktienrecht anwenden, vgl. *Kort,* in: GroßKommAktG, § 76 Rn. 64 m.w.N.

1183 *Hüffer,* § 76 Rn. 12; *Kort,* in: GroßKommAktG, § 76 Rn. 64; *Hopt,* ZGR 1993, 534, 536

1184 *Kuhner,* ZGR 2004, 244, 247; *Hülsberg/Köhler/Merkt/Schartmann,* S. 14

1185 Dies zur Diskussion stellend auch *Hauschka,* ZRP 2004, 65, 66, nach dessen Ansicht im Ergebnis die Zielsetzung insgesamt aber in Ordnung geht.

der Eröffnung der Business Judgment Rule erleichtert oder erschwert werden wird. Angesichts der Tatsache, dass sich das Vorstandshandeln in den hier interessierenden Fällen stets als im Nachhinein für die Gesellschaft nachteilig erwiesen hat, besteht nach *Ihrig* zudem ein immanentes Risiko, dass sich Gerichte trotz der gebotenen ex ante – Beurteilung[1186] von einer ex post gewonnenen Erkenntnis über den entstandenen Schaden leiten lassen könnten[1187]. Dem kann jedoch vor dem Hintergrund einer Rechtsprechungsanalyse zur Business Judgment Rule im US-amerikanischen Recht so nicht zugestimmt werden[1188]. Zwar ist eine Einflussnahme nachträglicher Geschehnisse, insbesondere nachhaltiger Schadensereignisse, tatsächlich möglich und auch durchaus denkbar, dennoch wird man sich hier auf die Urteilsfähigkeit, Erfahrung und Sachkunde der entscheidenden Richter verlassen können und müssen. Dass dieses Vertrauen in die Fähigkeiten der Gerichte begründet ist, zeigen die Entwicklungen in Deutschland und den USA. Dort sind über Jahrzehnte hinweg ex ante- Beurteilungen in komplexen gesellschaftsrechtlichen Fallkonstellationen mit Erfolg vorgenommen worden.

c. Handeln ohne Eigeninteressen und sachfremde Einflüsse

Weiterhin hat nach der Regierungsentwurfsbegründung das Vorstandsmitglied unbeeinflusst von Interessenkonflikten, Fremdeinflüssen und ohne unmittelbaren Eigennutz mithin unbefangen und unabhängig zu handeln[1189]. Sondereinflüsse außerhalb des Unternehmensinteresses dürfen die Vorstandsentscheidung nicht beeinflusst haben. Dabei werden derlei Einwirkungen beim „Handeln zum eigenen Nutzen oder zum Nutzen von dem Geschäftsleiter nahe stehenden Personen oder Gesellschaften unterstellt werden müssen"[1190].

Ungeachtet der hohen praktischen Relevanz dieser Anwendungsvoraussetzung wird sie in § 93 Abs. 1 Satz 2 AktG nicht explizit erwähnt. Dafür bestehe ausweislich der Entwurfsbegründung auch kein Anlass. Vielmehr dürfe nur der

---

1186 Regierungsentwurf, Begründung, Bes. Teil zu § 93 Abs. 1 Satz 2 und Satz 3, BT-Drucks. S. 23
1187 *Ihrig*, WM 2004, 2098, 2105
1188 Vgl. dazu § 1 D. und aktuell auch E.
1189 Regierungsentwurf, Begründung, Bes. Teil zu § 93 Abs. 1 Satz 2 und Satz 3, BT-Drucks. S.23; vgl. diesbezüglich auch die Formulierung in BGHZ 135, 244, 253 wonach eine Schadensersatzpflicht des Vorstands erst in Betracht komme, „wenn die Grenzen, in denen sich ein von Verantwortungsbewusstsein getragenes, ausschließlich am Unternehmenswohl orientiertes, auf sorgfältiger Ermittlung der Entscheidungsgrundlagen beruhendes unternehmerisches Handeln bewegen muss,....."; so auch *Hopt*, in: GroßKommAktG, § 93 Rn. 83
1190 Regierungsentwurf, Begründung, Bes. Teil zu § 93 Abs. 1 Satz 2 und Satz 3, BT-Drucks. S. 23

Geschäftsleiter annehmen, zum Wohle der Gesellschaft zu handeln, der sich bei seiner Entscheidung frei von solchen Einflüssen weiß[1191].

Diese Zielsetzung erscheint dem Grunde nach sinnvoll und begrüßenswert, einzig die Abgrenzung, wann Vorstandsmitglieder bei ihrem Handeln von solchen Sondereinflüssen getrieben worden sind, wird im Einzelfall nur schwer zu klären sein. Hierbei werden vermutlich auch persönliche Verflechtungen der Organmitglieder, Strohmanngeschäfte und mittelbare Eigeninteressen eine bedeutsame Rolle spielen und zukünftig die Gerichte beschäftigen. In diesem Zusammenhang wird auch die anhaltende Diskussion[1192] um die inhaltliche Ausgestaltung des Unternehmensinteresses von besonderer Bedeutung sein[1193]

In einer besonderen Konstellation darf jedoch auch ein Sonderinteressen unterliegendes Vorstandsmitglied annehmen, zum Wohle der Gesellschaft zu handeln. Dies ist der Fall, wenn das Organmitglied bereits vor der Handlung den Interessenkonflikt offen gelegt hat, und die Organ- und Gesellschaftsinteressen mit dieser Vorgehensweise in Gleichklang stehen und nachvollziehbar sind[1194].

d. Handeln in gutem Glauben

Eine eigenständige Bedeutung des Merkmals der Gutgläubigkeit ist der Regierungsentwurfsbegründung nicht zu entnehmen. Das Merkmal der Gutgläubigkeit sei vielmehr Bestandteil des in § 93 Abs. 1 Satz 2 AktG genannten „annehmen Dürfens"[1195]. Auf diesem Gedanken beruhend kann es auch nicht verwundern, dass auffällige Überschneidungen der „Gutgläubigkeit" mit anderen Anwendungsvoraussetzungen wie dem „Handeln ohne Sondereinflüssen und sachfremden Einflüssen" sowie dem „Handeln zum Wohle der Gesellschaft" existieren. So heißt es in der Regierungsentwurfsbegründung unter anderem, dass es um ein von

---

1191 Regierungsentwurf, Begründung, Bes. Teil zu § 93 Abs. 1 Satz 2 und Satz 3, BT-Drucks. S. 23; vgl. für aktuelle Rechtsprechungsbeispiele von Interessenkonflikten: *Fleischer*, ZIP 2004, 685, 691, der Problemfälle hauptsächlich im Rahmen von Spendenvergaben durch Vorstandsmitglieder, Management Buyouts und Verteidigungsmaßnahmen gegen feindliche Übernahmeangebote sieht.
1192 Vgl. dazu die Ausführungen unter § 2 B. I. 1.
1193 So auch *Gehb/Heckelmann*, ZRP 2005, 145, 147
1194 Regierungsentwurf, Begründung, Bes. Teil zu § 93 Abs. 1 Satz 2 und Satz 3, BT-Drucks. S. 23; vgl. diesbezüglich auch die Empfehlung im Deutschen Corporate Governance Kodex Ziff. 4.3. DCGK; dazu *Ringleb*, in: Ringleb/Kremer/Lutter/v. Werder, Rn. 569 ff.
1195 Regierungsentwurf, Begründung, Bes. Teil zu § 93 Abs. 1 Satz 2 und Satz 3, BT-Drucks. S. 23

dem Geschäftsleiter ex ante in gutem Glauben angestrebtes Gesellschaftswohl gehen müsse[1196].

Entgegen der Ansicht von *Paefgen*[1197] und ihm folgend *Hauschka*[1198] würde ein Verzicht auf das Tatbestandsmerkmal der „Gutgläubigkeit" im Rahmen der Business Judgment Rule des § 93 Abs. 1 Satz 2 AktG aber erhebliche Folgeprobleme mit sich bringen. Dies zeigt ein Blick auf die Entwicklungen der Business Judgment Rule in den USA.

Die explizite Nennung des „good faith" – Merkmals in sämtlichen bedeutenden US-amerikanischen Texten zur Business Judgment Rule sowie den Grundsatzentscheidungen wichtiger einzelstaatlicher Gerichte verdeutlicht die außerordentliche Relevanz dieses Merkmals als Anwendungsvoraussetzung[1199]. Der aktuelle Bedeutungsgewinn des „good faith" – Merkmals wird zudem durch die jüngsten Modifikationen hinsichtlich der Auslegung des Merkmals, insbesondere der Gerichte in Delaware, offenkundig[1200]. Die vermehrt auftretenden Forderungen nach der Einführung einer selbständigen Duty of good faith durch Teile der US-amerikanischen Literatur[1201] festigen die wiedererstarkte Bedeutung dieses Tatbestandsmerkmals in den USA zusätzlich. Ein Abrücken davon wäre fatal und würde der weiteren Rechtsentwicklung entgegenstehen.

Der Gesetzgeber hat es, unter Anerkennung der besonderen Bedeutung dieses Merkmals, korrekterweise in § 93 Abs. 1 Satz 2 AktG aufgenommen. Dies ist auch nur folgerichtig. Unternehmensleitern, die nicht von der Korrektheit ihres Handelns überzeugt sind, sollte auch nicht der Haftungsfreiraum der Business Judgment Rule gewährt werden. Bedarf im Streitfall das Merkmal der „Gutgläubigkeit" der Problematisierung, so wird diesem aufgrund der Überlappungen zu den eingangs erwähnten, vermutlich dann bereits nicht einschlägigen, Tatbestandsmerkmalen nur noch eine subsidiäre Ausschlussfunktion zukommen[1202].

1196 Regierungsentwurf, Begründung, Bes. Teil zu § 93 Abs. 1 Satz 2 und Satz 3, BT-Drucks. S. 23
1197 *Paefgen*, AG 2004, 245, 256 sowie bereits zuvor in „Unternehmerische Entscheidungen und Rechtsbindung der Organe in der AG", S. 167
1198 *Hauschka*, ZRP 2004, 65, 66
1199 Vgl. diesbezüglich die Ausführungen in § 1 D. III.
1200 Vgl. dazu die Ausführungen in § 1 E. II.
1201 *Sale*, 89 Cornell L. Rev. 456, 460 ff.; *Eisenberg*, Der Konzern 2004, 386 ff.; *Bainbridge*, 57 Vand. L. Rev. 83, 86 ff.
1202 So auch *Fleischer*, ZIP 2004, 685, 691

e. Handeln auf der Grundlage angemessener Informationen

Das Merkmal des „Handelns auf der Grundlage angemessener Informationen" in § 93 Abs. 1 Satz 2 AktG beinhaltet die praktisch relevantesten Probleme im Zusammenhang mit der Business Judgment Rule. Grund dafür ist die exponierte Stellung der Informations- und Sachprüfungspflichten von Organmitgliedern im Rahmen der Vorstandshaftung. Nach dem Regierungsentwurf sollen unternehmerische Entscheidungen nicht verrechtlicht und (schein-) objektiviert werden, da sie häufig unter Zeitdruck erfolgten und auf Instinkt, Erfahrung, Phantasie und Gespür für künftige Entwicklungen und Märkte beruhten. Dies lasse sich auch nicht vollständig durch objektive Informationen ersetzen[1203].

Auf den ersten Blick liegt somit die Vermutung nahe, dass der Gesetzesbeschluss, wie *Fleischer* es formuliert, eine „billigenswerte Mittellinie"[1204] zwischen sorgfältig vorbereiteten unternehmerischen Entscheidungen und der Einbeziehung anerkannter betriebswirtschaftlicher Verhaltensmaßstäbe verfolge. Vor dem Hintergrund der dahinter stehenden latenten Gefahr einer restriktiveren Auslegung der Anforderungen an den Informationsstandard eines ex post „second guessing" durch die Gerichte ist dieser Gedanke auch durchaus nachvollziehbar und berechtigt[1205]; zumal alle nur denkbaren Informationen wohl in den seltensten Fällen Berücksichtigung im Entscheidungsfindungsprozess finden werden können[1206].

1203 Regierungsentwurf, Begründung, Bes. Teil zu § 93 Abs. 1 Satz 2 und Satz 3, BT-Drucks. S. 23

1204 So *Fleischer*, ZIP 2004, 685, 691

1205 Warnend auch *Ihrig*, WM 2004, 2098, 2106 sowie *Fleischer*, ZIP 2004, 685, 691, der auf die verhaltenspsychologische Komponente der sog. „Outcome bias" abstellt, bei der die Kenntnis des Ergebnisses, eine unvoreingenommene Beurteilung der Qualität des Entscheidungsfindungsprozesses beeinträchtigt.

1206 *Kinzl*, DB 2004, 1653 f. unterscheidet zwischen einer formellen und einer materiellen Angemessenheit der Informationen. Dabei gelangt er zu der Erkenntnis, dass in den USA die formelle Betrachtungsweise angewendet wird. Die Haftung von Organmitgliedern ist danach nicht von der inhaltlichen Richtigkeit der Entscheidung, sondern von der Art und Weise ihrer Vorbereitung abhängig. Der Bundesgerichtshof hingegen geht den Weg der materiellen Betrachtung, worunter in der Literatur in aller Regel verstanden wird, dass grundsätzlich alle verfügbaren Informationen vor dem Treffen der Entscheidung ausgeschöpft sein müssen. *Kinzl* geht davon aus, dass der Entwurf des UMAG eine Abkehr von dem bisherigen materiellen Weg darstellt. Möglich, und wohl vorzugswürdig, erscheint eine Mischung aus formellem und materiellem Weg. Dabei könnte eine Synthese aus der Abarbeitung eines formellen Anforderungskatalogs und externer Gutachten zu einem optimalen Ergebnis führen, was zudem, aufgrund der damit einhergehenden Dokumentationsmöglichkeit, Vorständen den Entlastungsbeweis erleichtern könnte.

Dennoch dürfen, anders als im Regierungsentwurf dargelegt[1207], entscheidungsspezifische Einflussfaktoren wie Zeitdruck oder zu erwartende Kostensteigerungen und damit verbunden erhöhter Informationsbedarf niemals dazu führen, dass unternehmerische Entscheidungen allzu sorglos und unbedarft getroffen werden. Vielmehr obliegt es dem Vorstand in solchen Fällen eine besonders sorgfältige Abwägung aller entscheidungserheblichen Faktoren vorzunehmen. Dabei darf eine möglichst umfassende Informationsbeschaffung nicht unter latentem Kosten- oder Zeitdruck leiden. Stattdessen sollten vor allem bei erhöht komplexen sowie risikobehafteten Geschäften auch die Anforderungen an die Informationspflicht des Vorstands steigen[1208]. Der Entscheidungsfindungsprozess sollte zudem neben betriebswirtschaftlichen auch verhaltenswissenschaftliche Erkenntnisse berücksichtigen[1209].

In dem Regierungsentwurf wird weiterhin auf die vom Vorstand „vernünftigerweise als angemessen erachtete Information, auf deren Basis und nach deren freier Würdigung er dann eine unternehmerische Entscheidung fällt", abgestellt[1210]. Es werde „dem Vorstand in den Grenzen seiner Sorgfaltspflichten ein erheblicher Spielraum eingeräumt, den Informationsbedarf abzuwägen und sich selbst eine Annahme dazu zu bilden"[1211]. Folglich steht dem Vorstand ein Ermessensspielraum darüber zu, welche Informationen er als unerlässlich ansieht. Er darf jedoch keinen „groben Pflichtenverstoß"[1212] begehen. Im Rahmen der „Angemessenheit" der Informationsbeschaffung sind entscheidungsspezifische Einflussfaktoren wie Zeitablauf, Gewicht und Art der zu treffenden Entscheidung in dem Abwägungsprozess zu berücksichtigen[1213]. Das „routinemäßige Einholen

---

1207 Regierungsentwurf, Begründung, Bes. Teil zu § 93 Abs. 1 Satz 2 und Satz 3, BT-Drucks. S. 23 dazu: „Es [das Tatbestandsmerkmal „angemessene Information"] reflektiert, dass insbesondere bei Entscheidungen, die unter hohem und nicht selbsterzeugtem Zeitdruck zu fällen sind, eine umfassende Entscheidungsvorbereitung schwierig oder gar unmöglich sein kann".

1208 So auch *Langenbucher*, DStR 2005, 2083, 2087; *Kock/Dinkel*, NZG 2004, 441, 447

1209 Die Einbeziehung der betriebswirtschaftlichen Entscheidungslehre bejahend *Böttcher*, NZG 2005, 49, 53; auch nach *Brömmelmeyer,* WM 2005, 2065, 2067 konzentriert sich die Kontrolle unternehmerischer Entscheidungen auf die Entscheidungsvorbereitung; ausführlich dazu unter Einbeziehung von Erkenntnissen der Entscheidungsforschung *Grundei/v. Werder*, AG 2005, 825 ff.

1210 Regierungsentwurf, Begründung, Bes. Teil zu § 93 Abs. 1 Satz 2 und Satz 3, BT-Drucks. S. 23

1211 Regierungsentwurf, Begründung, Bes. Teil zu § 93 Abs. 1 Satz 2 und Satz 3, BT-Drucks. S. 23 f.

1212 Regierungsentwurf, Begründung, Bes. Teil zu § 93 Abs. 1 Satz 2 und Satz 3, BT-Drucks. S. 24

1213 Regierungsentwurf, Begründung, Bes. Teil zu § 93 Abs. 1 Satz 2 und Satz 3, BT-Drucks. S. 24

von Sachverständigengutachten, Beratervoten oder externen Marktanalysen" wird in dem Regierungsentwurf ausdrücklich abgelehnt[1214].

Die Regierungsentwurfsbegründung kann hier nicht überzeugen. Das Abstellen auf – sicherlich wichtige, jedoch keineswegs exklusive – Faktoren wie „Gespür" und „Erfahrung" ist zweifelsohne bedeutsam. Allzu oft sind es jedoch gerade auf Intuition beruhende Entscheidungen, die die Unternehmen selbst, sowie damit verbunden, Arbeitnehmer und Kapitalgeber in erhebliche finanzielle Probleme bringen[1215]. Die Komplexität der inner- und außerbetrieblichen Vorgänge, der Geschäftsbeziehungen, sowie der betriebs- und volkswirtschaftlichen Entwicklungen im 21. Jahrhundert lässt eine rein auf Instinkten und Erfahrungen beruhende Unternehmensführung nicht mehr zu[1216]. Dazu sind die Auswirkungen für das Unternehmen selbst, dessen Angestellte, Zulieferer, Gläubiger etc. zu bedeutsam. Die Vergangenheit hat gezeigt, welch katastrophale Folgen die Häufung von unternehmerischen Fehlentscheidungen und mangelnder interner und externer Unternehmensorganisation haben kann[1217].

Dass in dem Regierungsentwurf das routinemäßige Einholen der Expertise externer Dritter explizit abgelehnt wird, bietet gleichfalls Anlass zur Kritik. Vor dem Hintergrund der immanenten Gefahr der Nicht-Berücksichtigung relevanter Informationen, der Kredibilität der Informationen sowie des prinzipiell beachtlichen finanziellen Transaktionsvolumens solcher Entscheidungen sollte ein standardisierter Rückgriff auf externe Expertise zumindest für besonders wichtige Entscheidungen verpflichtend sein. Externe Analysen stärken die Glaubwürdigkeit in ein Unternehmen und bieten regelmäßig Schutz vor „Betriebsblindheit". Zur Bestimmung der Frage, wann Entscheidungen als besonders wichtig anzusehen sind, drängt sich eine Systematisierung nach monetären Aufgreifschwellen

---

1214 Regierungsentwurf, Begründung, Bes. Teil zu § 93 Abs. 1 Satz 2 und Satz 3, BT-Drucks. S. 24

1215 Kritisch dazu auch *Ihrig*, WM 2004, 2098, 2106 der anmerkt, dass es nicht akzeptabel sei, risikobehaftete Entscheidungen „aus dem Bauch heraus" zu treffen. Er hält an einer Verpflichtung des Vorstands zur sorgfältigen Information und Vorbereitung seiner Entscheidungsgrundlage fest. Kritisch mit Darstellung von Beispielen auch *Hauschka*, ZRP 2004, 65, 67, nach dem die Auswertung aller vernünftigerweise verfügbaren unternehmerischen Informationen vorausgesetzt werden und nicht in das Ermessen des Vorstands gestellt werden sollte.

1216 So auch *Brömmelmeyer*, WM 2005, 2065, 2067; ausführlich zur Informationsbeschaffung und Unternehmensorganisation (Corporate Compliance) *Rodewald/Unger*, BB 2006, 13 ff.

1217 Vgl. diesbezüglich beispielhaft zum Fall „Holzmann" den Bericht des Insolvenzverwalters *Ottmar Hermann* zum Berichtstermin am 3. Juli 2002 in dem Insolvenzverfahren der Philipp Holzmann AG, S. 65

auf, wie es beispielsweise in der Zusammenschlusskontrolle im Gesetz gegen Wettbewerbsbeschränkungen (GWB) der Fall ist.

4. Darlegungs- und Beweislast, § 93 Abs. 1 Satz 2 AktG

Ausweislich der Regierungsentwurfsbegründung liegt aufgrund der als Ausnahme und Einschränkung formulierten Norm des § 93 Abs. 1 Satz 2 AktG die Darlegungs- und Beweislast für das Vorliegen der Tatbestandsmerkmale beim betroffenen Organ[1218]. Diese Beweislastumkehr stellt eine hervorstechende Abweichung von der US-amerikanischen Version der Business Judgment Rule dar und enthält eine deutliche rechtspolitische Stellungnahme zugunsten des Aktionärsrechtsschutzes. Die dortige Business Judgment Rule geht ihrerseits von einem rechtmäßigen Handeln des Geschäftsleiters aus und bürdet dem Kläger hinsichtlich des Fehlens tatbestandlicher Voraussetzungen die Darlegungs- und Beweislast auf[1219]. Der Regierungsentwurf zum UMAG geht hingegen von der Vermutung pflichtwidrigen Handelns des Vorstands aus. Es obliegt in der Folge dem beklagten Vorstand sich zu exkulpieren, was gesteigerte Dokumentationsanforderungen bezüglich der von ihm getroffenen unternehmerischen Entscheidungen für diesen zur Folge hat. Frühzeitige Dokumentation, bereits im Stadium des Entscheidungsfindungsprozesses, muss grundsätzlich im Interesse des Vorstands liegen. Nur mittels sorgfältiger Dokumentation des Entscheidungsfindungsprozesses wird es ihm in einem späteren Gerichtsprozess gelingen, die den Haftungsfreiraum der Business Judgment Rule eröffnenden tatbestandlichen Voraussetzungen des § 93 Abs. 1 Satz 2 AktG beweisen zu können.

5. Rechtsfolgen der Beachtung bzw. Nichtbeachtung der Business Judgment Rule

Das Vorliegen der tatbestandlichen Voraussetzungen der Business Judgment Rule sperrt den Rückgriff auf den allgemeinen Sorgfaltsmaßstab des § 93 Abs. 1 Satz 1 AktG[1220]. Umgekehrt folgt aus der Unanwendbarkeit der Business Judg-

---

1218 Regierungsentwurf, Begründung, Bes. Teil zu § 93 Abs. 1 Satz 2 und Satz 3, BT-Drucks. S. 24; kritisch dazu *Paefgen*, AG 2004, 245, 258 f.

1219 Nach *Revlon Inc., v. MavAndrews & Forbes Holding*, 506 A.2d 173, 180 (Del. 1986) beinhaltet die Business Judgment Rule „a presumption that the Board acted independently, on an informed basis, in good faith and in the honest belief that its action taken were in the best interest of the company."; vgl. aus der umfangreichen deutschen Literatur *Kinzl*, AG 2004, R3, R4; *Roth*, BB 2004, 1066, 1067; *Fleischer*, ZIP 2004, 685, 688; *Kock/Dinkel*, NZG 2004, 441, 445.

1220 Ordentlicher und gewissenhaften Geschäftsleiter

ment Rule jedoch nicht die zwingende Bejahung eines objektiv pflichtwidrigen Verhaltens. Ob eine solche Pflichtverletzung vorliegt, ist sodann gesondert zu prüfen. In solchen Fällen ist das Verhalten des Organs gerichtlich überprüfbar, wobei die Darlegungs- und Beweislast den Kläger trifft.

6. Zusammenfassung

Die Kodifizierung der Business Judgment Rule im deutschen Aktienrecht ist grundsätzlich zu begrüßen. Dabei sollte jedoch, wie von *Fleischer* richtigerweise angemerkt[1221], nicht unberücksichtigt bleiben, dass der Gesetzgeber mit dieser neuen Gesetzesvorschrift in einen noch nicht beendeten Dogmatisierungsprozess eingreift. Wie bereits aufgezeigt, waren die rechtspolitischen und rechtsdogmatischen Entwicklungen und Diskussionen zum unternehmerischen Entscheidungsspielraum seit der ARAG/Garmenbeck-Entscheidung fester Bestandteil der aktienrechtlichen Rechtsprechung und Rechtslehre. Diesem wissenschaftlichen Gedankenaustausch kann eine Eignung zur Schaffung weiterer Konkretisierungsempfehlungen in diesem Kontext nicht abgesprochen werden. Dass sich der Gesetzgeber bereits so frühzeitig für eine Kodifizierung entschlossen hat, liegt sicherlich nicht zuletzt an der Meinungsvielfalt der Rechtswissenschaftler sowie veränderter kapitalmarktspezifischer und allgemein volkswirtschaftlicher und gesellschaftspolitischer Einflussfaktoren.

Mit der Kodifizierung kann aber auch ein begrüßenswerter Gewinn an Rechtssicherheit einhergehen. Im Mittelpunkt werden hierbei die Gerichte stehen. Ihnen obliegt es, die Neuregelungen ihrem Verständnis entsprechend auszulegen. Ob sie damit der Intention des Gesetzgebers entsprechen werden bleibt abzuwarten. Die tatbestandlichen Voraussetzungen jedenfalls sind dem Vorbild der US-amerikanischen Business Judgment Rule entnommen. Infolgedessen ist auch die Problematik der gerichtlichen Überprüfbarkeit subjektiver Anteile der Vorstandsentscheidungen insbesondere im Rahmen der Tatbestandsvoraussetzungen „Handeln zum Wohle der Gesellschaft" und „Handeln in gutem Glauben" übernommen worden. Dabei ist die legislatorische Möglichkeit ausführlicherer Auslegungshilfen und wegweisender inhaltlicher Veränderungen und Konkretisierungen aufgrund der sich in den USA modifizierenden Interpretation der Business Judgment Rule verpasst worden. Derlei Verdeutlichungen hätte man entweder direkt in das Gesetz aufnehmen, oder hilfsweise in die Gesetzesbegründung einfließen lassen müssen. Einzig die Beweislastregel des § 93 Abs. 1 Satz 2 AktG unterscheidet sich somit von dem US-amerikanischen Vorbild. Dieser Unterschied ist jedoch äußerst relevant und in dem Gesamtkontext des zu bewältigen-

---

1221 *Fleischer*, ZIP 2004, 685, 687

den Spannungsverhältnisses von Organhaftung und Stärkung der Aktionärsklagerechte zu sehen. Aufgrund der Tatsache, dass § 93 Abs. 1 Satz 2 AktG nicht als
abweichende Beweislastregel entworfen worden ist, gilt folglich im deutschen
Aktienrecht die Vermutung pflichtwidrigen Handelns seitens des Vorstands.
Stellt die Übernahme der Business Judgment Rule insgesamt eine massive Stärkung der Stellung des Vorstands dar, so wird diese durch die Beweislastregel des
§ 93 Abs. 1 Satz 2 AktG erheblich geschwächt. Gemeinsam mit den Modifikationen im Aktionärsklagerecht entsteht somit auf den ersten Eindruck ein ausgegli-
chenes Verhältnis. Den Vorständen bleibt davon unbenommen die Möglichkeit
der Exkulpation. Hierbei werden sich Dokumentationsformen finden lassen, die
dem Entlastungsbeweis der Vorstände den Schrecken nehmen. Übrig bleiben
dann der mächtige Haftungsfreiraum der Business Judgment Rule und eine schier
unangreifbare Position der Vorstände.

Der Gesetzgeber hat es hierbei versäumt, die Business Judgment Rule im
Rahmen ihrer grundsätzlich begrüßenswerten Rezeption an die Anforderungen
des 21. Jahrhunderts anzupassen und moderne Elemente einzufügen, die den Besonderheiten der heutigen Gesellschaft gerecht werden. So wäre beispielsweise
die Nennung anerkannter Fallgruppen im Gesetzestext zur näheren Konkretisierung wünschenswert gewesen, um somit den Rechtsanwendern größtmögliche
Rechtssicherheit gewähren zu können. Diese Gelegenheit ist mit einer fast unveränderten Transplantation der US-amerikanischen Business Judgment Rule in das
deutsche Aktienrecht bedauerlicherweise versäumt worden.

II. Haftungsdurchsetzung

Mit dem ersten Schwerpunkt des Gesetzgebungsvorhabens – der Modifikation
des Organinnenhaftungsrechts – untrennbar verbunden ist der Bereich der Modernisierung des Anfechtungsrechts. Durch eine Schwächung der Anfechtungsklage bei gleichzeitiger Stärkung der Haftungsklage soll eine Gewichtsverschiebung der aktienrechtlichen Protektionsmechanismen bewirkt werden[1222]. Dass
Änderungen im Rahmen der Haftungsdurchsetzung von der Politik seit geraumer
Zeit vorgesehen sind, zeigt bereits deren Erwähnung unter Punkt eins im 10-
Punkte-Programm der Bundesregierung zur Stärkung der Unternehmensintegrität
und des Anlegerschutzes[1223]. Dort heißt es: „Das Recht der Aktionäre, eine Haf-

---

1222 *Fleischer*, NJW 2005, 3525, 3530; *Göz/Holzborn*, WM 2006, 157, 164; *Seibert/
Schütz*, ZIP 2004, 252, 253
1223 10-Punkte-Programm der Bundesregierung vom 28.Mai 2002; vgl. auch *Seibert*, BB
2003, 693 ff.

tungsklage der Gesellschaft gegen ihre Organe durchzusetzen (Klageerzwingungsrecht gemäß § 147 AktG), soll durch gesetzliche Maßnahmen gestärkt werden".

Der für die Geltendmachung von Ersatzansprüchen maßgebende § 147 AktG a.f. wurde bereits einige Jahre zuvor mit dem Kontroll- und Transparenzgesetz (KonTraG)[1224] geändert. Der Versuch der Erleichterung von Haftungsklagen durch Aktionärsminderheiten bei gleichzeitiger Prävention vor Missbrauchsgefahr wurde in dem Gesetzgebungsverfahren höchst kontrovers diskutiert[1225]. Auch nach dem Inkrafttreten des KonTraG hielt der diesbezügliche Meinungsaustausch an[1226].

Mit dem UMAG führt die Bundesregierung konsequenterweise den bereits vor Jahren eingeschlagenen und ausdrücklich gewünschten Weg der Erleichterung von Haftungsklagen gegen Organmitglieder fort.

1. Geltendmachung von Ersatzansprüchen, § 147 AktG

Der bezweckten erleichterten Durchsetzung von Ersatzansprüchen im Rahmen der Organinnenhaftung kommt die Bundesregierung mittels einer ausgeprägten Modifikation des § 147 AktG nach. Dadurch soll unter anderem der Tatsache Rechnung getragen werden, „dass sich in dieser Frage seit Inkrafttreten des KonTraG unter dem Eindruck der Übertreibungen und Skandale an den Aktienmärkten in den Jahren 1999 und 2000 ein grundlegender Stimmungswandel vollzogen hat, der durch die kritischen Stimmen im Schrifttum und nicht zuletzt durch die Empfehlungen der wirtschaftsrechtlichen Abteilung des 63. Deutschen Juristentages Leipzig 2000 dokumentiert wird"[1227].

Die künftige Rechtslage sieht vor, dass für die Geltendmachung von Ersatzansprüchen nach § 147 Abs. 1 AktG[1228] in jedem Fall ein mit einfacher Stimmenmehrheit erfolgter Hauptversammlungsbeschluss erforderlich ist. Liegt ein solcher Beschluss vor, kann das Gericht (§ 14 AktG) gemäß § 147 Abs. 2 Satz 2 AktG auf Antrag von Aktionären, die zusammen 10% des Grundkapitals oder

---

1224 Gesetz zur Kontrolle und Transparenz im Unternehmensbereich vom 27. April 1998, BGBl. I 786
1225 Regierungsentwurf, Begründung, Bes. Teil zu §§ 147, 148 AktG, BT-Drucks. S. 42
1226 Beispielhaft seien erwähnt: *Ulmer*, ZHR 163 (1999), 290 ff.; *Kallmeyer*, AG 1997, 107 ff.; *Krieger*, ZHR 163 (1999), 343 ff.
1227 Regierungsentwurf, Begründung, Bes. Teil zu §§ 147, 148 AktG, BT-Drucks. S. 43. Vgl. zur Reform der §§ 147-149 AktG vor dem Hintergrund der Juristentagsdiskussion des Jahres 2000 *K.Schmidt*, NZG 2005, 796 ff.
1228 Der Referentenentwurf vom Januar 2004, der Regierungsentwurf vom November 2004 sowie der Gesetzesbeschluss vom 16.Juni 2005 zu § 147 AktG stimmen inhaltlich und vom Wortlaut überein.

den anteiligen Betrag von 1 Million € davon erreichen, zur Vertretung der Gesellschaft berufene Personen bestellen, die, ohne ein besonderes Klagezulassungsverfahren durchgeführt haben zu müssen, Klage einreichen können. Derart bestellte Vertreter hätten dann wohl, wie dies bereits in § 147 Abs. 2 S. 1 AktG a.f. der Fall war, die Rechte und Pflichten des Aufsichtsrats und würden insofern an dessen Stelle treten[1229]. Auch die aktuellen, hohen Schwellenwerte[1230] für die gerichtliche (§ 14 AktG) Bestellung eines besonderen Vertreters auf Antrag von Aktionären bleiben insofern bestehen. Auch hierbei ist davon auszugehen, dass die gerichtlich bestellten besonderen Vertreter – wie bereits in der aktuellen Rechtslage – dem Vorstand, dem Aufsichtsrat, als auch den von der Hauptversammlung bestellten Vertretern die Geltendmachung der gesellschaftlichen Ersatzansprüche untersagen werden[1231].

Der Gefahr missbräuchlicher Klagen soll durch die Abschaffung des Minderheitenrechts nach § 147 Abs. 1 S. 1 2. Alt. AktG a.f. und die Einführung des neuen § 148 AktG vorgebeugt werden. § 148 AktG normiert ein gerichtliches Klagezulassungsverfahren[1232]. Unabhängig davon bleibt – wie gesehen – die Möglichkeit eines Hauptversammlungsbeschlusses mit einfacher Stimmehrheit gemäß § 147 Abs. 1 AktG bestehen.

Die praktisch zu vernachlässigende[1233] Option der „erleichterten" Bestellung eines besonderen Vertreters bei Gericht (§ 147 Abs. 3 AktG a.F.) ist wieder außer Kraft gesetzt worden. An die Stelle des bisherigen § 147 Abs. 3 AktG a.F. ist der neue § 148 AktG getreten. Darin werden die bisherigen Schwellenwerte abgesenkt und an die des gleichfalls modifizierten § 142 Abs. 2 AktG[1234] angeglichen werden.

1229 Zur aktuellen Rechtslage: *Hüffer*, § 147 Rn. 5
1230 10% des Grundkapitals oder 1 Million Euro
1231 Zur aktuellen Rechtslage: *Hüffer*, § 147 Rn. 7
1232 Regierungsentwurf, Begründung, Bes. Teil zu §§ 147, 148 AktG, BT-Drucks. S.43; die Abschaffung des § 147 Abs. 1 S. 1 2. Alt. AktG ablehnend: *Meilicke/Heidel*, DB 2004, 1479, 1480; *Kiethe*, ZIP 2003, 707, 708 f.; zur näheren Ausgestaltung der dritten Möglichkeit der Geltendmachung von Ersatzansprüchen durch Aktionäre nach § 148 AktG-RegE (Verfolgungsrecht der Minderheit im Wege eines Klagezulassungsverfahren) später mehr, vgl. § 5 II. 2
1233 *Thümmel*, DB 2004, 471, 473 m.w.N.; *Linnerz*, NZG 2004, 307, 313 hält zumindest im Klagezulassungsverfahren die Möglichkeit der Bestellung eines besonderen Vertreters für sinnvoll.
1234 Beschlussempfehlung und Bericht des Rechtsausschusses (6. Ausschuss) zu dem Gesetzesentwurf der Bundesregierung – Drucksache 15/5092 – Entwurf eines Gesetzes zur Unternehmensintegrität und Modernisierung des Anfechtungsrechts (UMAG) vom 15.06.2005, S.31 zur Bestellung von Sonderprüfern. Vgl. zu den formellen Voraussetzungen des Antrags auf gerichtliche Bestellung eines Sonderprüfers *Wilsing/Neumann*, DB 2006, 31, 32

Die Kostentragungsregelung des § 147 Abs. 4 AktG a.F. ist aufgehoben worden. Vorgaben für die Kostenentscheidung enthält nunmehr § 148 Abs. 6 AktG[1235].

2. Klagezulassungsverfahren, § 148 AktG

Das Klagezulassungsverfahren vor dem Prozessgericht gem. § 148 AktG, das dem eigentlichen Klageverfahren vorgeschaltet ist[1236], wurde im Gegenzug zur Abschaffung des bisherigen Minderheitenrechts gemäß § 147 Abs. 3 AktG a.F. eingeführt und stellt den Schwerpunkt im Rahmen der Modifikationen der Geltendmachung von Ersatzansprüchen in der Binnenhaftung von Organen dar[1237].

Dabei hat das Klagezulassungsverfahren im Verlauf des Gesetzgebungsverfahrens manigfaltige Modifikationen erfahren. § 148 AktG-RegE hat im Vergleich zu dem Referentenentwurf, der ein Klagezulassungsverfahren in einem neuen § 147 a AktG-RefE vorsah, weitreichende Veränderungen erfahren. Neuerliche Veränderungen wurden in der Stellungnahme des Bundesrates[1238] empfohlen. Diese wurden jedoch zunächst in der Gegenäußerung der Bundesregierung[1239] überwiegend abgelehnt[1240]. Die Beschlussempfehlung und der Bericht des Rechtsausschusses[1241] sehen hingegen eine Vielzahl überraschender und äußerst bedeutender Neuerungen hinsichtlich des Klagezulassungsverfahrens im Sinne des § 148 AktG-RegE vor.

Nach § 148 AktG-RegE konnten Aktionäre, deren Anteile im Zeitpunkt der Antragstellung zusammen den einhundertsten Teil des Grundkapitals oder einen

1235 Gesetzesbeschluss des Deutschen Bundestages, BT-Drucks. 454/05 vom 16.06.2005, S. 15 f.
1236 Regierungsentwurf, Begründung, Bes. Teil zu §§ 147, 148 AktG, BT-Drucks. S. 43
1237 Vgl. *Siems,* ZVglRWiss 104 (2005), 376 ff. für eine rechtsvergleichende Folgenanalyse des § 148 AktG mit den USA, Frankreich und Japan.
1238 Stellungnahme des Bundesrates zum Entwurf eines Gesetzes zur Unternehmensintegrität und Modernisierung des Anfechtungsrechts (UMAG),BR-Drucks. 3/05 (Beschluss) v. 18. Februar 2005
1239 Gegenäußerung der Bundesregierung zur Stellungnahme des Bundesrates zum Entwurf eines Gesetzes zur Unternehmensintegrität und Modernisierung des Anfechtungsrechts (BR-Drucks. 3/05 (Beschluss))
1240 Gegenäußerung der Bundesregierung zur Stellungnahme des Bundesrates zum Entwurf eines Gesetzes zur Unternehmensintegrität und Modernisierung des Anfechtungsrechts (BR-Drucks. 3/05 (Beschluss)), S. 6 ff.
1241 Beschlussempfehlung und Bericht des Rechtsausschusses (6. Ausschuss) zu dem Gesetzesentwurf der Bundesregierung – Drucksache 15/5092 – Entwurf eines Gesetzes zur Unternehmensintegrität und Modernisierung des Anfechtungsrechts (UMAG) vom 15. Juni 2005

Börsenwert von 100.000 Euro[1242] (§ 142 Abs. 2 AktG-Reg-E)[1243] erreichen, im eigenen Namen beantragen, die in § 147 Abs. 1 Satz 1 AktG bezeichneten Ersatzansprüche der Gesellschaft geltend zu machen. Die äußerst lebhafte Diskussion hinsichtlich der Angemessenheit der Schwellenwerte[1244] hat letztendlich zu dem Ergebnis geführt, dass aufgrund der Beschlussempfehlung und des Berichts des Rechtsausschusses im Gesetzesbeschluss[1245] § 148 AktG nunmehr vorsieht, dass Aktionäre, deren Anteile im Zeitpunkt der Antragstellung zusammen den einhundertsten Teil des Grundkapitals oder einen *anteiligen Betrag von 100.000 Euro* erreichen, Klagezulassung beantragen können.

Nach den rein sprachlichen Veränderungen in § 148 Abs. 1 Satz 1 AktG-RegE im Vergleich zu dem Referentenentwurf[1246], sind die nunmehr in dem Ge-

---

1242 Die Schwellenwerte entsprechen den Vorschlägen der Regierungskommission Corporate Governance, siehe *Baums,* Bericht der Regierungskommission Corporate Governance, 2001, Rdz. 71-73 (auch BT-Drucks. 14/7515 v. 14.8.2001)

1243 Nach dem Regierungsentwurf, Begründung, Bes. Teil zu §§ 147, 148 AktG, BT-Drucks. S. 44 ist die Bemessungsgrundlage für den Börsenwert bei Gesellschaften, die an inländischen Börsen notiert sind, der nach Umsätzen gewichtete durchschnittliche Börsenkurs der Aktien nach § 5 Abs. 3 WpÜG-Angebotsverordnung in Verbindung mit §§ 148 Abs. 1, 142 Abs. 2 AktG-RegE, § 31 Abs. 7 WpÜG während der letzten drei Monate vor Antragstellung. Dieser Börsenkurs wird börsentäglich von der Bundesanstalt für Finanzdienstleistungen (BaFin) zur Ermittlung der Gegenleistung für Übernahmeangebote und Pflichtangebote gemäß § 5 Abs. 1 WpÜG-Angebotsverordnung errechnet.
Für Gesellschaften, die an ausländischen Finanzplätzen notiert sind, gelten danach zur Bestimmung des Börsenwertes die Vorschriften des § 6 WpÜG-Angebotsverordnung.
Mit der Ausrichtung auf den Börsenwert macht der Regierungsentwurf zugleich deutlich, dass bei nicht börsennotierten Aktiengesellschaften einzig die prozentuale Schwelle gelten kann.

1244 Vgl. beispielhaft, dass der Bundesverband der Deutschen Industrie/Bundesvereinigung der Deutschen Arbeitgeberverbände/Deutscher Industrie- und Handelskammertag/Gesamtverband der Deutschen Versicherungswirtschaft/Bundesverband Deutscher Banken (im Folgenden: „BDI u.a."), Gemeinsame Stellungnahme vom 2. April 2004, www.bdi-online.de, S. 19, der DAI, Stellungnahme, S. 11; der DAV, NZG 2004, 555, 560; *Linnerz,* NZG 2004, 307, 309; *Seibt,* WM 2004, 2137, 2143 die Schwellenwerte für zu niedrig halten. Die Absenkung begrüßend, DSW, Stellungnahme, S. 11; *Meilicke/Heidel,* DB 2004, 1479, 1487, die jedoch das Klagezulassungsverfahren insgesamt als nicht den Erwartungen entsprechend bewerten.

1245 Gesetzesbeschluss des Deutschen Bundestages, BT-Drucks. 454/05 vom 16. Juni 2005

1246 Zwar blieb der Schwellenwert von 1% des Grundkapitals oder einem Börsenwert von 100.000 Euro für die Zulassungsberechtigung unverändert, jedoch wurde durch das Einfügen der Worte „Zulassung beantragen" in § 148 Abs. 1 Satz 1 AktG-RegE deutlich klargestellt, dass es sich um ein Klage*zulassungs*verfahren handelt. Dies

setzesbeschluss vollzogenen Neuerungen von anderer, da inhaltlicher, Qualität und Tragweite. Ausweislich der Begründung der Beschlussempfehlung wird nunmehr im Rahmen des Klagezulassungsverfahrens nicht mehr auf den Börsenwert sondern vielmehr auf den Nennbetrag abgestellt[1247]. Hintergrund dessen ist der eindeutige, unmissverständliche Wille des Gesetzgebers zur Vermeidung missbräuchlicher Haftungsklagen[1248]. Weiterhin bestehe bei einem Abstellen auf einen bestimmten Börsenwert die Gefahr der Unangemessenheit, da in den von § 148 AktG betroffenen Fällen aufgrund öffentlicher Diskussionen in den Medien der Aktienkurs der betroffenen Gesellschaft bereits stark in Mitleidenschaft gezogen sein werde[1249]. Bundesjustizministerin *Zypries* fügte begründend hinzu, dass es somit verfehlt wäre, bei derartigen sog. Penny Stocks auf den Börsenwert abzustellen[1250].

Dieses Vorgehen des Gesetzgebers stellt einen Rückschritt im Zusammenhang mit der Verbesserung des Anlegerschutzes dar und ist vor dem Hintergrund der ursprünglichen Intention des Gesetzgebers, für eine Verbesserung des Anlegerschutzes zu sorgen, äußerst kritisch zu bewerten.

Das Abstellen auf den Nennbetrag bedeutet bei gut gehenden Unternehmen eine deutlich geringere Absenkung des Schwellenwerts als ursprünglich im Referenten- und Regierungsentwurf vorgesehen. Den antragstellenden Aktionären wird durch diese Modifikation die Haftungsdurchsetzung nicht erleichtert, sondern vielmehr erheblich erschwert. Zum besseren Verständnis dieser nachhaltigen

---

konnte dem Wortlaut des § 147 a AktG-RefE nicht zweifelsfrei entnommen werden, da dieser lediglich von einer Möglichkeit der „gerichtlichen Geltendmachung" sprach. Da jedoch bereits in der Begründung zum Referentenentwurf, Bes. Teil zu §§ 147, 147 a AktG, BT-Drucks. S. 33 von einem Klagezulassungsverfahren gesprochen wurde, kommt der Wortlautänderung in § 148 AktG-RegE wohl im Ergebnis nur klarstellende Bedeutung zu.

1247 Beschlussempfehlung und Bericht des Rechtsausschusses zu dem Gesetzesentwurf der Bundesregierung – Drucksache 15/5092 – Begründung der Beschlussempfehlung BT-Drucks. 15/5693, S. 31f. Die Neuerung gilt sowohl für die Geltendmachung von Sonderprüfungsanträgen, als auch für die Minderheitenhaftungsklage.

1248 Beschlussempfehlung und Bericht des Rechtsausschusses zu dem Gesetzesentwurf der Bundesregierung – Drucksache 15/5092 – Begründung der Beschlussempfehlung BT-Drucks. 15/5693, S. 31 f.

1249 Beschlussempfehlung und Bericht des Rechtsausschusses zu dem Gesetzesentwurf der Bundesregierung – Drucksache 15/5092 – Begründung der Beschlussempfehlung BT-Drucks. 15/5693, S. 31 f.

1250 Vgl. dazu die Rede von Bundesjustizministerin Zypries anlässlich des 10. Internationalen Berliner Wirtschaftsrechtsgesprächs vom 17. Juni 2005 abrufbar unter: http://www.bmj.de/enid/a56e7a22cd1ecdbf3defac448e20dfd0,0/Juni/ss7_6_2_5_-_UMAG_und_ss_-Punkte-Programm_un.html

Änderung sollte man sich zunächst bewusst werden, was die Zugrundelegung des Nennbetrags im Rahmen der Schwellenwerte für die Anleger hinsichtlich des gerichtlichen Klagezulassungsverfahrens zur Folge hat. Dazu bedarf es zunächst einer Auseinandersetzung mit den Aktienformen der Nennbetragsaktie und der Stückaktie[1251]. Gemäß § 8 Abs. 1 AktG ist zwischen Nennbetragsaktien und Stückaktien zu unterscheiden. Diese Aktienformen stehen in einem Alternativverhältnis[1252].

Bei Nennbetragsaktien muss sich der Mindestnennbetrag einer Aktie nach § 8 Abs. 2 Satz 1 AktG auf lediglich einen Euro belaufen. Dieser Betrag stellt zugleich die Untergrenze der Einlagepflicht der Aktie dar und darf nicht unterschritten werden. Es gilt das Verbot der Unterpariemission, § 9 Abs. 1 AktG[1253]. Überpariemissionen sind hingegen zulässig, § 9 Abs. 2 AktG.

Anders als bei der Nennbetragsaktie lauten Stückaktien auf keinen Nennbetrag, § 8 Abs. 3 Satz 1 AktG. Sie sind vielmehr am Grundkapital der Gesellschaft in gleichem Umfang beteiligt, § 8 Abs. 3 Satz 2 AktG. Ihr Anteil am Grundkapital entsteht durch dessen Zerlegung, § 1 Abs. 2 AktG, so dass auf Stückaktien ein vom Grundkapital anteiliger Betrag entfällt[1254]. Durch Division kann dieser anteilige, rechnerisch zu ermittelnde Betrag – der sog. „fiktive Nennbetrag" – ausgedrückt werden. Dieser anteilige Betrag des Grundkapitals darf auch bei Stückaktien nach § 8 Abs. 3 Satz 3 einen Euro nicht unterschreiten. Bei Stückaktien ist folglich die Aktienanzahl entscheidend[1255]. § 9 AktG entfaltet auch bei Stückaktien Geltung.

Zur weiteren Verdeutlichung dieses organfreundlichen Gesetzesbeschlusses soll folgende Beispielsberechnung zum Erreichen des Minderheitenquorums dienen: Nach § 148 Abs. 1 AktG-RegE konnten Aktionäre, deren Anteile im Zeitpunkt der Antragstellung zusammen einen Börsenwert von 100.000 Euro erreichten, ein Klagezulassungsverfahren beantragen. Bei einem – eher geringen – Börsenwert von 20 Euro benötigten klagewillige Aktionäre im Zeitpunkt der Antragstellung zum Erreichen des Quorums 5000 Aktien. Der Börsenwert war unabhängig von der Höhe des Grundkapitals der Gesellschaft und der von der Gesellschaft ausgewählten Aktienform.

In der nunmehr gültigen Endfassung des § 148 Abs. 1 AktG bedürfen Aktionäre eines anteiligen Betrags von 100.000 Euro wobei auf den Nennbetrag abge-

---

1251 Mit dem Stückaktiengesetz (StückAG) vom 25. 3. 1998, BGBl. I S. 590 hat der Gesetzgeber erstmals nennwertlose Aktien eingeführt.
1252 *Heider*, in: MünchKommAktG, § 8 Rn. 62; *Hüffer*, § 8 Rn. 4
1253 *Heider*, in: MünchKommAktG, § 9 Rn. 5; *Hüffer*, AktG, § 8 Rn. 4
1254 *Heider*, in: MünchKommAktG, § 8 Rn. 99
1255 *Hüffer*, § 8 Rn. 29

stellt wird[1256]. Regelmäßig wird allerdings in börsennotierten, international agierenden Unternehmen der Mindestnennbetrag von einem Euro gewählt werden[1257]. Hintergrund dessen sind aus kapitalmarktspezifischer Sicht die Vermeidung von Wettbewerbsnachteilen am Kapitalmarkt insbesondere bei Börseneinführungen im Ausland sowie im Wettbewerb mit im Inland notierten Aktien ausländischer Gesellschaften[1258]. Aus gesellschaftspolitscher Sicht dient ein niedrigerer Nennbetrag der breiteren Streuung deutscher Aktien in die Hände privater Kleinanleger[1259].

Legt man diesen Mindestnennbetrag zugrunde, dann benötigen die den Antrag stellenden Aktionäre nunmehr bei Nennbetragsaktien die auf den Mindestnennbetrag lauten nicht 5000 Aktien, sondern vielmehr 100.000 Aktien (das 20-fache!) zum Erreichen des Schwellenwerts.

Ein ähnliches Szenario kann man bei der Stückaktie feststellen. Bei Stückaktien errechnet sich der „fiktive Nennbetrag" mittels der Division der Anzahl der Stückaktien an dem Grundkapital. Dieser rechnerisch ermittelte „fiktive Nennbetrag" darf den Mindestnennbetrag von einem Euro ebenfalls nicht unterschreiten, er wird jedoch in den seltensten Fällen, zumindest bei verhältnismäßig normalem Geschäftsverlauf, unter dem Börsenwert liegen. Legt man also einen – vermeintlich hohen – „fiktiven Nennbetrag" von fünf Euro zugrunde[1260] benötigen die den Antrag stellenden Aktionäre immer noch 20.000 Aktien zum Erreichen des Minderheitenquorums. Dies entspricht dem 4-fachen dessen, was Gegenstand der Regelungen in § 148 Abs. 1 AktG-RegE war.

Das Abstellen auf einen „anteiligen Betrag von 100.000 Euro" stellt somit eine massive Hürde für klagewillige Aktionäre dar und widerspricht deutlich der so offensiv und nachhaltig formulierten ursprünglichen Zielsetzung des Gesetzgebers, den Anlegerschutz und insbesondere die Aktionärsminderheitenrechte zu stärken.

Bereits in der Begründung zum Regierungsentwurf wurde darauf verwiesen, dass der niedrige[1261], dennoch angemessene, Schwellenwert im Rahmen des ge-

1256 Beschlussempfehlung und Bericht des Rechtsausschusses zu dem Gesetzesentwurf der Bundesregierung – Drucksache 15/5092 – Begründung der Beschlussempfehlung BT-Drucks. 15/5693, S. 31 f.
1257 *Heider*, in: MünchKommAktG, § 8 Rn. 67
1258 Regierungsentwurf, Begründung, BT-Drucks. 12/6679 S. 82 f.; vgl. auch *Seibert*, AG 1993, 315, 316 f.
1259 *Seibert*, AG 1993, 315, 316 f.; vgl. für einen Ländervergleich vor dem Inkrafttreten des 2. Finanzmarktförderungsgesetzes *Hirte*, WM 1991, 753, 754 ff.
1260 Der fiktive Nennbetrag der Deutsche Bank-Aktie liegt beispielsweise bei ca. 2,6 Euro.
1261 Für zu niedrig halten die Schwellenwerte: BDI u.a., Stellungnahme, S. 19; DAI, Stellungnahme, S. 11; DAV, NZG 2004, 555, 560; *Linnerz*, NZG 2004, 307, 309;

richtlichen Klagezulassungsverfahrens auch der Prävention von Klagen, die auf einige wenige Aktien gestützt sind, und bei denen „der Grund und die Motivation der Klage nicht ernsthaft aus der wirtschaftlichen Beteiligung an der Gesellschaft hergeleitet werden kann" dienen soll[1262]. Danach sollten auch weiterhin missbräuchliche Aktionärsklagen verhindert werden, die vorrangig zum Zwecke eines Vergleichsabschlusses erhoben werden.

Dazu im Widerspruch zu stehen scheint allerdings die Einführung eines Aktionärsforums in dem neuen § 127 a AktG[1263]. Das im elektronischen Bundesanzeiger zu schaffende Aktionärsforum beseitigt zwar das Defizit der Kommunikationsmöglichkeiten unter den Aktionären und ist somit insbesondere vor dem Hintergrund des zunehmenden – auch internationalen – Aktienstreubesitzes zu begrüßen[1264]. Nachteilig könnten sich jedoch mögliche Missbrauchstendenzen auswirken, da mit der Schaffung eines Aktionärsforums missbräuchlich und „räuberisch" handeln wollenden Aktionären eine Kommunikationsplattform eröffnet wird, die geeignet ist, Gleichgesinnte von der Erhebung einer missbräuchlichen Klage zu überzeugen und somit die Schwellenwerte zu überwinden[1265]. Diese Möglichkeit bietet das Aktionärsforum zwar auch nach der abermaligen inhaltlichen Veränderung des § 148 AktG; dennoch wird sich aufgrund der nunmehr geringeren Herabsetzung der Schwellenwerte und der notwendig gewordenen, regelmäßig gesteigerten, Anzahl klagewilliger Aktionäre, deren Organisati-

---

Seibt, WM 2004, 2137, 2143; die Absenkung begrüßend, DSW, Stellungnahme, S. 11

1262 Regierungsentwurf, Begründung, Bes. Teil zu §§ 147, 148 AktG, BT-Drucks. S. 44; insofern ist es sprachlich ungenau und abzulehnen, wenn *Jahn*, BB 2005, 5, 13 einen Hinweis auf typische Berufskläger darin sieht, dass diese „über einen breit gestreuten Anteilsbesitz von vielfach jeweils nur einer Handvoll von Aktien verfügen".

1263 Die Idee einer Kommunikationsplattform für Aktionäre geht auf einen Vorschlag der Regierungskommission Corporate Governance zurück, vgl. dazu *Baums*, Bericht der Regierungskommission Corporate Governance, 2001, Rn. 131 (auch BT-Drucks. 14/7515 v. 14.8.2001); § 127 a ist im Gesetzesbeschluss unverändert geblieben. Vgl. diesbezüglich die Verordnung über das Aktionärsforum nach § 127 a des Aktiengesetzes (Aktionärsforumsverordnung – AktFoV) vom 22.11.2005, abrufbar unter: http://www.bgblportal.de/BGBL/bgbl1f/bgbl105s3193.pdf. Ausführlich zum Aktionärsforum und der Aktionärsforumsverordnung nach § 127 a AktG *Seibert*, AG 2006, 16 ff.

1264 *Kolb*, DZWiR 2006, 50, 52 sieht darin eine aktionärsfreundliche Erleichterung im Rahmen des Vorgehens gegen Vorstands- und Aufsichtsratmitglieder. Für sinnvoll erachtet *Seibert*, WM 2005, 157, 158 diese Kommunikationsmöglichkeit.

1265 Ausweislich des Regierungsentwurfs, Begründung, Bes. Teil zu § 127 a AktG, BT-Drucks. S. 32 f. sollen dabei im Kommunikationsforum keine inhaltlichen Auseinandersetzungen stattfinden. Vielmehr soll es zur Kommunikation außerhalb des Forums beitragen. Sehr kritisch zur Einführung eines Aktionärsforums *Weiss/ Buchner*, WM 2005, 162, 168; Bedenken äußernd auch *Jahn*, BB 2005, 5, 12

on untereinander erheblich schwieriger gestalten. Diese Tatsache lässt eine Haftungsklage unwahrscheinlicher werden. In Fällen des Mindestnennbetrags werden sich einige hundert (Klein-) Anleger organisieren müssen. In diesem Zusammenhang ist gleichzeitg auch über eine Erweiterung des Anwendungsbereichs des Kapitalanleger-Musterverfahrens-Gesetz (KapMuG)[1266] auf außerhalb des Kapitalmarktrechts angesiedelte Haftungsklagen nachzudenken.

Dem Rechtsschutzinteresse der Gesellschaften werde hingegen durch die Beschränkung der möglichen Veröffentlichungsinhalte Rechnung getragen[1267].

Einen offensichtlichen Widerspruch stellen die Novellierungen des Schwellenwertes durch den Rechtsausschuss jedoch insofern dar, als dass der Gesetzgeber bereits in seiner Begründung zum Regierungsentwurf erklärte, die Gefahr eines Klagemissbrauchs erkannt zu haben. Anschließend folgte ein ausdrücklicher Hinweis darauf, dass der niedrige Schwellenwert nur im Zusammenhang mit den weiteren Einschränkungen und Sicherungen (Zulassungsverfahren mit seinen Voraussetzungen, Kostenregelung, Business Judgment Rule) verstanden und vertreten werden könne[1268]. Zudem werde man die Entwicklungen in der Praxis genauestens beobachten und gegebenenfalls bereits nach zweijähriger Beobachtungsphase Modifikationen empfehlen[1269].

Diese offenkundige Flexibilität des Gesetzgebers war einerseits bemerkenswert, sie ließ andererseits jedoch den Eindruck entstehen, dass dieser von seiner Regelung nicht vorbehaltlos überzeugt zu sein schien. Dieser Gedanke spiegelt sich nun in den neuerlichen Modifizierungen des Klagezulassungsverfahrens wider. Ungeklärt bleibt aber, inwiefern sich die Interpretation der weiteren Einschränkungen und Sicherungen dadurch verändert hat. Die ursprüngliche Rechtfertigung, den niedrigen Schwellenwert im Gesamtkontext von Business Judgment Rule und den weiteren Voraussetzungen des Klagezulassungsverfahrens zu sehen, scheint von jetzt an nur noch geringe Gültigkeit zu entfalten. Fakt ist, dass die Business Judgment Rule unverändert geblieben ist. Auch die weiteren Voraussetzungen des Zulassungsverfahrens und der Kostentragungsregelung haben nur marginale Veränderungen erfahren. Wenn aber nun die anderen Einschränkungen und Sicherungen nicht oder nur partiell verändert wurden, so muss die

---

1266 Gesetz zur Einführung von Kapitalanleger-Musterverfahren v. 16. 8. 2005, BGBl I, 2437
1267 Regierungsentwurf, Begründung, Bes. Teil zu § 127 a AktG, BT-Drucks. S. 33 f.; vgl. zu den allgemeinen Ausgestaltungen und insbesondere den inhaltlichen Beschränkungen *Gantenberg,* DB 2005, 207, 210
1268 Regierungsentwurf, Begründung, Bes. Teil zu §§ 147, 148 AktG, BT-Drucks. S. 44
1269 Regierungsentwurf, Begründung, Bes. Teil zu §§ 147, 148 AktG, BT-Drucks. S. 44

Frage gestattet sein, was den Gesetzgeber dazu bewogen hat, praktisch „in letzter Minute", die Schwellenwerte faktisch anzuheben[1270].

Das Argument, dass der Aktienkurs aufgrund öffentlicher Diskussionen stark in Mitleidenschaft gezogen werden könnte, und es folglich unangemessen sein könnte, das Minderheitenrecht von dem Erreichen eines bestimmten Börsenwertes abhängig zu machen, überzeugt nicht. Zwar muss die Schadensentstehung gemäß § 148 Abs. 1 Satz 2 Nr. 3 AktG auf einer Unredlichkeit oder einer groben Verletzung des Gesetzes oder der Satzung beruhen, dennoch ist die Wahrscheinlichkeit, dass nur aufgrund öffentlicher Berichterstattung eine börsennotierte Gesellschaft in kürzester Zeit zu einem sog. „penny stock" avanciert, äußerst gering und steht in keinem Verhältnis zu den mit der Erhöhung der Schwellenwerte verbundenen Erschwerungen des Klagezulassungsverfahrens. Zudem sollte nicht unerwähnt bleiben, dass ausweislich der Begründung zum Regierungsentwurf die Bemessungsgrundlage für den Börsenwert bei Gesellschaften, die an inländischen Börsen notiert sind, der nach Umsätzen gewichtete durchschnittliche Börsenkurs nach § 5 Abs. 3 WpÜG-Angebotsverordnung in Verbindung mit §§ 148 Abs. 1, 142 Abs. 2 AktG-RegE, § 31 Abs. 7 WpÜG während der letzten drei Monate vor Antragstellung war[1271]. Selbst ein äußerst rasanter Kurssturz wird aufgrund der dreimonatigen Zeitspanne kaum geeignet sein, für eine unangemessene Benachteiligung zu sorgen.

Im Ergebnis sollte der Entwurf der Haftungsklage nach der Begründung zum Regierungsentwurf dem Wandel in der Aktionärsstruktur gerecht werden. Dieser zeichne sich in den modernen börsennotierten Publikumsgesellschaften verstärkt durch eine Ergänzung und Ablösung von unternehmerisch beteiligten Aktionären durch Anlegeraktionäre aus. Letztere sehen den Aktienerwerb hauptsächlich unter Renditegesichtspunkten und verfolgen aufgrund ihrer zu vernachlässigenden Beteiligungsquote keine unternehmerischen Ziele der Gesellschaft[1272].

Diese Entwicklung, sowie die Verbreitung der Aktie als Investmentinstrument in weiten Teilen der Bevölkerung, war vom Gesetzgeber auch ausdrücklich er-

---

1270 Offensichtlich gab die Kritik an der Formulierung der Business Judgment Rule und insbesondere der darin enthaltenen Beweislastumkehr den Ausschlag für die spürbare Erhöhung der Schwellenwerte. Darauf lässt die Begründung der Beschlussempfehlung BT-Drucks. 15/5693, S. 32 f. schließen, in der erklärt wird, dass „damit [mit dem Abstellen auf den Nennbetrag im Rahmen der Schwellenwerte] in den meisten Fällen und jedenfalls bei normalem Kursverlauf eine spürbare Anhebung des Schwellenwerts verbunden ist" und deshalb „der Ausschuss vom Bundesrat und einzelnen Stellungnahmen vorgetragene Änderungswünsche zur Formulierung der business judgment rule und zum Aktionärsforum als erledigt beurteilt".

1271 Regierungsentwurf, Begründung, Bes. Teil zu §§ 147, 148 AktG, BT-Drucks. S. 44

1272 Regierungsentwurf, Begründung, Bes. Teil zu §§ 147, 148 AktG, BT-Drucks. S. 45

wünscht[1273]. Einer Forcierung des Wandels der Aktionärsstruktur und der Verbreitung der Aktie als Investitionsinstrument diente unzweifelhaft die Einführung eines Mindestnennbetrags von einem Euro[1274]. Die Verbesserung des Anlegerschutzes wird durch diese jedoch konterkariert. Die Haftungsdurchsetzung wird aufgrund der Schwellenwerterhöhung somit einzig institutionellen Anlegern oder größeren, finanzstarken Gruppen gut organisierter Privatanleger vorbehalten bleiben.

Quasi als Gegengewicht zu der Erhöhung des Minderheitenquorums und vor dem Hintergrund der Berücksichtigung der divergierenden Interessen der verschiedenen Anlegergruppen hat der Gesetzgeber deshalb auch an der Quoten-Regelung mit Kommunikations- und Zusammenschlussmöglichkeiten seitens der Aktionäre festgehalten. Die Beschaffenheit des Aktionärsforums des neu eingefügten § 127 a AktG sei dabei von untergeordneter Bedeutung. Jedenfalls handele die Minderheit, die zusammen das Quorum stellt, als BGB-Gesellschaft[1275].

Partiell umgestaltet wurden auch die Voraussetzungen des Klagezulassungsverfahrens.

a. Voraussetzungen des Klagezulassungsverfahrens

aa. § 148 Abs. 1 Satz 2 Nr. 1 AktG

Anders als noch in § 147 a Abs. 1 Satz 2 Nr. 1 AktG-RefE mussten die Aktionäre gemäß § 148 Abs. 1 Satz 2 Nr. 1 AktG-RegE nachweisen, dass sie die Aktien vor dem Zeitpunkt erworben hatten, in dem sie, oder im Falle der Gesamtrechtsnachfolge ihre Rechtsvorgänger, von den beanstandeten Pflichtverstößen aufgrund einer Veröffentlichung Kenntnis erlangt hatten. Der Referentenentwurf hatte hier für den Nachweis des Zeitpunktes des Aktienerwerbs mittels einer Glaubhaftmachung durch Urkunden eine weniger strenge Beweispflicht genügen lassen[1276]. Die Begründung zum Regierungsentwurf verwies aber mit klaren Worten darauf, dass mit der Formulierung in § 148 Abs. 1 Satz 2 Nr. 1 AktG-RegE keine gesteigerten Anforderungen an die Beweisaufnahme verknüpft seien[1277].

Ausweislich der Begründung musste „...die Minderheit nachweisen, dass sie die Aktien schon vorher besaß, oder vortragen und beweisen, dass sie trotzdem

---

1273 Regierungsentwurf, Begründung, Bes. Teil zu §§ 147, 148 AktG, BT-Drucks. S. 45
1274 So auch *Seibert*, AG 1993, 315, 316
1275 Regierungsentwurf, Begründung, Bes. Teil zu §§ 147, 148 AktG, BT-Drucks. S. 45
1276 Referentenentwurf, Begründung, Bes. Teil zu §§ 147, 147a AktG, BT-Drucks. S. 35
1277 Regierungsentwurf, Begründung, Bes. Teil zu §§ 147, 148 AktG, BT-Drucks. S. 45

keine Kenntnis [von den beanstandeten Pflichtverstößen][1278] erlangen konnte"[1279]. Um langwierige Beweisaufnahmen zu vermeiden, sollte der Nachweis des Aktienbesitzes durch Depotauszüge oder durch Kaufunterlagen möglich sein[1280]. Als Einschränkung zur Verhinderung, „dass Kläger Aktien erst nach Bekanntwerden eines Schadens in der Erwartung aufkaufen, dass man da, wo ein Schaden ist, auch ein Fehlverhalten finden werde", regelt § 148 Abs. 1 Satz 2 Nr. 1 AktG, „dass die Aktionäre nachweisen müssen, dass sie die Aktien vor dem Zeitpunkt erworben haben, in dem sie ... von den behaupteten Pflichtverstößen oder dem behaupteten Schaden ... Kenntnis erlangen mussten". Der den behaupteten Schaden betreffende Zusatz ist konsequent und schließt eine Gesetzeslücke, da somit zusätzlich diejenigen Fälle einbezogen werden, in denen man zunächst von einem Schaden Kenntnis erlangt, und die ursächliche Pflichtverletzung erst später genauer spezifiziert wird.

bb. § 148 Abs. 1 Satz 2 Nr. 2 AktG

Weitere Voraussetzung des Klagezulassungsverfahrens ist, dass die antragstellenden Aktionäre vor einer selbständigen Geltendmachung eines Ersatzanspruchs wegen eines Pflichtverstoßes nachweisen müssen, dass sie vorher die Gesellschaft[1281] unter Setzung einer angemessenen Frist vergeblich zur selbständigen Klageerhebung aufgefordert haben (§ 148 Abs. 1 Satz 2 Nr. 2 AktG). Anders als noch in § 148 Abs. 1 Satz 2 Nr. 2 AktG-RegE reicht eine diesbezügliche Glaubhaftmachung nun nicht mehr aus. Mit dem Erfordernis eines Nachweises gelten jetzt strengere Beweisanforderungen, die gleichzeitig einen Wertungswiderspruch zu den restriktiveren Beweisanforderungen des § 148 Abs. 1 Satz 2 Nr. 1 AktG vermeiden sollen[1282].

Das Erfordernis einer vorherigen Fristsetzung der Gesellschaft ist bereits aus dem US-amerikanischen Recht unter dem Begriff „Demand"-Erfordernis be-

---

1278 Nach dem Regierungsentwurf, Begründung, Bes. Teil zu §§ 147, 148 AktG, BT-Drucks. S. 45 müssen die Pflichtverstöße veröffentlicht worden sein, um eine Kenntnis der Aktionäre im Sinne des § 148 Abs. 1 Satz 2 Nr. 1 AktG-RegE begründen zu können. Veröffentlichungen in diesem Sinne sind Veröffentlichungen in Breitbandmedien, der Wirtschaftspresse oder weit verbreiteten Online-Diensten.
1279 Regierungsentwurf, Begründung, Bes. Teil zu §§ 147, 148 AktG, BT-Drucks. S. 45
1280 Regierungsentwurf, Begründung, Bes. Teil zu §§ 147, 148 AktG, BT-Drucks. S. 45
1281 Ungeklärt ist insofern, wie *Thümmel*, DB 2004, 471, 473 richtigerweise konstatiert, ob die Aufforderung an den Vorstand oder den Aufsichtsrat zu richten ist. Hierbei ist wohl je nachdem welches Organ den Pflichtverstoß begangen hat zu differenzieren.
1282 Begründung der Beschlussempfehlung BT-Drucks. 15/5693, S. 33

kannt[1283]. Es unterstreicht die Subsidiarität des Verfolgungsrechts der Minderheit[1284] und überlässt damit andererseits zunächst den zuständigen Gesellschaftsorganen (in der Regel dem Aufsichtsrat gemäß § 112 AktG) die Entscheidung darüber, ob die handelnden Unternehmensleiter zur Verantwortung gezogen werden sollen oder nicht. Der Gefahr ausgeprägter Zurückhaltung hinsichtlich zu verfolgender Ersatzansprüche durch das jeweils betroffene Organ aufgrund unterschiedlichster Ursachen begegnet der Gesetzgeber mit einem Fristerfordernis und der Geltung des Rechtsgedankens des § 286 Abs. 2 Nr. 3 BGB[1285].

Hinsichtlich der Frist ergeben sich keine Veränderungen im Vergleich zum Regierungsentwurf. § 148 Abs. 1 Satz 2 Nr. 2 AktG regelt explizit, und abweichend von § 147 a Abs. 1 Satz 2 Nr. 2 AktG-RefE, dass diese angemessen sein muss. Ausweislich der Regierungsentwurfsbegründung gilt eine Frist von zwei Monaten als angemessen[1286].

Das Zusammenspiel von Aufforderung und Angemessenheit der Frist trägt jedoch erhebliches Konfliktpotential in sich. Zwar gelten für die Fristsetzung bzw. deren Entbehrlichkeit die „allgemeinen Regeln"[1287], und somit auch der Rechtsgedanke des § 286 Abs. 2 Nr. 3 BGB[1288], dennoch wird die Gesellschaft aus den verschiedensten Gründen[1289] versuchen, sich mittels wenig exakter Absichtserklärungen bezüglich einer selbständigen Klageerhebung einer eindeutigen Positionierung zu entziehen. Die Ursachen für ein solches Vorgehen können vielfältig sein. Klageverschleppung, Zeitgewinn oder die Hoffnung auf Eintritt der Verjährung sind aus Sicht der Bundesregierung nahe liegend[1290]. Diese Problematik erkennend hat die Bundesregierung festgelegt, dass die Klagezulassungsvoraussetzung des § 148 Abs. 1 Satz 2 Nr. 2 AktG erfüllt ist, „wenn die Minderheit nachweist, dass sie der Gesellschaft eine angemessene Frist (2 Monate) gesetzt hatte und nach Ablauf dieser Frist keine Klage eingereicht worden ist (Hinweispflicht der Gesellschaft)"[1291]. Entschließen sich sodann die den Antrag stellenden Aktionäre zu einer Klageerhebung, so tragen sie zunächst die Kosten. Dennoch können sie sich nicht abschließend sicher sein, ob ihre Klageerhebung von der Ge-

1283 Vgl. § 1 D. VII. 2. b. aa.
1284 Regierungsentwurf, Begründung, Bes. Teil zu §§ 147, 148 AktG, BT-Drucks. S. 46
1285 Zur aktuellen Problematik im US-amerikanischen Recht und der restriktiveren Beurteilung durch die Gerichte in Delaware vgl. § 1 E. I. 1.
1286 Regierungsentwurf, Begründung, Bes. Teil zu §§ 147, 148 AktG, BT-Drucks. S. 46
1287 Regierungsentwurf, Begründung, Bes. Teil zu §§ 147, 148 AktG, BT-Drucks. S. 46
1288 Bei ernsthafter und endgültiger Verweigerung der Gesellschaft, selbst Klage zu erheben, kann eine Aufforderung als reine Formalie entfallen.
1289 Hierbei sei nur an das mangelnde Interesse der Verfolgung der Unternehmensleiter, Imageschäden, Kosten etc. gedacht.
1290 Regierungsentwurf, Begründung, Bes. Teil zu §§ 147, 148 AktG, BT-Drucks. S. 47
1291 Regierungsentwurf, Begründung, Bes. Teil zu §§ 147, 148 AktG, BT-Drucks. S. 47

sellschaft nicht noch im Nachhinein als unzulässig erachtet und durch deren eigene Klageerhebung beseitigt wird. Nach § 148 Abs. 3 Satz 1 AktG ist die Gesellschaft jederzeit berechtigt ihren Ersatzanspruch selbst gerichtlich geltend zu machen, wobei mit Klageerhebung durch die Gesellschaft ein anhängiges Zulassungs- oder Klageverfahren von Aktionären über diesen Ersatzanspruch unzulässig wird. § 148 Abs. 3 Satz 3 AktG statuiert zusätzlich eine Beiladungspflicht der bisherigen Antragsteller oder Kläger in den Fällen der Sätze 1 und 2 des § 148 Abs. 3 AktG. Das Erfordernis der Beiladung war zuvor in § 148 Abs. 2 AktG-RegE normiert.

Die Möglichkeit einer späteren Klageerhebung steht der Gesellschaft aber nicht nur dann offen, wenn sie innerhalb der angemessenen Frist nicht in der Lage ist, eine Entscheidung darüber zu treffen, ob sie Klage erheben soll oder nicht[1292]. Vielmehr kann die Gesellschaft als Inhaberin des geltend gemachten Anspruchs dieses Recht zu jedem beliebigen Zeitpunkt für sich beanspruchen[1293]. Dies wird durch den eindeutigen Wortlaut des neu eingefügten § 148 Abs. 3 AktG nochmals bekräftigt. Dieser regelt, dass die Gesellschaft „jederzeit" berechtigt sei, ihren Ersatzanspruch selbst gerichtlich geltend zu machen. Die alleinige Sanktion einer derart abwartenden Haltung besteht nach der Begründung des Regierungsentwurfs in der – für die Gesellschaft wohl regelmäßig zu verschmerzenden – Übernahme der der Minderheit zwischenzeitlich entstandenen Verfahrenskosten[1294].

Die Gewährung dieser stets abrufbaren eigenen Klageoption sowie der damit verbundene Eingriff in das Verfolgungsrecht der Minderheit stehen allerdings offensichtlich im Widerspruch zu der Intention des Gesetzgebers, wirkungsvollen Minderheitenschutz für Aktionäre zu gewährleisten, da dadurch deren Verfolgungsrecht erheblich geschwächt wird. Die Vermutung liegt nahe, dass die Gesellschaften in der Praxis wohl äußerst selten innerhalb der angemessenen Frist zu einer eventuellen Klageerhebung Stellung nehmen werden, um sich somit im Falle von Zweifeln oder aufgrund anderweitiger Überlegungen nicht ihrer finalen Einwirkungsmöglichkeit zu berauben.

cc. § 148 Abs. 1 Satz 2 Nr. 3 AktG

Nach § 148 Abs. 1 Satz 2 Nr. 3 AktG, der im Vergleich zum Regierungsentwurf unverändert geblieben ist, müssen Tatsachen den Verdacht rechtfertigen, dass der

---

1292 Regierungsentwurf, Begründung, Bes. Teil zu §§ 147, 148 AktG, BT-Drucks. S. 47
1293 Regierungsentwurf, Begründung, Bes. Teil zu §§ 147, 148 AktG, BT-Drucks. S. 48 f.
1294 Regierungsentwurf, Begründung, Bes. Teil zu §§ 147, 148 AktG, BT-Drucks. S. 47

Gesellschaft durch Unredlichkeit oder grobe Verletzung des Gesetzes oder der Satzung ein Schaden entstanden ist[1295]. Folglich darf das Gericht dem Antrag auf Klagezulassung nur stattgeben, „wenn die Klage eine ausreichende Aussicht auf Erfolg hat"[1296]. Diese Klagezulassungsvoraussetzung ersetzt die bisherige Regelung des § 147 Abs. 3 Satz 1 AktG a.f., welche aufgehoben worden ist. Auffallend ist, dass in § 148 Abs. 1 Satz 2 Nr. 3 AktG, abweichend von § 147 Abs. 3 Satz 1 AktG a.f., ein „dringender" Verdacht nicht mehr gefordert wird[1297]. Entscheidend sei vielmehr die Gröblichkeit der Verstöße, die durch Verdachtstatsachen bekräftigt werden müssen[1298]. Der Hintergrund dieser Änderung wird deutlich, wenn man sich die Ausführungen zum Klagezulassungsverfahren in der Begründung zum Referentenentwurf bewusst macht. Danach sei im Klagezulassungsverfahren lediglich die Plausibilität der Anspruchsverfolgung zu prüfen. Eine abschließende Rechtsprüfung finde jedoch nicht statt[1299]. Eine beachtliche Hürde für das Klagezulassungsverfahren wird diese Veränderung allerdings nicht darstellen, da die Plausibilität eines Anspruchs mittels professioneller Unterstützung relativ unproblematisch begründet werden kann[1300].

Eine weitaus komplexere und praktisch wirkungsvollere Zulassungshürde für Aktionärsklagen beinhaltet vielmehr die Beschränkung auf „grobe Verletzungen des Gesetzes oder der Satzung". Im Regierungsentwurf wird dies damit begründet, dass die Minderheit Schadensersatzansprüche selbst „bei offensichtlichen und ohne Zweifel feststehenden, leichtesten und leichten Verletzungen des Gesetzes oder der Satzung" nicht verfolgen und „der schweigenden oder anders denkenden Mehrheit ihren Verfolgungswunsch nicht aufdrängen können" solle[1301]. Infolgedessen wurde die Bestimmung des § 148 Abs. 1 Satz 2 Nr. 3 AktG richtigerweise bereits Gegenstand heftiger Kritik[1302]. Hintergrund dessen war ei-

---

1295 § 148 Abs. 1 Satz 2 Nr. 3 ist im Vergleich zu § 148 Abs. 1 Satz 2 Nr. 3 AktG-RegE und § 147 a Abs. 1 Satz 2 Nr.3 AktG-RefE nicht verändert worden.
1296 Regierungsentwurf, Begründung, Bes. Teil zu §§ 147, 148 AktG, BT-Drucks. S. 47
1297 Nach § 148 Abs. 1 Satz 2 Nr. 3 AktG reicht bereits ein einfacher Verdacht aus.
1298 Regierungsentwurf, Begründung, Bes. Teil zu §§ 147, 148 AktG, BT-Drucks. S. 47
1299 Referentenentwurf, Begründung, Bes. Teil zu §§ 147, 147a AktG, BT-Drucks. S. 36; diese Argumentation findet sich im Regierungsentwurf der Bundesregierung allerdings nicht wieder.
1300 So auch *Linnerz*, NZG 2004, 307, 309 f., der beispielhaft bezüglich des notwendigen „Anscheins" zur Anspruchserweckung auf die Erstellung professoraler Parteigutachten im Rahmen der aktienrechtlichen Anfechtungsklage verweist. *Diekmann/Leuering*, NZG 2004, 249, 250 halten diese Regelung für „sachgerecht, um die mit dem Klagezulassungsverfahren verfolgte Filterfunktion tatsächlich zu erreichen".
1301 Regierungsentwurf, Begründung, Bes. Teil zu §§ 147, 148 AktG, BT-Drucks. S. 47
1302 *Weiss/Buchner*, WM 2005, 162, 169; *Kling*, DZWIR 2005, 45, 54; *Wilsing*, ZIP 2004, 1082, 1088 (zum AktG-RegE); *Meilicke/Heidel*, DB 2004, 1479, 1487;

nerseits ihr Wertungswiderspruch zu § 93 Abs. 1 Satz 2 AktG, andererseits die Nichtvereinbarkeit mit dem Ziel der Stärkung des Anlegerschutzes.

In der Regierungsentwurfsbegründung zu § 93 Abs. 1 Satz 2 und 3 AktG wurde ausdrücklich klargestellt, dass § 93 Abs. 1 Satz 2 AktG zwischen fehlgeschlagenen unternehmerischen Entscheidungen einerseits und der Verletzung sonstiger Pflichten[1303] andererseits differenziert. Ein Verstoß gegen diese letztere Pflichtengruppe sei von der Bestimmung des § 93 Abs. 1 Satz 2 AktG nicht umfasst, da die unternehmerische Entscheidung im Gegensatz zur rechtlich gebundenen Entscheidung stehe[1304]. Bei Verstößen der Unternehmensleiter gegen Gesetz oder Satzung sollte diesen eben gerade nicht das Haftungsprivileg der Business Judgment Rule zustehen[1305]. Genau dies ist jedoch der Fall, wenn der Gesetzgeber Aktionären die Möglichkeit nimmt, andere als die durch Unredlichkeit oder grobe Rechtsverletzung verursachten Schäden einklagen zu dürfen.

Eine Beschränkung auf grobe Rechtsverstöße und damit eine Unterscheidung nach dem Verschuldensgrad ist abzulehnen.

dd. § 148 Abs. 1 Satz 2 Nr. 4 AktG[1306]

Als Korrektiv für das im Rahmen des Regierungsentwurfs abstrakt gesehen relativ niedrige Minderheitenquorum und die damit verbundene latente Gefahr missbräuchlicher Klagen, sollte § 148 Abs. 1 Satz 2 Nr. 4 AktG-RegE dienen. Mangels Modifizierungen der Norm durch den Rechtsausschuss ist davon auszugehen, dass § 148 Abs. 1 Satz 2 Nr. 4 AktG ebenfalls diesem Zweck dienen soll. Danach wird eine Klage nicht zugelassen, wenn der Geltendmachung des Ersatzanspruchs überwiegende Gründe des Gesellschaftswohls entgegenstehen.

Thümmel, DB 2004, 471, 473; Deutsche Schutzvereinigung für Wertpapierbesitz, Stellungnahme vom 31.3.2004, www.dsw-info.de/uploads/media/DSW-Stellung nahme-UMAG.pdf; (alle zum AktG-RefE).

1303 Treuepflichten, Informationspflichten, sonstige allgemeine Gesetzes- und Satzungsverstöße.

1304 Regierungsentwurf, Begründung, Bes. Teil zu § 93 Abs. 1 Satz 2 und Satz 3, BT-Drucks. S. 21

1305 Regierungsentwurf, Begründung, Bes. Teil zu § 93 Abs. 1 Satz 2 und Satz 3, BT-Drucks. S. 21; aus der Unanwendbarkeit der Business Judgment Rule folgt dennoch nicht zwingend die Bejahung eines objektiv pflichtwidrigen Verhaltens im Sinne des § 93 Abs. 1 AktG. Das tatsächliche Vorliegen einer Pflichtverletzung ist sodann gesondert zu prüfen.

1306 § 148 Abs. 1 Satz 2 Nr. 4 AktG ist vom Wortlaut her und inhaltlich identisch mit § 148 Abs. 1 Satz 2 Nr. 4 AktG-RegE

Der Wortlaut des § 148 Abs. 1 Satz 2 Nr. 4 AktG zeigt dabei sehr deutliche Parallelen zu der Formulierung des Bundesgerichtshofs in der ARAG/Garmenbeck-Entscheidung[1307] und soll auch im Sinne der dort entwickelten Grundsätze verstanden werden[1308]. Nach der ARAG/Garmenbeck-Entscheidung soll die Geltendmachung von Ersatzansprüchen allerdings unterbleiben, wenn „gewichtige", nicht „überwiegende" Gründe des Gesellschaftswohls dieser entgegenstehen[1309]. Damit soll zum Ausdruck kommen, dass bei Vorliegen der übrigen Klagezulassungsvoraussetzungen (§ 148 Abs. 1 Satz 2 Nr. 1-3 AktG) die Haftungsklage in aller Regel zuzulassen ist, „und nur im Wege einer Abwägung gegen überwiegende entgegenstehende Interessen davon abgesehen werden kann"[1310]. Beispielhaft erwähnt der Gesetzgeber in seiner Entwurfsbegründung als unzulässige Klage im Sinne des § 148 Abs. 1 Satz 2 Nr. 4 AktG-RegE „mehrfache, nichts Neues beitragende Klagen (Me-too-Klagen)"[1311].

Weiterhin wird einer Klage ein überwiegendes Gesellschaftsinteresse dann entgegenstehen, „wenn die Klage des ersten Klägers sich auch hinsichtlich der anwaltlichen Betreuung in guten Händen befindet, wenn die nachfolgenden Kläger keinerlei substanziell neue Tatsachen vorzubringen haben, nicht erkennbar über andere, gewichtige Informationsquellen verfügen und also nicht von der Hand zu weisen ist, dass es sich um „Trittbrettfahrer" handelt, die nach erfolgreichem Zulassungsverfahren eines anderen nun aufspringen wollen, möglicherweise nur um der Anwaltsgebühren willen"[1312].

1307 BGHZ 135, 244
1308 Regierungsentwurf, Begründung, Bes. Teil zu §§ 147, 148 AktG, BT-Drucks. S. 48
1309 *Diekmann/Leuering*, NZG 2004, 249, 250 verweisen jedoch darauf, dass es begrifflich präziser wäre, wenn man an statt von „Gesellschaftswohls" auf das Unternehmenswohl oder –interesse abstellte.
1310 Regierungsentwurf, Begründung, Bes. Teil zu §§ 147, 148 AktG, BT-Drucks. S. 48; ausnahmsweise können Gründe des Gesellschaftswohls bei Vorliegen von Unredlichkeiten des Vorstands, welche ausweislich der Begründung zum RegE, S.47, „stets ins kriminelle reichende Treuepflichtverstöße sind", der Haftungsklage nicht entgegenstehen. *Meilicke/Heidel*, DB 2004, 1479, 1482 äußern aufgrund des Gebots der Abwägung Zweifel daran, ob die Stärkung des Anlegerschutzes tatsächlich im Mittelpunkt steht.
1311 Regierungsentwurf, Begründung, Bes. Teil zu §§ 147, 148 AktG, BT-Drucks. S. 48; skeptisch dazu *Linnerz*, NZG 2004, 307, 310, der aufgrund der „Professionalität" der Kläger und deren Möglichkeiten sich weitergehende, neue Informationen zu beschaffen, die Gefahr sieht, dass sich das Korrektiv des § 148 Abs. 1 Satz 2 Nr. 4 AktG-RegE als „stumpfes Schwert" erweist.
1312 Regierungsentwurf, Begründung, Bes. Teil zu §§ 147, 148 AktG, BT-Drucks. S. 49 f.; skeptisch zur Möglichkeit des Nachweises von „Trittbrettfahrern", *Linnerz*, NZG 2004, 307, 310

Zu Recht weisen *Weiss/Buchner*[1313] auf die mangelnde Genauigkeit im Rahmen der Begründung des § 148 Abs. 1 Satz 2 Nr. 4 AktG hin. Der dahinter stehende Gedanke des Gesetzgebers wird aber deutlicher, wenn man sich die Ausgangssituation im Kontext der Organinnenhaftung vergegenwärtigt. Anders als in den Fällen der Organaußenhaftung geht es bei der Organinnenhaftung nicht um individuelle Ansprüche der Aktionäre, sondern um die Anspruchsverfolgung einer Aktionärsminderheit für die Gesellschaft im Wege gesetzlicher Prozessstandschaft[1314]. Macht also eine Aktionärsminderheit diesen originär der Gesellschaft zustehenden Anspruch geltend, so stellt sich bei einem nachfolgenden Klagezulassungsantrag durch eine weitere Minderheit die berechtigte Frage, ob dieser Klagehäufung nicht – mangels neuen Erkenntnisgewinns – überwiegende Gründe des Gesellschaftswohls entgegenstehen. Die Regierungsentwurfsbegründung ist wohl in diesem Sinne zu verstehen.

b. Klagezulassungsverfahren nach § 148 Abs. 2 AktG

§ 148 Abs. 2 AktG regelt die prozessualen Voraussetzungen des Klagezulassungsverfahrens. Dabei entscheidet gemäß § 148 Abs. 2 Satz 1 AktG das Landgericht des Sitzes der Gesellschaft über den Klagezulassungsantrag durch Beschluss. Anders als noch im Referentenentwurf vorgesehen, wurde die Zuständigkeitskonzentration der Landgerichte im Hinblick auf spezialisierte Gerichtskammern erweitert. Nach § 148 Abs. 2 Satz 2 AktG entscheidet bei Vorhandensein einer Kammer für Handelssachen am jeweils zuständigen Landgericht diese an Stelle der Zivilkammer. Dies macht auch Sinn, da bei spezialisierten Kammern von einem stärker ausgeprägten Expertenwissen der Richter ausgegangen werden kann. Zudem ermöglicht diese Zuständigkeitskonzentration mittelfristig durch eine potentielle Häufung von Gerichtsverfahren die Entwicklung und den Aufbau einer anerkannten Rechtsprechungspraxis auf diesem Gebiet und unterstützt somit die Rechtssicherheit der Betroffenen.

Anders als noch im Referentenentwurf hatte in § 148 Abs. 2 Satz 3 AktG-RegE auch die verjährungsunterbrechende Wirkung des Klagezulassungsantrags Niederschlag gefunden[1315]. Demgemäß hemmte die Antragstellung die Verjährung des streitgegenständlichen Anspruchs bis zur Antragsabweisung oder Klageerhebung. Diese Formulierung ist aufgrund der Empfehlungen des Rechtsausschusses erneut modifiziert worden. Nach § 148 Abs. 3 AktG hemmt die Antrag-

---

1313 *Weiss/Buchner*, WM 2005, 162, 169
1314 Regierungsentwurf, Begründung, Bes. Teil zu §§ 147, 148 AktG, BT-Drucks. S. 48
1315 Deren ausdrückliche Normierung bereits nach dem Referentenentwurf fordernd *Meilicke/Heidel*, DB 2004, 1479, 1482; eine Klarstellung zur verjährungshemmenden Wirkung nach dem AktG-RefE fordernd auch *Wilsing*, ZIP 2004, 1082, 1088

stellung die Verjährung des streitgegenständlichen Anspruchs nunmehr bis zur rechtskräftigen Antragsabweisung oder bis zum Ablauf der Frist für die Klageerhebung. Dies soll zunächst der Klarstellung dienen, „dass die mit Antragstellung eintretende Hemmung der Verjährung bis zum Eintritt der Antragsabweisung andauern soll"[1316]. Dass die Antragstellung die Verjährung des streitgegenständlichen Anspruchs alternativ bis zum Ablauf der Frist für die Klageerhebung hemmen soll, dient der Rechtsklarheit und Rechtssicherheit. Dies fußt auf der Tatsache, dass die Hemmung der Verjährung in den Fällen eines erfolgreichen Klagezulassungsantrags mit Ablauf der Klagefrist enden soll und zwar unabhängig davon, ob „tatsächlich Klage erhoben wird und so erneut eine Hemmung der Verjährung eintritt oder nicht"[1317]. Damit wird sichergestellt, dass die betroffenen Organmitglieder mit Ablauf der Klagefrist Klarheit über eine gegen sie gerichtete Klage erhalten.

Eine weitere Modifikation im Vergleich zum Referentenentwurf ergab sich im Regierungsentwurf aus der Verpflichtung, die Gesellschaft im Zulassungsverfahren und im Klageverfahren beizuladen, § 148 Abs. 2 Satz 7 AktG-RegE. Damit wurde der Gesellschaft auch die Möglichkeit eröffnet, zu dem Antrag der Aktionärsminderheit Stellung zu nehmen. In der Begründung zum Regierungsentwurf wurde aber darauf hingewiesen, dass vor einer solchen Stellungnahme, mit Ausnahme für Fälle eines Verzichts derselben, keine Entscheidung ergehen sollte[1318]. Diese Regelung ist unverändert geblieben.

Die ursprüngliche Regelung des § 148 Abs. 2 Satz 8 AktG-RegE, die zum Ausdruck brachte, dass die Gesellschaft als Inhaber des geltend gemachten Anspruchs zu jedem beliebigen Zeitpunkt des Klagezulassungs- und Hauptverfahrens selbst Klage gegen das betroffene Organ erheben kann[1319], ist in § 148 Abs. 2 AktG gestrichen worden[1320]. Diese Regelung findet sich nunmehr in einem neu eingefügten § 148 Abs. 3 AktG.

c. Originäre Anspruchsinhaberschaft der Gesellschaft, § 148 Abs. 3

§ 148 Abs. 3 AktG bringt die jederzeitige Anspruchsinhaberschaft der Gesellschaft zum Ausdruck. Nach § 148 Abs. 3 Satz 1 AktG ist die Gesellschaft jederzeit berechtigt, ihren Ersatzanspruch selbst gerichtlich geltend zu machen. Dabei

---

1316 Begründung der Beschlussempfehlung BT-Drucks. 15/5693, S. 33
1317 Begründung der Beschlussempfehlung BT-Drucks. 15/5693, S. 33
1318 Im Rahmen der Stellungnahme durch die Gesellschaft hält der Regierungsentwurf u.a. einen Vortrag zum Gesellschaftswohl für denkbar.
1319 Regierungsentwurf, Begründung, Bes. Teil zu §§ 147, 148 AktG, BT-Drucks. S. 48 f.
1320 Zur diesbezüglichen prozessrechtlichen Kritik vgl. *Bork*, ZIP 2005, 66, 66 f.

wird mit Klageerhebung durch die Gesellschaft ein anhängiges Zulassungs- oder Klageverfahren von Aktionären über diesen Ersatzanspruch unzulässig[1321]. Nach § 148 Abs. 3 Satz 2 AktG ist die Gesellschaft zudem berechtigt, ein anhängiges Klageverfahren über ihren Ersatzanspruch unabhängig vom Verfahrensfortschritt zu übernehmen. Satz 3 dieser Bestimmung normiert die Beiladungspflicht bisheriger Antragsteller oder Kläger in den erwähnten Fällen der Sätze 1 und 2 der Norm. Die gesetzlich statuierte Beiladungspflicht des § 148 Abs. 3 Satz 3 AktG dient der Sicherstellung der Beteiligung der initiierenden Minderheit am Verfahren bei deren gleichzeitiger Möglichkeit der Überwachung über die Klageverfolgung der Gesellschaft[1322]. Daneben soll mittels dieser Modifikation nochmals die ursprüngliche Anspruchsinhaberschaft der Gesellschaft betont werden. Dabei soll die Gesellschaft nicht nur jederzeit selbst Klage erheben können, vielmehr soll sie auch wahlweise ein „bereits anhängiges durch eine Minderheit begonnenes Klageverfahren auf Klägerseite, die lediglich in Prozessstandschaft handeln, übernehmen können"[1323].

§ 148 Abs. 3 AktG beseitigt somit zuvor bestehende prozessrechtliche Unkorrektheiten im Rahmen des § 148 Abs. 2 AktG-RegE und des § 148 Abs. 4 AktG-RegE[1324]. Vor allem die Tatsache, dass in Fällen der Klageerhebung durch eine Aktionärsminderheit einer nachträglichen Klage der Gesellschaft der Einwand anderweitiger Rechtshängigkeit nach § 261 Abs. 3 Nr. 1 ZPO entgegengestanden hätte, war zu kritisieren[1325]. Wobei von der Rechtskrafterstreckung der in dem bereits rechtshängigen Verfahren ergehenden Entscheidung nach herrschender Meinung auch Dritte betroffen geworden wären[1326]. § 148 Abs. 4 AktG-RegE normierte, dass das Urteil zwischen der Aktionärsminderheit und dem betroffenen Organ – unabhängig von dessen Ausgang – auch für und gegen die Gesellschaft gewirkt hätte; somit wäre eine Klage der Gesellschaft, nachdem eine Aktionärsminderheit Hauptsacheklage eingereicht hat, unzulässig gewesen. Der Gesellschaft wäre nur der Prozessbeitritt als Nebenintervenientin geblieben[1327]. Diese prozessualen Ungenauigkeiten sind mit der Einfügung des neuen § 148 Abs. 3 AktG behoben worden. Die Novellierung dient der ökonomischeren Gestaltung des Verfahrens. Zudem sollen Synergieeffekte durch bereits erfolgte Beweisaufnahmen genutzt werden[1328]. Die gesetzlich statuierte Beiladungspflicht des § 148

1321 Kritisch dazu *Spindler*, NZG 2005, 865, 868
1322 Regierungsentwurf, Begründung, Bes. Teil zu §§ 147, 148 AktG, BT-Drucks. S. 49
1323 Begründung der Beschlussempfehlung BT-Drucks. 15/5693, S. 33
1324 Vgl. zum Ganzen *Bork*, ZIP 2005, 66
1325 *Bork*, ZIP 2005, 66, 66
1326 *Bork*, ZIP 2005, 66, 66 m.w.N..
1327 *Bork*, ZIP 2005, 66, 66 f.
1328 Begründung der Beschlussempfehlung BT-Drucks. 15/5693, S. 33

Abs. 3 S. 3 AktG dient der Sicherstellung der Beteiligung der initiierenden Minderheit am Verfahren. Gleichzeitig bietet sich ihr somit die Möglichkeit der Überwachung der Klageverfolgung durch die Gesellschaft[1329].

d. Klage nach erfolgreichem Zulassungsverfahren, § 148 Abs. 4 AktG

Normierte § 148 Abs. 3 AktG-RegE noch, dass in Fällen, in denen das Gericht dem Antrag stattgegeben hat, die Klage nur binnen drei Monaten nach Zustellung der Entscheidung erhoben werden konnte, so beinhaltet der entsprechende § 148 Abs. 4 AktG Modifizierungen. Danach kann die Klage gemäß § 148 Abs. 4 Satz 1 AktG nur binnen drei Monaten nach Eintritt der Rechtskraft der Entscheidung und, sofern die Aktionäre die Gesellschaft nochmals unter Setzung einer angemessenen Frist vergeblich aufgefordert haben selbst Klage zu erheben, vor dem nach § 148 Abs. 2 AktG zuständigen Gericht erhoben werden.

Anlass dieser Änderung war ausweislich der Begründung zur Beschlussempfehlung und des Berichts des Rechtsausschusses[1330] die Gegenäußerung der Bundesregierung[1331] zu Nummer 17 der Stellungnahme des Bundesrates[1332]. Die Veränderung hinsichtlich des Beginns der Klagefrist soll eine Klageerhebung vor rechtskräftigem Abschluss des Klagezulassungsverfahrens vermeiden[1333]. Damit wird ein sowohl zeitlicher als auch finanziell ökonomischerer Verfahrensablauf gewährleistet.

Die Durchführung einer wiederholten Aufforderung an die Gesellschaft im Falle eines erfolgreichen Zulassungsantrags soll der Gesellschaft erneut Gelegenheit geben, eine eigene Klageerhebung unter Berücksichtigung der Gründe der erstinstanzlichen Gerichtsentscheidung für die Zulassung in Erwägung zu ziehen.

Zwischen der Gesellschaft und der Minderheit soll somit ein „Wettlauf" um die

---

1329 Regierungsentwurf, Begründung, Bes. Teil zu §§ 147, 148 AktG, BT-Drucks. S. 49
1330 Beschlussempfehlung und Bericht des Rechtsausschusses zu dem Gesetzesentwurf der Bundesregierung – Drucksache 15/5092 – Begründung der Beschlussempfehlung BT-Drucks. 15/5693, S. 34
1331 Gegenäußerung der Bundesregierung zur Stellungnahme des Bundesrates zum Entwurf eines Gesetzes zur Unternehmensintegrität und Modernisierung des Anfechtungsrechts (BR-Drucks. 3/05 (Beschluss)), S. 7
1332 Stellungnahme des Bundesrates zum Entwurf eines Gesetzes zur Unternehmensintegrität und Modernisierung des Anfechtungsrechts (UMAG),BR-Drucks. 3/05 (Beschluss) v. 18.02.05, S. 13
1333 Beschlussempfehlung und Bericht des Rechtsausschusses zu dem Gesetzesentwurf der Bundesregierung – Drucksache 15/5092 – Begründung der Beschlussempfehlung BT-Drucks. 15/5693, S. 34

Klageerhebung vermieden werden[1334]. Bezüglich der konkreten inhaltlichen Ausgestaltung der Klageerhebung ist auf die Ausführungen zum Regierungsentwurf zu verweisen. Eine unverzügliche Bekanntmachung der Klageerhebung durch die Gesellschaft in den Gesellschaftsblättern war, anders als im Referentenentwurf, im Regierungsentwurf nicht mehr vorgesehen[1335]. Dabei wird es auch bleiben. Die Schaffung einer erneuten Aufforderung in § 148 Abs. 4 AktG verdeutlicht nochmals die originäre Anspruchsinhaberschaft der Gesellschaft und die damit verbundenen hohen Hürden die eine Aktionärsminderheit im Rahmen einer eigenen Anspruchsdurchsetzung überwinden muss. Dies dient keinesfalls einer Vereinfachung der Aktionärsklägerrechte.

Nach § 148 Abs. 4 Satz 2 AktG ist die Klage gegen die in § 147 Abs. 1 Satz 1 AktG genannten Personen[1336] und auf Leistung an die Gesellschaft zu richten. Das Gesetz räumt damit der im Klagezulassungsverfahren erfolgreichen Minderheit das Recht ein, den Anspruch der Gesellschaft im eigenen Namen geltend zu machen (actio pro socio)[1337]. Mithin handelt es sich um einen Fall der gesetzlichen Prozessstandschaft[1338]. Damit einher geht die Abschaffung der nach bisherigem Recht (§ 147 Abs. 3 Satz 3 AktG a.F.) vorgesehenen gerichtlichen Bestellung eines besonderen Vertreters[1339]. Dieser Verzicht wirkt sich auch auf die prozessualen Verfahrensanforderungen aus. So ist ein nachträglicher Beitritt von Aktionären an der von dem Prozessgericht zugelassenen Klage für solche Aktionäre nicht möglich, die an dem ursprünglichen Klagezulassungsantrag, nicht beteiligt waren[1340]. Zur Vermeidung der Umgehung des Klagezulassungsverfahrens sowie der Beschränkung der ursprünglichen Klage ist eine Nebenintervention gemäß § 148 Abs. 4 Satz 3 AktG nach Klagezulassung ausgeschlossen[1341]. In Ausnahmefällen und nur bei Vorliegen ganz besonderer Umstände[1342] ist es möglich, mehrere Klagen zur gleichzeitigen Verhandlung und Entscheidung beim Prozessgericht zu verbinden.

1334 Beschlussempfehlung und Bericht des Rechtsausschusses zu dem Gesetzesentwurf der Bundesregierung – Drucksache 15/5092 – Begründung der Beschlussempfehlung BT-Drucks. 15/5693, S. 34
1335 Anders noch im Referentenentwurf der Bundesregierung, S. 7
1336 Organe oder verpflichtete Personen
1337 Regierungsentwurf, Begründung, Bes. Teil zu §§ 147, 148 AktG, BT-Drucks. S. 49
1338 Regierungsentwurf, Begründung, Bes. Teil zu §§ 147, 148 AktG, BT-Drucks. S. 49
1339 Kritisch zur Abschaffung des besonderen Vertreters *Seibt*, WM 2004, 2137, 2142
1340 Regierungsentwurf, Begründung, Bes. Teil zu §§ 147, 148 AktG, BT-Drucks. S. 49
1341 Dies positiv bewertend, *Linnerz*, NZG 2004, 307, 310
1342 In aller Regel werden Nachfolgeklagen an der Klagezulassungshürde des § 148 Abs. 1 S.2 Nr. 4 AktG-RegE scheitern, vgl. Regierungsentwurf, Begründung, Bes. Teil zu §§ 147, 148 AktG, BT-Drucks. S. 48 sowie 49 f.

e. Verfahrensbeendigung, § 148 Abs. 5 AktG

§ 148 Abs. 5 AktG ist eine reine Folgeänderung zur Einfügung des neuen § 148 Abs. 3 AktG[1343] und entspricht vom Wortlaut her, wie auch inhaltlich, dem § 148 Abs. 4 AktG-RegE. Letzterer wurde im Vergleich zum Referentenentwurf gänzlich novelliert. Anlass dafür war die Ausgliederung der im Referentenentwurf an dieser Stelle[1344] normierten Bekanntmachungspflicht in dem neuen § 149 AktG.

§ 148 Abs. 5 Satz 1 AktG regelt nun die Wirkung des Urteils im Klagezulassungsverfahren sowie dessen Rechtskrafterstreckung. Gemäß § 148 Abs. 5 Satz 1 AktG wirkt das Urteil, auch wenn es auf Klageabweisung lautet, für und gegen die Gesellschaft und die übrigen Aktionäre. Die Rechtskrafterstreckung bezieht sich nach dem Wortlaut der Regierungsentwurfsbegründung jedoch primär auf die anderen, bisher nicht aktiv gewordenen Aktionäre[1345]. Hintergrund dessen ist, dass weitere Minderheiten hinsichtlich desselben Anspruchs nicht erneut in Prozessstandschaft Zulassung begehren können sollen[1346]. Entsprechendes gilt gemäß § 148 Abs. 5 Satz 2 1. Hs. AktG auch für einen nach § 149 AktG bekannt zu machenden Vergleich[1347]. Anders als ein Urteil wirkt dieser gemäß § 148 Abs. 5 Satz 2 2. Hs. AktG für und gegen die Gesellschaft aber nur nach Klagezulassung. Aus dem Umkehrschluss zu § 148 Abs. 4 Satz 2 2. Hs. AktG folgt demnach, dass die Gesellschaft trotz eines Vergleichs im Zulassungsverfahren selbst noch Klage erheben kann. Ein die Gesellschaft bindender Vergleich im Hauptverfahren ist jedoch nur unter den Voraussetzungen des § 93 Abs. 4 Satz 3 AktG, also vor allem dem Ablauf der Dreijahresfrist[1348], sowie der Zustimmung der Hauptversammlung bei gleichzeitigem Absehen der Niederschrift eines Widerspruchs durch eine Minderheit, deren Anteile zusammen 10% des Grundkapitals errei-

---

1343 Beschlussempfehlung und Bericht des Rechtsausschusses zu dem Gesetzesentwurf der Bundesregierung – Drucksache 15/5092 – Begründung der Beschlussempfehlung BT-Drucks. 15/5693, S. 34
1344 § 147 a Abs. 4 AktG-RefE
1345 Regierungsentwurf, Begründung, Bes. Teil zu §§ 147, 148 AktG, BT-Drucks. S. 50
1346 Regierungsentwurf, Begründung, Bes. Teil zu §§ 147, 148 AktG, BT-Drucks. S. 50
1347 Diese Bekanntmachungspflicht gilt auch für die Anfechtungsklagen gegen Hauptversammlungsbeschlüsse (§§ 248 a , 249 Abs. 1 Satz 1 AktG-RegE).
1348 Eine Ausnahme gilt gemäß § 93 Abs. 4 Satz 4 AktG im Insolvenzverfahren.

chen, möglich[1349]. Selbiges gilt für eine Klagerücknahme durch die Gesellschaft[1350].

f. Kostentragung im Rahmen des Klagezulassungsverfahrens, § 148 Abs. 6 AktG

§ 148 Abs. 6 AktG stellt ebenfalls eine reine Folgeänderung zu der in § 148 Abs. 3 AktG neu vorgesehenen Möglichkeit der Gesellschaft, eine bereits anhängige Klage zu übernehmen, dar. Nach § 148 Abs. 6 Satz 4 AktG trägt die Gesellschaft etwaige bis zum Zeitpunkt ihrer Klageerhebung oder Übernahme des Verfahrens entstandenen Kosten des Antragstellers und kann die Klage nur unter den Voraussetzungen des § 93 Abs. 4 Satz 3 und 4 AktG mit Ausnahme der Sperrfrist zurücknehmen, wenn die Gesellschaft selbst Klage erhebt oder sie ein anhängiges Klageverfahren von Aktionären übernimmt. Inhaltliche Veränderungen im Vergleich zu der entsprechenden Norm des § 148 Abs. 5 AktG-RegE liegen nicht vor. Letztere hat jedoch nachhaltige Modifikationen im Vergleich zum Referentenentwurf erfahren. Die ursprünglich in § 147 a Abs. 6 AktG-RefE enthaltene Kostentragungsregelung wird nunmehr in § 148 Abs. 6 AktG neu geregelt. Zwar hat der Antragsteller gemäß § 148 Abs. 6 Satz 1 AktG unverändert die Kosten des Zulassungsverfahrens zu tragen, soweit sein Antrag abgewiesen wird; nach § 148 Abs. 6 Satz 2 AktG hat jedoch die Gesellschaft dem Antragsteller die Kosten zu erstatten, wenn die Abweisung auf entgegenstehenden Gründen des Gesellschaftswohls beruht und die Gesellschaft diese Gründe vor Antragstellung hätte mitteilen können, aber nicht mitgeteilt hat. Im Übrigen ist, wie bereits im Referentenentwurf normiert, über die Kostentragung im Endurteil zu entscheiden, § 148 Abs. 6 Satz 3 AktG [1351]. Wird die Klage der Gesellschaft ganz oder teilweise abgewiesen, hat die Gesellschaft den Klägern die von diesen zu tragenden Kosten zu erstatten, sofern nicht die Kläger die Zulassung durch vorsätzlich oder grob fahrlässig unrichtigen Vortrag erwirkt haben, § 148 Abs. 6 Satz 5 AktG.

Dies ist nur konsequent, da es sich hierbei um einen Anspruch der Gesellschaft handelt und diese sich jederzeit – also sowohl während des Klagezulassungsverfahrens, als auch während des Hauptverfahrens – dazu entschließen

---

1349 Die Beschlussfassung der Hauptversammlung mit einfacher Stimmmehrheit ist ausreichend (§ 133 AktG). Der Normzweck des § 93 Abs. 4 Satz 3 AktG ist die Verhinderung schädlicher Vereinbarungen; insbesondere soll ausgeschlossen werden, dass sich Vorstand und Aufsichtsrat wechselseitig vor der Haftung verschonen, vgl. *Hüffer*, § 93 Rn. 28 f.; *Hopt*, in: GroßKommAktG, § 93 Rn. 353 f.
1350 Regierungsentwurf, Begründung, Bes. Teil zu §§ 147, 148 AktG, BT-Drucks. S. 50
1351 Bei Erfolglosigkeit des Zulassungsantrags ist die Kostenentscheidung nach dem Wortlaut der Regierungsentwurfsbegründung (S. 50) in der das Zulassungsverfahren abschließenden Entscheidung zu treffen.

kann, selbständig Klage zu erheben. Fasst die Gesellschaft den Entschluss dazu, entfällt das Rechtsschutzinteresse der Minderheit und die Minderheit ist nur noch Beigeladener[1352]. In derartigen Fällen sind der initiativ tätig werdenden Minderheit, die rechtmäßig und in lauterer Absicht den Verfahrensanstoß gegeben hat, die dadurch entstandenen Kosten zu ersetzen. Erfüllt die Gesellschaft die engen Voraussetzungen des § 93 Abs. 4 Satz 3 und 4 AktG und nimmt sie die Klage zurück, dann trägt die Gesellschaft gemäß § 269 Abs. 3 Satz 2 ZPO als Klägerin auch die Kosten.

§ 148 Abs. 6 AktG enthält demnach unterschiedliche, teils fragwürdige Vorgaben für die Kostenentscheidung. Die Kostenregelung im Rahmen des Verfolgungsrechts der Minderheit gemäß § 148 Abs. 6 Satz 1 AktG unterliegt der Grundregel des § 91 ZPO, wonach die Antragsteller die Kosten des Klagezulassungsverfahrens zu tragen haben, wenn ihr Antrag abgewiesen wird. Hintergrund der Einbeziehung der Grundregel des § 91 ZPO ist, dass Antragstellern keinerlei Anreize zu „kostenlosem" Austesten der Erfolgsaussichten gegeben werden sollen[1353]. Der Gefahr der Kostentragung durch den Antragsteller im Falle der Ablehnung des Zulassungsverfahrens kommt somit abschreckende Wirkung zu. Der Antragsteller im Klagezulassungsverfahren ist aber ausnahmsweise von der Kostentragungspflicht entbunden, wenn der Antrag zwar abgelehnt wird, diese Ablehnung aber auf Gründen entgegenstehenden Gesellschaftswohls beruht, und die Gesellschaft es – trotz Möglichkeit – unterlassen hat, den Antragsteller auf diese entgegenstehenden Gründe hinzuweisen. Hinsichtlich des korrekten Zeitpunkts für diesen Hinweis wird ausweislich der Regierungsentwurfsbegründung auf das Erfordernis der Aufforderung im Sinne des § 148 Abs. 1 Satz 2 Nr. 2 AktG abgestellt.

Wird der Klage durch das Prozessgericht stattgegeben und treten die Parteien in das Klageverfahren ein, gelten zwischen ihnen die §§ 91, 92 ZPO[1354]. Dabei steht dem Antragsteller in aller Regel ein materiell-rechtlicher Kostenerstattungsanspruch selbst im Fall der späteren Klageabweisung durch die Gesellschaft zu, § 148 Abs. 6 Satz 1 und Satz 5 AktG[1355]. Etwas anderes gilt nur dann, wenn die Kläger die Klagezulassung vorsätzlich oder durch grob fahrlässig unrichtigen Vortrag erwirkt haben, § 148 Abs. 6 Satz 5 2. Hs. AktG. Nach dem Wortlaut der Regierungsentwurfsbegründung soll damit gewährleistet werden, dass der Gesellschaft nicht nur der potentielle Klageerfolg zugute kommt; vielmehr soll sie,

---

1352 Vgl. diesbezüglich § 148 Abs. 2 Satz 8 AktG-RegE
1353 Regierungsentwurf, Begründung, Bes. Teil zu §§ 147, 148 AktG, BT-Drucks. S. 50
1354 Regierungsentwurf, Begründung, Bes. Teil zu §§ 147, 148 AktG, BT-Drucks. S. 51
1355 Kritisch dazu der BDI u.a., S. 19, die darauf hinweisen, dass Haftungsklagen wegen der Kostentragungsregeln in Verbindung mit der Absenkung des Quorums „Pfründe für Rechtsanwälte" werden könnten.

wohl quasi als ausgleichendes Element, auch mit dem Risiko des Prozessverlustes belastet werden[1356]. Dennoch seien auch hierbei „Fehlanreize zu vermeiden"[1357]. Dabei stellt die Regierungsentwurfsbegründung ausdrücklich auf die Parallelen zu § 148 Abs. 5 Satz 1 AktG-RegE, mithin die potentielle Gefahr eines „kostenlosen" Austestens der Erfolgsaussichten, ab. Die im Rahmen des Klagezulassungsverfahrens aufgezeigte latente Missbrauchsgefahr soll von Vornherein eingeschränkt werden. Es sollen keine Anreize bestehen, die Überwindung der Schwelle des Zulassungsverfahrens durch „fahrlässig oder vorsätzlich falschen, aufgebauschten, sensationell aufgemachten oder frei erfundenen Sachvortrag" zu erreichen, um somit unmittelbar danach im Hauptverfahren in den Genuss der Kostenerstattung zu gelangen[1358].

Die Kostentragungsregel des § 148 Abs. 6 Satz 5 AktG und insbesondere deren Einschränkung im 2. Halbsatz der Norm sind bereits kritisiert worden[1359]. So zweifeln *Linnerz*[1360] und *Weiss/Buchner* die praktische Relevanz der Einschränkungen des § 148 Abs. 5 Satz 5 2. Hs. AktG-RegE an. *Weiss/Buchner* sehen diese als „wohl rein theoretischer Natur" an und zeigen auf, dass drohende Belastungen mit Kostenübernahme Aktionäre bereits in der Vergangenheit nicht davon abgehalten haben, missbräuchliche Klagen zu erheben. Zudem sehen sie darin einen Widerspruch zur Regierungsentwurfsbegründung.

Linnerz erkennt in dieser Norm eine ungerechtfertigte Haftungsprivilegierung und sieht keinerlei Rechtfertigungsmöglichkeit für eine Kostentragungspflicht der Gesellschaft bei Klageabweisung. Zudem komme seiner Ansicht nach noch erschwerend hinzu, dass in der Praxis voraussichtlich immer irgendeine, zumindest mehr oder weniger plausible, Begründung für den geltend gemachten Anspruch zu finden sei[1361]. Aufgrund dessen sieht *Linnerz* die Gefahr, dass die der Einschränkung dienen sollenden Kriterien des vorsätzlich oder grob fahrlässig unrichtigen Vortrags[1362] ins Leere laufen, und sich die Kostenregelung als stumpfes Schwert gegen missbräuchliche Klagen herausstellen könnte.

Die dargestellte Kritik ist – losgelöst betrachtet – durchaus berechtigt. Die Gefahr, dass sich unter dem Deckmantel einer nicht eindeutig als missbräuchlich zu identifizieren lassenden Klage gerade eine solche verbirgt, ist tatsächlich ge-

---

1356 Regierungsentwurf, Begründung, Bes. Teil zu §§ 147, 148 AktG, BT-Drucks. S. 51
1357 Regierungsentwurf, Begründung, Bes. Teil zu §§ 147, 148 AktG, BT-Drucks. S. 51
1358 Regierungsentwurf, Begründung, Bes. Teil zu §§ 147, 148 AktG, BT-Drucks. S. 51
1359 *Linnerz*, NZG 2004, 307, 312; *Weiss/Buchner*, WM 2005, 162, 170
1360 Die Kritik von *Linnerz* bezieht sich auf den inhaltlich praktisch identischen § 147 Abs. 6 Satz 3 AktG-RefE.
1361 *Linnerz*, NZG 2004, 307, 312
1362 Im Referentenentwurf, auf den sich *Linnerz* bezieht, waren es die Kriterien der Mutwilligkeit und des grob fahrlässig unrichtigen Vortrags.

geben. Zudem wird im Einzelfall der Nachweis der einschränkenden Kriterien des vorsätzlich oder grob fahrlässig unrichtigen Vortrags einen erheblichen Zeit- und Kostenfaktor begründen. Insgesamt mutet die Kritik jedoch etwas überzogen an. Vermutlich wäre es sinnvoller, wenn man es vermeiden würde, die Kostentragungspflicht der Gesellschaft bei Klageabweisung bzw. deren einschränkende Ausnahme, losgelöst von damit in Zusammenhang stehenden Normierungen zu sehen. Es erscheint vorzugswürdig, die Kostentragungspflicht als einen Teil der Haftungsdurchsetzung von Innenhaftungsansprüchen gegen Organe zu begreifen; vor allem also auch im Kontext der Business Judgment Rule des § 93 Abs. 1 Satz 2 AktG, die einen sicheren Hafen für Organe begründet und deren Haftung in aller Regel erschweren wird. Auf die Beachtung der Gesamtzusammenhänge wird in der Regierungsentwurfsbegründung bereits im Rahmen der Schwellenwerte des § 148 Abs. 1 Satz 1 AktG-RegE verwiesen[1363]. Diese sollten auch vorliegend Berücksichtigung finden.

Im Vergleich zum Referentenentwurf und Regierungsentwurf ist § 148 Abs. 6 Satz 6 AktG inhaltlich praktisch unverändert geblieben[1364]. Danach erhalten gemeinsam als Antragsteller oder als Streitgenossen handelnde Aktionäre die Kosten eines zweiten Bevollmächtigten nur erstattet, wenn dieser zur Rechtsverfolgung unerlässlich war. Nach dem Wortlaut der Regierungsentwurfsbegründung wird dies angenommen, „wenn das Verfahren wegen krasser Interessengegensätze zwischen Antragsteller und Streitgenossen durch einen Bevollmächtigten allein überhaupt nicht betrieben werden kann"[1365].

Zu Recht rügen *Meilicke/Heidel* diese Beschränkung als Verstoß gegen das Grundprinzip der prozessualen Waffengleichheit[1366]. Erfahrungsgemäß würden sich Aktiengesellschaften bzw. deren Organe durch mehrere Bevollmächtigte vertreten lassen, so dass es nicht nachvollziehbar sei, warum Aktionären die Möglichkeit optimaler Rechtsvertretung nicht gleichfalls offen stehen solle[1367]. Der Gesetzgeber rechtfertigt diese abweichende Regelung in der Regierungsentwurfsbegründung zu § 148 Abs. 5 Satz 5 AktG-RegE mit der potentiellen Gefahr des Entstehens ungerechtfertigter Kosten, wenn sich die Minderheit mehrere An-

---

1363 Regierungsentwurf, Begründung, Bes. Teil zu §§ 147, 148 AktG, BT-Drucks. S. 44
1364 Die entsprechenden Normen waren § 147 a Abs. 5 Satz 4 AktG-RefE sowie § 148 Abs. 5 Satz 5 AktG-RegE
1365 Regierungsentwurf, Begründung, Bes. Teil zu §§ 147, 148 AktG, BT-Drucks. S.52; *Linnerz*, NZG 2004, 307, 313 befürchtet auch hier eine Umgehung der Ausnahme seitens der Kläger und plädiert für eine restriktive Auslegung der Ausnahmeregelung zum Schutz vor Missbrauch.
1366 *Meilicke/Heidel*, DB 2004, 1479, 1482; zum Grundsatz der Waffengleichheit: *Musielak*, in: Musielak ZPO, Einl. Rn. 32; *Lüke*, in: MünchKommZPO, Einl. Rn. 143 f.
1367 *Meilicke/Heidel*, DB 2004, 1479, 1482

wälte nehmen würde. Diese könnten wegen des in § 148 Abs. 6 Satz 5 AktG normierten Erstattungsanspruchs auch die Gesellschaft treffen und somit belasten. Dies müsse verhindert werden[1368].

Zwar ist sich der Gesetzgeber dieses Verstoßes auch bewusst, doch rechtfertigt er diese Ausnahme damit, dass weder der Antragsteller, noch mögliche Streitgenossen einen eigenen Anspruch haben, sondern nur in gesetzlicher Prozessstandschaft den Anspruch der Gesellschaft geltend machen[1369]. Mit der Einbeziehung der Figur des besonderen Vertreters hätte man sich diesen prozessualen Spagat ersparen und die Gefahr der Kostenerstattung für eine Vielzahl von Anwälten ausschließen können.

3. Bekanntmachung der Haftungsklage und der Verfahrensbeendigung, § 149 AktG

Die neuen Vorschriften über die Bekanntmachung der Zulassung der Haftungsklage und der Verfahrensbeendigung wurden im Regierungsentwurf, anders als noch im Referentenentwurf[1370], in einem eigenständigen § 149 AktG-RegE geregelt. Diese haben teilweise bedeutende Modifikationen erfahren. Die eingefügte Vorschrift des § 149 AktG entspricht in den Absätzen 2 und 3 der Fassung des Regierungsentwurfs. Einzig § 149 Abs. 1 AktG hat im Vergleich zu § 149 Abs. 1 AktG-RegE eine auf die Gegenäußerung der Bundesregierung[1371] zu Nummer 19 der Stellungnahme des Bundesrates[1372] zurückgehende Änderung erfahren[1373]. Gemäß § 149 Abs. 1 AktG sind nach rechtskräftiger Zulassung der Klage gemäß § 148 AktG, ebenso wie bei Anfechtungsklagen gegen Hauptversammlungsbeschlüsse (§§ 248 a, 249 Abs. 1 Satz 1 AktG), der Antrag auf Zulassung und die Verfahrensbeendigung von der börsennotierten[1374] Gesellschaft unverzüglich in

1368 Regierungsentwurf, Begründung, Bes. Teil zu §§ 147, 148 AktG, BT-Drucks. S. 52
1369 Regierungsentwurf, Begründung, Bes. Teil zu §§ 147, 148 AktG, BT-Drucks. S. 52
1370 Im Referentenentwurf war die analoge Bestimmung in § 147 a Abs. 6 AktG-RefE enthalten.
1371 Gegenäußerung der Bundesregierung zur Stellungnahme des Bundesrates zum Entwurf eines Gesetzes zur Unternehmensintegrität und Modernisierung des Anfechtungsrechts (BR-Drucks. 3/05 (Beschluss)), S. 8
1372 Stellungnahme des Bundesrates zum Entwurf eines Gesetzes zur Unternehmensintegrität und Modernisierung des Anfechtungsrechts (UMAG),BR-Drucks. 3/05 (Beschluss) v. 18.02.05, S. 14 f.
1373 Beschlussempfehlung und Bericht des Rechtsausschusses zu dem Gesetzesentwurf der Bundesregierung – Drucksache 15/5092 – Begründung der Beschlussempfehlung BT-Drucks. 15/5693, S. 34
1374 Bei der nicht börsennotierten, kleinen Aktiengesellschaft gibt es andere Kommunikationskanäle. Der Gesellschafterkreis ist überschaubarer, so dass interne Kommu-

den Gesellschaftsblättern bekannt zu machen. Dies gilt im Rahmen des § 149 Abs. 1 AktG auch für den Antrag auf Zulassung. Damit soll weiteren Aktionären die Gelegenheit gegeben werden, sich bis zur Entscheidung der Klagezulassung dem ursprünglichen Kläger – ausnahmsweise auch durch Nebenintervention – anzuschließen oder ein eigenes Klagezulassungsverfahren zu betreiben[1375]. Die Bekanntmachungsverpflichtung gilt entsprechend für Vereinbarungen, die zur Vermeidung eines Prozesses geschlossen werden, § 149 Abs. 3 AktG. Die Verfahrensbeendigung muss somit in den Geschäftsblättern und im Bundesanzeiger bekannt gemacht werden[1376]. Eine Bekanntmachung der bloßen Antragstellung in den Gesellschaftsblättern „vor rechtskräftiger Zulassung der Klage erscheint angesichts der Möglichkeit der Veröffentlichung eines Aufrufs vor Antragstellung im Aktionärsforum (§ 127 a AktG) verzichtbar"[1377].

Die damit einhergehende Veröffentlichungspflicht in den Gesellschaftsblättern erst nach erfolgter Antragsprüfung des zuständigen Gerichts soll missbräuchlich handeln wollenden Aktionären das Druckpotenzial gegenüber den Gesellschaften nehmen[1378]. Auch hier wird nochmals deutlich, dass es von der Organisationsfähigkeit der antragstellenden Aktionäre abhängig sein wird, ob die Haftungsdurchsetzung von Erfolg gekrönt sein wird.

Anlass für die verschiebend wirkende Einfügung des § 149 AktG war die Neuregelung des bisher in § 147 a AktG-RefE geregelten Klagezulassungsverfahrens in dem neuen § 148 AktG, sowie die bereits erwähnte, eigenständige Normierung der Bekanntmachung der Haftungsklage und der Verfahrensbeendigung in § 149 AktG. Inhaltlich beruht die Neufassung des § 149 AktG auf negativen Erfahrungen der Vergangenheit mit missbräuchlich klagenden oder Klage androhenden Aktionären. Dementsprechend verspricht sich der Gesetzgeber nach dem Wortlaut der Regierungsentwurfsbegründung von der Bekanntmachungspflicht „eine abschreckende Wirkung auf missbräuchliche Klagen und auf Ver-

---

nikation möglich ist und diese Informationen im geschlossenen Gesellschafterkreis bleiben können, vgl. Regierungsentwurf, Begründung, Bes. Teil zu §§ 147, 148 AktG, BT-Drucks. S. 52

1375 Regierungsentwurf, Begründung, Bes. Teil zu §§ 147, 148 AktG, BT-Drucks. S. 52
1376 Ausweislich des Regierungsentwurfs, Begründung, Bes. Teil zu §§ 147, 148 AktG, BT-Drucks. S. 52 geht der Gesetzgeber davon aus, dass eine Bekanntmachung in den Gesellschaftsblättern, grundsätzlich einer ausschließlichen Bekanntmachung im elektronischen Bundesanzeiger gleichkommt.
1377 Beschlussempfehlung und Bericht des Rechtsausschusses zu dem Gesetzesentwurf der Bundesregierung – Drucksache 15/5092 – Begründung der Beschlussempfehlung BT-Drucks. 15/5693, S. 34
1378 Stellungnahme des Bundesrates zum Entwurf eines Gesetzes zur Unternehmensintegrität und Modernisierung des Anfechtungsrechts (UMAG),BR-Drucks. 3/05 (Beschluss) v. 18.02.05, S. 15

gleichsleistungen"[1379]. Vermutlich wird diese Wirkung auf das Unbehagen und den Zeit- und Kostenaufwand gestützt werden, die bei einer solch detailliert zu erfolgenden Veröffentlichung zu erwarten sind[1380].

Derart vordergründig handelnde Aktionäre wandten ein solches Vorgehen in früheren Verfahren häufig vor dem Hintergrund einer lukrativen Verfahrensbeendigung durch Zahlung hoher Vergleichssummen seitens der betroffenen Gesellschaften an. Für die Gesellschaften war der Abschluss eines Vergleichs der einfachste Weg zu einer schnellen und diskreten Beendigung dieser zeitintensiven und rufschädigenden Verfahren. Sich anschließende Stillschweigevereinbarungen der Parteien über die inhaltliche Ausgestaltung des Vergleichsvertrages führten häufig zur Zahlung unangemessen hoher Vergleichssummen an Aktionäre. Die übrigen Anteilseigner hatten davon keinerlei Kenntnis und waren jeder Nachprüfungsmöglichkeit beraubt. Der Schaden entstand der Gesellschaft und somit auch den übrigen Aktionären.

Der im Vergleich zum Referentenentwurf nur marginal veränderte und zum Regierungsentwurf unverändert gebliebene § 149 Abs. 2 AktG regelt die Verpflichtungen der Gesellschaft hinsichtlich der Bekanntmachung bei Verfahrensbeendigung. Danach hat die Bekanntmachung der Verfahrensbeendigung gemäß § 149 Abs. 2 Satz 1 AktG alle mit ihr im Zusammenhang stehenden Vereinbarungen einschließlich Nebenabreden im vollständigen Wortlaut sowie die Namen der Beteiligten zu enthalten. Ob die Verpflichtung zur Offenlegung des Aktienbesitzes der Beteiligten, wie noch im Referentenentwurf gefordert[1381], erforderlich ist, bleibt zweifelhaft. § 149 Abs. 2 AktG jedenfalls beinhaltet diese Voraussetzung nicht mehr. Bei dem Hinweis in der Regierungsentwurfsbegründung, dass jeder Anfechtungskläger die von ihm gehaltene Anzahl der Aktien angeben müsse, muss es sich somit um ein Redaktionsversehen handeln[1382]. Weiterhin sind nach § 149 Abs. 2 Satz 2 AktG etwaige Leistungen[1383] der Gesellschaft und

---

1379 Regierungsentwurf, Begründung, Bes. Teil zu §§ 147, 148 AktG, BT-Drucks. S. 53
1380 *Jahn*, BB 2005, 5, 10 vermutet eine Anlehnung an den Grundgedanken der Geldwäschebekämpfung insbesondere bei der Rauschgiftkriminalität; die Aufdeckung der Finanzströme soll potentielle Täter um ihre Beute bringen; *Weiss/Buchner*, WM 2004, 162, 170 gehen von einer Prangerwirkung aufgrund der Notwendigkeit der Darstellung aller Einzelheiten der in dem Vergleich getroffenen Vereinbarung aus.
1381 Die Verpflichtung zur Angabe des Aktienbesitzes der Beteiligten war ursprünglich in § 147 a Abs. 4 Satz 2 AktG-RefE geregelt.
1382 So auch *Weiss/Buchner*, WM 2004, 162, 170, einschränkend *Holzborn/Brunnemann*, BKR 2005, 51, 56.
1383 Von den §§ 149, 248a AktG-RegE wird nach dem Regierungsentwurf, Begründung, Bes. Teil zu §§ 147, 148 AktG, BT-Drucks. S. 53 „jede vermögenswerte Leistung erfasst, welche die Gesellschaft im Zusammenhang mit der Verfahrensbeendigung erbringt". Unter den Begriff der Leistung im Sinne der Norm fallen also nicht nur

ihr zurechenbare Leistungen Dritter gesondert zu beschreiben und hervorzuheben[1384]. In Satz 3 der Norm wird die vollständige Bekanntmachung zur Wirksamkeitsvoraussetzung[1385] für alle Leistungspflichten erklärt[1386]. Alle Leistungspflichten der Gesellschaft, die nicht vollständig bekannt gemacht worden sind, sind demgemäß als rechtlich irrelevant zu qualifizieren[1387]. Im Interesse der Verfahrenssicherheit und zur Vermeidung der Umgehung der Vorschrift[1388] bleibt jedoch die Wirksamkeit von verfahrensbeendigenden Prozesshandlungen (beispielsweise einer Klagerücknahme) davon unberücksichtigt, § 149 Abs. 2 Satz 4 AktG. Damit birgt die Regelung des § 149 Abs. 2 Satz 4 AktG die Gefahr verschleiernder Maßnahmen seitens der Gesellschaft in sich[1389]. Diese Gefahr hat aber auch der Gesetzgeber antizipiert und konsequenterweise die Pflicht zur vollständigen Bekanntmachung der Gesellschaft gemäß § 149 Abs. 1 AktG als eigenen Anspruch des Antragstellers bzw. Klägers ausgestaltet[1390].

Prozesskostenerstattungen, Schadensersatzzahlungen und Honorare für Beratungstätigkeiten, sondern auch Vereinbarungen über Rechtsgeschäfte, wie z.B. Beratungsaufträge mit Aktionären oder ihnen nahe stehenden Dritten. *Schröer*, ZIP 2005, 2081, 2090 geht von einer teleologischen Reduktion der Vorschrift dahingehend aus, dass „materiell unbedeutende Leistungen, die nicht im Hinblick auf die Verfahrensbeendigung, sondern nur anlässlich derselben gewährt werden, nicht bekannt zu machen sind".

1384 Kritisch zu der Formulierung des Gesetzgebers „zu beschreiben und hervorzuheben": *Weiss/Buchner*, WM 2004, 162, 170, die darin einen Pleonasmus sehen; in diesem Sinne wohl auch *Diekmann/Leuering*, NZG 2004, 249, 251.

1385 Die im Referentenentwurf in § 147 a Abs. 5 Satz 7 AktG-RefE geregelte Berichtspflicht des Vorstands gegenüber der Hauptversammlung hinsichtlich der Verfahrensbeendigung und aller wesentlichen Umstände stellte keine Wirksamkeitsvoraussetzung dar. Aufgrund ihrer zu vernachlässigenden Bedeutung beinhaltet § 149 AktG-RegE nunmehr keine solche Vorstandspflicht mehr. Den Aktionären steht dessen unbenommen ein Fragerecht auf der folgenden Hauptversammlung offen, Regierungsentwurf, Begründung, Bes. Teil zu §§ 147, 148 AktG, BT-Drucks. S. 53

1386 Begründet durch die Verweisung in § 149 Abs. 3 AktG-RegE gilt diese Wirksamkeitsvoraussetzung auch für prozessvermeidende Vereinbarungen.

1387 Auch die bekannt gemachten Leistungen werden unwirksam, wenn andererseits die Bekanntmachung nicht alle Leistungen vollständig erwähnt.

1388 Regierungsentwurf, Begründung, Bes. Teil zu §§ 147, 148 AktG, BT-Drucks. S. 54

1389 Vgl. für den Beispielsfall eines Vergleichs mit Klagerücknahme durch den Kläger: *Weiss/Buchner*, WM 2004, 162, 170

1390 Regierungsentwurf, Begründung, Bes. Teil zu §§ 147, 148 AktG, BT-Drucks. S. 54; nach *Diekmann/Leuering*, NZG 2004, 249, 251 soll im Falle des Unterlassens der Bekanntmachungspflicht durch die Gesellschaft das Registergericht gemäß § 407 Abs. 1 Satz 1 AktG-RegE ermächtigt sein, die Gesellschaft (vertreten durch das entsprechende Organ) durch Festsetzung eines Zwangsgeldes zur Bekanntmachung anzuhalten.

Letztlich können trotz Unwirksamkeit bereits erbrachte Leistungen zurückgefordert werden, § 149 Abs. 2 Satz 5 AktG. Hierbei finden die Regeln über die ungerechtfertigte Bereicherung Anwendung. Die Rückforderungsmöglichkeit begründet ausweislich der Regierungsentwurfsbegründung auch gleichzeitig eine Obliegenheit zur Rückforderung. Das Unterlassen würde eine Sorgfaltspflichtverletzung darstellen[1391].

4. Zusammenfassung

Im Zuge der von der Bundesregierung bereits seit dem 10-Punkte-Programm[1392] beabsichtigten Stärkung der Aktionärsklagerechte ist die Systematik der Haftungsdurchsetzung bei der Organinnenhaftung komplett überarbeitet worden. Dabei ist die heikle Aufgabe der Stärkung der Klagerechte der Aktionäre durch Herabsetzung der Schwellenwerte einerseits, und die Einschränkung der Geltendmachung missbräuchlicher Haftungsklagen andererseits, wohl insgesamt als nur partiell geglückt zu bezeichnen[1393].

In den §§ 147, 148 AktG sind drei unterschiedliche Wege der Geltendmachung von Ersatzansprüchen durch Aktionäre vorgesehen. Dabei beschließt gemäß § 147 Abs. 1 AktG die Hauptversammlung mit einfacher Stimmenmehrheit über die Geltendmachung eines Ersatzanspruchs. Liegt ein solcher Hauptversammlungsbeschluss vor, kann nach § 147 Abs. 2 Satz 2 AktG auf Antrag von Aktionären, die das erforderliche Minderheitenquorum[1394] stellen, das Gericht einen besonderen Vertreter bestellen, der ohne weiteres Klagezulassungsverfahren Klage einreichen kann. Schließlich sieht § 148 AktG das Minderheitenrecht der Aktionäre mit herabgesetzten Schwellenwerten vor. Hierbei können Aktionäre in einem Klagezulassungsverfahren vor Gericht die Geltendmachung von

---

1391 Regierungsentwurf, Begründung, Bes. Teil zu §§ 147, 148 AktG, BT-Drucks. S. 54
1392 10-Punkte-Programm der Bundesregierung vom 28.Mai 2002; vgl. auch *Seibert*, BB 2003, 693 ff.
1393 Noch schärfer *Meilicke/Heidel*, DB 2004, 1479, 1487, die in dem Referentenentwurf des UMAG eine empfindliche Einschränkung der Aktionärsklägerrechte sehen; *Linnerz*, NZG 2004, 307, 313 anerkennt zwar eine Erweiterung der Klägerrechte, er bemängelt gleichzeitig jedoch das Fehlen eines wirksamen Schutzes der Gesellschaften vor missbräuchlichen Klagen; *Thümmel*, DB 2004, 471, 474 sieht insgesamt eine Stärkung des Aktionärsrechtsschutzes, hält aber eine Lockerung der Voraussetzungen des Klagezulassungsverfahrens für notwendig; *Wilsing*, ZIP 2004, 1082, 1090 f. sieht aufgrund des restriktiven Klagezulassungsverfahrens keinen zwangsläufigen Anstieg von Schadensersatzklagen; *Weiss/Buchner*, erwarten aufgrund der Herabsetzung der Schwellenwerte eine anfängliche Prozessflut; *Seibert*, BB 2005, 1457, 1457 sieht darin eine verbesserte Durchsetzung der Haftungsklage.
1394 10% des Grundkapitals oder 1 Million €

Schadensersatzansprüchen der Gesellschaft im eigenen Namen beantragen. Diese Haftungsklagentrias gibt somit klagewilligen Aktionären ein Grundgerüst zur Geltendmachung von Ersatzansprüchen an die Hand.

Im Mittelpunkt des Interesses steht jedoch zweifelsohne das Verfolgungsrecht der Minderheit mittels des in § 148 AktG geregelten gerichtlichen Klagezulassungsverfahrens. Die Höhe der Schwellenwerte, wie sie in § 148 Abs. 1 AktG-RegE niedergelegt worden sind, war geeignet einerseits solche Aktionäre von einer Klageerhebung abzuhalten, „deren Grund und Motivation der Klage nicht ernsthaft aus der Beteiligung an der Gesellschaft hergeleitet werden kann"[1395], andererseits jedoch ernsthaft klagewilligen Aktionären die Überwindung des Quorums zu ermöglichen[1396]. Letzteren sollte zur Überwindung der Schwellenwerte zudem das Aktionärsforum des § 127 a AktG zur Verfügung stehen, in dem man sich mit Gleichgesinnten verständigen können sollte. Das Aktionärsforum eröffnete damit aber auch gleichzeitig Missbrauchsmöglichkeiten.

Mit der neuerlichen Veränderung der Schwellenwerte und der damit einhergehenden, deutlich geringeren, Herabsetzung des Minderheitenquorums hat der Gesetzgeber im letzten Moment eine Rolle rückwärts gemacht. Das Abstellen auf den Nennbetrag bei Nennbetragsaktien, bzw. auf den „fiktiven Nennbetrag" bei Stückaktien bedeutet eine erhebliche Schwächung der Aktionärsklagerechte, die mangels anderweitiger Modifikationen oder Empfehlungen durch den Rechtsausschuss nicht ausgeglichen worden ist. Einzig die Berechnung des (fiktiven) Nennbetrags wird sich in der Praxis unproblematischer darstellen[1397], als jene des Börsenkurses und ist somit auch geeignet, in vergleichsweise kurzer Zeit für Rechtsklarheit zu sorgen[1398]. Wie das obige Beispiel veranschaulicht hat, bedarf es vor allem aufgrund der jüngsten Veränderungen im Bereich des Minderheitenquorums nunmehr einer gut organisierten, finanzstarken Gruppe privater (Klein-) Anleger, wenn diese ein Klagezulassungsverfahren beantragen wollen. Einzig das Aktionärsforum nach § 127 a AktG erleichtert klagewilligen Aktionären ihr Vorgehen. Trotz des unveränderten Fortbestands des Aktionärsforums nach § 127 a AktG und der klägerfreundlichen Beweislastverteilung des § 93 Abs. 1 Satz 2

1395 Regierungsentwurf, Begründung, Bes. Teil zu §§ 147, 148 AktG, BT-Drucks. S. 44
1396 *Jahn,* BB 2005, 5, 13 merkt dabei einschränkend an, dass der „Anlegeraktionär" mit seiner Kapitalanlage, jedenfalls in einer anonymen und globalisierten Publikumsgesellschaft, ohnehin regelmäßig weit unterhalb aller Schwellenwerte des AktG mit denen sich an den Entscheidungsprozessen des Unternehmens partizipieren ließe, bleibe.
1397 So auch *Paschos/Neumann,* DB 2005, 1779, 1779
1398 In der ursprünglichen Anknüpfung an den durchschnittlichen Börsenkurs sieht *Kirschner,* BB 2005, 1865, 1866 aufgrund der teilweise erheblichen Kursschwankungen in den letzten Jahren erhebliches Unsicherheitspotential.

AktG wird der Gesetzgeber seiner offensiv vorgetragenen Zielvorstellung einer „Stärkung der Aktionärsklägerrechte" nur partiell gerecht. Diese organfreundliche Tendenz wird weiterhin bei den Veränderungen im Rahmen der einzelnen Voraussetzungen des Klagezulassungsverfahrens spürbar. Diese variieren in ihrer Strenge und Praktikabilität.

Aktionärsfreundlich und äußerst unbürokratisch erscheint der Nachweis des Aktienbesitzes mittels Depotauszugs in § 148 Abs. 1 Satz 2 Nr. 1 AktG. Die erst nach der Empfehlung des Rechtsausschusses neu aufgenommene Einschränkung, mit der vermieden werden soll, dass Kläger erst nach Bekanntwerden eines Schadens Aktien aufkaufen um später ein Fehlverhalten zu finden, ist konsequent und schließt eine Lücke in Fällen, in denen sich der Schadenseintritt vor der Pflichtverletzung bemerkbar macht.

Folgerichtig ist auch die Übernahme der Aufforderung im Rahmen der Haftungsdurchsetzung. Anspruchsinhaber ist die Gesellschaft. Dieser soll auch grundsätzlich das Recht der Geltendmachung des Ersatzanspruchs zustehen. Die strengeren Beweisanforderungen durch die Empfehlung des Rechtsausschusses in § 148 Abs. 1 Satz 2 Nr. 2 AktG fügen sich nahtlos in jene des § 148 Abs. 1 Satz 2 Nr. 1 AktG durch den Regierungsentwurf ein. Mit dem Erfordernis der Aufforderung und der restriktiveren Beweispflicht gehen allerdings gleichzeitig eine Schwächung der Aktionärsklägerrechte sowie das Aufleben potentieller Interessenkonflikte im Rahmen der Anspruchsverfolgung einher.

Eine nachhaltige Beeinträchtigung der Aktionärsklägerrechte stellt die Regelung des § 148 Abs. 2 Satz 2 Nr. 3 AktG dar. Mit der Beschränkung auf „grobe Verletzungen des Gesetzes oder der Satzung" steht sie nicht nur im Wertungswiderspruch zu § 93 Abs. 1 Satz 2 AktG, sondern beinhaltet eine insgesamt für das Klagezulassungsverfahren bedeutsame, ungerechtfertigte Restriktion.

Nachteilig für die ein Klagezulassungsverfahren beantragenden Aktionäre könnte sich zudem die Unbestimmtheit des Begriffs „Gesellschaftswohl" in § 148 Abs. 2 Satz 2 Nr. 4 AktG auswirken. Hier wird es maßgeblich von den Gerichten abhängen, ob die Zielsetzung des Gesetzgebers, die Aktionärsklägerrechte zu stärken, erreicht werden kann. Positive Auswirkungen wird das geringe Kostenrisiko des § 148 Abs. 6 AktG für klagewillige Aktionäre haben.

Letztlich bleibt festzuhalten, dass das Klagezulassungsverfahren insgesamt hohe Anforderungen an klagewillige Aktionäre stellt und folglich deutlich strenger ausgestaltet ist, als zwischenzeitlich im Verlauf des Gesetzgebungsverfahrens zu erwarten war. Ob die durch den Rechtsausschuss abermals beschnittenen Klagemöglichkeiten im Rahmen der Haftungsdurchsetzung tatsächlich zu einer Stärkung der Aktionärsklagerechte führen werden, hängt wohl maßgeblich von zwei Personengruppen ab: den Aktionären und den Rechtsprechenden. Dabei müssen sich zunächst klagewillige Aktionäre unter Zuhilfenahme des Aktionärsforums gut organisieren und sodann ihre Anträge sehr sorgfältig und gewissenhaft formulieren. Weiterhin wird es auch maßgeblich von den Gerichten abhängen, wie diese die teilweise sehr restriktiven und unbestimmten Voraussetzungen des Klagezulassungsverfahrens interpretieren werden. In jedem Fall ist genauestens zu beobachten, ob, und wenn ja, wie sich die Veränderungen praktisch auswirken. Vor der Durchführung eventuell notwendiger Veränderungen sollte der Gesetzgeber nicht zurückschrecken.

C. Ergebnis

Das UMAG modifiziert die bisherige Dogmatik der Organinnenhaftung und der Haftungsdurchsetzung, ohne dabei gänzlich neue Wege zu beschreiten.

Im Rahmen der Kodifizierung der Business Judgment Rule hat der Gesetzgeber bedauerlicherweise die Gelegenheit zu einer weitreichenden Reform des unternehmerischen Ermessens der Unternehmensleiter nicht wahrgenommen. Die Möglichkeit der Entwicklung eines umfangreichen und detaillierten Anforderungskatalogs zur weiteren Konkretisierung des unternehmerischen Handlungsspielraums ist damit ungenutzt geblieben. Insbesondere die Einarbeitung der Erfahrungen aus den jüngsten Veränderungen zur Business Judgment Rule in der US-amerikanischen Rechtsprechung, sowie die Beachtung vertiefter betriebswirtschaftlicher und insbesondere auch verhaltenspsychologischer Erkenntnisse finden keinerlei Berücksichtigung.

Gleichwohl ist die Kodifizierung der Business Judgment Rule ein erster wichtiger Schritt in die richtige Richtung der Konkretisierung des unternehmerischen Ermessens und somit als grundsätzlich positiv zu beurteilen. Unternehmerische Tätigkeit benötigt einen Haftungsfreiraum in klar strukturierten Grenzen, da unternehmerisches Handeln nicht nur Chancen eröffnet, sondern auch Risiken in sich birgt. Mit der Transplantation der Business Judgment Rule und der damit einhergehenden Übernahme der Regelungstechnik einer „Safe Harbor-Rule" kann der Normierung des § 93 Abs. 1 Satz 2 AktG durchaus Vorbildcharakter für weitere Gesetzesvorhaben zukommen. Zudem haben die Erfahrungen mit der Rechtsanwendung der Business Judgment Rule in der US-amerikanischen Rechtsprechung bewiesen, dass diese in aller Regel geeignet ist, ein gesteigertes Maß an Transparenz und Rechtssicherheit zu gewährleisten. Letztendlich wird es in diesem Zusammenhang auch maßgeblich von den Gerichten und deren Interpretation der neuen Regelungen abhängen, ob die Intentionen des Gesetzgebers durch die Gesetzesnovellierung erreicht werden können.

Der Erfolg des UMAG wird auch entscheidend davon abhängen, ob durch die Gesetzesänderungen das Spannungsverhältnis zwischen erschwerter Organhaftung aufgrund der Kodifizierung der Business Judgment Rule einerseits, und einer Verschärfung der Haftungsklage andererseits, für alle Beteiligten zufrieden stellend gelöst werden kann.

Die Neuregelungen im Bereich der Haftungsklage dienen jedoch insbesondere aufgrund der herabgesetzten Schwellenwerte im Rahmen des Verfolgungsrechts der Minderheit (Klagezulassungsverfahren, § 148 AktG) der vereinfachten Geltendmachung von Ersatzansprüchen. Einer potentiellen Ausnutzung der durch die im Regierungsentwurf noch deutlicher herabgesetzten Schwellenwerte und einer damit einhergehenden Gefahr missbräuchlicher Klagen hatte der Gesetzgeber bereits durch die strengen Anforderungen im Klagezulassungsverfahren ausreichend Rechnung getragen. Insofern ist auch die neuerliche, aktionärsfeindliche, Anhebung der Schwellenwerte nur schwer nachvollziehbar. In Verbindung mit der restriktiven Ausgestaltung des Klagezulassungsverfahrens bleibt abzuwarten, ob diese Maßnahmen nicht der Intention des Gesetzgebers, die Aktionärsklagerechte zu stärken, zuwiderlaufen. Dann könnte man auch nicht mehr von einem Spannungsverhältnis zwischen Haftungsklage und Haftungsdurchsetzung sprechen. Vielmehr hätten die Gesetzesänderungen dann eine erhebliche, einseitige Stärkung der Stellung des Vorstands zur Folge, an der auch die Beweislastumkehr des § 93 Abs. 1 Satz 2 AktG und die Schaffung eines Aktionärsforums nichts ändern würde. Dann hätte sich, entgegen der Auffassung der Versicherungsindustrie[1399], auch das Haftungsrisiko von Managern durch das Inkrafttreten des UMAG nicht erhöht.

1399 Vgl. beispielhaft die Allianz, die „Erleichterungen der Klagedurchsetzung durch die Aktionärsminderheit" sieht, abrufbar unter www.business.allianz.de; sowie BDI u.a. der aufgrund des Inkrafttretens des UMAG eine steigende Anzahl von Schadensfällen sowie Prämienerhöhungen prognostiziert, abrufbar unter www.bdi-online.de.

§ 6 Zusammenfassende Thesen

- Als Folge der Zusammenbrüche der Kapitalmärkte in den Jahren 2000-2002, den jüngsten Wirtschaftsskandalen, der öffentlichen Diskussion über Modifikationen im Rahmen der Unternehmensführung, sowie der Verabschiedung des UMAG kann davon ausgegangen werden, dass die Organhaftung in den nächsten Jahren zunehmend in den Mittelpunkt gerichtlicher Überprüfung rücken wird. Dabei wird das spezifische Verhalten der Organe einer äußerst präzisen gerichtlichen Überprüfung unterzogen werden. Von zentraler Bedeutung ist dabei das Handeln des Vorstands.
- Dem Vorstand als Leitungsorgan der Aktiengesellschaft obliegt es, den langfristigen Bestand sowie die dauerhafte Rentabilität des Unternehmens zu sichern, und dabei die Interessen der divergierenden Interessengruppen (Arbeitnehmer, Aktionäre, etc.) ausgleichend zu berücksichtigen. Ausnahmen von dem Prinzip der Gesamtgeschäftsführungsbefugnis des Vorstands können sich aus ausdrücklichen aktiengesetzlichen Regelungen oder ungeschriebenen Gesamtzuständigkeiten ergeben. Insgesamt steht dem Vorstand im Rahmen seiner eigenverantwortlichen Unternehmensleitung ein weiter unternehmerischer Handlungsspielraum zur Verfügung, der jedoch Beschränkungen durch Unternehmensinteressen, sowie gesetzliche und satzungsspezifische Regelungen erfährt.
- Ein weiter unternehmerischer Handlungsspielraum auf Seiten des Vorstands ist unabdingbar, um Innovationen, wirtschaftlichen Fortschritt, Wettbewerbsfähigkeit und das Eingehen unternehmerischer Risiken auch vor dem Hintergrund wachsender Komplexität der globalen Wirtschaftszusammenhänge sicherzustellen. Im Ergebnis darf der unternehmerische Handlungsspielraum des Vorstands jedoch nicht so extensiv interpretiert werden, dass er einer Quasi-Alleinherrschaft des Vorstands in der Aktiengesellschaft gleichkäme. Dies würde auch im Widerspruch zu der Organisationsverfassung der Aktiengesellschaft stehen, nach der die Hauptversammlung der Sitz der Aktionärsdemokratie ist. Vor diesem Hintergrund muss den Aktionären auch eine gerichtliche Überprüfungsmöglichkeit des Vorstandshandelns eingeräumt werden.
- Der Rechtsschutz der Aktionäre im Rahmen der Organhaftung war bis zum Inkrafttreten des UMAG äußerst mangelhaft ausgestaltet. Seitens der Aktionäre sorgten zu hohe Minderheitsquoren für Unmut und Unzufriedenheit, die

Aktiengesellschaften beklagten den mangelnden Schutz vor „räuberischen Aktionären". Nicht zuletzt vor dem Hintergrund eines heutzutage kritischeren Umgangs der Aktionäre hinsichtlich der Unternehmensführung und des insgesamt steigenden öffentlichen Drucks auf das Handeln von Unternehmensleitern stellte dies einen unhaltbaren Zustand dar.

- In der Folge stand das Spannungsverhältnis zwischen unternehmerischem Handlungsspielraum und Aktionärsrechtsschutz im Mittelpunkt der gesamten Problematik der Organhaftung. Weitere Ursache für die Komplexität dieser gegenpoligen Beziehung war nicht zuletzt die Tatsache, dass es sich bei dem unternehmerischen Handlungsspielraum um einen unbestimmten Rechtsbegriff handelt, dem es im deutschen Recht an Präzisierung mangelte. Dieser sollte durch den von dem Bundesgerichtshof in der ARAG/Garmenbeck-Entscheidung entwickelten Begriff des „unternehmerischen Ermessens" näher bestimmt werden.

- Bis zum Inkrafttreten des UMAG zeichnete das unternehmerische Ermessen für die Ausgewogenheit zwischen dem erforderlichen wettbewerbs- und marktorientierten unternehmerischen Handlungsspielraum der Organe einerseits, sowie der verantwortungsvollen Unternehmensführung andererseits, verantwortlich. Daß Unternehmensleitern ein unternehmerisches Ermessen zustehen sollte, hatte der Bundesgerichtshof in der ARAG/Garmenbeck-Entscheidung deutlich gemacht. Unterstützung fand diese Entscheidung in der Literatur und den sich anschließenden instanzgerichtlichen Urteilen. Die Gerichtsurteile zum unternehmerischen Ermessen ließen jedoch insgesamt Ansatzpunkte zu dessen Präzisierung vermissen. Zudem war eine spürbare Zurückhaltung der Gerichte bezüglich der Verwendung des Begriffs des „unternehmerischen Ermessens" zu erkennen. Einzig im Rahmen der Sonderfälle des unternehmerischen Ermessens fand ein gerichtlich reflektierterer Umgang mit dem unternehmerischen Ermessen statt. Die vor dem Inkrafttreten des UMAG diesbezüglich erfolgten Konkretisierungsversuche von Rechtsprechung und Literatur dauerten bis zu der Verabschiedung des UMAG an und wurden insbesondere von den Oberlandesgerichten, die vermehrt auf Sachverständigengutachten unabhängiger Dritter zur Überprüfung des Entscheidungsfindungsprozesses zurückgriffen, vorangetrieben. Dabei war der Dogmatisierungsprozess jedoch keinesfalls abgeschlossen, so dass das unternehmerische Ermessen in der Folge auch im Rahmen der Außenhaftung, also im Verhältnis zu Unternehmensfremden, Bedeutung erlangte. Unstreitig stellten aber Verstöße gegen gesetzliche Vorschriften oder Satzungsbestimmungen eine Überschreitung der Ermessensgrenzen dar. Im weiteren Verlauf hatten sich im Wege der Rechtsfortbildung zwei Fallgruppen zum unternehmerischen Ermessen herausgebildet, in denen eine ermessensspezifische Grenzüberschreitung grundsätzlich zu erwarten war. Dabei handelte es sich einerseits um ungesicherte Kreditgeschäfte, sowie andererseits um sonstige Risikogeschäfte. Im Ergebnis war diese Systematisierung mittels Fallgruppen zu begrüßen, wenngleich auch hierbei der fortdauernde Vorwurf der Unbestimmtheit nicht von der Hand zu weisen war. Das Risiko einer Organhaftung wurde durch die gerichtliche Stärkung der Stellung des Vorstands fortdauernd verringert.

- Zum Ausgleich dieser Situation hat der Gesetzgeber mit der Verabschiedung des UMAG und der darin enthaltenen Transplantation der US-amerikanischen Business Judgment Rule den Versuch unternommen, den relativ unbestimmten Begriff des „unternehmerischen Ermessens" durch eine fast identische Übernahme der US-amerikanischen Business Judgment Rule, und damit verbunden der dortigen Rechtsprechungsentwicklung, zu ersetzen.

- Die US-amerikanische Business Judgment Rule ist in den USA seit dem 19. Jahrhundert anerkannt und stellt als Haftungsfreiraum für Unternehmensleiter im Rahmen unternehmerischer Entscheidungen die zentrale Regelung im Kontext der gesetzlichen Organhaftung dar. Sie ist ein gerichtlicher Überprüfungsmaßstab und geht von der Vermutung rechtmäßigen Verhaltens der Unternehmensleiter aus. Die klagenden Aktionäre trifft grundsätzlich die Beweislast für das Nichtvorliegen ihrer Voraussetzungen. Ausnahmen gelten in Sonderkonstellationen. Dann kann die Beweislast auf die Seite der Unternehmensleiter wechseln.

- Die Auslegung zweier Tatbestandsvoraussetzungen der Business Judgment Rule durch die Gerichte hat seit den Wirtschaftsskandalen um Enron und WorldCom erhebliche Modifikationen erfahren. Die Unabhängigkeit der Directors und deren guter Glaube im Kontext des unternehmerischen Handelns stehen als Schlüsselmerkmale neben dem Entscheidungsfindungsverfahren nunmehr im Fokus der gerichtlichen Überprüfung. Als erste Konsequenz dieser Veränderungen hat sich die ursprünglich extrem organfreundliche Rechtsprechung zu Gunsten der klagenden Aktionäre verschoben. Die Organhaftung für ökonomische Unternehmensentscheidungen in den USA stellt nicht länger eine exotische Ausnahme dar.

- Trotz dieser stark gegenläufigen Entwicklungen im Bereich der Organhaftung allgemein, fallen auch erste punktuelle Annäherungen zwischen der deutschen und US-amerikanischen Rechtsprechung auf. Diese Überschneidungen sind im Rahmen des gerichtlichen Umgangs mit dem Entscheidungsfindungsprozess der Organwalter festzustellen. Die Überprüfung der Sorgfältigkeit des Entscheidungsfindungsprozesses stellt vor US-amerikanischen Gerichten einen offentsichtlichen Schwerpunkt bei der Urteilsgewinnung dar. In Deutschland ist eine solche Entwicklung vereinzelt ebenfalls zu erkennen. Diese Tendenz lässt sich in Deutschland an der zunehmenden Einholung betriebswirtschaftlicher Sachverständigengutachten hinsichtlich der in Frage stehenden Unternehmensentscheidung des Vorstands festmachen.

- Dennoch ist die unreflektierte Übernahme betriebswirtschaftlicher Entscheidungsregeln auf juristische Problemstellungen aufgrund mangelnden Verallgemeinerungspotentials der unterschiedlichen betriebswirtschaftlichen Entscheidungstheorien zweifelhaft. Zweckdienlicher sind hingegen die Erfahrungen zum Risikoverhalten von Managern. Diesen Erfahrungen kann, insbesondere was die internen und externen Einflussfaktoren betrifft, eine grundsätzliche Eignung für eine Formalisierung der Vorstandsarbeit, und damit einhergehend verbesserter Justiziabilität ökonomischer Unternehmensentscheidungen, entnommen werden.

- Auch die psychologischen Entscheidungstheorien allein können aufgrund ihres deskriptiven Grundansatzes sowie des mangelnden Generalisierungspotentiales nicht rechtlich bindend zur Lösung juristischer Sachverhaltskonstellationen angewandt werden. Der psychologischen Ursachenforschung kommt aber hinsichtlich der rechtlichen Greifbarkeit des Entscheidungsfindungsprozesses aufgrund der beeinflussbaren internen und externen Ursachen für die entscheidungsspezifische Unsicherheit besondere Bedeutung zu.

- Die Verbindung des betriebswirtschaftlichen mit dem psychologischen Denkansatz hingegen erscheint zur Sichtbarmachung des Entscheidungsfindungsprozesses von Unternehmensleitern geeignet. Beide Ansätze beziehen sowohl interne, als auch externe Einflussfaktoren für das Risikoverhalten von Entscheidungsträgern ein. Dabei stellt der Wissensmangel als eine interne Unsicherheitsursache aufgrund seiner Beeinflussbarkeit ein geeignetes Einfallstor zur Formalisierung des Entscheidungsfindungsprozesses und, damit verbunden, verbesserter Justiziabilität ökonomischer Unternehmensentscheidungen dar. Diese Formalisierung, die in einer Art abzuarbeitender Check-Liste gestaltet werden könnte, soll aufgrund der verstärkten Auseinandersetzung mit dem den Unternehmensleitern zur Verfügung stehenden Informationsmaterials zu einer Verringerung der Fehlerquote bereits in diesem frühen Stadium der Entscheidungsfindung führen. Die damit einhergehende Dokumentationsfunktion dient nicht nur als unternehmensinternes Informationsmittel; vielmehr kommt ihr auch Exkulpationsfunktion im Rahmen des durch das UMAG neu eingefügten § 93 Abs. 1 S. 2 AktG zu.

- Die Einbeziehung der US-amerikanischen Business Judgment Rule in das deutsche Recht durch das UMAG stärkt als Haftungsprivilegierung nachhaltig die Stellung von Organwaltern für unternehmerische Ermessensentscheidungen. Der Anwendungsbereich der Business Judgment Rule ist dabei eröffnet, wenn das Verwaltungsorgan annehmen durfte, seine unternehmerische Entscheidung zum Wohl der Gesellschaft, ohne Fremdeinflüsse und Interessenkonflikte, auf der Grundlage angemessener Information und in gutem Glauben getroffen zu haben. Daß die Unternehmensleiter die Beweislast für das Vorliegen der Voraussetzungen der Business Judgment Rule trifft, schmälert deren vorhandene Organfreundlichkeit nicht.

- Der Prozeß der Informationsbeschaffung und -verarbeitung, sowie das Merkmal des „Handelns ohne Eigeninteressen und sachfremde Einflüsse" werden zukünftig einer außerordentlich genauen gerichtlichen Überprüfung unterzogen werden. Dabei wird im Rahmen der Informationsbeschaffung von den Unternehmensleitern – entgegen der Regierungsentwurfsbegründung – zunehmend auf Beratung durch außenstehende Sachverständige zurückgegriffen werden. Im Bereich der Informationsgewinnung und -verarbeitung werden sich innerhalb des Entscheidungsfindungsprozesses Check-Listen bzw. Anforderungskataloge etablieren, die nicht nur die unternehmerische Fehlerquote verringern, sondern aufgrund der Dokumentationsfunktion auch die Exkulpation des Vorstands im Sinne von § 93 Abs. 1 S. 2 AktG erleichtern werden. Mit der vereinfachten Exkulpationsmöglichkeit der Unternehmensleiter werden aber auch gleichzeitig die ebenfalls mit dem UMAG modifizierten Aktionärsklagerechte geschwächt.

- Mit der Verabschiedung des UMAG sind die Aktionärsklagerechte im Bereich der Organinnenhaftungsansprüche umgestaltet worden. Im Mittelpunkt dieser Modifikationen steht das in § 148 AktG geregelte gerichtliche Klagezulassungsverfahren.

- Die Voraussetzungen des Klagezulassungsverfahrens sind im Ergebnis strenger ausgestaltet, als dies zu Beginn des parlamentarischen Verfahrens zu erwarten war. Sie stellen eine hohe Hürde für klagewillige Aktionäre dar. Insbesondere die ursprünglich im Gesetzgebungsverfahren geplante, deutliche Herabsetzung der Schwellenwerte zum Erreichen des Minderheitenquorums im Sinne des § 148 AktG hat in dieser Form nicht Niederschlag im UMAG gefunden. Vielmehr sind die Schwellenwerte zum Nachteil der Aktionäre nur geringfügig herabgesetzt worden. Einzig die Einführung eines Aktionärsforums in § 127 a AktG verbessert die Aktionärsklagerechte aufgrund der damit einhergehenden Kommunikationsmöglichkeiten.

- Die D&O-Versicherer werden die veränderten rechtlichen Rahmenbedingungen durch das Inkrafttreten des UMAG unter Ausnutzung des stark ausgeprägten Absicherungsbestrebens von Managern zu einer Prämienerhöhung nutzen.

- Im Ergebnis ist daher festzuhalten, dass die Verabschiedung des UMAG einen grundsätzlich begrüßenswerten Schritt zur Bewältigung des Spannungsverhältnisses zwischen unternehmerischem Ermessensspielraum und Aktionärsrechtsschutz darstellt. Ob jedoch zukünftig noch von einem Spannungs-verhältnis gesprochen werden kann, hängt maßgeblich von den Gerichten ab. Durch die Transplantation der extrem starken Haftungsprivilegierung der Business Judgment Rule in das deutsche Recht ist die Stellung des Vorstands erneut massiv gestärkt worden. Die Veränderungen im Bereich der Aktionärs-klagerechte hingegen sind für die Aktionäre nicht annähernd so vorteilhaft. Ob die erfolgten Modifikationen im Rahmen der Organinnenhaftung letztend-lich zu der vom Gesetzgeber ursprünglich bezweckten Stärkung der Aktio-närsklagerechte führen werden, darf vor diesem Hintergrund deutlich infrage gestellt werden.